[KJ] 会计学专业系列教材

KUAIJIXUE ZHUANYE XILIE JIAOCAI

会计学基础（第二版）

KUAIJIXUE JICHU

马元驹 ◎ 主审
刘文辉 贺 宏 ◎ 主编

首都经济贸易大学出版社
Capital University of Economics and Business Press
·北 京·

图书在版编目（CIP）数据
会计学基础 / 刘文辉，贺宏主编. -- 2 版. -- 北京 ：首都经济贸易大学出版社，2024. 11. -- ISBN 978-7-5638-3770-0
Ⅰ. F230
中国国家版本馆 CIP 数据核字第 20246XQ712 号

会计学基础(第二版)
主审　马元驹
主编　刘文辉　贺宏

责任编辑　田玉春
封面设计　砚祥志远·激光照排 TEL：010-65976003
出版发行　首都经济贸易大学出版社
地　　址　北京市朝阳区红庙（邮编 100026）
电　　话　(010)65976483　65065761　65071505(传真)
网　　址　http://www.sjmcb.com
E-mail　publish@cueb.edu.cn
经　　销　全国新华书店
照　　排　北京砚祥志远激光照排技术有限公司
印　　刷　北京建宏印刷有限公司
成品尺寸　185 毫米×235 毫米　1/16
字　　数　483 千字
印　　张　24
版　　次　2017 年 10 月第 1 版　**2024 年 11 月第 2 版**
　　　　　2024 年 11 月第 5 次印刷
书　　号　ISBN 978-7-5638-3770-0
定　　价　52.00 元

总　序

本套书是首都经济贸易大学会计学院会计学专业系列教材的第五次编写发行。首都经济贸易大学会计学专业系列教材1989年首次编写出版,1995年第二次编写,2001年第三次编写,2007年第四次编写。多年来,为了培养更多更好的会计人才,我们编写的会计学专业系列教材紧密结合我国社会主义市场经济和资本市场的特征及运行规律,适应我国会计改革的新形势、新变化,不断地对教材加以修订,力争为学生和社会读者提供满意的学习用书。我们的努力得到了广大读者的充分肯定,在同类教材中,本系列教材保持着较高的发行总量,不仅几十所院校将本系列教材选作教学用书,更有大量在职人员将本套教材作为系统学习会计知识的良好读物。同时,本系列教材还获得了诸多荣誉,例如:1989年版的《企业财务管理》被教育部评为全国优秀教材;1995年版的《现代企业财务管理》被教育部确定为全国高等财经院校推荐用书;2001年版的《审计学》被评为北京市高等教育精品教材;2001年版全套教材获北京市教育教学(高等教育)一等奖;2007年版的《审计学》和《会计学》被评为北京市高等教育精品教材。

在继承前四次编写成就的基础上,新版本的系列教材有了进一步的完善,具备两个突出的特点:

1. 在内容上,本套教材借鉴和吸收了最新的会计、财务管理和审计领域理论与实践成果,充分反映了近年来财政部颁布及修订的企业会计准则、中国注册会计师执业准则、管理会计基本指引的精髓,体现了财政部、审计署等五部委颁布的企业内部控制基本规范的精神,同时着力阐明各种会计、财务管理及审计的基本理论和实务做法,并适当介绍一些经济发达国家和地区财务会计活动与审计工作的规范和做法,以开阔读者的视野,深化对会计、财务管理和审计的认识和理解。

2. 在编写体例上,为与最新的教育教学方法(如慕课、微课、翻转课堂等)相适应,增加了较大篇幅的教学辅导资料,其内容包括教师参考资料(教学目标、教学内容),学生学习资料(专业术语、思考题、练习题)等部分。这样安排,是为了更好地体现本系列教材一贯遵循的“方便教师教学,方便学生自学”的原则。

虽然我们尽了最大的努力,但疏漏在所难免,本套教材还会存在很多不足,恳请专家和广大读者不吝指教,以便我们进一步修订和完善。

会计学专业系列教材编委会

2017 年 7 月

前 言

本书是在首都经济贸易大学出版社 2017 年《会计学基础》第一版基础上修订的第二版教材。

《会计学基础》是首都经济贸易大学会计学专业系列教材之一，自从 2001 年出版后，我们结合会计学科的发展变化和教学实践，不断对教材进行修改和完善，受到广大读者、兄弟院校的好评。2008 年获得北京市高等教育精品教材称号。

《会计学基础》是会计学的入门教材，顾名思义，会计学基础是为会计打基础的，其作用就像建高楼打地基一样重要。作为一本会计学的入门教材，到底应该讲授哪些内容？如何使初学者易于接受？都是值得研究的问题。我们认为，作为会计学的基础教材，首先应阐述会计的基本理论、基本方法和基础知识，为进一步学习会计奠定基础。其次，要本着由浅入深，先易后难的原则，逐步地介绍各种会计方法，使学生易于接受。

本书在内容和结构上具有以下特点：

第一，在内容上，力图反映会计学科的发展和变化，增补了新出台的法规和研究成果，对原书中陈旧过时的内容进行了删减，使读者了解最新的知识。

第二，以会计循环为主线，具体介绍各种会计方法的应用，同时在内容编排上做了一些新的尝试。我们认为，这样安排会有助于初学者对会计循环、会计方法一体化的理解。此外，在会计循环的写作中，分别涉及服务业、商业和制造业的业务，用意在于使学生了解不同业务类型企业中会计基本方法的应用，有利于扩大学生知识面，并可为后续课程打下必要的基础。

第三，现代信息技术的发展和应用对会计理论和实务产生了深远的影响，会计信息化已成为会计的发展方向。本书增加了会计信息系统的内容，其目的是让学生了解信息技术对传统会计的影响。

本书以高等院校会计学专业本科生为对象，也可供财经类其他专业本科和专科学生使用，还可作为会计、审计、经济管理人员和其他人员的学习参考用书。

本书由刘文辉、贺宏担任主编，并对全书进行了总撰。各章撰稿情况如下：刘文辉，执笔第一章、第五章；贺宏，执笔第二章一、二、三、四节，第七章；王淑梅，执笔第二章第五节，第三章；陈杰，执笔第四章；杨鹃，执笔第六章；王元芳，执笔第八章。

本书的第一版得到付磊教授的大力帮助，他对全书的结构与内容进行了详细而具体的指导。马元驹教授为本书的主审，对本书提出了宝贵的意见。感谢中国人民大学的荆新教授、徐泓教授，中央财经大学的孟焰教授对本书所提出的宝贵意见。

由于我们的水平有限，书中难免存在不妥之处，衷心希望广大读者批评、指正。

编者

2024 年 10 月

目 录

目　录

目 录

目　　录

第一章

总 论

导 读

本课程是会计学科的入门课程,主要阐述会计的基本理论、基本方法和基本技能。通过本课程的学习,应理解会计的基本概念,掌握会计核算的基本方法,具备基本的会计业务操作技能,为后续课程的学习打下基础。

通过本章学习,应熟练掌握会计学最基本的术语及概念,了解会计的产生和历史发展过程;理解并掌握会计的含义和对象、会计的职能和目标、会计假设和会计信息质量要求;理解会计核算的程序、方法和内容,会计学及其分支的有关内容;对会计学科建立一个总体的框架性认识。

本章重点:建立专业性的会计认识,从会计定义出发,建立一个较完整的会计概念。理解会计对象的内容、构成及其相互关系;会计假设和信息质量特征;会计核算的工作内容及其相互关系以及在会计中的地位;会计核算方法的组成。

本章难点:对会计对象的理解;会计假设和信息质量特征的应用;会计基础;会计计量属性。

教学课时:3 课时

案例导读

小李是一名应届毕业生,在校期间多次参与创业模拟大赛,积累了一些经验,对自主创业产生了浓厚的兴趣,决定毕业之后自主创业。经过实地调研后,他决定在学校附近开一家小服装店,主营原创青年服装和配饰。经过了解,他首先在学校附近的北京银行开立公司账户并汇入10万元资本金,按照相关要求到工商局注册了"简繁服饰有限责任公司",同时按照要求设立了有关制度并上交工商局备案。

公司创立后,考虑到实际经营的需要,小李决定建立相应的财务制度并对经营活动进行核算。在咨询专业人员后,小李了解到公司目前有两种选择:一是建立会计机构并配备会计人员;二是聘请会计机构代理记账。考虑到目前公司处于运营初期,业务相对简单,配备专职会计人员会增加运营成本,小李决定聘请会计机构代理记账。会计机构要求小李每月提供银行存款日记账、现金日记账以及采购销售的发票等资料,据此完成公司的会计核算、记账、报税等一系列工作。在实际工作中,小李产生如下问题:

- 什么是会计?
- 会计人员的工作内容有哪些?
- 会计核算需要哪些资料?什么是会计信息?会计信息有哪些用途?
- 什么是会计核算?会计人员如何进行会计核算?

……

本书将以三个小型的服务业、商业和制造业为例说明上述问题。

第一节　会计的含义、职能和目标

一、会计的产生和发展

会计是在社会生产实践中由于管理经济的需要而产生并发展的。生产活动是人类最基本的实践活动,人类为了生存和发展,必须有一定的物质资料、能进行物质资料的生产。生产活动一方面创造社会产品,另一方面要发生劳动耗费,为了以较少的劳动耗费获取较多的劳动成果,人们就要对劳动耗费和劳动成果进行计量、记录和比较,这样便产生了最早的会计。

无论在中国还是外国,会计都有着悠久的历史。会计发展的历史,可以分为古代会计、近代会计和现代会计三个阶段。

(一)古代会计阶段

从时间上看,古代会计阶段是从会计的产生到复式簿记应用这样一段过程,大约从旧石器时代的中、晚期到封建社会末期。在会计发展史上古代会计经历了漫长的发展过程。在人类社会发展的初期,由于生产力水平低、生产过程简单,人们对生产活动数量方面的记录仅凭记忆或"结绳记事""刻木记数"。据有文字的历史记载,在我国,会计一职最早出现在西周,当时称为司会,掌管王朝的财务收支,以此为滥觞,以后历代王朝都设有会计一职,并逐步发展到民间。当时的会计既有日常的零星核算,又有岁终的整合计算,通过日积月累到岁终的核算,达到正确考核王朝财政经济收支的目的。我国古代宫廷会计所用的记账方法是单式记账法,出现在唐朝中期、成熟于宋朝的"四柱清算法",使我国会计技术提高到一个新的水平。所谓"四柱",指旧管、新收、开除、实在,相当于现在的上期结存、本期收入、本期支出、期末结存。四柱之间存在着数量上的平衡关系,旧管(期初结存)+新收(本期收入)=开除(本期支出)+实在(期末结存),按照这种平衡关系编制的报告,就称为"四柱清册"。四柱清算法不仅用于宫廷会计,后来也传入民间,在当时位于世界会计发展的前列。

明清两代,我国商业、手工业有了较大规模的发展,并且产生了资本主义萌芽。适应这一发展当时出现了"龙门账"和"四脚账",其中已显现出复式簿记的雏形。"龙门账"把工商企业经济活动反映的账项划分为"进、缴、该、存"四大类,相当于现在的收入、支出、资产、资本及各项负债,进缴与存该之间的关系为"进-缴=存-该",运用这一公式计算盈亏,分别编制"进缴表"(相当于损益表)、"存该表"(相当于资产负债表),两表计算的盈亏数应当相等,就是"合龙门"。"龙门账"反映了中式簿记的特点,同时表明,生产和交换的进一步需要,已使我国传统的会计记账方法出现了复式记账的端倪。在国外,古巴比伦、古希腊和古罗马都留存有商业合同、"农庄庄园的不动产账目"等有关会计的记录。在原始的印度公社里,已经有了专门的记账员,负责登记农业账目,登记和记录与此有关的一切事项。

早期的会计是由生产者在"生产时间之外,附带地把收入、支付等记载下来",只是"生产职能的附带部分"。随着社会生产力发展到一定水平,社会出现了剩余产品,特别是出现了商品生产以后,会计才逐渐从生产职能中分离出来,成为一种专门的工作。

(二)近代会计阶段

从时间上看,近代会计阶段从1494年意大利传教士卢卡·巴其阿勒(Luca Pacioli)的著作《算术、几何、比及比例概要》的出版开始,至20世纪40年代末。

1494年卢卡·巴其阿勒的著作《算术、几何、比及比例概要》一书问世,标志着近代会计的开始。十字军东征,促进了欧洲与东方的贸易往来,影响了意大利的经济,资本主义的萌芽、较发达的商品经济以及金融业的发展对簿记方法提出了新的要求,要求能够反映商业、银行业比较复杂的业务，于是便产生了复式簿记方法。

美国会计学家利特尔顿(A. C. Littleton)总结了复式簿记产生的七个因素，即书写艺术(the Art of Writing)、算术(Arithmetic)、私有财产(Private Property)、货币(Money)、信用(Credit)、商业(Commerce)、资本(Capital)。他认为，缺少其中任何一个因素，复式簿记也不会产生。地中海沿岸的某些城市具备了这七个因素，便产生了复式簿记。15世纪末到18世纪，随着商业在欧洲其他城市的发展，意大利记账法不断地传播并继续得到完善。18世纪末和19世纪初的产业革命，产生了大机器生产的资本主义工厂制度。工厂制度促进了生产力的发展，出现了股份有限公司这种新的经济组织形式。这种组织形式的主要特点是资本的所有权和经营权分离，这对会计提出了新的要求。为了保护外部股东及债权人的利益，要求股份有限公司的财务报表必须经过审计，以核查管理层履行职责的情况。为适应这一要求，出现了以查账为职业的注册会计师或特许会计师。1720年，英国南海公司事件的发生，使人们认识到公司账目审计的重要性，英国政府委托会计师审查该公司及与该公司有关商会的账目，这是英国注册会计师职业的开端，其后英国的注册会计师职业得到了迅速发展。1853年，英国苏格兰的注册会计师成立了第一个会计师协会——爱丁堡会计师公会，标志着会计师从此成为一门专门的职业，服务于股份有限公司这种资本经营形式，为经济和财务活动进行公证，这样就扩大了会计的服务对象，扩展了会计的内容。

资本主义的机器大工业代替了家庭手工业，促使会计成为工业企业管理的一个重要工具。在这一时期，欧美的工业企业对固定资产普遍开始计提折旧，产生了折旧会计。另外由于工业制造过程日益复杂，大型设备增加，也促进了成本会计的产生和发展。

19世纪末20世纪初，世界经济发展的中心由英国转移到了美国，会计发展的中心也转移到了美国。这一时期，形成了一些具有代表性的会计方法和理论，影响最大的是“公认会计原则”的出现。当时世界范围的经济萧条和金融市场的崩溃，使许多公司破产，政府和社会公众迫切要求公司的财务报表能真实地反映其财务状况。为改进会计实务、提高会计报表的可靠性，美国会计师协会开始制定“公认会计原则”。“公认会计原则”的确立，标志着传统会计已发展成为财务会计。

会计工作除了向股东、债权人提供相关信息外，也日益向企业的基层单位、管理部门和生产技术部门渗透。引进了泰勒制和科学管理理论后，会计领域产生了标准成本控制等方法，以管理当局为服务对象的管理会计逐渐形成。

(三)现代会计阶段

从时间上看，现代会计阶段是指20世纪50年代开始直至现在。在这个阶段，会计有两个重要的变化：一是为适应经济发展对会计的需要，会计分化为两个领域，即财务会计和管理会计;二是电子计算机在会计上的应用,使会计由传统的手工操作逐渐发展为电子数据处理系统。

20 世纪 20 年代,由于引进了泰勒制和科学管理理论,会计领域出现了标准成本、预算控制、差异分析等专门方法,这些实际上是管理会计的雏形。第二次世界大战以后,资本主义企业规模日益扩大,市场竞争激烈,失业率增加,经济危机频繁发生,客观上要求加强企业管理,提高竞争能力,这时出现了配合职能管理与科学管理的责任会计。20 世纪 50 年代,一方面科学技术日益进步,生产力得到巨大发展,企业规模不断扩大,出现了很多的跨国公司。另一方面,市场竞争也更加激烈。经济环境的变化,使企业管理开始重视经济预测和决策工作,在广泛推行职能管理和行为科学管理的基础上,对企业生产经营活动采用数量管理中的一些专门方法加强事前的规划与日常的控制,以提高企业的经济效益。这时,管理会计从财务会计中分离出来,形成了一门为企业加强内部管理、提高经济效益服务的独立学科。1952 年,世界会计学会年会正式通过了管理会计这一名词,由此传统会计分化为财务会计和管理会计。管理会计是经济发展的一个必然结果,它与现代管理科学紧密地联系在一起。管理会计的形成与发展丰富了会计的内容,使会计发展进入到一个高级阶段。

1946 年,美国诞生了第一台电子计算机,从此开创了会计领域应用电子计算机的新时代。电子计算机在会计上的应用,大致可以分为三个阶段:第一阶段,大约是 1953 ~ 1965 年,电子计算机主要用来计算工资和银行存款利息等,这些业务数据量大、计算简单、重复性强,电子计算机的使用可以大大减少人的工作量,加快计算速度。第二阶段,大约是 1965 ~ 1970 年,电子计算机主要是综合处理各个独立的会计数据,进行信息反馈,把会计数据处理作为一个单独的信息系统,为管理提供有用的经济信息。第三阶段,大约是 1970 年至今,由于通信技术和电子技术的结合,形成了电子计算机网络和软件方面的数据库,有些企业实现了管理信息系统的综合化和系统化,在企业管理信息系统中,会计信息系统成为一个子系统。电子计算机在会计工作中的应用,提高了会计工作的及时性和准确性,为充分发挥会计的职能和作用创造了一个有利的条件。电子计算机在会计中的普遍应用,可与复式簿记的应用相比拟,成为会计发展史上的一个飞跃。

20 世纪 70 年代各国经济朝着全球化方向发展,会计从一个国家的范围跨越国界走向国际,因此,会计协调问题显得格外重要。1973 年 6 月,来自澳大利亚、加拿大、法国、联邦德国、日本、墨西哥、荷兰、英国、美国的 16 个职业会计师团体,在英国伦敦成立了国际会计准则委员会(International Accounting Standards Committee,简称 IASC)。国际会计准则委员会制定的国际会计准则(IAS)及其解释公告,得到了世界各国的广泛支持。

2000 年国际会计准则委员会(IASC)进行全面重组,2001 年初改组为国际会计准则理事会(International Accounting Standards Board,简称 IASB),取代了先前的国际会计准则委员会。国际会计准则理事会(IASB)是国际财务报告准则基金会的准则制定机构,负责建立一套全球统一的、高质量的、易于理解和实施的国际财务报告准则(International Financial Reporting Standards,简称 IFRS),并促进这些国际准则的应用和强制性,具体职能包括实施、确定技术会议议程,并批准准则、征求意见稿和解释公告。目前,全世界有 130 多个国家或地区采用了其制定的国际财务报告准则或与之趋同。

我国于 1997 年 5 月加入国际会计准则委员会,多年来一直与国际会计准则理事会保持密切联系。2006 年 2 月我国正式发布了与中国市场经济发展进程相适应、与国际财务报告准则相趋同的企业会计准则体系。

我国的会计产生比较早,也曾经有过辉煌的历史,但在经济不发达的封建社会却发展缓慢,逐渐拉大了与世界先进水平的距离。自 19 世纪中叶起,我国沦为半殖民地半封建社会,与这种社会经济状况相适应,会计上出现了“中式会计”和“西式会计”并存的情况,在由外国人把持的海关、铁路和邮政等部门,采用西式会计,宫廷会计和民间会计仍采用传统的中式会计。中华人民共和国成立后,我国的社会制度发生了根本的变化,社会主义制度取代了半殖民地半封建社会制度,为了适应国家有计划进行社会主义建设的需要,我国会计的主管部门先后制定出多种统一的会计制度,为国民经济的恢复发展起到了积极的作用。

十一届三中全会以后,我国进入了一个新的历史时期,对内搞活,对外开放,国民经济得到飞速发展。20 世纪 90 年代初提出建立社会主义市场经济体制以来,会计在经济生活中的地位和作用日益重要和突出。1985 年,我国颁布了新中国第一部会计法,这标志着我国会计工作进入了法治化新时期。1992 年,我国颁布了《企业会计准则》和《企业财务通则》,并从 1993 年 7 月 1 日开始施行,这是我国会计工作与国际惯例接轨的一个重大措施,标志着我国会计正逐步走向国际化。随着经济和会计工作的发展,为保证会计更好地为发展社会主义市场经济发挥作用,我国对会计法进行了数次修订及修正,2024 年 7 月 1 日,新修正的《中华人民共和国会计法》正式实施。《会计法》对于规范会计行为、提高会计信息质量、发挥会计作用、推动经济高质量发展具有十分重要的意义,标志着我国会计事业正进入一个新的发展阶段。

随着我国经济体制改革的进一步深化,特别是我国加入 WTO 以后,会计准则的国际化趋同需要日益迫切。2006 年 2 月我国颁布了涵盖各类企业(小企业除外)各项经济业务、独立实施的会计准则体系。我国企业会计准则体系包括基本准则、具体准则及会计准则应用指南三部分。

2011 年财政部颁布了《小企业会计准则》,适用于在中华人民共和国境内依法设立的、符合《中小企业划型标准规定》所规定的小型企业标准的企业。《小企业会计准则》的颁布与实施，标志着我国由适用于大中型企业的《企业会计准则》和适用于小企业的《小企业会计准则》所共同构成的企业会计标准体系已经形成。

从会计的产生和发展过程可以看出，经济的发展直接决定了会计的发展。会计主要是适应一定时期经济的需要，特别是商品经济的需要而产生发展起来的。15 世纪末，意大利沿海地区经济、贸易的发展，孕育了第一本复式簿记著作，标志着复式簿记的产生；18 世纪末 19 世纪初英国的工业革命，促进了成本会计的发展；美国 1929 ~ 1933 年的经济危机，产生了“公认会计原则”。会计与商品经济联系在一起，在商品经济中，货币充当了价值尺度，一切商品都可以用货币加以计量，会计的产生和发展，依存于商品经济这个外在环境。

同社会生产的发展一样，会计的发展也经历了一个由简单到复杂、由低级到高级的发展过程。从会计的任务来说，由最初简单记载钱粮收支，发展到对经济活动全过程的核算和监督；从会计的方法和工具来说，由传统的手工记账和用算盘计算，发展到科学的记账方法和用电子计算机处理数据。科学技术的发展和运用，使会计正经历着一场革命，现代的会计理论和方法也正在形成。

二、会计的定义

会计的定义就是回答会计本质上是什么这个问题。如今会计的作用日益显著，任何一个国家、任何一个企业事业单位，都不可能没有会计。但是，迄今为止，人们对会计还没有一个统一的定义。会计本身是一个不断发展的概念，在不同时期，会计的内涵和外延不尽相同，人们对会计的认识也是逐步发展并加深的。

新中国成立以后，我国会计学界对会计定义进行过多次讨论，进入 20 世纪 80 年代，我国会计学界对会计定义的讨论达到高潮。在各种观点中，最具代表性的有两种观点，一种为“管理活动论”，另一种为“信息系统论”。

“管理活动论”认为，“会计是人们管理生产过程的一种社会活动”“会计不仅是管理经济的工具，它本身就具有管理职能，是人们从事管理的一种活动”。这种观点强调会计工作是一种管理工作，因此会计的本质是一种管理活动。这种管理工作是随着经济发展、企业规模扩大，逐渐地从综合管理中分离出来的。

“信息系统论”认为，“会计是旨在提高企业和各单位活动的经济效益、加强经济管理而建立的一个以提供财务信息为主的经济信息系统”。会计是一个信息系统，是近代美国会计学界的最新提法，其基本观点起源于系统论。我国会计学者从国外引进并发展了这一观点，强调在商品经济条件下会计必然以提供财务信息为主这一特点。

以上两种观点并不是对立的，都有一定的道理，另外，这两种观点在认识上有接近的趋势。会计在本质上具有双重性,它既是一个经济信息系统,不断地将企业和单位的会计信息提供给信息使用者,同时也是一种经济管理活动,是一项经济管理工作。只是管理活动论从一个侧面出发,强调会计的主要职能是控制和监督,不是信息提供;信息系统论则出自另一个侧面的考虑,强调会计的主要职能是提供信息,为决策和咨询服务,对管理起支持作用。

现代企业制度的代表形式是公司制,公司会计必须及时向投资人、债权人、政府部门及有关各方提供企业财务状况和经营成果等方面的信息,同时会计也是企业管理的一个重要组成部分。在现代企业制度下,会计的这种双重性就更加显著。

综合考虑,简单的会计定义可表述为:会计是以货币为主要计量单位,采用一系列专门方法,对企业、事业、机关、团体等单位的经济活动进行全面、系统、连续地记录、计算和分析,向有关各方提供会计信息,促使单位提高经济效益的一种经济管理活动。会计定义包含了以下内容:

第一,会计范围包括企业、事业、机关团体等单位,这些单位是会计的主体。

第二,会计是对这些单位的经济活动进行记录、计算和分析,经济活动是会计的客体,即会计的对象。

第三,会计对经济活动进行记录、计算和分析,要采用会计所特有的一系列专门方法。

第四,会计的计量尺度主要是货币。

第五,会计的任务是向有关各方提供财务信息,并参与单位的经营管理。

如上所述,现代会计有财务会计和管理会计之分,以下的论述围绕财务会计展开,有关管理会计的详细情况将在其他教材中介绍。

第二节　会计的对象

一、会计的对象

会计的对象是指会计核算和监督的内容。如上所述,会计需要以货币为主要计量单位,对一定主体的经济活动进行核算与监督。也就是说,凡是特定对象能够以货币表现的经济活动,都是会计核算和监督的内容,即会计对象。能够用货币所表现的经济活动通常又称为资金运动或价值运动。因此,会计对象就是能用货币表现的各种经济活动,也可以说会计的对象就是特定主体的资金运动或价值运动。

资金运动包括各特定对象的资金投入、资金运用(即资金的循环与周转)和资金退出等过程,具体到企业、行政单位和事业单位又有较大差异。不同的企业(如工业、农业、商业、交通运输业、建筑业及金融业等)都有各自资金运动的特点,其中工业企业最具有代表性。下面以工业企业为例,说明企业会计的对象。

工业企业的会计对象就是工业企业的资金运动。工业企业是生产和销售产品的生产经营单位。为了进行经营活动,必须具备一定数量的财产物资作为其物质基础,这些财产物资的货币表现称为资金。在工业企业存续期间,资金处于不断的运动中,形成资金运动。工业企业的资金运动包括资金的筹集、资金的运用(包括供应过程、生产过程、销售过程三个阶段)以及资金的退出三部分,既有一定时期内的显著运动状态(表现为收入、费用、利润等),又有一定日期的相对静止状态(表现为资产与负债及所有者权益的恒等关系)。

第一,资金筹集。资金筹集是资金运动的起点,工业企业通常有两种类型的资金来源,一种是接受投资者投入的资金,另一种是从银行等金融机构借入资金。所有者和债权人对企业的要求权是不同的。会计上一般称投资人为所有者(或股东)。投资人对企业的投资可以有多种形式,可投入货币资金、机器设备、材料等。所有者的投资具有下列特点:①企业在存续期间可以长期使用,不要求偿还;②可以参与企业的经营管理;③按投资所占的比例承担企业的经营风险和分享剩余利润;④能够用货币计量。会计学中将具备上述特点的所有者投资称为所有者权益(或股东权益)。权益就是所有权,是企业所有者拥有的资产。所有者对企业的资产有索取权,是因为他向企业进行了投资。

企业在经营过程中,由于扩大规模或者其他需要,有可能会向外部借入一定的资金,向企业提供贷款的人称为债权人。债权人对企业的投资形式不同,但各种投资形式均具有以下特点:①能够用货币计量;②过去交易或事项形成;③企业承担偿债义务。会计学中将具备上述特点的债权人投资称为负债。在企业偿还债务之前债权人对该企业的部分资产有索取权。债权人权益是指企业对外部资金提供者所承担的债务。

第二,资金运用。工业企业获得的资金,在生产经营活动过程中不断地改变形态,经过供应、生产、销售三个阶段。在供应阶段,企业要购买原材料和固定资产,货币资金转化为储备资金和固定资金。在生产阶段,工人利用机器设备对材料进行加工,使储备资金和一部分货币资金转化为生产资金。一部分货币资金用于支付职工薪酬和其他生产费用,也形成生产资金。厂房、生产设备等劳动资料因使用而磨损,这部分磨损的价值也转移到正在加工的产品中,形成生产资金。产品制造完成后,生产资金转化为成品资金形态。在销售阶段,企业要将产品销售出去,取得销售收入,这时成品资金转化为货币资金。在这部分货币资金中,将一部分以税金形式上缴国家,按规定提取盈余公积金和向投资者分配利润后，又购买材料，支付生产费用，继续进行周转。在上述三个阶段中，货币资金依次不断改变其形态，称为资金循环，不间断的资金循环称为资金周转。

第三，资金退出。企业通过销售产品取得货币资金收入，抵减费用支出后形成企业的经营成果，经营成果要按照规定程序进行分配，留归企业部分重新投入生产经营过程。上缴税金、向所有者分配利润后，这部分资金便离开企业。归还借款和偿还其他债务也会使资金退出企业。

工业企业资金运动过程见图 1－1 所示。

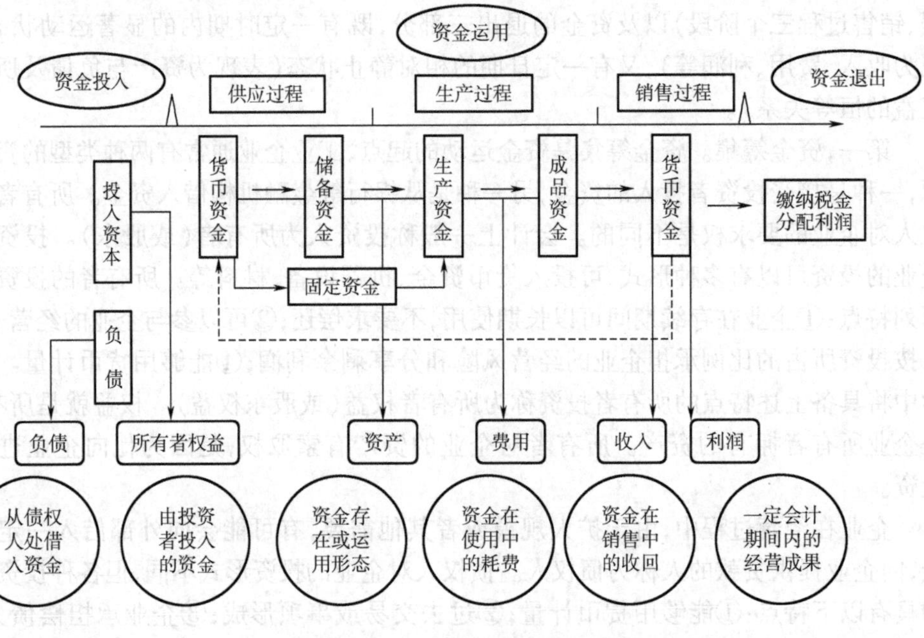

图 1－1　工业企业资金运动

上述资金运动的三个阶段，构成了开放式的运动形式，是相互支撑、相互制约的统一体。没有资金的投入，就不会有资金的循环与周转；没有资金的循环与周转，就不会有税金的上缴和利润的分配、债务的偿还等；没有这类资金的退出，就不会有新一轮的资金投入，就不会有企业的进一步发展。

上述资金运动既呈现出显著的运动状态，同时也具有某一时点上的相对静止状态。仍以工业企业为例，为了维持生产经营活动，企业必须拥有一定数量的经济资源（即资产），它们分布在企业生产经营过程的不同阶段（供应、生产、销售等阶段）和不同方面（表现为厂房、机器设备、原材料、在产品，库存商品及货币资金等），我们称之为资金占用。另一方面,这些经济资源的取得需要通过一定的途径,包括来自投资者投入的资金或是债权人提供的借款等,我们称之为资金的来源。从任一时点上看,资金运动总处于相对静止的状态,即企业的资金在任何一个时点上均表现为资金占用和资金来源两个方面,这两个方面既相互联系,又相互制约。

二、会计要素

会计要素是对会计对象进行的基本分类,是会计对象的具体化。

前已述及,资金运动呈现出显著的运动状态,同时也具有某一时点上的相对静止状态,资金运动由资金投入、资金运用和资金退出三部分构成。资金投入包括投资人投入的资金和债权人提供的资金两类,形成企业的资产总额。债权人投入资金后形成对所投入资产及其报酬的求偿权,称为债权人权益,表现为企业的负债。投资人投入的资金形成对企业净资产(资产减负债)的要求权,通常称为所有者权益。从相对静止状态来看,资产总额与负债及所有者权益总额必然相等,由此形成资产、负债及所有者权益三个表现资金运动处于相对静止状态的会计要素。另一方面,企业的各项资产经过一定时期的营运,将发生一定的耗费,生产出一定种类和数量的产品,产品销售后取得货币资金的收入,收支相抵后确认出当期损益,由此形成收入、费用和利润三个表现资金运动显著变动状态的会计要素。资产、负债及所有者权益构成资产负债表的基本框架,收入、费用和利润构成利润表的基本框架,因此这六个要素称为会计报表要素。

一个会计主体的资产、负债、所有者权益、收入、费用和利润,构成了会计核算和监督的内容,会计要素是会计对象的具体化。会计要素的划分在会计核算中具有重要的作用,它是对会计对象进行科学分类和设置会计科目的基本依据,并构成会计报表的基本框架。

第三节　会计的职能和目标

一、会计的职能

职能是指某一事物本身所固有的功能,会计的职能就是指会计在经济管理中所具有的功能。会计的职能是会计的本质属性之一,是客观存在的,不是主观上所赋予的。马克思在《资本论》中指出:“过程越是按社会的规模进行,越是失去纯粹个人的性质,作为对过程的控制和观念总结的簿记就越是必要”“簿记对资本主义生产比对手工业和农业的分散生产更为必要，对公有生产比对资本主义生产更为必要。”这里的簿记指的就是会计，过程指的是再生产过程，观念总结可理解为反映，控制可理解为监督。会计的基本职能，就是对再生产过程的控制和观念总结。所谓观念总结就是利用观念上的货币对再生产过程所发生的经济活动进行综合反映。

生产力发展水平和经营管理水平的高低，对会计的职能具有决定性的影响，当生产力发展水平较低时，会计的主要功能是简单的计量、记录，以反映为主；当生产力水平比较发达、管理水平比较高时，简单的计量、记录已不能满足经济管理的需要，发挥会计的经济监督作用就成为会计的一项重要功能。会计的基本职能包括核算和监督。会计的职能随着经济的发展和会计内容、作用的不断扩大而发展，与传统会计相比较，现代会计随着市场经济的发展和科技水平的提高，具有了新的特点。

（一）会计的核算职能

会计核算是会计的首要职能，也是全部会计管理工作的基础。会计的核算职能又称反映职能，是指会计以货币为主要计量单位，通过确认、计量、记录和报告等环节，从数量上反映企业和行政事业单位已经发生或完成的经济活动、为经营管理提供信息的功能。

会计核算职能具有以下三个特点：

1. 会计核算主要利用货币计量综合反映各单位的经济活动情况，为经营管理提供可靠的会计信息。从数量方面反映经济活动可以采用三种量度：实物量度、劳动量度和货币量度，但是主要利用货币计量才能从数量方面综合反映经济活动的过程和结果，这是现代会计的一个重要特点。主要利用货币计量，是说其他量度也用，但是主要还是货币计量，因为它的特点就是综合反映企业的经济活动。

2. 会计核算具有完整性、连续性和系统性。会计要反映经济活动的整个过程，会计反映所提供数据资料不是简单的记录，而是对初始资料进行分类、分析和汇总，使之转换成有条理的而不是杂乱无章的、成系统的而不是支离破碎的会计信息。特别要注意的是，会计反映的内容要完整，不能有遗漏。

3. 会计要对各单位经济活动的全过程进行反映，在对已经发生的经济活动进行事中、事后核算的同时，还可以预测未来的经济活动。这一特点是现代会计与传统会计相比较而言的。传统会计的反映职能主要是对已发生的经济业务进行事后的反映，现代会计不仅要进行事后的反映，还要为各单位的经营决策和管理控制提供依据，因此还包括事前的反映和事中的反映。

（二）会计的监督职能

会计的监督职能又称控制职能，是指会计按照一定的目的和要求，利用核算所提供的会计信息，对单位的经济活动进行控制，以达到预期目标的功能。

会计的监督职能具有以下两个特点：

1. 会计监督主要利用会计反映职能提供的各种价值指标进行货币监督。反映职能主要通过货币计量，提供一系列综合反映企业经济活动的价值指标，例如资产、负债、收入、成本费用等，监督就是依据这些价值指标进行，例如利用费用指标可以了解企业在一定时期内费用及其构成情况，对费用支出的合法性、合理性进行审查，为增收节支、提高经济效益把关。

2. 会计监督是在会计反映各项经济活动的同时进行的，包括事前、事中和事后的监督。事前监督是指会计部门在参与制定各种决策和相关的计划费用预算时，对各项经济活动的可行性、合理性、合法性和有效性进行审查。事中监督是指在日常会计工作中对已发现的问题提出建议，促使有关部门采取措施，使其按照预定的目标和要求进行。事后监督是通过分析与取得的会计资料，对已进行的经济活动的合理性、合法性和有效性进行的考核和评价。

3. 会计监督的依据是合法性及合理性。合法性的依据是国家颁布的法令、法规；合理性的依据是客观经济规律及经营管理方面的要求。会计监督的目的就是保证企业的经济活动合理、合法。

会计的反映职能和监督职能密切结合、相辅相成。反映是最基本的，是监督的基础，没有反映，监督就没有客观的依据；监督是在反映的过程中进行的，就是按照法规、政策的要求来控制经济活动的过程，没有监督，反映就失去了意义。

随着经济的发展，会计的职能也在不断地拓展，在核算和监督经济活动的基础上，会计还要分析经济情况、预测经济前景、参与经济决策。关于会计的职能，我国会计学界存在着几种不同的观点，简介如下：

第一，“一职能论”。这种观点认为会计只有反映职能，认为会计不过是生产过程的物量反映。

第二，“二职能论”。这种观点认为会计具有两个主要职能——核算和监督。

第三，“三职能论”，认为会计具有三个主要职能：一种观点认为会计除了具有核算和监督两种职能外，还具有促进职能。另一种观点认为，会计具有反映、监督和决策三种职能。

第四，“四职能论”，认为会计具有四个主要职能：一种观点认为，会计除了具有核算和监督职能外，还有控制和分析职能。另一种观点认为，会计具有计划经济行为、反映经济情况、监督经济活动、促进经济发展四种职能。

第五，“五职能论”。这种观点认为会计具有五个主要职能，这五个职能为反映、监督、控制、分析和决策。

第六，“六职能论”。这种观点认为会计具有六种职能，核算、监督、预测、决策、控制和分析。

二、会计目标

(一)会计目标概述

会计目标是指会计活动所要达到的目的。会计工作的具体目标是向会计信息使用者提供与企业财务状况、经营成果和现金流量等有关的会计信息,反映企业管理层受托责任的履行情况,有助于会计信息使用者做出经济决策。主要包括:

1. 向会计信息使用者提供决策有用的信息。企业进行会计工作的主要目标是为了满足会计信息使用者的信息需要,有助于会计信息使用者进行经济决策。因此,向会计信息使用者提供决策有用的信息是会计工作的基本目标。如果企业提供的财务会计报告对会计信息使用者的决策没有价值,财务会计报告失去了其编制的意义。

2. 反映企业管理层受托责任的履行情况。在企业所有权和经营权分离的情况下,企业管理层受委托人之托对企业及其各项资产进行经营管理,负有受托责任,即企业管理层所经营管理的各项资产基本上是所有者投入的资本或者向债权人借入的资金所形成的,企业管理层有责任妥善保管这些资产,合理、有效地运营这些资产。因为企业的所有者、债权人等要及时或经常地了解企业经营管理层保管、使用资产情况,以便于评价企业管理层受托责任的履行情况和业绩情况,并决定是否需要调整投资或信贷政策、是否需要加强企业内部控制和其他制度建设、是否需要更换管理层等,因此,会计目标的内容是反映企业管理层受托责任的履行情况,以有助于评价企业的经营管理责任和资源使用的有效性。

(二)会计信息使用者

会计常常被称为商业语言,因为所有的企业都要使用会计信息进行决策。会计信息使用者包括所有与企业存在利害关系的人,会计信息使用者分为两类:外部信息使用者和内部信息使用者。

1. 外部信息使用者。会计信息的外部使用者不直接参与企业的生产经营,但会与企业发生各种各样的经济关系,因此,对企业的会计信息产生需求。外部信息使用者包括投资者(股东及其他形式的权益投资)、债权人(银行及其他形式的债权人)、供应商及客户、政府管理机构、媒体等。

(1)企业的投资人。在经营权与所有权相分离的情况下,企业的投资人需要利用会计信息进行有关投资的决策。股东们需要根据企业的经营成果和利润分配情况,做出是否对企业追加投资或者其他的决策。

(2)企业的债权人。债权人需要利用会计信息进行是否借款的决策,如银行可以根据企业的财务状况、经营成果,判断企业的偿债能力,以便做出是否继续贷款或收回贷款的决策。

(3)供应商及客户。企业上下游的原材料供应商和客户是企业价值链上重要的两头,需要根据会计信息判断是否能够进行持续经营,并根据会计信息决定自身是否扩大生产,或者调整生产经营方向。

(4)政府部门。政府部门在一定程度上依靠会计信息进行决策,如税务部门利用会计信息了解公司承担纳税义务的情况、环境保护部门可以根据会计信息判断公司环境保护投入的情况等。

2. 内部信息使用者。企业要实现其经营目标,必须对经营过程中所遇到的重大问题进行正确的决策,决策的正确与否关系到企业的生存和发展。正确的决策通常建立在客观、有用的会计信息基础上,会计信息在企业决策中起着极其重要的作用。因此,会计应采用一定的程序和方法,将企业发生的交易或事项转化为有用的会计信息,以便为企业管理提供依据。内部信息使用者主要是企业内部员工及管理者。

企业内部员工是生产经营直接参与者,现代企业管理激励理论认为员工的劳动、劳动态度、劳动所得与企业业绩之间存在重要的关系,只有全体员工作为主人翁积极参与管理,管理职能才可能发挥到最优,员工需要了解会计信息(如成本管理信息)才能参与到管理中。随着企业规模的扩大,经营管理者不可能了解企业的全部经济活动,他们也需要通过会计信息全面了解企业的经营活动情况。

由于生产社会化程度的提高,专业化生产分工以及由此产生的相互依赖性,关注企业会计信息的不仅有"投资者和潜在的投资者",而且还包括与企业存在经济交往的利益相关者,或者说是价值形成和实现链条上的利益相关者。例如,公司的员工利用会计信息了解企业获利与福利待遇情况,公司的供应商与客户都需要利用会计信息做出是否继续往来关系、经济活动是否需要扩大等方面的决策。因此,在现代社会化大生产情况下,会计信息的使用者扩大至一切利益相关者。

总之,企业内外部的会计信息使用者都需要利用会计信息进行决策,且不同的会计信息使用者对会计信息的需求是不同的,会计只能为其提供通用的会计信息。一般来说,通用的会计信息可以归纳为:财务状况、经营成果以及现金流量。

第四节　会计假设和会计信息质量要求

在商品经济条件下,会计活动存在一些不确定的因素,面对这些不确定因素,会计要运用估计和判断,预先做出一定的假设。会计假设就是指对那些未被确切认识的事物,根据客观的、正确的情况或趋势所做出的一种合理判断。关于会计假设迄今尚未取得共识,国内外公认的会计假设包括:会计主体、持续经营、会计分期和货币计量。

一、会计假设

(一)会计主体

会计主体是指企业会计确认、计量和报告的空间范围。进行会计工作,首先要明确会计核算的空间范围,即为谁核算、核算谁的经济业务。在会计主体假设下,企业应当对其本身发生的交易或事项进行确认、计量和报告,反映企业本身所从事的各项经营活动。明确界定会计主体是开展会计工作的重要前提。

会计主体可以是企业,也可以是事业单位、机关团体,但是这些单位在经济上应是独立或相对独立的。这些单位应拥有一定数量的资产,能独立进行生产经营或业务活动,能独立编制财务报表。

会计主体和法律主体不同。法律主体是指由出资人出资组建,在政府指定部门注册登记,拥有法人财产权,具有独立民事行为能力的单位。会计主体与法律主体的关系有以下三种情况:

1. 某一个单位既是会计主体,也是法律主体。例如,有限责任公司和股份有限公司,这些公司具有独立的法律地位,可以以公司的名义拥有资产,承担债务,进行生产经营活动。作为会计主体要反映公司的经营活动过程及其结果。

2. 某一个单位是会计主体但不是法律主体。例如,由自然人设立的独资企业,从会计核算的角度看,是一个独立的主体,独资企业和其业主是分离的,独资企业的会计记录不包括业主个人的财务记录。但是从法律的角度看,独资企业和业主是合一的,业主个人要对企业的债务承担责任。同样,会计上也将合伙企业视为一个单独的组织,与各个合伙人的个人事务要区分开。合伙企业就是合伙人总体,每个合伙人个人都要对合伙企业的全部债务承担责任。从法律上看,独资和合伙企业所有的财产和承担的债务,在法律上应视为所有者个人财产延伸的一部分,独资及合伙企业在业务上的种种行为仍视其为个人行为,企业的利益与行为和个人的利益与行为是一致的,因此独资及合伙企业不是法律主体,不具备法人资格。但是,独资及合伙企业都是经济实体、会计主体,在会计上要把企业的经济活动与业主和合伙人个人的财务活动截然分开。

3. 某一个单位是法律主体但不一定是会计主体。例如,甲公司拥有 A,B,C 三家子公司,母子公司均是独立的法律主体,但甲公司拥有对 A,B,C 三家公司的控制权。为了全面反映由母子公司组成的企业集团整体的财务状况、经营成果和现金流量,需要将企业集团作为一个会计主体,编制合并财务报表。在这种情况下,集团公司尽管不是法律主体,但却是会计主体。

会计主体假设的意义在于明确了会计确认、计量和报告的空间范围，有利于正确反映一个经济实体所拥有的财产及承担的债务，计算其经营收益或可能遭受的损失，提供准确的财务信息。

(二)持续经营

持续经营假设是指企业在可以预见的将来，不会面临破产和清算，而是持续不断地经营下去。在持续经营前提下，会计确认、计量和报告应当以企业持续、正常的生产经营活动为前提。

在市场经济条件下，企业之间存在着激烈的竞争，其生产经营活动带有很大的不确定性。作为会计主体的企业，在激烈的市场竞争中可能持续经营下去，也可能失败倒闭。会计在处理经济业务时，是基于企业随时可能倒闭来反映？还是基于企业持续经营来反映？从企业的主观愿望看，绝大部分都要在竞争中不断发展、壮大，连续经营下去，因此，在没有确凿的证据证明企业将要倒闭之前，可以假设企业按照现在的形式和目标持续经营下去。

持续经营假设要求将会计建立在一个正常状态下，取得的资产可以按原定的用途使用，固定资产的价值要在其使用年限内通过折旧转为费用；负债到期才予以清偿；对于跨期的收入和支出，要按照权责发生制确认归属期，以便正确计算各会计期间的经营成果。持续经营假设最主要的意义在于使会计建立在非清算基础之上，从而解决了会计上资产的分类、计价，收入、费用的确认等问题。例如，资产、负债要按流动、固定分类，按实际成本计价。收入、费用要按权责发生制确定。

如果一个企业破产，持续经营假设便不存在。在企业清算过程中，资产和负债不需要按流动和固定分类，因为资产要立刻变卖，资产和负债要按照清算价值计价，不能再按实际成本计价。

(三)会计分期

会计分期是指将企业持续不断的经营过程人为地划分为一定的时间段落，以便核算和报告会计主体的财务状况和经营成果。

企业的生产经营活动在时间上是连续不断进行的，不能等到企业解散或经济活动停止再提供财务会计报告，投资人、债权人、管理者是不允许这样的。为了定期报告企业的财务状况和经营成果，就要假定一个起讫日期作为会计核算的前提条件。会计分期假设就是为了定期进行会计核算，人为地将企业持续经营的期间划分为若干个相等的时间段落，以便确定一定期间的财务成果。每一个段落称为一个会计期间，通常以一年称为一个会计期间，也叫会计年度。会计年度有不同的划分方法，主要有公历年度、预算年度、营业年度。目前采用公历年度为会计年度的国家或地区最多。采用预算年度为会计年度，预算年度与会计年度一致，便于国家进行宏观经济管理。采用营业年度为会计年度,一般应以每年企业活动的最低点作为年度终了的起讫点,以避开经营高峰期,有利于提高会计工作效率。会计法规定,我国以公历年度作为会计年度,即以每年的1月1日起至12月31日止为一个会计年度。我国的会计年度与财政预算年度是一致的。但要注意,会计期间的长度应该是相等的,以便于各期的财务会计报表进行比较。为了及时了解企业的经营情况,在会计年度内还要按季度、月份结账,编制财务会计报告。

会计分期和持续经营二者都是对会计主体时间范围的假定,会计分期是持续经营的一个补充。持续经营假设将会计主体的经营活动看作是连续不断的河流,要测量河流的流量,就要人为地把河流截断。会计分期就是将会计主体的经营活动人为地截成时间段落,以便测量其经营成果。

会计分期假设的意义在于界定了会计信息的时间长度。会计主体要定期结算账目,报告财务状况、经营成果,为投资人、债权人、政府部门和企业管理部门及时提供财务会计信息。由于有了会计分期假定,才产生了本期和非本期的概念,才有了权责发生制和收付实现制这两种不同的会计确认基础,才产生了收入和费用相配比、划分收益性支出与资本性支出等会计原则。

(四)货币计量

货币计量是指会计主体在确认、计量和报告时,要以货币作为统一计量尺度,反映会计主体的经营活动及其结果。企业对经济活动的计量,存在着多种计量单位,如货币、重量、长度、体积等。由于货币以外的非货币计量单位具有不同的性质,在量上无法比较,为了连续、系统、综合、全面地反映企业的经济活动,客观上需要一种统一的计量单位作为会计的计量尺度。在商品经济条件下,货币是一般等价物,是衡量商品价值的共同尺度,因此,会计核算自然就选择货币作为统一的计量单位,以货币形式反映经济活动的过程及结果。

在运用货币计量时,还必须假定货币本身的币值不变,即使有波动,也是少量的,可以抵销,忽略不计。在以币值稳定为前提的条件下,才能对财产物资采用历史成本原则进行计价,才能对不同时期的经济业务进行记录和比较。这也是目前通行的一种选择。事实上,作为特殊商品的货币,其币值是不断变动的。但是,如果每发生一次币值变动,会计就要做相应的调整,很难做到。因此,在货币计量假设中,必须以币值不变作为前提,即使发生变动,除非必须,一般也不进行调整。在币值变动幅度不大的情况下,采用币值不变假设进行会计核算,所提供的信息基本上能反映企业的经营情况。但是如果物价变动的幅度很大,币值不变假设显然不符合事实,货币计量不能反映出资产的真实价值,会计信息的正确性和有用性受到影响。如何解决物价变动情况下会计的计量问题,是当代财务会计所面临的一个难题,已引起各国会计学家的重视。

企业会计核算采用货币作为经济活动的计量单位，如果经济活动存在多种货币并存的情况，就需要确定一种货币作为记账本位币。记账本位币是指企业经营所处的主要经济环境中的货币。我国企业会计准则规定，企业通常应选择人民币为记账本位币。业务收支以人民币以外的货币为主的企业，可以选定其中一种货币作为记账本位币，但是编报的财务报表应当折算为人民币。

二、会计信息质量要求

会计信息质量要求是为了保证对外报送的会计信息质量而提出的，是会计信息对其使用者决策有用应具备的基本特征。我国会计信息质量要求包括可靠性、相关性、可理解性、可比性、实质重于形式、重要性、谨慎性和及时性等，是我国企业会计核算工作必须遵守的最基本的要求。

(一)可靠性

可靠性要求企业应当以实际发生的交易或事项为依据进行会计确认、计量、报告，如实反映符合会计确认和计量要素的会计要素及其他相关信息，保证会计信息真实可靠、内容完整。可靠性要求企业应当做到：

1. 以实际发生的交易或事项为依据进行确认、计量，将符合会计要素定义及其确认条件的资产、负债、所有者权益、收入、费用和利润等如实反映在财务报表中，不能根据虚构的、没有发生的或者尚未发生的交易或事项进行会计处理。

2. 在符合重要性和成本效益原则的前提下，保证会计信息的完整性，其中包括应当编制的报表及其附注内容的完整性，不得随意遗漏或者减少应予披露的信息，与使用者决策相关的有用信息都应当充分披露。

3. 在财务报告中的信息应当是中立的、无偏的。如果企业为了在财务报告中达到事先设定的结果或效果，通过选择或列示有关会计信息以影响决策和判断，就不是中立的。

(二)相关性

相关性要求企业提供的会计信息应当与投资者等财务报告使用者的经济决策需要相关，有助于投资者等对企业过去、现在或未来的情况做出评价或预测。

会计信息是否有用、是否具有价值，关键看其与使用者的决策需要是否相关，是否有助于使用者决策或提高决策水平。相关的会计信息应当能够有助于使用者评价企业过去的决策，证实或修正过去有关的预测，因而具有反馈价值。相关的会计信息还应当具有预测价值，有助于使用者根据企业所提供的会计信息预测未来的财务状况、经营成果和现金流量。

（三）可理解性

可理解性要求企业提供的会计信息应当清晰明了，便于会计信息使用者理解和使用。

企业编制财务报告、提供会计信息的目的在于使用，而要使使用者有效地使用会计信息，应当能让其了解会计信息的内涵、弄懂会计信息的内容，这就要求财务报告所提供的会计信息应当清晰明了，易于理解。只有这样，才能提高会计信息的有用性，实现财务报告的目标，满足向会计信息使用者提供决策有用信息的要求。

（四）可比性

可比性要求企业提供的会计信息应当相互可比。它主要包括以下两层含义：

1. 同一企业不同时期可比。为了便于投资者等财务报告的使用者了解企业财务状况、经营成果和现金流量的变化趋势，比较企业不同时期的财务报告信息，客观地评价过去、预测未来，从而做出决策，可比性要求同一企业不同时期发生的相同或者相似的交易或事项，应当采用一致的会计政策，不得随意变更。但是，并不是不得变更会计政策，如果变更会计政策后，能够提供更可靠、更相关的会计信息，可以按照规定程序进行变更。

2. 不同企业相同会计期间相互可比。为了便于投资者等财务报告的使用者评价不同企业的财务状况、经营成果和现金流量的变动情况，可比性要求不同企业发生的相同或者相似的交易或事项，应当采用规定的会计政策，确保会计信息口径一致，相互可比，以使不同企业按照一致的确认、计量和报告的要求提供相关的会计信息。

（五）实质重于形式

实质重于形式要求企业应当按照交易或事项的经济实质进行会计确认、计量和报告，不应仅以交易或事项的法律形式为依据。实质是指交易或事项的经济实质，形式是指会计核算依据的法律形式。

企业发生的交易或事项在多数情况下其经济实质和法律形式是一致的，但是有时也会出现不一致的情况。企业应当按照交易或事项的经济实质进行会计处理，而不能按照其法律形式进行会计处理，如果企业仅以交易或事项的法律形式进行核算，就会导致会计信息失真。

（六）重要性

重要性要求企业提供的会计信息应当反映与企业财务状况、经营成果和现金流量有关的所有重要交易或事项。

重要性就是要突出重点，分清主次。即对于企业和会计信息的使用者来说重要的会计事项，必须充分反映，在财务会计报告中做重点的说明。而对于次要的会计事项，可以采用简化的核算方法进行处理。例如，企业办公用的订书机等，可以使用数年，但是金额很小，购进时不作为资产进行核算，也不提取折旧，而是作为费用一次处理。

重要性是相对的，对某一个企业是重大的事项，可能对另一个企业却不是重大的事项。一般来说，判断某一项目是否重要，不仅要看金额，而且要看性质。凡是金额巨大或性质严重的，可以确定为重要事项，反之就是不重要事项。会计人员在确定某个项目的重要性时，要看该项目是否影响会计信息使用者的决策。

（七）谨慎性

谨慎性也称稳健性，谨慎性要求企业对交易或事项进行会计处理时应当保持应有的谨慎，不高估资产或者收益，不低估负债和费用。

在市场经济环境下，企业的经营活动面临许多风险和不确定性，如应收账款的可回收性、固定资产使用寿命等。在面临不确定性因素的情况下，应当保持应有的谨慎，充分估计可能发生的风险和损失，既不高估资产或收益，也不低估负债或费用。例如，估计应收款项收不回来时就要计提坏账准备。运用谨慎性原则的目的是尽量减少企业经营中的风险，当采用了低估资产和收益的会计处理方法时，企业减少了利润，同时也减少了投资人对企业的要求权，从而增强企业承担风险的能力。但是，谨慎性不允许设置秘密准备，如果企业故意低估资产或收益，故意高估负债或费用，将会歪曲财务状况和经营成果，损害会计信息的质量，对信息使用者的决策产生误导。

（八）及时性

及时性要求企业对于已经发生的交易或事项，应当及时进行会计处理，不得提前或延后。

在市场经济条件下，竞争日益激烈，信息使用者应及时了解、掌握不断变化的情况，会计信息的及时性越来越重要。及时性主要体现在以下三个方面：一要及时收集会计信息，经济业务发生以后，会计人员要将有关的凭证资料及时收集整理；二要及时进行会计处理，编制出财务会计报告；三要及时将财务会计报告对外报送出去，以便于报表使用者的使用。

第五节　会计核算的内容和会计方法

为了实现会计的目标，发挥会计的职能作用，必须遵循一定的会计程序，采用相应的会计方法。如果没有科学的方法，实现会计目标就是一句空话，下面介绍会计核算的内容和会计的方法。

一、会计核算的内容

会计核算的内容包括会计的确认、计量、记录和报告四个环节。

(一)会计确认

1. 会计确认标准。会计确认就是按照一定标准,将某一项目作为某一会计要素加以记录并列入会计报表的过程。确认包括初始确认和再确认,初始确认就是将某一项目或某项经济业务进行会计记录,例如记作资产或费用,记作负债或所有者权益。再确认就是在初始确认的基础上,对数据进行筛选,将其列示在财务报表上。如前所述,会计的内容主要是经济活动的数量方面,具体表现为资产、负债、所有者权益、收入、费用和利润等会计要素。企业每天有大量的经济业务发生,这些经济业务有些属于会计核算和监督的内容,会引起会计要素的变化,有些不属于会计核算和监督的内容,会计确认所要解决的问题就是哪些项目应该在会计上反映?这些项目应当反映为哪个会计要素?什么时间予以反映?任何项目的确认,都必须符合一定的标准。会计确认的基本标准包括以下四个方面:

(1)可定义性。一般来讲,凡是企业经营活动过程中能够用货币计量的交易或事项都属于会计确认的范围。在具体会计工作中,具有会计信息属性的经济信息应该可以具体化为会计要素,即资产、负债、所有者权益、收入、费用、利润等,按照这些要素的定义和特征加以确认,就是可定义性。

(2)可计量性。可计量性是会计确认的核心问题。在可定义性的基础上,经济信息必须能够量化,能够用货币计量,才能够保证经过确认后的信息具有质的统一性,可以进行比较和加工。

(3)可靠性。会计信息要真实可靠,首先是如实、完整地反映应当反映的经济活动及事项,而且这些交易和事项必须是根据它们的实质和不带偏向的经济现实,而不仅仅根据它们的法律形式进行核算和反映。为此,在会计确认时,要认真审核原始凭证所记载的经济信息是否真实,辨别有关经济数据能否加以查证,输入的经济数据是否有客观可信的证据。

(4)相关性。将相关性的概念作为确认的标准,是因为各方面信息使用者的需要不同。针对信息使用者的具体需要,排除不相关的数据,增进信息的有用性,如在会计报表中增加补充资料以满足不同使用者的需要。资料如果不适当地拖延,就可能失去其相关性。为保证其相关性,会计人员应及时提供资料。

在上述确认标准中可定义性和可计量性是主要的标准。如果会计信息主要反映企业经营管理者的受托责任时,会计确认更强调信息的可靠性;如果会计信息主要是为满足会计信息使用者的需要,会计确认更强调会计信息的相关性。因此,进行会计确认时应在可靠性和相关性之间权衡，以保证输出的信息能满足各方面的需要。

2. 会计确认基础。由于存在会计分期，就涉及发生的交易或事项应确认为哪一个会计期间的问题，由此形成会计确认基础。会计确认基础是会计处理过程中确认收入、费用归属期间的基本方式，包括权责发生制和收付实现制。

(1)权责发生制。权责发生制是指对于会计主体在一定期间内发生的交易或事项，凡是符合收入确认标准的本期收入，不论款项是否收到，均作为本期的收入处理；凡是符合费用确认标准的本期费用，不论款项是否支付，均作为本期的费用处理。权责发生制的核心是按交易或事项是否影响各个会计期间的经营成果和受益情况，确定其归属期。由于权责发生制确定本期收入和费用是以应收应付作为标准，而不问款项的收付，所以又称为应计制或应收应付制。

采用权责发生制，可以正确反映各个会计期间所实现的收入和为实现收入所应负担的费用，从而可以把各期的收入与其相关的费用、成本相配合，加以比较，正确确定各期的财务成果。按照权责发生制的要求，需要根据账簿记录对期末账项进行调整：将本期应收未收的收入（或称应计收入）和应付未付的费用（或称应计费用）记入账簿；同时，将本期已收取现金的预收收入和已付出现金的预付费用在本期与以后各期之间进行分摊并转账。

(2)收付实现制。收付实现制是指对于收入和费用按照收付日期确定其归属期。将收入确认为收到款项的期间，将费用确认为支付款项的期间，而不论其是否应归属本期。凡本期未收到的收入和未支付的费用，即使应归属本期，也不能作为本期的收入和费用。由于收付实现制确定本期收入和费用是以现金收付为准，所以又称为现金制或实收实付制。

采用收付实现制，按照现金收付日期确定其归属期。因此，凡属本期收到的收入，都作为本期收入，凡属本期支付的费用，都作为本期费用，不存在对账簿记录进行期末账项调整的问题。这种处理方法的优点是会计处理简便，不需要对账簿记录进行期末账项调整，但是，这种确认本期收入、费用的方法不符合配比原则的要求。按照配比原则要求，收入与其相关的成本、费用应当相互配比，而收付实现制将预收款项作为本期收入，将预付款项作为本期费用；把应列入本期收入的应收账款不列入本期收入，把应列入本期费用的应付账款不列入本期费用；等等。

综上所述，采用权责发生制可以正确地反映本期收入和费用，正确计算本期损益。因此，企业会计的确认、计量和报告应当以权责发生制为基础。

除此之外，还要考虑所确认项目的成本是否小于效益、信息是否重要等因素。会计确认通常是通过填制和审核会计凭证这一方法来进行的。企业发生的经济业务，通过会计凭证记录下来，凭证上载明该项业务发生的时间、内容、数额，确认首先要对凭证进行审核,根据审核后的凭证登记有关账簿。

(二)会计计量

会计计量是为了将符合确认条件的会计要素登记入账并列报于财务报表而确定其金额的过程。会计计量贯穿在会计工作的全过程中,没有计量,确认就失去了它的意义,记录和报告也没有内容。因此,会计计量被视为会计的核心职能。会计计量包括两个方面的内容,即计量单位和计量属性。计量单位是指计量尺度的量度单位,在商品经济条件下,会计以货币作为统一的计量尺度。计量属性是指计量资产或负债时的价格标准。从会计角度来说,计量属性反映的是会计要素金额的确定基础,主要包括:历史成本、重置成本、可变现净值、现值和公允价值等。

1. 历史成本。历史成本又称实际成本,就是取得或制造某项财产物资时所实际支付的现金或现金等价物,是指形成某项会计要素时所付出的实际成本。在历史成本计量属性下,资产要按照购置时支付的现金或者现金等价物的金额,或者按照购置资产时所付出的对价的公允价值计量。负债要按照因承担现时义务而实际收到的款项或者资产的金额,或者承担现时义务的合同金额,或者按照日常活动中为偿还负债预期需要支付的现金或者现金等价物的金额计量。历史成本具有可靠、简便、数据容易采集、符合会计核算真实性等优点,但在市场经济条件下,历史成本也存在一定的缺陷,由于历史成本属性采用的时间与会计信息使用者进行预测、决策的时间有可能存在较长间隔,如果在这段时间内经济环境发生比较大的变化(如物价剧烈波动),就不能真实地反映会计要素的实际价值,可能使会计信息使用者做出错误的判断。

2. 重置成本。重置成本是指现在形成某项会计要素可能付出的成本。采用重置成本计量属性,对于历史上已经形成的资产,按照现在购买相同或者相似资产所需支付的现金或者现金等价物的金额计量。对于历史已经形成的负债,按照现在偿付该项债务所需支付的现金或者现金等价物的金额计量。

3. 可变现净值。在可变现净值计量下,资产按照其正常对外销售所能收到现金或者现金等价物的金额扣减该资产至完工时估计将要发生的成本、估计的销售费用以及相关税费后的金额计量。

4. 现值。在现值计量下,资产按照预计从其持续使用和最终处置中所产生的未来净现金流入量的折现金额计量。负债按照预计期限内需要偿还的未来净现金流出量的折现金额计量。

5. 公允价值。公允价值是指市场参与者在计量日发生的有序交易中,出售一项资产所能收到或者转移一项负债所需支付的价格,即脱手价格。

会计核算中主要以历史成本作为计量基础。例如,某公司购进一台设备,按购进设备当时的历史成本进行计量。按历史成本计量具有许多优点,它代表取得资产时实际的资金耗费，有交易时的凭证作为根据，因而是客观的、可验证的。在某种特定的情况下，会计的计量也可以采用重置成本、可变现净值、现值和公允价值，但是应当保证所确定的会计要素金额能够取得并可靠计量。

会计计量需要成本计算这一专门方法。例如，某企业通过市场购进一批材料，应以实际购进时支付的价款作为历史成本计量，如果企业在运输材料的过程中支付了运输费，也应作为历史成本的一部分，这就需要采用成本计算这一方法，计算确定材料的采购成本。

（三）会计记录

会计记录就是将经过确认、计量的项目，运用会计的专门方法在账簿中登记的过程，主要解决某项经济业务在会计上如何登记的问题。会计记录首先要设置账户，建立一套连续、系统、全面记录经济业务的簿籍体系，然后按照复式记账的要求，根据记账凭证登记账簿。会计记录必须在确认的基础上进行，必须以货币来计量，因此，在会计实务中，会计确认、会计计量和会计记录是紧密结合在一起同时进行的，会计记录采用的会计方法包括：设置会计科目和账户、复式记账、填制和审核凭证、登记账簿等。

（四）会计报告

会计报告是根据账簿记录和其他有关资料，编制会计报表和会计报表附注的过程。通过记录形成的会计信息资料，信息量大而且比较分散，不能集中、概括说明各单位的财务状况和经营成果，因此必须进行压缩，形成一套全面、综合反映各单位情况的财务指标体系。

二、会计的方法

会计方法是指用来核算和监督会计对象、实现会计目标而采取的各种方法的总称。本书所讲会计方法主要指手工记账所采用的方法。随着会计的发展，会计方法也在不断地丰富和完善。会计方法的内容包括会计核算方法、会计分析方法、会计监督和检查方法、会计决策和预测方法，其中会计核算方法是最基本的方法。

（一）会计核算方法

会计核算是会计的主要方法，在会计方法体系中处于基础和核心的地位，是其他各种方法的基础。会计核算的基本内容是以货币为计量单位，运用一系列专门方法，对生产经营活动或者预算经营过程执行情况及其结果进行连续、系统、全面的记录、计算、分析，定期编制并提供会计报告和其他内部管理所需要的会计资料。

（二）会计分析方法

会计分析是以会计核算资料为主要依据，运用一定的分析方法，对企业的经营过程及其结果进行定性和定量的分析。通过会计分析，能够对企业的经营活动做出评价，发现问题，改善企业的经营管理。会计分析是会计核算的继续和发展。

（三）会计检查方法

会计检查是以会计核算资料为依据，对企业经济活动的合法性、合理性，对会计资料的真实性、正确性所进行的检查。会计检查是对会计核算的必要补充。

（四）会计预测方法

会计预测是以会计核算和会计分析的资料为基础，结合其他有关信息，运用一定的预测方法，对企业经济活动的发展趋势做出测算和估计，为会计决策提供备选方案。

（五）会计决策方法

会计决策是指根据会计核算和会计预测的资料，对各种备选方案进行比较，从中选出最优的方案。会计决策是企业经营决策的一个重要组成部分。

三、会计核算方法

为了全面、系统、正确地确认、计量、记录和报告会计对象，需要运用一整套专门的会计核算方法，这些专门方法包括：设置会计科目和账户、复式记账、填制和审核凭证、登记账簿、成本计算、财产清查、编制会计报表。下面简要说明这七种方法的特点以及它们之间的相互联系。

（一）设置会计科目和账户

设置会计科目和账户是对会计对象的具体内容进行分类核算的一种专门方法。会计对象的具体内容复杂多样，设置会计科目和账户就是根据会计对象内容的特点以及管理的要求，按一定的标准对它分类反映，取得所需要的财务信息。

（二）复式记账

复式记账是记录经济业务的一种方法，复式记账是相对单式记账而言的。复式记账是对每一项经济业务都要以相等的金额，同时记入两个或两个以上的有关账户。采用复式记账，可以全面反映会计要素的增减变动情况，可以检查账户记录是否正确，因而复式记账是一种科学的记账方法。

（三）填制和审核凭证

会计凭证是记录经济业务、明确经济责任的书面证明，是登记账簿的重要依据。会计凭证包括原始凭证和记账凭证。对于已经发生或已经完成的经济业务，都必须由经办人员或单位填制原始凭证，并签名盖章。对于原始凭证，要经过审核，经审核无误后的原始凭证，才能作为编制记账凭证和登记账簿的依据。填制和审核凭证是会计核算工作的首要环节，对提高会计工作质量起着重要的作用。

（四）登记账簿

账簿是全面、连续、系统地记录各项经济业务的簿籍。登记账簿就是以会计凭证为依据，运用复式记账的方法，把发生的经济业务按发生的先后顺序、分门别类地记入有关账簿，为经营管理提供全面、连续、系统的资料。会计账簿资料是编制会计报表的重要依据。

（五）成本计算

成本计算是对经营过程中发生的各种费用，按照一定的标准归集和分配，以确定各对象的总成本和单位成本的一种专门方法。成本是综合反映企业生产经营活动成果的一个重要指标，通过成本计算，可以考核物化劳动和活劳动的耗费情况，促使企业降低产品成本，提高经济效益。

（六）财产清查

财产清查是通过盘点实物、核对账目，查明各项财产物资实有数额的一种专门方法。在会计核算中，必须定期或不定期地对各种财产物资、往来款项进行清查，如果账实不符，要查明原因，及时调整账簿记录，使账簿记录与实物保持一致，保证会计账簿的真实性。通过财产清查，还可以发现财产物资保管、使用中存在的问题。因此，财产清查对于保护企业财产物资的安全完整、提高会计信息质量具有重要意义。

（七）编制会计报表

会计报表是以日常核算资料为依据，以一定的表格形式反映各单位财务状况、经营成果的一种书面文件。编制会计报表是对各单位日常核算的总结。会计报表所提供的资料，既为国家宏观调控和管理提供重要依据，也为有关各方了解企业提供了重要信息。

会计核算的各种专门方法是相互联系、密切配合的，是一个完整的方法体系。对于日常发生的经济业务，首先要取得或填制合法的原始凭证；然后，按照规定的会计科目，对经济业务进行分类，用复式记账的方法编制记账凭证，根据记账凭证，登记有关的总分类账簿和明细分类账簿；对于生产经营过程中发生的各项费用，运用成本计算方法计算各成本对象的实际成本；对于账簿记录，要通过定期或不定期的财产清查进行核实，以保证账实相符；最后，在保证账实相符的基础上，根据账簿记录，定期编制会计报表。在每个会计期间内，各种会计核算的专门方法不断地反复运用，形成了会计循环。

第六节　会计学和会计学科体系

一、会计学

会计的产生已有几千年的历史，但是把会计作为一门专业知识和独立学科，最早可追溯到1494年意大利传教士卢卡·巴其阿勒所著的《算术、几何、比及比例概要》，这本书对借贷记账法进行了系统的阐述，一般认为这是会计学或簿记学的开始。到了19世纪后半期，由于资本主义生产规模的扩大，会计变得越来越重要，这时出现了研究会计的专著。1929～1933年的经济危机，对美国经济产生了巨大的影响。经济危机使得市场竞争更加激烈，为了实现盈利目标，增强企业的竞争能力，资本主义企业需要通过会计加强企业管理，从20世纪30年代起开始有组织地研究会计理论，1936年，美国出现了"公认会计原则"的概念，企业编制财务报告要以公认会计原则为指导，并将此原则作为审核财务报告的依据。

由于历史和社会的原因，我国在会计学研究方面发展得比较慢。但是需要指出，我国古代会计的思想和方法，与同时代的外国会计相比，毫不逊色，甚至走在世界的前列，只是始终没有形成一门独立的学科。19世纪末，以借贷记账法为主要内容的西式会计传入我国，这时才把会计作为一门学科传授。会计学是研究会计理论和方法的一门经济管理科学。人们把在会计工作中的经验不断地加以总结，找出其内在规律，将其系统化形成了会计学。会计学来源于会计实践，反过来又指导会计实践。会计学的建立与发展，与政治经济学有密切联系，作为一门经济应用学科，会计学要以一定的经济理论为指导，政治经济学是会计学的重要理论基础。会计与数学有着密切的关系，会计方法和技术都离不开数学，数学方法使会计学的定量分析日益完善。近几十年，人们将信息论、控制论、系统论、行为科学等引入会计学领域，使会计学的内容更加丰富。

二、会计学科体系

经济的发展，使会计发展到了一个新的水平，会计学的内容也不断地得到丰富，形成了一个完整的会计知识体系，也就是会计学科体系。会计学按其研究的内容一般包括会计学基础、财务会计、成本会计、管理会计、财务管理学、审计学、电算化会计等。下面简要介绍其主要内容。

会计学基础或称会计学原理、基础会计、初级会计等，这门学科主要阐述会计的原理性知识，包括会计的基本理论、会计的基本知识和会计的基本方法与技能，主要解决会计学的入门问题，是学习专业会计学的基础。

财务会计，包括中级财务会计和高级财务会计。中级财务会计主要阐述如何依据会计准则，运用会计核算方法，对资产、负债、所有者权益、收入、费用和利润各项会计要素进行处理，如何编制财务报告等。中级财务会计阐述企业会计核算中一般常见的问题。高级财务会计主要阐述企业财务会计中的一些特殊问题，例如：合并财务报表、金融工具会计、租赁会计、外币会计、物价变动会计、企业破产清算会计等。财务会计主要研究对外报告会计的基本程序和基本方法,因此也称为对外报告会计。

成本会计,主要阐述企业的成本核算和成本管理的理论和方法,主要内容包括成本的计算、成本分析和成本控制等,研究如何降低成本、提高经济效益。

管理会计,主要阐述如何利用会计信息和其他有关信息对企业进行经营管理,使企业进行最优决策的基本理论和方法,主要内容包括预测决策会计、控制会计、责任会计等。管理会计是以现代管理科学为基础,以改善企业管理为目的,所提供的信息主要面对企业内部管理人员,因此也称为对内报告会计。

财务管理学,主要阐述企业如何筹集和运用资金的理论和方法,主要内容包括资金的筹措、资金的运用、财务预测、财务分析、利润分配等。

审计学,主要阐述对经济活动的合法性、合理性、效益性进行监督检查的基本理论和方法。审计的监督和检查,主要是通过检查会计凭证、账簿和会计报表来进行的。主要内容包括审计的基本理论与方法、财务审计、财政金融审计、财经法纪审计、经济效益审计等。

会计信息系统,主要阐述利用电子计算机来处理会计数据资料的理论和方法,主要内容包括会计电算化的系统分析、系统设计、程序设计等。

会计学也可以按照所应用的行业来分类,不同行业会计具有不同的特点,会计按行业可分为工业会计、农业会计、商业会计、交通运输企业会计、金融企业会计、施工企业会计、饮食服务企业会计和预算会计等。随着会计改革的深入、会计准则的完善和实施,行业会计的差异逐步缩小,其差异主要体现在成本、费用和收入确认的方式等方面。

会计学科体系内容的划分,没有严格标准,也不是一成不变的。随着经济的发展、经济管理要求的变化,会计学科体系也会有所变化。但是,无论会计学科体系发生怎样的变化,会计学基础都是学习其他会计的基础。此外,在国民经济中企业是最基本的经济单位,故本书以企业会计为例进行研究。

本章小结

会计是以货币为主要计量单位,采用一系列专门方法,对企业、事业、机关、团体等单位的经济活动进行全面、系统、连续地记录、计算和分析,向有关各方提供会计信息,促使单位提高经济效益的一种经济管理活动。

会计对象是能用货币表现的各种经济活动。会计要素是对会计对象的基本分类,是会计对象的具体化。会计要素包括资产、负债、所有者权益、收入、费用、利润。会计基本职能包括核算和监督。会计目标是向以投资人和债权人为主的、与企业有关的各方提供有用的信息，以帮助他们进行决策和控制经济活动。

会计基本假设包括：会计主体、持续经营、会计分期和货币计量。会计确认基础包括权责发生制和收付实现制。会计信息质量要求有可靠性、相关性、可理解性、可比性、实质重于形式、重要性、谨慎性和及时性。

会计核算的工作内容包括会计的确认、计量、记录和报告四个环节。确认是按照一定标准，将某一项目作为某一会计要素加以记录并列入会计报表的过程。计量是以货币或其他量度单位计算各项经济业务和结果的过程。记录是将经过确认、计量的项目，运用会计的专门方法在账簿中登记的过程。报告是根据账簿记录和其他有关资料，编制会计报表和会计报表附注的过程。

会计核算方法包括：设置会计科目和账户、复式记账、填制和审核凭证、登记账簿、成本计算、财产清查、编制会计报表。

会计学是研究会计理论和方法的一门经济管理科学。

本章关键词汇

会计	accounting
会计对象	accounting object
会计职能	accounting function
会计目标	the objective of financial reports
会计要素	accounting elements
会计假设	basic accounting assumption
会计主体	accounting entity
持续经营	going concern
会计分期	time-period assumption
货币计量	unit-of-measure assumption
权责发生制	accrual basis
收付实现制	cash basis
会计信息质量要求	qualitative characteristics of accounting information
可靠性	reliability principle
相关性	relevance principle
可理解性	understandability principle

可比性	comparability principle
实质重于形式	substance over form
重要性	materiality principle
谨慎性	conservatism principle
及时性	timeliness principle
确认	recognition
计量	measurement
记录	accounting records
报告	report

思考与练习题

一、思考题

1. 会计是如何产生并发展的？会计的发展可以分为哪几个阶段？
2. 什么是会计？怎样理解会计的基本概念？
3. 什么是会计的职能？现代会计有哪些职能，它们之间的关系如何？
4. 为什么说会计核算和监督是会计的基本职能？
5. 如何理解会计对象与会计要素的关系？
6. 会计核算为什么需要建立基本前提？我国会计核算的基本前提有哪些？
7. 什么是会计计量？其计量属性如何？会计计量与会计确认的关系如何？
8. 什么是会计核算方法？各种会计核算方法之间有何联系？
9. 会计核算的工作内容包括哪些环节？
10. 什么是会计确认？如何进行会计确认？
11. 什么是会计学？会计学科由哪些分支学科组成？

二、练习题

【目的】练习会计要素的划分（资产、负债、所有者权益、收入、费用、利润）。

【资料】

(1)厂部办公大楼。

(2)运输汽车。

(3)未完工产品。

(4)支付的广告费。

(5)应付给供货单位的材料款。

(6)未上交的税金。

(7)预收的货物订金。

(8)存在开户银行的存款。

(9)向银行借入的短期借款。

(10)库存的商品。

(11)应付供货单位的购货款。

(12)已经实现的产品销售取得的收入。

(13)厂部发生的办公费。

(14)生产产品耗用的原材料。

(15)银行借款的利息支出。

(16)发给职工的工资。

(17)从利润当中提取的盈余公积金。

(18)由出纳人员保管的现金。

【要求】指出以上所列项目属于哪个会计要素。

三、案例分析题

【目的】练习会计要素的划分。

【资料】小李和小张是计算机系三年级的大学生,20×8年3月1日他们用10 000元银行存款投资开办了一家电脑维修部,从事电脑维修,并附带销售电脑配件。他们首先租了一间小门脸,每月房租1 000元,第一个月的房租已经支付;花费2 500元购买了一些修理用的工具和配件;为了方便出行花费400元买了一部自行车;在报纸上做了广告,广告费为750元,其中250元的广告费未支付;支付请来帮助修理电脑同学的报酬300元;3月15日,小李和小张从银行提取1 000元用于个人生活支出,31日收到水电费缴费单,共计100元尚未支付。当月电脑维修全部收入已存入银行,31日银行账户余额为7 000元。

小李和小张认为他们第一个月经营情况不错,尽管亏了3 000元,但是却打开了市场。

【要求】

(1)分析小李和小张依据什么计算亏了3 000元,依据正确吗?

(2)分析电脑维修部3月底有哪些资产和负债?

(3)计算电脑维修部3月份的收入和费用是多少?

第二章

会计循环(一):会计分录与会计凭证

导　读

本章是会计学基础课程的核心内容,是以后会计学习的基础。通过本章学习,应掌握会计循环的基本步骤,掌握会计要素,理解会计等式含义,并准确阐述会计等式;掌握会计科目与账户的概念、内容,复式记账的原理,借贷记账法的记账符号、账户结构、记账规则、试算平衡;学会会计分录编制;掌握会计凭证的概念、作用、类型及填制。

本章重点:以会计循环为起点,认识会计核算的过程。理解会计等式是会计核算的理论基础。掌握设置会计科目和账户是会计核算的一个专门方法,账户的结构、特点及分类。掌握复式记账的基本原理与作用,掌握借贷记账法的理论基础、记账符号、记账规则和试算平衡,能够准确运用借贷记账法。掌握会计的记录和记录载体是会计分录及会计凭证。

本章难点:各种类型的经济业务发生对会计恒等式的影响,复式记账原理及借贷记账法的运用。

教学课时:12 课时

案例导读

小李根据公司实际的情况选择聘请会计机构代理记账,可以在运营初期节省开支。

在实际运营过程中，小李开设的服饰店还产生了如下的花费：一次性支付一年租金50 000元；为布置店铺购置了部分衣柜、展架和全身镜共计20 000元；聘请专业的设计师对服装进行设计，支付设计费共计10 000元；向工厂定制服装共计30 000元；调研考察的差旅费和咨询费共计5 000元；聘请一名导购员和一名出纳每月发生的人员费共计5 000元。服装店本月销售额共计20 000元，交由出纳存入开户行。小李根据代理记账机构的要求提供了以上不同业务的票据，包括购置衣柜、展架等取得的发票，出差的火车票、出租车票、住宿费等。会计人员进行核算，按实际发生额汇入到不同的会计科目和账户进行记账。在这个过程中，小李产生如下问题：

- 什么是会计科目？
- 什么是会计账户？
- 会计科目和会计账户是什么关系？
- 针对不同用途、不同形式的凭证，会计人员该如何进行分类呢？

第一节　会计循环概述

全面、连续、系统地反映企业在一定期间所发生的经济业务，是一个完善的会计信息系统应具备的功能。企业在其较为长久的存续期间，将不断地发生与其经营内容相关联的各种经济业务。会计必须在各个会计期间对所采集的各项数据资料进行分类、记录、汇总，然后制成定期的会计报表，以提供给企业会计信息的使用者。这项会计工作过程周而复始地进行着。所谓会计循环，就是指会计信息系统周而复始地对会计信息进行加工处理的过程。

企业进行会计信息处理，离不开会计凭证、会计账簿和会计报表，总是根据发生的经济业务填制会计凭证，根据会计凭证登记会计账簿，根据会计账簿的记录编制会计报表。这个顺序必须依次进行，不允许也不可能任意颠倒。不同企业的经济业务内容和繁简程度可能不同，但不同企业会计循环的步骤基本上是相同的。一个典型的会计循环步骤如图2－1所示。

图2－1中第(1)至第(4)步是日常的会计工作，第(5)至第(10)步在会计期末进行。结账工作一般只在年终时进行，年度之内即使编制月份或季度等中期会计报表，通常也不结账，只需做调整分录和试算。从理论上讲，会计循环中第(5)至第(10)步应于会计期末完成，但在实际工作中不可能做到如此及时，所以这些步骤中的有些工作往往要在下一个会计期间的初期完成。

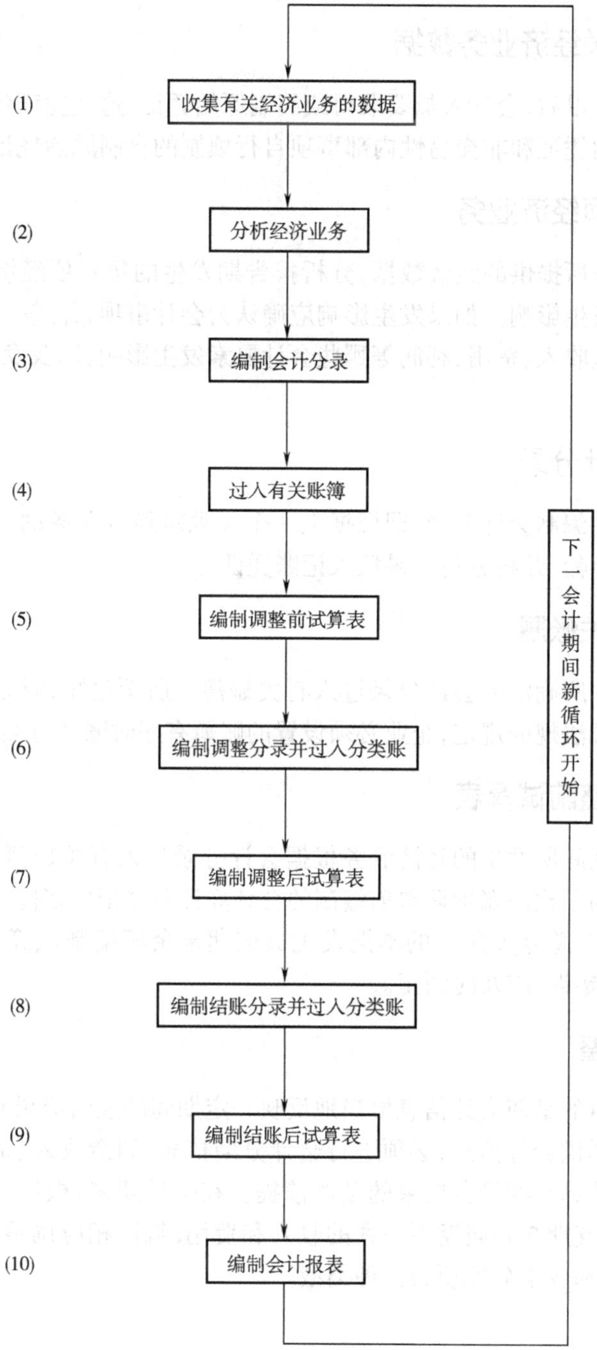
(1)
收集有关经济业务的数据
(2)
分析经济业务
(3)
编制会计分录
(4)
过入有关账簿
(5)
编制调整前试算表
(6)
编制调整分录并过入分类账
(7)
编制调整后试算表
(8)
编制结账分录并过入分类账
(9)
编制结账后试算表
(10)
编制会计报表
下一会计期间新循环开始

图 2－1　会计循环步骤

一、收集有关经济业务数据

经济业务发生以后，会计人员要取得或编制原始凭证，这些凭证包括企业对外交易中取得的外来原始凭证和非交易性内部事项自行填制的自制原始凭证。

二、分析各项经济业务

根据原始凭证所提供的经济数据，分析报告期发生的每一项经济活动是否对会计要素的增减变化发生影响。如果发生影响应确认为会计事项，并进一步分析其对资产、负债、所有者权益、收入、费用、利润等哪些会计要素发生影响，以及发生什么样的影响，以便加以记录。

三、编制会计分录

在记账凭证中编制会计分录，即根据上一个步骤对经济业务的分析，确定应借、应贷账户的名称及金额，并将分析结果填入记账凭证。

四、过入有关账簿

将记账凭证中所确定的会计分录过入有关账簿。所谓过账，就是根据会计分录登记账簿。按照会计法规的规定，企业必须设置的账簿有序时账和分类账。

五、编制调整前试算表

将某个会计期间所发生的经济业务根据会计分录过入有关账簿后，日常会计核算工作即告结束。为了检验账项调整前编制的会计凭证及登记的账簿是否有数字抄写或计算错误，应根据各总分类账户的本期发生额或期末余额编制试算平衡表，如果不平衡，说明账簿中有错误，应及时纠正。

六、账项调整

账项调整的目的是使会计信息恰当地反映一定期间的经营成果和一定日期的财务状况。为了及时提供会计信息，必须进行会计分期核算，划清收入、费用的本期和非本期的界限是正确计算本期经营成果的基本前提。在会计期末，根据权责发生制和配比原则，调整那些收支期与归属期不一致的收入和费用，编制相应调整分录，主要包括应计项目、递延项目和成本分配项目三种类型。

七、编制调整后试算表

在根据上述调整分录登记有关账户后,可以使各账户所提供的资料完整系统地反映某个会计期间经济活动的全貌。为了保证调整分录过账后会计记录的正确性,还应编制调整后试算表。

八、编制结账分录并过入分类账

广义的结账概念包括三层含义:其一是指在应记入账簿的会计业务已经全部入账的基础上,分别结出每个账户的本期发生额和期末余额;其二是指在会计期末计算本期财务成果的过程;其三是指根据财务管理的规定进行利润分配的过程。年终结账主要指的是后两种含义。企业在账项调整后,经试算表试算平衡,就可以编制结账分录并过入分类账。所谓结账分录是指在会计期末将有关账户的余额或差额结转到另一个账户上去而编制的会计分录,其编制的依据取自于调整后试算表所提供的资料。

九、编制结账后试算表

为了检验年终结账分录以及过入分类账的记录是否正确,应编制结账后试算表。

十、编制会计报表

完成了会计循环前九个步骤的工作之后,即可进入会计循环的最后一步工作——编制会计报表。编制会计报表是会计循环的终点,为了向企业内部和外部信息使用者提供企业本期财务状况以及经营成果等方面的会计信息,会计人员应及时编制会计报表。

以上会计循环步骤,可以分为若干阶段,分别为:第(1)步骤至第(3)步骤为第一阶段,做的是记账前的工作,要确定对发生的经济业务该记什么账、记多少金额等;第(4)步骤至第(9)步骤为第二阶段,做的是账簿记录的工作,包括账簿登记、账项调整、账目试算、账簿结算等;第(10)步骤为第三阶段,做的是会计信息对外报告工作。

本章及第三章、第四章,分别讲述三个阶段的会计循环,以及每步会计循环要做的具体工作。

第二节　会计要素与会计恒等式

从上一节中,我们已经知道,会计循环第一阶段的中心是确定该如何记账。完成这一工作，要从会计要素间的数量关系、会计要素的具体项目等基本问题谈起，还要借助于会计凭证这一会计信息载体。

一、会计要素

在第一章讨论会计核算对象时，已明确会计所要提供的是关于一个企业的资产、负债、所有者权益、收入、费用和利润等方面的信息，以上六个方面是资本运动中的不同方面和组成部分，会计上给它们一个概念——会计要素。性质不同的企事业单位，其会计要素也不尽相同。就工业、商业、农业、服务业等行业的基层企业而言，其会计要素有资产、负债、所有者权益、收入、费用和利润六项，这六个会计要素从不同的角度体现企业的财产关系和财务状况，彼此之间有着内在的数量关系。

(一)资产

资产是指过去的交易、事项形成并由企业拥有或者控制的资源，该资源预期会给企业带来经济利益。

资产具有以下特征：

1. 资产必须是企业拥有的或控制的资源。具体是指企业享有某项资源的所有权，或者虽然不享有某项资源的所有权，但该资源被企业所控制，即企业不享有其所有权，但企业实际控制了这些资产，企业可以从资产中获取经济利益，这符合会计上对资产的定义。如从银行取得借款存在自己的账户上，应该列入本企业的资产。

2. 资产预期能为企业带来经济利益。具体是指资产直接或间接导致现金和现金等价物流入企业的潜力，带来的经济利益可以是现金或现金等价物，也可以是减少现金或者现金等价物流出的形式。

3. 资产是过去交易或事项形成的。过去的交易事项包括购买、生产、建造行为或者其他交易或事项，企业预期在未来发生的交易或事项不形成资产。例如，企业有购买某项固定资产的计划，但是交易尚未发生，则不符合资产的定义。

资产按其流动性可分为流动资产与非流动资产。流动资产是指在1年或者超过1年的一个营业周期内变现或耗用的资产，包括货币资金，以公允价值计量且其变动计入当期损益的金融资产、应收票据、应收账款、预付款项、存货等。非流动资产（一般）是指不符合流动资产定义的资产，或者是超过1年变现或耗用的资产，通常包括长期股权投资、固定资产、在建工程、无形资产和开发支出等。

(二)负债

负债是指过去的交易或事项形成的现时义务，履行该义务预期会导致经济利益流出企业。

负债具有以下几方面特征:

1. 负债是过去交易或事项形成的现时义务。这里的现实义务是指企业在现行条件下已承担的义务,未来发生的交易或事项形成的义务,不属于现实义务,不能确认为负债。

2. 负债预期会导致经济利益流出企业。在履行现实义务清偿负债时,导致经济利益流出企业的形式多种多样。例如,用现金偿还或以实物资产形式偿还,转移部分资产偿还,以提供劳务等形式偿还等。

负债按其流动性不同,可以分为流动负债和非流动负债。流动负债是指将在1年或者超过1年的一个营业周期内偿还的债务,包括短期借款、应付票据、应付账款、应付职工薪酬、应交税费、其他应付款、应付利息等。非流动负债是指偿还期在1年或者超过1年的一个营业周期以上的债务,包括长期借款、应付债券等。

(三)所有者权益

所有者权益是指企业资产扣除负债后由所有者享有的剩余权益,其金额为资产减去负债后的余额。

所有者权益具有以下特征:

1. 所有者权益是所有者对企业资产的剩余索取权,所有者仅对企业的净资产享有所有权,净资产是资产减去负债后的余额。

2. 所有者权益不是一个独立的要素,其非独立性表现在所有者权益金额的确认、计量要依赖于资产和负债。

3. 所有者凭借所有者权益参与企业利润的分配。

所有者权益的来源包括投资者投入的资本、直接计入所有者权益的利得和损失、留存收益。投入资本就是投资者实际投入企业经营活动的各种财产物资。直接计入所有者权益的利得和损失是指不应计入当期损益、会导致所有者权益增减变动的、与所有者投入资本或者向所有者分配利润无关的利得或损失。其中:利得是指由企业非日常活动所形成的、会导致所有者权益增加、与所有者投入无关的经济利益流入;损失是指由企业非日常活动所发生的、会导致所有者权益减少、与向所有者分配利润无关的经济利益流出。留存收益是指企业经营活动形成的利润在向所有者分配后留归企业的部分或待以后再分配的部分。

(四)收入

收入是指企业在日常活动中形成的、会导致所有者权益增加的、与所有者投入资本无关的经济利益的总流入。

收入的特征表现为:

1. 收入是日常活动中产生的经济利益流入,偶然活动产生的经济利益流入只能形成利得,不是这里所讲的收入。日常活动是指企业为完成其经营目标所从事的经常性活动以及与之相关的活动,例如,工业企业制造并销售产品即属于日常活动。非日常活动所形成的经济利益的流入属于利得。

2. 收入是与所有者投入资本无关的经济利益的总流入。收入应当会导致经济利益的总流入。在日常实务中,经济利益的增加有时是由所有者投入资本的增加导致的,所有者投入资本的增加不应确认为收入,而应将其计入所有者权益。

3. 收入的形成总是伴随着资产的增加或负债的减少,换言之,收入会导致所有者权益的增加。

按照企业经营活动的性质,可以将收入分类为商品销售收入、提供劳务收入、让渡资产使用权收入和建造合同收入等。按照企业从事日常活动在企业的重要性,可以将收入分为主营业务收入和其他业务收入。

(五)费用

费用是指企业在日常活动中发生的、会导致所有者权益减少的、与向所有者分配利润无关的经济利益的总流出。

费用的特征表现为:

1. 费用是为取得收入而付出的一种代价,因此费用的确认应与收入配比确定,配比的方式有直接配比和期间配比。

2. 费用表现为企业经济利益的流出,从而导致资产的减少或负债的增加,其表现形式包括现金或现金等价物的留出,存货、固定资产和无形资产的耗费等。需要注意的是,企业向所有者的分配也会导致经济利益的流出,该经济利益的减少属于所有者权益的抵减项目,不应确认为费用。

按照经济用途的不同,费用可以分为生产成本和期间费用。生产成本是指企业为生产产品、提供劳务而发生的各种耗费,包括为生产产品、提供劳务而发生的直接和间接费用。期间费用是指本期发生、不能直接或间接归入某种产品成本、直接计入损益的各项费用,包括销售费用、管理费用和财务费用。

(六)利润

利润是指企业在一定会计期间内的经营成果。如果企业实现了利润,表明企业的所有者权益增加,反之,如果企业发生亏损,即利润为负,表明企业的所有者权益将减少。

利润包括收入减去费用后的净额、直接计入当期利润的利得和损失等。直接计入当期利润的利得和损失,是指应当计入当期损益、会导致所有者权益发生增减变动、与所有者投入资本或向所有者分配利润无关的利得和损失。

二、会计恒等式的含义

会计恒等式,也称为会计的方程式或平衡公式,它是一切会计方法的出发点和基础。会计恒等式就是用数学等式形式表示的六个会计要素之间的内在数量关系。

(一)会计基本等式

会计基本等式是指会计要素之间的基本数量关系,掌握这种关系,对于企业加强经济活动管理具有重要意义。只要企业的生产经营活动没有停止,那么企业的资本就会处在不停的运动之中。资本的运动,同其他事物的运动一样,其运动的状态采取了两种形态——相对静止状态和显著变动状态。

当资本处于相对静止状态时,一方面资本作为运动中的价值,表现为具体的财产与物资,并按生产经营活动的各个不同阶段(供应、生产与销售)分化为各种不同形态。把分布在生产经营过程的不同阶段、具有不同形态的财产物资给予会计上的一个特定概念——资产,它代表着企业可以支配和运用的经济资源。另外一方面,任何资产的取得,总有其来源及其所体现的所有者,即业主的投资、举债、业主留存收益等。对于这些资产的来源会计上又有特定的概念——负债(业主应承担的、在未来偿还的经济义务)及所有者权益(企业所有者的投资或投资者对企业所拥有的剩余产权)。这样,当资本运动处于相对静止状态时,资本运动就表现为两方面:一方面是资产,表明资本运用到何处,采取什么形态;另一方面是负债和所有者权益,表明企业的资产来自何处。这两方面相互依存、相互制约,共存于资本运动之中。

一个企业有多少资产,也就一定要有其相应的来源;反之,有多少来源也就必然表现为有多少资产。在某一时点二者之间就具有下列公式所表示的数量关系:

$$资产 = 负债 + 所有者权益$$

或:

$$所有者权益 = 资产 - 负债 = 净资产$$

资产、负债和所有者权益是静态会计要素,以上等式反映了企业在某一特定日期的财务状况,所以是静态的会计等式,也是会计等式中最通用和最一般的形式,所以也称为会计基本等式。

【例2-1】经批准李强于202×年7月1日成立丽影图片社,他将自己的照相机及其他附属配件70 000元和一套冲、洗、印、放设备计90 000元投入图片社,又向银行借入人民币现金50 000元拟作采购新设备的资金存入银行,同时还投入包括冲洗药水、各式相纸、胶卷等材料计20 000元,以及现金20 000元。成立当天,该图片社的资产、负债及所有者权益以及它们的数量关系参见表2-1。

表 2－1　　　　　　　　　　资产负债表　　　　　　　　　　单位:元

资产		负债	
库存现金	20 000	银行借款	50 000
银行存款	50 000	所有者权益	
原材料	20 000		
固定资产	160 000	实收资本——李强	200 000
合计	250 000	合计	250 000

资产(20 000＋50 000＋20 000＋160 000)＝负债(50 000)＋所有者权益(200 000)

所有者权益＝资产(250 000)－负债(50 000)＝200 000

从以上资产、负债、所有者权益之间的数量平衡关系可以看出:负债的求偿能力要高于所有者权益。或者说,所有者权益是在企业全部资产抵减全部负债以后的剩余,因此,也称为"净资产"。这一术语形象地说明了所有者对企业所享有的权益和风险:当企业经营成功而不断实现利润时,净资产就会越来越大;反之,如果企业经营失败而不断出现亏损时,净资产就会越来越小。当企业资不抵债时,净资产就为零或负数。

会计基本等式是以后学习账户、复式记账和编制资产负债表的理论依据。

(二)动态会计等式

企业在其生产活动过程中,一方面销售商品和对外提供劳务,企业会相应赚取收入;另一方面,商品销售和劳务的提供又要发生各种经济资源的耗费,就构成了费用。收入和费用比较,若收入大于费用企业获得了利润,若收入小于费用企业发生了亏损,这三个要素在一定期间就形成了下列公式所表示的数量关系:

收入－费用＝利润

这个等式反映了收入、费用和利润在某一时期的动态平衡关系,是编制利润表的理论依据。

【例 2－2】假设丽影图片社经营的第一个月,营业收入为 15 000 元,费用为 9 000 元,则利润额:

收入(15 000 元)－费用(9 000 元)＝利润(6 000 元)

用列表的形式表示如表 2－2。

表 2－2　　　　　　　　　　利润表　　　　　　　　　　单位:元

项目	金额
收入	15 000
减:费用	9 000
利润	6 000

(三)会计等式的扩展

资产负债表等式反映的是某一时点企业的全部财产及其相应的来源。仅仅通过这一等式,就可以正确地反映企业的全部经营活动及其影响。因为,那些取得收入、发生费用的经济业务,在收入或费用增加的同时,也会导致资产或负债产生相应的变动。一般地说,收入总会导致资产的增加或负债的减少,费用的发生会相应消耗企业的资产或增加企业的负债;收入和费用抵减的净结果,都应该归企业的所有者来承担。这样,会计基本等式和动态会计等式可以合并为:

资产+收入导致资产的增加(或-费用导致资产的减少)

=负债+费用导致负债的增加(或-收入导致负债的减少)+(所有者权益+利润或-亏损)

或:

资产=负债+所有者权益+利润(或-亏损)

这个公式表明,在会计期末企业进行会计结算,将收入和费用配比后,计算出利润,取得的利润按照规定分配给投资者后,余下的部分归投资者所有,体现为所有者权益的组成部分,此时,上述等式即为会计基本等式:资产=负债+所有者权益。

例如,假设丽影图片社当月所发生的全部收入都已收到现金,费用也都是资产的耗费如现金支出、照相材料的损耗等,没有发生与负债有关的活动。这样,通过用资产负债表等式,可直接反映收入和费用业务的影响:

资产=负债+所有者权益

(250 000+15 000-9 000)=(50 000)+(200 000+6 000)

256 000=256 000

这一公式的意义是:在某时日资产、负债、所有者权益平衡的基础上,经过某一期间的经营,发生了收入和费用并得到了利润。收入可视为是增加了企业的资产,相反,费用可视为是减少了企业的资产,利润则可视为增加了所有者权益(经营的结果必然会影响所有者权益)。这样,资产、负债、所有者权益又建立了一种新的平衡关系('表示与期初的数量不同):

资产'=负债'+所有者权益'

丽影图片社经营一个月后的资产负债表如表2-3所示:

表2-3 **资产负债表** 单位:元

资产		负债	
库存现金	(20 000+15 000) 35 000	短期借款	50 000
银行存款	50 000	所有者权益	
原材料	(20 000-9 000)11 000	实收资本——李强	200 000
固定资产	160 000	本年利润	6 000
合计	256 000	合计	256 000

由此可见,不论在什么时候去观察资本运动的相对静止状态,资产与负债和所有者权益的数量总是保持平衡关系。会计基本等式既是资本运动的起点,又是资本运动的终点。

三、经济业务对会计等式的影响

从会计基本等式来看,在任何时点上,会计主体的全部资产和其相应的来源存在恒等关系,并且这一恒等关系不会因为经济业务的发生而被打破。也就是说,任何一笔经济业务,都不会破坏会计基本等式的平衡关系。会计基本等式的基本构成是:资产 = 负债 + 所有者权益。从简单的数量关系对比来看,任何经济业务如果不打破会计等式的平衡关系,必定符合下列四种类型中的一种:①等式双方同时增加一个等量;②等式双方同时减少一个等量;③等式左方一增一减一个等量:④等式右方一增一减一个等量。下面分别就这四种类型加以说明。

(一) 等式双方同时增加一个等量

资产与负债或所有者权益同时增加的主要经济业务类型有:业主向企业投入资本、企业向银行借款、取得营业收入导致资产增加等。

【例 2-3】李强又向丽影图片社投入洗、印、冲、放设备等 30 000 元,就是等式双方同时增加一个等量,资产方面的固定资产增加 30 000 元,应计入“固定资产”账户的借方,所有者权益方面的资本增加 30 000 元,计入“实收资本”账户的贷方,计入有关账户如图 2-2、图 2-3 所示。

借方	固定资产	贷方
30 000		

图 2-2

借方	实收资本	贷方
		30 000

图 2-3

仍以前例丽影图片社 202×年 7 月 1 日的资产负债表为例说明经济业务的发生对资产负债表的影响(如表 2-4 所示)。

表 2-4 **资产负债表** 单位:元

资产		负债	
库存现金	20 000	短期借款	50 000
银行存款	50 000	所有者权益	

续表

资产		负债	
原材料	20 000	实收资本——李强	(200 000 +30 000)230 000
固定资产	(160 000 +30 000)190 000		
合计	280 000	合计	280 000

(二)等式双方同时减少一个等量

这主要是指经济资源流出某一会计主体,资产与负债或所有者权益的同时减少,主要经济业务类型有:向股东或所有者派发股利或利润、向国家交纳税金、偿还各种借款等。

【例2 -4】丽影图片社银行借款 50 000 元中的 20 000 元到期,用银行存款偿还。该项业务一方面引起资产方面的银行存款减少 20 000 元,应计入"银行存款"账户的贷方;另一方面引起负债方面的银行借款减少 20 000 元,应计入"短期借款"账户的借方。计入有关账户如图 2 -4、图 2 -5 所示:

借方	银行存款 贷方
	20 000

图 2 -4

借方 短期借款	贷方
20 000	

图 2 -5

经济业务的发生对资产负债表的影响如表 2 -5 所示。

表 2 -5 **资产负债表** 单位:元

资产		负债	
库存现金	20 000	短期借款	(50 000 -20 000)30 000
银行存款	(50 000 -20 000)30 000	所有者权益	
原材料	20 000	实收资本——李强	230 000
固定资产	190 000		
合计	260 000	合计	260 000

(三)等式左方一增一减一个等量

即一项资产增加,另一项资产减少。企业的资产在使用过程中会不断地变换形态,从而导致各种资产相互之间不断地转换形态。

【例 2－5】丽影图片社用银行存款购买胶卷、相纸等用品 15 000 元，该项业务一方面引起资产方面的银行存款减少 15 000 元，应计入“银行存款”账户的贷方；另一方面引起资产方面的原材料增加 15 000 元，应计入“原材料”账户的借方。计入有关账户如图 2－6、图 2－7 所示：

借方	银行存款 贷方
	15 000

图 2－6

借方	原材料 贷方
15 000	

图 2－7

经济业务的发生对资产负债表的影响如表 2－6 所示。

表 2－6 **资产负债表** 单位：元

资产		负债	
库存现金	20 000	短期借款	30 000
银行存款	(30 000－15 000) 15 000	所有者权益	
原材料	(20 000＋15 000) 35 000	实收资本——李强	230 000
固定资产	190 000		
合计	260 000	合计	260 000

(四) 等式右方一增一减一个等量

会计恒等式右方包括负债和所有者权益两个要素，一般是因资金来源的渠道相互转化的业务引起的。存在四种情况：负债一增一减；所有者权益一增一减；负债减少，所有者权益增加；所有者权益减少，负债增加。例如：某一会计主体向乙方借款，偿还甲方，就是负债之间的此增彼减；当股份公司发放股票股利，就是将利润转增股本，导致利润减少，股本增加，属于所有者权益账户之间的一增一减；在西方国家，一些公司经常发行可转换公司债券，规定公司债券在到期后可按一定比例转换成公司的股票，这种业务会引起某一会计主体负债的减少和所有者权益的增加；第四种情况的变换，即从股东或所有者变为债权人，由于股东和债权人在法律地位上存在差别，目前法律是不允许的。

【例 2－6】丽影图片社向别的公司借款 10 000 元偿还银行借款，该项业务一方面使负债方面的应付账款增加 10 000 元,应计入"应付账款"账户的贷方;另一方面引起负债方面的银行借款减少 10 000 元,应计入"短期借款"账户的借方。计入有关账户如图 2－8、图 2－9 所示。

借方　应付账款	贷方
	10 000

图 2－8

借方　短期借款	贷方
10 000	

图 2－9

经济业务的发生对资产负债表的影响如表 2－7 所示。

表 2－7　　**资产负债表**　　单位:元

资产		负债	
库存现金	20 000	短期借款	(30 000－10 000)20 000
银行存款	15 000	应付账款	(0＋10 000)10 000
原材料	35 000	所有者权益	
固定资产	190 000	实收资本——李强	230 000
合计	260 000	合计	260 000

企业发生的经济业务虽然复杂繁多,但就其对会计等式左右两边的影响来看,不外乎上述四种类型,例题中的四项经济业务正是这四种类型的典型代表。

第一,资产和负债及所有者权益项目双方同时增加,增加的金额相等,一般表现为资金进入企业,如例 2－3。

第二,资产和负债及所有者权益项目双方同时减少,减少的金额相等,一般表现为资金退出企业,如例 2－4。

第三,一个资产项目增加,另一个资产项目减少,增加和减少的金额相等,表现为资产的内部变化,如例 2－5。

第四,一个负债和所有者权益的项目增加,另一个负债及所有者权益的项目减少,增加和减少的金额相等,表现为负债及所有者权益的内部变化,如例 2－6。

由此,我们可以得出以下结论性认识:

第一,任何一项经济业务的发生,必然会引起资产和负债及所有者权益,或者资产内部和负债及所有者权益内部至少两个项目的变化,变化的结果是资产总额和负债及所有者权益总额始终保持平衡。

第二，经济业务的发生，同时涉及资产和负债及所有者权益变动的，会使双方总额发生同增或同减的变化，但变动的结果是双方总额仍然相等。

第三，经济业务的发生，只涉及资产一方变动，或者只涉及负债及所有者权益一方变动的，都不影响双方总额的平衡关系。

会计等式的这种平衡关系，是会计上设置账户、复式记账和编制资产负债表的理论基础。正确地理解和运用这种平衡关系，对于正确地进行日常会计核算具有重要的意义。

第三节　会计科目和账户

一、会计科目

（一）会计科目的概念

会计对象的具体内容是会计要素，每一个会计要素又都包含若干具体项目。例如资产这个会计要素，包含现金、银行存款、应收账款、原材料、固定资产等项目。又如负债这个会计要素包含短期借款、应付账款等项目。我们将表现会计要素具体内容的这些项目，称为会计科目。所以，会计科目就是对会计对象的具体内容进行分类核算的项目。

（二）会计科目的作用

对会计对象的具体内容进行科学的分类，确定会计要素的具体项目，是会计核算的一项重要基础工作，可以将会计主体发生的繁杂的经济业务按其对会计要素增减变动的影响，分门别类地进行核算，提供经济管理所必需的、全面的、连续的、系统的会计信息资料。会计科目作为会计对象具体内容进行分类核算所事先确定的项目，是设置账户和登记账簿的依据。

（三）会计科目的设置原则

为了提供科学、完整、系统的会计信息，会计主体在设置会计科目时应遵循下述原则：

1. 设置会计科目必须结合会计对象的具体内容和特点。不同的会计主体，特别是不同行业的会计主体，其经济活动和经济业务的内容千差万别，会计要素的具体项目各不相同。会计主体应根据自身经济活动和经济业务的内容和特点，设置会计科目。

首先，应结合不同行业经济业务的内容和特点设置会计科目。例如，工业企业的经济活动包括供应、生产和销售三个环节，既要设置反映生产过程的会计科目，又要设置反映供应过程和销售过程的会计科目;商业企业的经济活动是组织商品流通,需要设置反映商品购入、储存和销售过程的会计科目。

其次,要能全面、系统地反映财务会计要素及整个财务会计对象。就每个会计科目而言,应能分门别类地反映各会计要素的某一方面,即应做到所设置的会计科目能够明确而不是含糊不清地反映不同会计科目质的区别,以便于对它们进行可靠的计量。也就是说,每个会计科目都应具备独特内容,能独立地说明财务会计要素的某一方面。就会计科目的整体而言,所有会计科目应能系统、全面地反映财务会计要素以及整个财务会计的对象。例如,资产是财务会计中一项内容丰富的要素,其中的现金、银行存款、应收票据、应收账款、原材料、库存商品、固定资产、无形资产等,都是资产的一种特定形态,且容易分别地加以计量。因此,它们中的一项就可以单独地成为一个会计科目。同样,在负债、所有者权益、收入、费用和利润要素之下,也可以分别确定与设置若干个会计科目。把各个会计要素的会计科目组合起来而形成的会计科目体系,必能反映会计对象的全貌。

2. 设置会计科目必须满足经济管理的要求。会计信息资料是国家进行宏观经济管理、企业进行自身经济管理和投资者进行投资决策所不可缺少的。因此,会计科目的设置,首先应满足国家宏观经济管理的要求,为此,财政部制定企业会计制度,统一规定会计科目,作为各会计主体设置会计科目的依据;其次,应满足会计主体自身经济管理的要求,为企业进行经济预测、经营决策,以及考核、分析、评价企业的经济活动提供必要的会计信息;最后,还应满足投资者对会计资料的要求,便于投资者了解企业生产经营状况,有助于投资者进行投资决策。

实际工作中,设置的会计科目基本与会计报表项目相吻合、相关联。财务报告的目标以及所应揭示的信息,基本上决定应设置会计科目的数量和内容。这里所说的基本上并不等于完全一致。因为作为会计报表它也有一些独特的要求,否则,编制报表这个专门的方法就没有存在的必要。

3. 设置会计科目应贯彻统一性和灵活性相结合的原则,并保持相对稳定。会计信息要保证能满足国家进行宏观调控的需要以及有助于经济决策,强调其统一与可比性,这是会计信息的质量特征。为了规范会计主体的会计科目,便于会计指标的对比和汇总,我国由财政部统一制定会计科目,规定了会计科目的名称、编号和核算内容。各单位应按财政部规定,设置和使用会计科目。在社会主义市场经济条件下,企业是独立的经济实体,应自主经营、自负盈亏,体现在会计科目设置上应允许企业有一定的自主权与灵活性。在不影响会计核算要求和会计指标汇总,以及对外提供统一会计报表的前提下,各单位也可以根据实际情况,自行增设、减少或合并某些会计科目。只有坚持统一性和灵活性相结合,才能使会计信息更具有相关性和可比性。

为了将不同会计期间的会计资料进行分析比较，会计科目一经确定，就应保持相对稳定，不要随意变动。所谓相对稳定，意味着会计科目不会一成不变，当社会经济环境发生较大变化，需要进行会计改革或者发生企业合并、转产等情况时，会计科目必然发生与之相应的更新或调整。

(四)会计科目的分类

1. 会计科目按其反映的经济内容分类。企业可以根据上述会计科目的设置原则，按会计对象的六个具体要素，设置资产类、负债类、共同类、所有者权益类、成本类、损益类六类会计科目。会计科目按经济内容的分类，有助于了解和掌握各会计科目核算的内容以及会计科目的性质。我国《企业会计准则——应用指南》将会计科目分为资产类、负债类、共同类、所有者权益类、成本类、损益类六大类别。表2－8为简化的会计科目表。

表2－8 **资产负债表** 单位：元

编号	会计科目名称	编号	会计科目名称
	一、资产类		三、所有者权益类
1001	库存现金	4001	实收资本
1002	银行存款	4101	盈余公积
1122	应收账款	4103	本年利润
1123	预付账款	4104	利润分配
1221	其他应收款		四、成本类
1401	材料采购	5001	生产成本
1403	原材料	5101	制造费用
1405	库存商品		五、损益类
1601	固定资产	6001	主营业务收入
1602	累计折旧	6051	其他业务收入
1901	待处理财产损溢	6301	营业外收入
	二、负债类	6401	主营业务成本
2001	短期借款	6402	其他业务成本
2201	应付票据	6403	税金及附加
2202	应付账款	6601	销售费用
2203	预收账款	6602	管理费用
2211	应付职工薪酬	6603	财务费用
2221	应交税费	6711	营业外支出
2241	其他应付款	6801	所得税费用
2501	长期借款		

2. 按其提供会计信息资料的详细程度进行分类,会计科目可以分为总分类科目和明细分类科目。总分类科目又称一级科目,是对会计对象的具体内容所做的总括分类,它提供的会计信息较为概括;明细分类科目,又称明细科目,是对某一总分类科目核算内容所做的详细分类,它提供的信息更具体、详细。明细科目又可按其提供指标的详细程度不同,进一步划分为二级明细科目和三级明细科目,三级明细科目是某二级明细科目的更详细的分类。必要时还可设置四级明细科目。例如在"原材料"总分类科目下,可先按材料类别设置二级明细科目,如方钢、圆钢、扁钢等,再在二级明细科目下设置三级明细科目,如在"圆钢"二级科目下设置 $\phi5$,$\phi10$,$\phi15$ 等。

会计科目按其提供会计资料详略程度分类,有助于了解会计科目反映的具体经济内容,满足经营管理所需要的会计信息。

二、账户

(一)账户的概念

会计科目仅是对会计对象的具体内容进行分类核算的项目,它是根据社会经济环境和会计主体的自身特点,对会计主体应提供的会计指标体系事先做出的规范。然而,要提供全面的、连续的、系统的会计信息,还必须将各会计要素增减变化的过程及其结果,采用一定的格式分门别类地记录下来,这就需要借助于设置账户。

账户是根据会计科目开设的,用来分类、系统、连续地记录经济业务的一种手段。会计科目和账户是两个既有区别又有联系的概念,二者的相同点是它们所反映的会计对象的具体内容是相同的。二者的区别是:①会计科目仅仅是指账户的名称,而账户除了有名称(会计科目)外,它还具有一定的格式、结构,具体表现为若干账页,是用来记录经济业务的载体;②会计科目是会计核算前事先确定的对经济业务分类核算的项目,账户是经济业务发生之后,进行分类、连续登记的一种手段。

(二)账户的结构

任何经济业务的发生,都必然引起相关的会计要素发生增减变动。为了反映会计要素增减变动的过程及其结果,就需要在有关账户上进行记录。账户的结构是指账户应由哪几部分组成,如何在账户上记录会计要素数额的增加、减少和结余情况。

不同的记账方法具有不同的账户结构,同一记账方法下不同性质的账户,其账户结构也不相同。无论采用哪种记账方法、账户属于何种性质,其账户的基本结构都是由左右两方组成的,一方记录增加额,一方记录减少额。其简化格式如图 2－10 和图 2－11 所示,这种格式一般用于教学中,称为"T"型账户或"丁"字型账户。

左方	账户名称 右方
期初余额	
增加额	减少额
本期增加发生额	本期减少发生额
期末余额	

图 2－10

左方	账户名称 右方
	期初余额
减少额	增加额
本期减少发生额	本期增加发生额
	期末余额

图 2－11

账户的左方和右方分别记录增加额和减少额，余额可以分为期初余额和期末余额。本期增加额合计和本期减少额合计，又称为本期增加发生额、本期减少发生额。本期的期末余额即为下期的期初余额。期初余额、本期增加发生额、本期减少发生额和期末余额的关系，可用下列公式表示：

期末余额＝期初余额＋本期增加发生额－本期减少发生额

账户的哪一方记录增加额、哪一方记录减少额，是由记账方法和账户的性质所决定的。但是，不论采用哪种记账方法、属于何种性质的账户，其增加额和减少额都应按相反的方向进行记录。如果左方记录增加额，右方就应记录减少额；反之，如果左方记录减少额，右方就应记录增加额。账户的期初、期末余额一般应与增加额记入同一方向。

在实际工作中，通常采用三栏式，如表 2－9 所示。

表 2－9 账户名称

年		凭证号数	摘要	左方	右方	余额
月	日					

第四节 复式记账

设置账户，仅仅是对会计要素做出进一步分类，为加工信息提供了“场所”与工具，但对由大量经济业务所构成的资本运动加以记录，不只是科学设置账户的问题，而且还要运用科学的记账方法，以解决按什么方式记录经济业务的问题。在账户上记录经济业务的方法称为记账方法。会计核算中最早采用的是单式记账法，复式记账法是随着市场经济的发展在单式记账法的基础上逐步演变而成的。

一、复式记账原理

复式记账法是相对于单式记账法而言的。会计在其发展的历程中,先有单式记账法,后来才发展为复式记账法,其原理和科学性也不同。

所谓单式记账法,是指对发生的每一笔经济业务只在一个账户中记一笔账。其账簿记录考虑的主要是货币资金、债权和债务的发生情况,一般只设置"库存现金""银行存款""应收账款""应付账款"等账户,其余事项则不设置账户进行记录。例如,用现金支付有关费用,只记现金减少,至于费用的增加省略不记。单式记账法的优点是手续简单、易学易懂。在那些规模小、业务少、经济活动及经济关系不复杂、不可能配备专职会计人员的单位里,采用这种记账方法基本上也可以达到了解经济活动及其结果的目的。但按照单式记账法,不能全面反映资本运动的来龙去脉,它只是孤立地反映一项经济业务引起资本运动的某一方面的变化;同时,账户设置并不完整,账户与账户之间缺乏有机的内在联系,这就不能如实反映情况。为了能够全面、系统、连续、综合地反映经济活动,记账方法就由单式记账法发展为复式记账法,这是会计核算方法的重大进步。

(一)复式记账法的含义

复式记账法是对发生的每一笔经济业务所引起的会计要素的增减变动,以相等的金额,同时在两个或两个以上的账户中相互联系地进行记录的一种方法。复式记账法是一种科学的记账方法。在复式记账法下账户体系设置完整,可以将经济业务引起的会计要素的增减变动,在两个或两个以上账户中相互联系地、全面地、系统地进行记录,可以全面、系统地反映经济业务的来龙去脉,因此被广泛采用。

由于记账符号、记账规则等有所不同,复式记账法在我国又可具体分为借贷记账法、增减记账法和收付记账法等。目前世界各国都广泛采用借贷记账法。在我国,事业单位曾采用资金收付记账法,金融业曾采用现金收付记账法,商业企业曾采用增减记账法。我国颁布的《企业会计准则》规定从1993年7月1日开始"会计记账统一采用借贷记账法",因此,借贷记账法成为各行各业广泛采用的复式记账方法。

(二)复式记账法的基本特征

复式记账法与单式记账法相比较,有两个基本特征:

第一,需要设置完整的账户体系,每一项经济业务的发生都要在两个或两个以上相关的账户中,相互联系地进行记录,通过账户的双重记录,可以了解经济业务的来龙去脉,全面、连续、系统地反映经济活动的过程和结果。

第二,每一项经济业务的发生,都要以相等的金额在两个或两个以上相互联系的账户中同时记录,记录的结果仍使会计恒等式成立,因此,通过试算平衡可以检查账户记录是否正确。可见,复式记账法是一种科学的记账方法。

二、借贷记账法

(一)借贷记账法的产生和发展

借贷记账法是以借、贷二字作为记账符号的记录会计要素增减变动情况的一种复式记账方法。借贷记账法起源于西方资本主义商品经济发展较早的意大利,是适应12、13世纪商业资本和借贷资本经营管理的需要而产生的。借、贷两字的最初含义是从借贷资本家的角度解释的。借贷资本家把从债权人借入的款项,记在贷主名下,表示自身债务的增加;借贷资本家把向债务人贷出的款项,记在借主名下,表示自身债权的增加。借贷资本家的主要经营业务就是款项的借入和贷出,因此用借、贷二字表示自身与债权人、债务人之间的借贷关系及其变化。随着商品经济的发展、经济活动内容拓宽以及其他行业逐步采用借贷记账法,记录的经济业务,由借贷业务扩展到财产物资、成本费用、经营损益等业务,对于非借贷业务也用借、贷二字说明其增减变动情况,这时,借、贷二字便逐渐失去了原来的含义,转化为纯粹的记账符号,成为会计的专门用语。随着经济发展和管理水平的提高,借贷记账法经过了上百年的不断健全和完备,直至15世纪,会计学者提出了借贷记账法的理论依据,确立了借贷记账法的记账规则,借贷记账法才逐渐成为一种科学的记账方法。

(二)借贷记账法的账户结构

1. 账户基本结构。以借、贷二字作为记账符号的借贷记账法,其账户的基本结构也分为左右两方,左方为“借方”,右方为“贷方”。在任何账户中,不论是登记什么及金额大小,记在左方的记录,会计上称为借项,简写为Dr;记在右方的记录,会计上称为贷项,简写为Cr。就某一个账户而言,若借方记录增加额,则贷方记录减少额;若借方记录减少额,则贷方记录增加额;其余额的方向一般与记录增加额的方向一致。但究竟哪一方记录增加额,哪一方记录减少额,取决于账户的经济性质。借贷记账法下账户的结构如图2-12所示。

账户名称

借方,总是左方,简写为(Dr)	贷方,总是右方,简写为(Cr)

图2-12 借贷记账法的账户结构

上述“T”型账户,仅仅是用来说明实际记账所用账户的轮廓,账户的编号、日期、经济业务的简要说明等资料简略了。在实际工作中,通常采用三栏式,如表2-10所示。

其中,“借或贷”栏表示账户余额的方向。

表 2-10　　账户名称

年		凭证号数	摘要	借方金额	贷方金额	借或贷	余额
月	日						

借贷记账法以“资产 = 负债 + 所有者权益”这一会计恒等式作为理论依据。在会计恒等式中,资产的要素列在等号的左边,负债及所有者权益列在等号的右边,左右两边的合计数永远相等,即保持平衡。这样,会计恒等式一方的资产与另一方的负债和所有者权益形成了对立统一。为保证会计账户中进行记录不破坏会计恒等式,对于资产的增加记在左边的话,那么,负债和所有者权益的增加就应相反地记在右边。资产的减少由于同资产的增加是相反的,增加既然记在左边,那么减少就应该记在右边。负债及所有者权益与资产相对应,其减少应与资产相反,记在左边。对于收入、费用与利润的记录,道理与此相同。

2. 本期发生额、期初余额、期末余额及其计算。

(1)本期发生额。在上述的“T”型账户中,记入借方和贷方的增加数或减少数,不论它是由多少经济业务所形成的,在会计上统称为“本期发生额”,分别叫做“本期借方发生额”“本期贷方发生额”。发生额是记入账户的初始信息。

(2)余额。为了反映每个账户一定期间记账的结果,可以把借方发生额和贷方发生额加以比较,结果构成余额,余额可以被认为是记账后的结果。在理论上,任何一天,甚至每一时刻,账户都可以计算出余额。但在实际工作中,一般只是到“期末”才需要计算余额。这里的“期”是指会计报告期,一般的会计报告期分为月、季、年。期末余额是相对于期初余额而言的,随着时间的推移它们在相互转化和不断交替:本月末就是下月初,本月初就是上月末,季初、季末、年初、年末的道理也相同。

由于每个账户都有借方和贷方,余额的计算,是用数额大的一方减去数额小的一方,即:当借方发生额合计大于贷方发生额合计时,其余额在账户的借方;反之,当贷方发生额合计大于借方发生额合计时,其余额在账户的贷方。所以,当我们讲账户余额时,必须指明属于哪一方(借方或贷方),而不能离开账户的部位笼统讲账户余额。计算每个账户的期末余额时,一定要把期初余额考虑在内。期末余额的计算与金额的多少,取决于“期初余额”“本期借方发生额”“本期贷方发生额”三个因素。

3. 资产类账户的结构。资产类账户借方记录增加额,贷方记录减少额,期末余额一般在借方。资产类账户结构如图 2-13 所示。

借方	账户名称（资产类）		贷方
期初余额	×××		
本期增加额	×××	本期减少额	×××
	×××		×××
	×××		×××
本期发生额	×××	本期发生额	×××
期末余额	×××		

图 2－13　资产类账户结构

资产类账户的期末余额，可用下列公式计算：

资产类账户借方期末余额＝借方期初余额＋借方本期发生额－贷方本期发生额

账户本期期末余额结转到下期就是下期的期初余额。

4. 负债及所有者权益类账户结构。负债及所有者权益类账户贷方记录增加额，借方记录减少额，期末余额一般在贷方。负债及所有者权益类账户结构如图 2－14 所示。

借方	账户名称（负债及所有者权益类）		贷方
		期初余额	×××
本期减少额	×××	本期增加额	×××
	×××		×××
	×××		×××
本期发生额	×××	本期发生额	×××
		期末余额	×××

图 2－14　负债及所有者权益类账户结构

负债及所有者权益类账户的期末余额，可用下列公式计算：

负债及所有者权益类账户贷方期末余额＝贷方期初余额＋贷方本期发生额－借方本期发生额

5. 共同类账户结构。共同类账户结构兼有资产类和负债类账户的特点，账户的借方和贷方分别反映不同的经济业务事项，因此，账户的余额方向可能在借方也可能在贷方。如“衍生工具”会计科目，核算企业衍生工具的公允价值及其变动形成的衍生资产或衍生负债，该科目期末借方余额，反映企业衍生金融工具形成的资产的公允价值；该科目期末贷方余额，反映企业衍生金融工具形成的负债的公允价值。

6. 成本类账户的结构。企业在生产经营过程中所发生的成本，在没有作为商品出售并抵销收入之前，处于在产品和产成品形态，属于企业的资产。所以，成本类账户的结构与资产类账户的结构基本相同，借方记录成本费用的增加额，贷方记录成本费用的减少额或结转额。有些成本类账户没有期末余额，如“制造费用”账户；有些成本类账户有期末余额，如“生产成本”账户，其借方期末余额表示在产品成本。成本类账户的结构如图 2－15 所示。

借方	账户名称（成本类）		贷方
期初余额	×××		
本期增加额	×××	本期减少额或	×××
	×××	转出额	×××
	×××		×××
本期发生额	×××	本期发生额	×××
期末余额	×××		

图 2－15　成本类账户结构

7. 损益类账户的结构。损益作为企业最终的财务成果，表现为损失和收益，它是企业取得的收入和发生与之配比的费用相抵以后的差额。因此，损益类账户可以分为收入类和费用支出类两种。

(1)费用支出类账户的结构与资产类账户结构相同，借方记录增加额，贷方记录减少额或转出额。由于与收入相配比的这部分在期末要全额转出，以便与收入相抵，因此，费用支出类账户没有期末余额。费用支出类账户结构如图 2－16 所示。

借方	账户名称（支出类）		贷方
本期增加额	×××	本期转出额	×××
	×××		×××
	×××		×××
本期发生额	×××	本期发生额	×××

图 2－16　费用类账户结构

(2)收入类账户的结构应与负债及所有者权益类账户结构相同，贷方记录收入增加额，借方记录收入转出额。由于本期实现的收入要在期末全额转出，与相配比的费用支出相抵，以便确定当期损益，因此，收入类账户也没有期末余额。收入类账户结构如图 2－17 所示。

借方	账户名称（收入类）		贷方
本期转出额	×××	本期增加额	×××
	×××		×××
	×××		×××
本期发生额	×××	本期发生额	×××

图 2－17　收入类账户结构

由上述各类账户的具体结构可以得出以下结论：

第一，借贷记账法中的借和贷，代表账户中的两个固定的部位。一切账户均需设两个部位记录数量上的增减变化，其中，左方一律称为借方，右方一律称为贷方。

第二，借贷记账法的借和贷与不同类型的账户相结合，分别表示增加或减少。借和贷本身不等于增或减，只有当其与具体类型的账户相结合以后，才可以表示增加和减少。

第三，各类账户的期末余额一般应与记录增加额的方向一致。资产类账户的正常余额在借方，负债及所有者权益类账户的正常余额在贷方。当发现账户的实际余额与正常的余额相违背时应当查明原因。例如，现金账户的期末余额应当在借方，当它出现贷方余额时，说明记账错误或现金管理上有漏洞，应及时找出原因并加以纠正。有些情况是正常的，如"其他应收款"账户，它属于资产类账户，其正常余额在借方，但有时也会出现贷方余额，这并非记账的错误，而是债务人多付了款项，企业由应收变为应付，这时的"其他应收款"应理解为"其他应付款"。

上述各类账户的结构，是人们为适应借贷记账法记账规则的要求进行设计的，这些规则要求人人要遵守。虽然，如果都把它们反过来同样是可行的，但重要的问题是大家都要遵循同样的规则，否则将造成混乱。下面举例说明账户期末余额的计算，具体计算方法如图 2－18、图 2－19 所示。

借方	库存现金		贷方
期初余额	200	（1）支出	40
（1）收入	100	（2）支出	60
（2）收入	300	（3）支出	200
本期发生额	400	本期发生额	300
期末余额	300		

图 2－18

借方	应付账款		贷方
		期初余额	20 000
（1）偿还	20 000	（1）欠款	4 000
（2）偿还	10 000	（2）欠款	16 000
本期发生额	30 000	本期发生额	20 000
		期末余额	10 000

图 2－19

(三)记账规则

所谓借贷记账法的记账规则,是指运用借贷记账法,在账户上记录经济业务所引起的会计要素增减变动的规律。这种规律是通过将各类经济业务,按照复式记账原理和借贷记账法的账户结构进行记录的过程总结出来的。

如前所述,企业复杂繁多的经济业务,归纳起来有四种类型,只要对它们加以分析,即可总结出借贷记账法的记账规则,归纳如表2-11所示。

表2-11

借方	贷方
(1)资产的增加	(1)资产的减少
(2)成本的增加	(2)成本的结转
(3)费用支出的增加	(3)费用支出的转销
(4)负债减少	(4)负债的增加
(5)所有者权益的减少	(5)所有者权益的增加
(6)收入的转销	(6)收入的增加

第一种类型的经济业务发生,引起资产和负债及所有者权益项目双方同时增加,增加的金额相等。按照借贷记账法的账户结构,资产增加记入借方,负债及所有者权益增加记入贷方,记入借方和贷方的金额相等。

第二种类型的经济业务发生,引起资产和负债及所有者权益项目双方同时减少,减少的金额相等。按照借贷记账法的账户结构,资产减少记入贷方,负债及所有者权益减少记入借方,记入借方和贷方的金额相等。

第三种类型的经济业务发生,引起资产一方发生增减变化,资产从一种形态转变为另一种形态,增加和减少的金额相等。资产增加记入借方,资产减少记入贷方,记入借方和贷方的金额相等。

第四种类型的经济业务发生,引起负债和所有者权益一方发生增减变化,负债和所有者权益从一种来源渠道转变为另一种来源渠道,增加和减少的金额相等。负债和所有者权益增加记入贷方,负债和所有者权益减少记入借方,记入借方和贷方的金额相等。

对以上分析的归纳可用图2-20表示。

由此,我们可以总结出借贷记账法的记账规则:

第一,任何一笔经济业务都必须同时分别记录到两个或两个以上的账户中去。

第二,所记录的账户可以是同类账户,也可以是不同类账户,但必须是两个记账方向,既不能都记入借方,也不能都记入贷方。

第三,记入借方的金额必须等于记入贷方的金额。

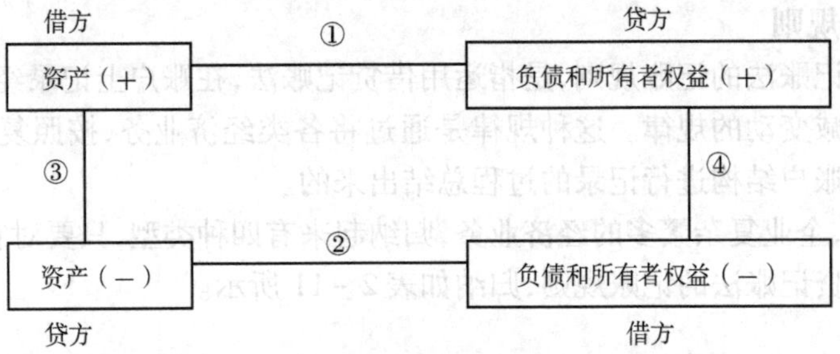

图 2－20

为了便于记忆，我们可以把借贷记账法的记账规则概括成一句话：有借必有贷，借贷必相等。

（四）账户对应关系和会计分录

账户对应关系是指采用复式记账法时，每一项经济业务的发生所涉及的两个或两个以上账户之间的关系。例如，将现金存入银行，涉及“库存现金”账户记减少和“银行存款”账户记增加，则称“库存现金”账户和“银行存款”账户是有对应关系的账户，这两个账户互为对应账户。在借贷记账法下，账户对应关系具体表现为所涉及两个或两个以上账户的应借应贷关系。

不同的经济业务具有不同的账户对应关系，因此，正确确定账户对应关系，在对应账户中相互联系地记录经济业务，才能如实反映经济业务的内容。通过分析账户对应关系，一方面有助于会计信息使用者了解经济业务的内容，另一方面还可以检查经济业务的发生是否符合有关政策、法规、法律、制度和计划与预算的规定。

为了保证账户对应关系准确无误，并便于检查账户记录，在经济业务发生后不直接记入对应账户，而是先按账户的对应关系编制会计分录，然后，再根据会计分录记入有关账户。会计分录，简称分录，指按照借贷记账法记账规则的要求，对发生的经济业务列示出应借、应贷的账户和金额的一种记录。在教科书中和练习时，会计分录的写法一般是先借后贷，为了能够表明账户对应关系，贷记方面的符号、科目及金额对比借记要退后一至两格。会计分录的作用是：可以明确规定一项经济业务要用到的账户名称、其登记的方向（借或贷）和入账的金额，以利于登记账簿。

例 2－3、例 2－4、例 2－5、例 2－6 四笔经济业务编制会计分录如下：

（1）借：固定资产　　30 000

　　贷：实收资本　　30 000

（2）借：短期借款　　20 000

　　贷：银行存款　　20 000

(3)借:原材料 15 000
　　贷:银行存款 15 000
(4)借:短期借款 10 000
　　贷:应付账款 10 000

会计分录按其所运用账户的多少分为简单会计分录和复合会计分录两种。简单会计分录,是指由两个账户所组成的会计分录,即一借一贷的会计分录,简单会计分录反映问题直观,账户对应关系简单明了,便于检查。复合会计分录,是指由两个以上账户所组成的会计分录,包括一借多贷、一贷多借和多借多贷的会计分录。

【例2-7】丽影图片社向利华照相材料公司购入冲洗用药水、相纸等共计12 000元,当即以银行存款支付货款的一半,其余部分暂欠。编制复合会计分录如下:

借:原材料 12 000
　贷:银行存款 6 000
　　应付账款 6 000

实际上,每个复合会计分录都是由几个简单会计分录合并而成的。因此,例2-7的复合会计分录可以分解为两个简单会计分录:

第一个会计分录:
借:原材料 6 000
　贷:银行存款 6 000
第二个会计分录:
借:原材料 6 000
　贷:应付账款 6 000

编制会计分录时,应当按照以下步骤进行:
(1)对所要处理的经济业务,判断其究竟引起哪些账户发生了变化。
(2)判断这些账户的性质,即它们各属于什么会计要素。
(3)判断这些账户是增加还是减少。
(4)根据这些账户的性质和其增减方向,确定借方还是贷方。
(5)根据会计分录的格式要求,编制完整的会计分录。

三、借贷记账法的具体应用

为了进一步掌握借贷记账法原理的运用,以丽影图片社为例对每笔经济业务进行说明和分析,编制会计分录,并登记入账。

【业务2-1】李强于202×年7月初开设丽影图片社,他将自己的照相机及其他附属配件70 000元和一套冲、洗、印、放设备计90 000元投入图片社,同时还投入包括冲洗药水、各式相纸、胶卷等材料计 20 000 元,以及现金 20 000 元。

这是资产投入企业、导致等式双方同时增加的经济业务。增加的资产包括照相机和冲洗设备,会计上将这种耐用周期比较长、使用过程中不改变自身形态的生产资料,称为固定资产。李强同时投入的冲洗药水、各式相纸、胶卷等,属于经营过程中不断耗用的。如果这类物品比较多,就应当分别各种不同的形态专门设置账户。本例中丽影图片社使用的这种材料较少,因此,只设一个原材料账户反映。李强投入的 20 000 元现金,金额较大送存银行。李强将上述资产投入图片社后,拥有该社的所有权,因该图片社是独资公司,设置"资本"账户。编制会计分录如下:

借:固定资产　　160 000
　原材料　　20 000
　银行存款　　20 000
　贷:实收资本　　200 000

【业务 2 -2】李强向银行借入人民币现金 50 000 元拟作采购新设备的资金存入银行。

这笔业务使企业资产方面的银行存款增加 50 000 元,记入"银行存款"账户的借方;同时使负债方面的银行借款增加 50 000 元,由于这笔借款用于生产经营活动,一般在 1 年内就能偿还,因此,记入"短期借款"账户的贷方。编制会计分录如下:

借:银行存款　　50 000
　贷:短期借款　　50 000

【业务 2 -3】丽影图片社向利华照相设备公司赊购设备一套,货款共计 30 000 元。

本项业务使企业资产方面的固定资产增加 30 000 元,记入"固定资产"账户借方;同时,企业因购入设备而未支付货款,形成的债务增加 30 000 元,记入"应付账款"账户贷方。可以编制会计分录如下:

借:固定资产　　30 000
　贷:应付账款　　30 000

【业务 2 -4】丽影图片社收到顾客零星冲洗照片的现金 20 000 元,清点后送存银行。

这是由两笔业务组成的:一是取得现金收入;二是将现金送存银行。第一笔业务,取得现金收入,使企业资产方面的现金增加 20 000 元,记入"库存现金"账户借方,同时,反映企业的收入增加 20 000 元,记入"主营业务收入"账户贷方;第二笔业务,将现金送存银行,使企业资产方面的现金减少,银行存款增加,记入"库存现金"账户的贷方和"银行存款"账户的借方。可以编制会计分录如下:

借:库存现金　　20 000

　　贷:主营业务收入　　20 000

借:银行存款　　20 000

　　贷:库存现金　　20 000

【业务 2-5】丽影图片社为星辰广告公司承担部分广告的摄影和制作,货款 40 000 元,存入银行。

这笔业务使企业资产方面的银行存款增加 40 000 元,记入“银行存款”账户的借方;同时企业的收入增加 40 000 元,记入“主营业务收入”账户贷方。可以编制会计分录如下:

借:银行存款　　40 000

　　贷:主营业务收入　　40 000

【业务 2-6】丽影图片社向申华照相材料公司购买冲洗用药水、相纸等共计 12 000 元,支付货款一半,其余部分暂欠。

这笔业务使企业资产方面的物料用品增加 12 000 元,记入“原材料”账户借方;同时图片社资产方面的银行存款减少 6 000 元,记入“银行存款”账户贷方,负债方面的应付账款增加 6 000 元,记入“应付账款”账户的贷方。可以编制会计分录如下:

借:原材料　　12 000

　　贷:银行存款　　6 000

　　　　应付账款　　6 000

【业务 2-7】向银行提取现金 2 000 元以备用。

这笔业务使企业资产方面的现金增加 2 000 元,记入“库存现金”账户的借方;另一方面银行存款减少 2 000 元,记入“银行存款”账户的贷方。可以编制会计分录如下:

借:库存现金　　2 000

　　贷:银行存款　　2 000

【业务 2-8】丽影图片社与红光公司签订长期摄影合同,为该公司拍摄服装广告照片,并一次性预收 25 000 元,存入银行。

这笔业务使企业资产方面的银行存款增加 25 000 元,记入“银行存款”账户的借方;同时,要求企业在未来的会计期间提供相应的服务,实际上就是企业的负债增加,即预收账款增加 25 000 元,记入“预收账款”账户的贷方。可以编制会计分录如下:

借:银行存款　　25 000

　　贷:预收账款　　25 000

【业务 2-9】丽影图片社支付零星杂项费用计 400 元。

这笔业务反映企业的费用增加 400 元,可以单独设置“销售费用”账户,核算企业日常发生的费用,在“销售费用”账户下可以按照费用项目设置明细账,发生费用记入

“销售费用”账户的借方；同时，企业现金减少 400 元，记入“库存现金”账户贷方。可以编制会计分录如下：

借：销售费用　　400

　贷：库存现金　　400

【业务 2－10】图片社收到零星冲洗的现金收入 6 250 元，清点后送存银行。

这笔业务与前面业务 2－4 相同，可以编制会计分录如下：

借：库存现金　　6 250

　贷：主营业务收入　　6 250

借：银行存款　　6 250

　贷：库存现金　　6 250

【业务 2－11】丽影图片社前欠利华照相设备公司 30 000 元到期，向银行借款偿还这笔款项。

这笔业务是借新债还旧债，是企业两种负债之间的转换。银行借款分为短期借款和长期借款，用于生产经营活动的借款一般都在 1 年内偿还，属于短期借款；偿还期限超过 1 年的借款属于长期借款。本例企业借款属于短期借款。银行借款增加 30 000 元，记入“短期借款”账户的贷方；同时，企业的应付账款减少 30 000 元，记入“应付账款”账户的借方。可以编制会计分录如下：

借：应付账款　　30 000

　贷：短期借款　　30 000

【业务 2－12】丽影图片社零星业务收入 14 000 元，清点后送存银行。

这笔业务与业务 2－4 和业务 2－10 的内容相同，编制会计分录如下：

借：库存现金　　14 000

　贷：主营业务收入　　14 000

借：银行存款　　14 000

　贷：库存现金　　14 000

【业务 2－13】丽影图片社支付全年职工的工资 12 000 元，当即开出现金支票。

这笔业务使企业费用增加，单独设置“销售费用”账户核算，在该账户下可以按费用项目设置明细账。本例中，支付的工资可以记入“销售费用”账户的借方 12 000 元；同时，企业的银行存款减少 12 000 元，记入“银行存款”账户的贷方。可以编制会计分录如下：

借：销售费用　　12 000

　贷：银行存款　　12 000

【业务 2－14】本年度图片社发生水电费、电话费等共计 7 800 元，款项已通过银行直接支付。

这笔业务使企业费用增加,记入“销售费用”账户的借方,在该账户下可以按费用项目设置明细账。本例中,支付的水电费、电话费可以记入“销售费用”账户的借方7 800元;同时,企业的银行存款减少7 800元,记入“银行存款”账户的贷方。可以编制会计分录如下:

借:销售费用　　7 800

　贷:银行存款　　7 800

【业务2-15】接银行通知,原向银行借入的30 000元短期借款已到期,银行直接从丽影图片社的存款账户中扣除。

这笔业务使企业资产方面的银行存款减少30 000元,记入“银行存款”账户的贷方;同时,企业负债方面的短期借款也减少30 000元,记入“短期借款”账户的借方。可以编制会计分录如下:

借:短期借款　　30 000

　贷:银行存款　　30 000

四、过账和试算平衡

(一)过账

编制会计分录,将经济业务的影响进行分类,并分别记录其变动金额,是会计核算的一个环节。但仅仅编制会计分录是不够的,因为会计分录是将一个完整的经济业务一分为二,分别记入两个或两个以上的账户。如果某一期间企业发生的经济业务数量较多,仅仅编制会计分录,无法连续、完整地反映企业的经济活动。因此,需要将会计分录中所记载的、分散的数据,分别登记到有关账户中去,这一过程,就是“过账”。

实际工作中,账户一般采用三栏式。过账时,根据各会计分录的记录,分别过入其借方和贷方。以上述例题中的丽影图片社所发生的经济业务为依据,对固定资产账户进行过账,如表2-12所示。

表2-12

账户名称:固定资产

年		凭证号数	摘要	借方金额	贷方金额	借或贷	余额
月	日						
	1		李强投入	160 000			
	3		向利华公司购入	30 000		借	190 000
			合计	190 000			

为了简化,现将丽影图片社的上述15笔业务进行过账,登记到以下的T型账户中,如图2-21所示。

库存现金

借方		贷方	
(4-1)	20 000	(4-2)	20 000
(7)	2 000	(9)	400
(10-1)	6 250	(10-2)	6 250
(12-1)	14 000	(12-2)	14 000
本期发生额	42 250	本期发生额	40 650
期末余额	1 600		

银行存款

借方		贷方	
(1)	20 000	(6)	6 000
(2)	50 000	(7)	2 000
(4-2)	20 000	(13)	12 000
(5)	40 000	(14)	7 800
(8)	25 000	(15)	30 000
(10-2)	6 250		
(12-2)	14 000		
本期发生额	175 250	本期发生额	57 800
期末余额	117 450		

固定资产

借方		贷方	
(1)	160 000		
(3)	30 000		
本期发生额	190 000		
期末余额	190 000		

短期借款

借方		贷方	
(15)	30 000	(2)	50 000
		(11)	30 000
本期发生额	30 000	本期发生额	80 000
		期末余额	50 000

原材料

借方		贷方	
(1)	20 000		
(6)	12 000		
本期发生额	32 000		
期末余额	32 000		

应付账款

借方		贷方	
(11)	30 000	(3)	30 000
		(6)	6 000
本期发生额	30 000	本期发生额	36 000
		期末余额	6 000

预收账款

借方		贷方	
		(8)	25 000
		本期发生额	25 000
		期末余额	25 000

实收资本

借方		贷方	
		(1)	200 000
		本期发生额	200 000
		期末余额	200 000

主营业务收入

借方		贷方	
		(4-1)	20 000
		(5)	40 000
		(10-1)	6 250
		(12-1)	14 000
		本期发生额	80 250
		期末余额	80 250

销售费用

借方		贷方	
(9)	400		
(13)	12 000		
(14)	7 800		
本期发生额	20 200		
期末余额	20 200		

图2-21

(二)试算平衡

会计主体在一个会计期间发生的繁多的经济业务,都需编制会计分录,并根据会计分录登记有关账户,账户记录是否有错误,期末可以通过试算平衡进行检验。

借贷记账法的记账规则是“有借必有贷,借贷必相等”。其中,借贷必相等,指每一笔经济业务发生引起账户借方变动金额和贷方变动金额相等。如果将本期发生的全部经济业务的会计处理加总,所有账户本期借方发生额合计与所有账户本期贷方发生额合计也必定相等,这就形成借贷记账法的第一个发生额试算平衡公式,如下所示:

所有账户本期借方发生额合计 = 所有账户本期贷方发生额合计

前述会计恒等式“资产 = 负债 + 所有者权益”是反映任何一个时点某一会计主体的全部资产和这些资产的来源情况。同时,收入类和费用类账户一般没有余额,利润类账户的余额本身是所有者权益的组成内容之一,应当归入所有者权益要素之内。这样,“资产 = 负债 + 所有者权益”等式可以用来概括某一时点会计主体的全部账户余额。而按照余额的正常方向,资产类账户余额在借方,负债和所有者权益类账户余额在贷方,则借贷记账法的第二个余额试算平衡公式如下:

所有账户借方余额合计 = 所有账户贷方余额合计

如果进一步区分期初余额和期末余额,上式可改写为期初余额合计平衡和期末余额合计平衡两个公式。借贷记账法的记账规则和会计恒等式就是试算平衡的依据。

所谓试算平衡,就是在期末根据记账规则和会计恒等式对所有账户的发生额和余额进行加总,以确定借贷是否相等,从而检查记账、过账过程中是否存在差错的方法。在实际会计工作中,试算平衡是通过编制试算表来完成的。依据上述经济业务的会计分录和有关账户编制试算平衡表如表 2 – 13 所示。

表 2 – 13　　**丽影图片社试算平衡表**

202×年 7 月 31 日

账户名称	期初余额		本期发生额		期末余额	
	借方	贷方	借方	贷方	借方	贷方
库存现金			42 250	40 650	1 600	
银行存款			175 250	57 800	117 450	
原材料			32 000		32 000	
固定资产			190 000		190 000	

续表

账户名称	期初余额		本期发生额		期末余额	
	借方	贷方	借方	贷方	借方	贷方
短期借款			30 000	80 000		50 000
应付账款			30 000	36 000		6 000
预收账款				25 000		25 000
实收资本				200 000		200 000
主营业务收入				80 250		80 250
销售费用			20 200		20 200	
合计			519 700	519 700	361 250	361 250

上式试算的结果,本期发生额的借方合计与贷方合计分别相等,所有账户借方余额合计与贷方余额合计相等,说明账户记录基本正确;如果借贷方合计不相等,则说明记账有误,应查找原因,并予以更正。应当指出:①即使试算平衡表期末余额和本期发生额的借方合计与贷方合计分别相等,也不表明账户记录的绝对正确,因为将某笔经济业务重记、漏记,或记反了方向,试算结果仍然平衡,所以还应通过其他方法发现记账错误,如后面介绍的总账与明细账的核对。②在实际工作中,应先用铅笔结出各账户期末余额和本期发生额,据以编制试算平衡表,验证无误后,再正式结账。③"主营业务收入"和"销售费用"账户经月末结转,应无余额,但因本例未及月末结转业务,故而出现余额。

根据以上试算平衡表就可以编制丽影图片社 202×年 7 月 31 日的资产负债表和 7 月份的利润表。丽影图片社的利润表和资产负债表的格式和内容见表 2-14、表 2-15 所示。

表 2-14　　利润表

单位:丽影图片社　　202×年 7 月　　单位:元

项目	金额
主营业务收入	80 250
减:销售费用	20 200
利润	60 050

表 2-15　资产负债表

单位:丽影图片社　202×年7月31日　单位:元

资产	金额	负债	金额
库存现金	1 600	短期借款	50 000
银行存款	117 450	应付账款	6 000
原材料	32 000	预收账款	25 000
固定资产	190 000	所有者权益	
		实收资本	200 000
		未分配利润	60 050
资产总计	341 050	负债及所有者权益总计	341 050

第五节　会计凭证

会计循环的步骤之一是编制会计分录。在上面的内容中,我们已讲述会计分录的编制思路与方法。在会计实务工作中,会计分录是载明在会计凭证上的,本节将专门讲述什么是会计凭证、会计凭证的种类、原始凭证和记账凭证的填制与审核、会计凭证传递程序与保管方法。

一、会计凭证的意义和种类

(一)会计凭证的意义

会计凭证,简称凭证,是用来记录经济业务、明确经济责任的书面证明,是登记账簿的依据。会计工作的初始阶段是填制或取得会计凭证。任何单位在处理每一笔经济业务都必须有凭有据,因此,在每笔经济业务发生时,有关人员应该按照规定的程序和要求,填制或取得会计凭证,在会计凭证中写明经济业务发生的日期、内容、数量和金额,并在相应的地方签名盖章,以明确经济责任。为了保证会计凭证反映内容的合理合法、填制的真实与正确,有关人员要对凭证进行审核。只有经过审核无误的会计凭证,会计部门才能作为收款或付款、收发财产物资和登记账簿的依据。所以,填制和审核会计凭证是真实反映经济业务、监督经济活动的专门方法,是会计核算方法体系的重要组成部分,是会计核算的基础环节。

会计凭证的填制与审核,是会计核算的一项重要内容,认真做好这项工作,对于完

成会计工作和实现会计的职能具有十分重要的意义,主要表现在:

1. 记录经济业务。企业在办理日常发生的诸如购置设备、材料,发放工资,销售货物等各类经济业务时,都应按规定的程序和要求,及时、准确地填制或取得会计凭证,从而使其成为证明经济业务发生和完成情况的文字档案,为登记账簿记录提供真实的、可靠的依据,同时也为日后进行会计分析和会计检查提供重要的原始资料和证据。

2. 提供记账依据。为了确保会计信息的真实和准确,会计记录必须有凭有据。因此,企业在登记账簿时,必须以审核无误的会计凭证为依据,确实做到账簿资料来源于凭证,没有会计凭证就不能记账。

3. 监督经济活动。通过严格审核会计凭证,可以监督经济业务的合理合法性。会计凭证中载明的资料是否真实、正确、合理、合法,需要会计人员在取得会计凭证后、登记账簿之前,依照国家的有关法律、制度和企业的计划、预算或规定,对其进行逐笔审核,防止各种违法、违规、贪污、盗窃等情况的发生,以有效地控制各单位的经济活动,在一定程度上保护财产的完整、安全和合理使用。

4. 明确经济责任。通过会计凭证的填制和审核,可以明确经济责任,加强经营管理上的责任制。任何一项经济业务的发生,通常要涉及几个部门和人员,由他们协同完成,相关经办人要在会计凭证上签字或盖章,以明确各自的责任,增强其按法律法规办事的责任感,为完善经营管理上的责任制提供了坚实的基础。

(二)会计凭证的种类

会计凭证多种多样,一般按其填制程序和用途的不同,分为原始凭证和记账凭证两大类。关于原始凭证和记账凭证的相关内容,将在下文做详细介绍。

二、原始凭证及其填制与审核

(一)原始凭证的概念

原始凭证指经办业务的部门和人员在经济业务发生或完成时取得或填制的,用来记录或证明经济业务发生或完成情况,作为记账原始依据的一种会计凭证,包括收料单、领料单、验收单、购货发票、飞机票、火车票等。注意:凡是无法证明经济业务已经发生或完成的文件或单据(如购销合同、购料申请表、销售计划等),不能作为原始凭证。

会计法明确规定:单位在发生款项和有价证券的收付;财务收发、增减和使用;债务债权的发生和结算;资本、基金的增减,收入、支出、费用、成本的计算;财务成果的计算和处理等经济业务事项时,必须填制或取得原始凭证。

(二)原始凭证的基本内容

在日常的经济活动中,会发生各种各样的经济业务,作为载明经济业务的原始凭证的内容、格式、来源渠道就会呈现多样性。但是,任何一种原始凭证都要反映经济业务的发生和完成情况,因此原始凭证都必须具备一些基本内容。这些基本内容是真实反映经济业务的必备要素,也称原始凭证要素或凭证要素。

任何一张原始凭证都应具备的基本内容有:①原始凭证的名称;②原始凭证的编号及填制日期;③接受凭证单位的名称;④经济业务的内容摘要、实物数量和金额;⑤填制凭证的单位的名称及其经办人员的签章。

为了更好发挥原始凭证的作用,满足企业管理的需要,原始凭证除具备上述基本内容外还可以加入一些相关的内容。例如,在自制原始凭证中列入与经济业务相关的计划任务、合同号码、定额、预算等项目。

(三)原始凭证的种类

原始凭证按取得的途径和来源不同,可以分为外来原始凭证和自制原始凭证。

1. 外来原始凭证。外来原始凭证是在经济业务发生或完成时,从其他单位或个人直接取得的凭证。例如,购入商品时向供货方取得的“发货票”“增值税专用发票”(如表2-20所示),职工出差乘坐飞机、火车、出租车等交通工具取得的车票,付出款项取得的凭据等。

2. 自制原始凭证。自制原始凭证是在经济业务发生或完成时,由本单位经办业务的部门和人员自行填制的原始凭证。例如,公司向提供劳务的单位开具的发票、收到款项开给顾客的收据等。

自制原始凭证按填制手续的不同,可以分为一次原始凭证、累计原始凭证和汇总原始凭证。

一次原始凭证,简称一次凭证,是指填制手续一次完成,只反映一项或若干项同类性质经济业务的原始凭证,如购进材料入库时填制的“入库单”、有关部门领用材料时填制的“领料单”、职工出差借款填制的“借款单”等,都是一次原始凭证。

累计原始凭证,简称累计凭证,是在一定时期内,连续记录不断发生的若干项同类经济业务的原始凭证,其填制手续随着经济业务的发生情况分次完成,如“限额领料单”就是典型的累计凭证。限额领料单是在一定时期内,在规定的限额内,由生产部门按需要分次领用,期末经累计总数后最终完成的累计原始凭证。对于经常重复发生的业务,使用累计原始凭证可以简化核算手续。

汇总原始凭证,是根据一定时期内,反映相同经济业务内容的若干张原始凭证汇总在一起编制而成的一张汇总凭证,如发料凭证汇总表,就是根据某一时期的若干发料单汇总编制的。使用汇总原始凭证可以集中反映某项经济业务的发生情况,简化记账凭证的填制工作和账簿的登记工作。发料凭证汇总表格式如表2-16所示。

表 2－16 **发料凭证汇总表**

年 月 编号：

领料部门 \ 材料种类	甲材料		乙材料		丙材料		合计	
	数量	金额	数量	金额	数量	金额	数量	金额
一车间								
二车间								
销售部门								
行政管理部门								
合计								

会计主管： 审核： 制表：

(四)原始凭证的填制与审核

1. 原始凭证填制方法。原始凭证要反映企业不同的经济业务内容，决定了每一类原始凭证的填制方法会有所不同。现举例说明各种主要原始凭证的填制方法。

(1)领料单的填制方法。领料单是用以反映和控制材料发出状况的一次原始凭证，是企业核算材料使用情况的重要依据。通常是一料一单，由领用材料的部门及经办人根据实际需要在领用单上填制领料的用途、材料的名称、请领数量，经有关领导批准后持领料单到仓库领料，仓库保管员核实领料单后据实发料，在领料单上填写实发数量和金额，并在相应的地方签字，以明确经济责任。

【例 2－8】瑞华公司一车间丁亮于 202×年 12 月 3 日为生产甲产品领用 A 材料 100 千克，每千克 60 元，材料编号 0211，3 号仓库保管员王新发料。领料单的一般格式和填制如表 2－17。

表 2－17 **领料单**

202×年 12 月 3 日

领料部门：一车间 编号：1234

用　途：甲产品 发料仓库：3 号库

材料编号	材料名称及规格	计量单位	数量		单价	金额
			请领	实发		
0211	A 材料	千克	100	100	60	6 000

领料单位负责人：××× 领料人：丁亮 发料人：王新

(2)限额领料单的填制方法。限额领料单是累计领料凭证，填制手续是多次完成的。“限额领料单”要注明有效期和限领的最高额度,有效期一般为 1 个月。在有效期内,只要领用的数量不超过限额,凭证就可以连续使用。每次领料时,领料人要在凭证中写明请领的数量,经负责人签字批准后,到仓库领料。发料人按照材料的品种、规格在限额内发料,并填写实发的数量和限额结余,领发料的经办人要在领料单相应的地方签章。在有效期末要结算出累计领用总数,交会计部门作为核算的依据。

【例 2－9】瑞华公司二车间 202×年 12 月份领用 A 材料(编号 0211)的计划限额为 500 千克,每千克 60 元。二车间 12 月份按生产进度领用材料的情况如表 2－18 所示。

表 2－18　　**限额领料单**

领料部门:二车间　　编　号:0012 号

用　　途:甲产品　　发料仓库:3 号库

材料编号	材料名称及规格		计量单位		单价	领用限额		全月实领数量		金额
0211	A 材料		公斤		60	500		500		30 000
领用日期	请领		实　发			退　料				限额结余
	数量	领料负责人	数量	发料人	领料人	数量	退料人	收料人		
5	200	张洪	200	王新	××					300
12	150	张洪	150	王新	××					150
23	100	张洪	100	王新	××					50
28	50	张洪	50	王新	××					0
合计	500		500							

供货部门负责人:×××　　领料部门负责人:×××　　仓库负责人:×××

(3)发料凭证汇总表。发料凭证汇总表是一张汇总原始凭证,是由材料核算员将一定时期内若干张领料单,按一定用途汇总编制而成。可以每旬或按月编制,期末送交会计部门做账务处理。发料凭证汇总表的填制举例如表 2－19 所示。

表 2－19　　**发料凭证汇总表**

202×年 12 月　　编号:12 号

材料种类 / 领料部门	甲材料		乙材料		丙材料		合计	
	数量	金额	数量	金额	数量	金额	数量	金额
一车间	100	6 000	200	4 000	300	15 000	×	25 000
二车间	200	12 000	500	10 000	100	5 000	×	27 000
销售部门	300	18 000	100	2 000	200	10 000	×	30 000
行政管理部门	100	6 000	400	8 000	60	3 000	×	17 000
合计	700	42 000	1 200	24 000	660	33 000	×	99 000

会计主管:××　　审核:××　　制表:××

(4)增值税专用发票的填制方法。增值税专用发票是开票方在销售货物或接受他人应税劳务时开具的、以证明某项经济业务完成状况的原始凭证,一般是由销售方开票人员将相关信息录入发票机形成的机打发票。增值税专用发票机打样式如表2－20所示。

表2－20　　北京增值税普通发票　　No 09656487

发　货　票　　开票日期:202×年4月8日

购买方	名　　称:东方贸易公司 纳税人识别号: 地 址 、电 话: 开户行及账号:				密码区			
货物或应税劳务、服务名称	规格型号	单位	数量	单价	金额		税率	税额
办公品			1	585	500		17%	85
合　计					￥500			￥85
价税合计(大写)	⊗　伍佰捌拾伍元整						(小写)￥585.00	
销售方	名　　称:北京市富华商业城有限公司 纳税人识别号:11010211012854121 地 址 、电 话:北京永外大街128号 开户行及账号:1704				备注			

第一联:发票联　购买方记账凭证

收款人:××　　复核:××　　开票人:××　　销售方:(章)

2. 填制原始凭证的基本要求。原始凭证是具有法律效力的证明文件,是编制记账凭证的依据,是进行会计核算最基础的原始资料。填制原始凭证是会计工作的开始,大多是由各单位业务经办人填制,由会计人员填制的原始凭证为数不多。为了保证会计核算工作的质量、提高原始凭证填制的正确率,填制原始凭证应满足如下要求:

(1)记录要真实,即如实记录各项经济活动的真实情况。原始凭证记录的经济业务要合法合规,符合国家有关政策、制度的要求;填制的日期、经济内容、数字要与实际情况相符,不允许弄虚作假,更不得伪造,以确保原始凭证记录的真实性。

(2)项目要齐全,即按凭证规定的项目逐一填列齐全。每一种原始凭证都有规定的格式和项目,填制时必须逐项填列,并由有关人员签字或盖章,以明确责任。填制的内容要齐全、手续要齐备,不允许随意简化内容、遗漏项目,以确保原始凭证内容的完整性。

(3)填制要及时,即凭证要在规定的时间内及时填制和送交。经济业务发生后必须及时地取得或填制原始凭证,并按规定的程序传递、送交,经有关人员审核后,以便由会计人员据此编制记账凭证,不允许任意延误或隔时补填,以确保原始凭证填制的及时性。

(4)书写要清晰,即原始凭证上填写的数字文字要字迹工整、书写清楚。原始凭证的书写一般要用黑色签字笔,套写的原始凭证可用圆珠笔。文字书写要简要,字迹要清楚工整、易于辨认,以保证原始凭证的清晰性。

(5)更正要正确,即采用正确的方法对原始凭证中的错误进行更正。按规定原始凭证中记录的各项内容不得涂改。如果原始凭证出现文字错误,应由开票单位重开或更正,并在更正处加盖开票单位印章。如果原始凭证上的金额有误,必须由开票单位重开,不允许任意涂改、刮擦或挖补,以保证原始凭证的正确性。

3. 原始凭证的审核。审核原始凭证是会计法赋予会计人员的监督权,是会计核算工作的必要环节。只有经审核无误的原始凭证,才能作为编制记账凭证的依据。因此,会计部门对各种填制完毕的原始凭证,不论是自制的还是外来的,都要进行严格审核,以确保会计资料的真实、准确、完整,发挥会计的监督作用。

(1)原始凭证审核的内容。审核原始凭证主要从以下两个方面进行:

第一,形式上的审核,主要审核原始凭证的填制是否符合规定的要求。具体包括:审核原始凭证填列的项目是否齐全、所列内容是否清晰、金额计算是否正确、手续是否完备、是否加盖了出具单位的公章及有关业务人员签章等。

第二,实质上的审核,主要审核原始凭证所记录的经济业务是否合法合理。具体包括:所记录的经济业务是否违反了财经政策、法令制度、计划定额与经济合同等,有无伪造、涂改原始凭证的行为。

(2)原始凭证审核结果的处理。会计部门按规定的要求对原始凭证进行审核后,要根据不同的审核结果进行处理:

第一种情况,原始凭证经审核无任何错误,应按规定的程序办理会计手续,及时据此填制记账凭证,并将其作为附件粘在记账凭证之后,以备日后查对。

第二种情况,原始凭证经审核发现有错误,要区分错误类型分别处理。凡属于不真实、不合法的原始凭证,会计人员有权不予接受,并向单位负责人报告;凡属于技术处理不当的,如项目填列不全、内容不完整、计算不准确、手续不全等,应将此类原始凭证退回原经办人,限其在规定的期限内,按规定的方法更正或重新开具原始凭证。一般情况下,对于那些内容不完整、手续不完备的原始凭证,可以允许原经手人补填齐全或补办手续;对于那些原始凭证上记载的内容有误,应由出具单位重开或更正,并在更正处加盖出具单位印章;对于原始凭证金额有错误的,应由出具单位重开,不允许在原始凭证上更正。由经办单位和有关人员更正后的原始凭证,会计人员应对其重新复核,确认无误后再办理会计手续。

三、记账凭证及其填制与审核

(一)记账凭证的概念

记账凭证是会计人员根据审核无误的原始凭证或原始凭证汇总表填制的,用来记载经济业务的简要内容,明确会计分录,作为登记账簿依据的一种会计凭证。

原始凭证或原始凭证汇总表通常只反映经济业务的具体内容,而不是按照经济业务所涉及的会计科目归纳,因而不能据此直接登记账簿。加之原始凭证来源于各种渠道,涉及的种类繁多,格式又不统一,因此在记账之前,有必要将原始凭证或原始凭证汇总表的内容,按照一定的方式进行归类、整理,明确涉及的会计科目、记账方向和金额,以会计分录的形式填制在统一格式内,并据以记账,从而保证账簿记录的真实性与可靠性。记账凭证的正确运用是各单位进行账务处理的必备条件。

(二)记账凭证的种类

根据不同的分类标准,可以对记账凭证做出不同的分类。

1. 专用记账凭证和通用记账凭证。记账凭证按其反映经济业务内容的不同,分为专用记账凭证和通用记账凭证。

(1)专用记账凭证,是专门用来记录某类经济业务的记账凭证。按其记录的经济业务是否与现金、银行存款增减有关,又分为收款凭证、付款凭证和转账凭证三种。收款凭证是用来记录现金和银行存款增加业务的记账凭证;付款凭证用来记录现金和银行存款减少业务的记账凭证;转账凭证用来记录与现金或银行存款增减无关经济业务的记账凭证。

(2)通用记账凭证,是不区分业务类型,将各种经济业务均用一种格式加以记录的记账凭证。

2. 单式记账凭证和复式记账凭证。记账凭证按其填制方法不同,分为单式记账凭证和复式记账凭证。

(1)单式记账凭证,是将每一笔经济业务所涉及的每一个会计科目分别填在每一张中的记账凭证。一般每张记账凭证只涉及一个会计科目,一笔经济业务至少涉及两张记账凭证,便于分工记账,但不便于集中反映经济业务的全貌。

(2)复式记账凭证,是将每一笔经济业务所涉及的应借、应贷的会计科目集中填列在一张中的记账凭证。每张记账凭证至少涉及两个会计科目,可以集中反映经济业务的来龙去脉,减少记账凭证的张数,但不利于会计人员的分工记账。收款凭证、付款凭证、转账凭证和通用的记账凭证都属于复式记账凭证。

此外,为了简化登记总账的工作,可以把一定期间的记账凭证编制成科目汇总表或汇总记账凭证,科目汇总表和汇总记账凭证也隶属于记账凭证的范畴。

(三)记账凭证应具备的基本内容

记账凭证的种类多样,格式不一,填制方法会有所不同,但各种记账凭证都必须具备如下的基本要素:①记账凭证的名称和编号,如收款凭证、付款凭证、科目汇总表等;②记账凭证的填制日期;③经济业务的内容摘要;④账户的名称,记账方向和金额;⑤所附原始凭证的张数;⑥制证、审核、记账、出纳和会计主管等人员的签章等。

(四)记账凭证的填制与审核

1. 记账凭证的填制方法。上面已经讲过记账凭证分为通用记账凭证和专用记账凭证,专用记账凭证又分为收款凭证、付款凭证和转账凭证,它们反映不同类型的经济业务,因此,凭证的格式设计和填制方法各不相同,下面分别予以说明:

(1)收款凭证的填制。收款凭证是根据审核无误的现金和银行存款收入业务的原始凭证填制的。收款凭证在格式设计上的特点为,凭证的左上角设置主体科目,主体科目为借方科目。在借贷记账法下,根据收入业务的经济性质,借方科目内可以填列"现金"或"银行存款"科目,而表内设置贷方栏目,应填列借方科目的对应科目,并将总账科目和明细科目逐一写清,填写金额数目。合计栏既表明贷方金额又表明借方金额,记账符号栏内标明所登记的账簿页数或注明"√"以示登记入账。收款凭证编号可按"收字第×号"统一编号,也可以按现金收入业务以"现收字第×号"顺序编号,银行存款收入业务以"银收字第×号"顺序编号。附件张数是指附在记账凭证后面的原始凭证件数。最后是有关人员的签字或盖章。现举例说明收款凭证的编制。

【例2-10】瑞华公司20××年12月15日,收到银行收款通知单,通知收到销售A产品40件,每件850元,货款共计34 000元。根据银行收款通知单及发货票副本,填制银行存款收款凭证,其格式与内容如表2-21所示。

表2-21　　　　收　款　凭　证

借方科目 银行存款　　　　20××　年　12　月　15　日　　　　银收字第 10 号

摘　　要	贷方总账科目	明 细 科 目	记账符号	金额 千	百	十	万	千	百	十	元	角	分
销售A商品40件，每件850元	主营业务收入	A商品					3	4	0	0	0	0	0
合　　计						¥	3	4	0	0	0	0	0

附单据 2 张

财务主管 ××　　记账 ××　　出纳 ××　　审核 ××　　制单 ××

(2)付款凭证的填制。付款凭证是根据审核无误的现金和银行存款付出业务的原始凭证填制的。在借贷记账方法下,付款凭证填制方法与收款凭证大致相同,区别在于表头与表内所列科目的借贷方向相反,付款凭证左上角主体科目反映的是贷方科目,表内栏中反映的是借方科目及其金额,其编号原则与收款凭证相同。现举例说明付款凭证的编制。

【例2-11】瑞华公司20××年12月20日,以银行存款购进×型号联想电脑一台,价值37 800元,根据有关单据填制付款凭证如表2-22。

表2-22 **付 款 凭 证**

贷方科目 银行存款　　20×× 年 12 月 20 日　　银付字第5号

摘要	借方总账科目	明细科目	记账符号	千	百	十	万	千	百	十	元	角	分
购买一台×型号联想电脑	固定资产	×型号联想电脑					3	7	8	0	0	0	0
合计						¥	3	7	8	0	0	0	0

附单据 2 张

财务主管 ××　记账 ××　出纳 ××　审核 ××　制单 ××

在使用收款凭证、付款凭证记录经济业务时,对于涉及现金和银行存款相互转化的收付款业务,通常只编制付款凭证,而不编制收款凭证,目的是避免重复记账。如将现金送存银行,一般只编制现金付款凭证;从银行存款中提取现金的业务,一般只编制银行存款付款凭证。

(3)转账凭证的填制。转账凭证是根据审核无误的有关转账业务的原始凭证填制的,转账凭证的格式与收、付款凭证不同。凭证的左上角不设主体科目,经济业务所涉及的科目均在转账凭证的"总账科目"和"明细科目"栏中填列。借方科目反映的金额,记在借方科目同行借方金额栏内,贷方科目反映的金额,记在与贷方科目同行的贷方金额栏内,合计栏内的借方金额、贷方金额应该相等。转账凭证的编号是按"转字第×号"编制的。现举例说明转账凭证的编制。

【例2-12】20××年12月23日,瑞华公司收到外商捐赠的新设备,价值50 000元,根据发票和捐赠协议填制转账凭证如表2-23。

表 2-23 **转 账 凭 证**

20×× 年 12 月 23 日 转字第 15 号

摘　要	总账科目	明细科目	√	借方金额										√	贷方金额									
				千	百	十	万	千	百	十	元	角	分		千	百	十	万	千	百	十	元	角	分
收到投入的设备	固定资产	设备					5	0	0	0	0	0	0											
	实收资本																	5	0	0	0	0	0	0
合　计						¥	5	0	0	0	0	0	0				¥	5	0	0	0	0	0	0

附单据 2 张

财务主管 ××× 记账 ××× 出纳 ××× 审核 ××× 制单 ×××

(4)通用记账凭证的填制。通用记账凭证是根据各单位发生的经济业务的全部原始凭证填制的,其填制依据既可以是收、付款业务的原始凭证,也可以是转账业务的原始凭证。这种记账凭证一般适用于规模小、经济业务少的单位,或者是实行会计电算化的企业。通用记账凭证的格式和填制方法与转账凭证相同,现举例说明通用记账凭证的编制。

【例 2-13】20××年 12 月 23 日,瑞华公司用现金购买零星办公用品 300 元,根据发票填制通用记账凭证如表 2-24。

表 2-24 **记 账 凭 证**

20×× 年 12 月 23 日 记字第 30 号

摘　要	总账科目	明细科目	√	借方金额										√	贷方金额									
				千	百	十	万	千	百	十	元	角	分		千	百	十	万	千	百	十	元	角	分
购买办公用品	管理费用	办公费							3	0	0	0	0											
	库存现金																			3	0	0	0	0
合　计								¥	3	0	0	0	0						¥	3	0	0	0	0

附单据 1 张

财务主管 ××× 记账××× 出纳××× 审核××× 制单×××

2. 记账凭证的填制要求。记账凭证是会计人员根据审核无误的原始凭证及有关资料编制的。为了确保记账凭证能准确、及时地填制,减少出现差错的概率,应符合如下几点要求:

(1)“日期”栏的填制要全面、准确,一般以会计部门受理会计事项的日期为准,要写明年、月、日。收、付款凭证的填制日期应按收款、付款的日期为准;转账凭证的填制日期可以原始凭证的日期或编制转账凭证的日期为准。

(2)“摘要”栏的填写要真实准确,也要简明扼要。摘要栏中要写明收款、付款的对象、原因和相应的凭证号码,购销物资的品名、数量和单价等,以满足登记账簿的需要。

(3)会计科目的填写要符合会计制度的规定,不得任意篡改会计科目名称或以会计科目编号替代科目名称。

(4)会计分录要按顺序准确无误地填制,既能够反映经济业务的来龙去脉,也要体现会计科目之间的对应关系。填制顺序为先借后贷,但也可以一借多贷或一贷多借。除特殊业务外,不得将不同经济业务的原始凭证汇总编成多借多贷的记账凭证。

(5)“金额”栏中数字要与原始凭证或原始凭证汇总表的金额相等。

(6)“附件”栏要将附件(张)数填列准确,并将原始凭证或原始凭证汇总表附在记账凭证之后,如果过多可以单独保管,但要在附件中标明,以便日后查对。需要说明的是,有些记账凭证可以不附原始凭证,如结账、更正错账等。

(7)“编号”要按顺序进行,不得随意填列。编号方法可以使用三类编号法,即分别按收款凭证、付款凭证、转账凭证分类编制;也可使用五类编号法,即分别按现金收款凭证、现金付款凭证、银行存款收款凭证、银行存款付款凭证、转账凭证分类编制;还可以使用通用记账凭证的统一编号顺序编制。如果一笔经济业务涉及的会计科目较多,需要填制两张或两张以上的记账凭证,可以采用分数编号法,如第 2 笔经济业务的会计分录需要编制 3 张记账凭证,凭证编号可以写成 2,$2\frac{2}{3}$,$2\frac{3}{3}$,每月在最后一张记账凭证的编号旁边,标注“全”字,避免凭证散失。

(8)记账凭证填制时如出现错误,应重新填制,不得在原记账凭证上更正。

(9)记账凭证填制完毕,有关人员要签字或盖章,以明确责任。

3. 记账凭证的审核。记账凭证是账簿登记的重要依据。为了保证账簿记录的真实可靠,记账凭证编制完毕后,要由专人对其进行严格审核。审核内容主要包括以下几方面:

(1)审核记账凭证是否按照原始凭证填列,记录的内容与所附原始凭证的内容是否一致,记账凭证是否附有原始凭证,附件份数(张数)的填列是否与实际份数(张数)一致。

(2)审核记账凭证中填列的应借、应贷账户的名称、金额及其对应关系是否正确无误。

(3)审核记账凭证中摘要栏的填写是否清楚,是否简明扼要地概括所附原始凭证反映的经济内容,日期、凭证编号等项目的填列是否齐备,有关人员是否签字盖章等。

(4)审核记账凭证中文字、数字的填写是否符合规范,错误是否正确更正。

只有经过审核无误的记账凭证才可据以登记账簿。若记账凭证审核中发现凭证项目填列不完整、签章不齐全等问题,要求有关人员及时补填或补办。对于发现错用会计科目名称的凭证,应根据有关规定进行重新填制或更正错误。

四、会计凭证的传递、整理与保管

(一)会计凭证的传递

会计凭证的传递,是指会计凭证从取得或编制时起,经过审核、登账,直至装订的全过程。在企业中,一项经济业务的完成往往要涉及几个业务部门,由各部门的人员协同进行,会计凭证会随着业务的进程在各有关业务部门和人员之间传递。正确地组织会计凭证的传递,便于及时处理经济业务,反映和监督经济业务的发生和完成情况,提高会计核算的效率;也便于利用岗位的分工协作加强经营管理上的责任制,发挥会计的监督作用。

会计凭证传递主要包括两部分内容:一是会计凭证在企业内部各部门及经办人员之间的传递线路,二是会计凭证在各环节及其有关人员中的停留及传送时间。在实际工作中,各单位会发生复杂多样的经济业务,每一项经济业务涉及的部门和人员不完全相同,导致会计凭证的传递线路、传递时间不同。因此,每个企业确定会计凭证的传递线路和传递时间时,应根据各种会计凭证的内容和用途,充分考虑以下因素:

第一,根据各种经济业务的特点以及企业内部管理和会计核算方面的要求,按照相关部门和员工分工情况,设计一个合理的传递线路,以便使会计凭证流转线路通畅,提高传送速度,增强工作实效。具体做法是:一张会计凭证填制完毕后,要明确交到哪个部门、哪个岗位,由谁来接办该业务手续,如果凭证是一式数联的,还应依据各联的用途,规定每一联传到哪一个部门。例如,职工差旅费的报销,涉及"差旅费报销单"这一凭证,其传递线路一般为:先由出差人员按照车船票和住宿发票等填制差旅费报销单,经有关领导签字批准后,将其送到会计部门报销;会计部门据此填制"付款凭证",经有关人员审核后,由出纳员付款;最后,再送交会计人员记账。

第二,根据各业务部门的特点和人员的配置以及办理业务的必要手续,制定会计凭证在每一个业务部门合理的停留时间和传送时间,以确保会计凭证核算的质量,加速会计凭证的传递,切忌拖延和积压会计凭证。

第三,在调查研究的基础上,综合制定会计凭证的传递线路和传递时间。会计凭证的传递是一项细致且复杂的工作,需要各部门的协调配合。因此,正确传递会计凭证,既不要过多设置环节,形成"公文旅行",积压凭证,又要防止只讲速度,不按规定审核,要确保各有关环节的必要手续。

（二）会计凭证的整理

会计凭证是各单位最重要的经济档案和历史资料，可以查证经济业务发生和完成情况以及责任人员的责任。因此，会计部门在根据会计凭证登记账簿后，应由会计人员定期进行归类整理，不得丢失和任意销毁。会计凭证的具体整理方法和要求有：

第一，月末，会计人员将记账后的会计凭证按编号顺序整理，检查记账凭证有无缺号，附件是否齐全。

第二，在保证记账凭证编号和附件齐全的情况下，将凭证折叠整齐，加具封面、封底，按编号顺序进行装订成册，并在装订线上加贴封签。封面上要注明：单位名称、记账凭证种类、起止号数、年度、月份和起止日期，并由有关人员签字盖章。对数量过多的原始凭证可以单独装订保管，但要在记账凭证上加以注明，以便查阅。

第三，会计凭证按上述步骤整理完毕后要归档保管。会计凭证封面的一般格式，见表 2－25。

表 2－25

（单位名称） 凭证名称 年　月　　　　共　册　　　　本册为第　册
本册起止页码：自　　号至　　号
本册起止日期：自　月　日起至　月　日止
附：原始凭证　张

会计主管（签章）　　　　装订人（签章）

（三）会计凭证的保管

会计凭证的保管就是对原始凭证和记账凭证进行妥善保管，既要保证会计凭证的安全完整，又要便于事后调阅查对，以满足本单位随时调用，或上级单位、审计、税务等有关部门检查核对的要求。从会计凭证的保管时间来看，可以分为装订成册前的保管、装订成册后的保管和会计凭证保管期满的处理。

1. 对未装订成册会计凭证的保管。会计凭证在装订成册以前，所有使用人员都有责任对其进行保管，以防散失。

2. 对已装订成册会计凭证的保管。对于已装订成册的会计凭证，应指派专人负责保管，并按年、月顺序排列，以防止错乱或散失。当年形成的会计档案，在会计年度终了后，可由单位会计管理机构临时保管 1 年，再移交单位档案管理机构保管。因工作需要确需推迟移交的，应当经单位档案管理机构同意。单位会计管理机构临时保管会计档案最长不超过 3 年。临时保管期间,会计档案的保管应当符合国家档案管理的有关规定,且出纳人员不得兼管会计档案。

单位保存的会计档案一般不得对外借出。确因工作需要且根据国家有关规定必须借出的,应当严格按照规定办理相关手续。会计档案借用单位应当妥善保管和利用借入的会计档案,确保借入会计档案的安全完整,并在规定时间内归还。

3. 会计凭证保管期满的处理。会计凭证保管期满,应严格执行会计凭证的保管期限和销毁手续。会计凭证的保管期限和销毁手续都应遵循《会计档案管理办法》有关规定,原始凭证和记账凭证保管期限均为 30 年。单位应当定期对已到保管期限的会计凭证进行鉴定,并形成鉴定意见书。经鉴定,仍需继续保存的会计凭证,应当重新划定保管期限;对保管期满,确无保存价值的会计凭证,可以销毁。保管期满但未结清的债权债务会计凭证和涉及其他未了事项的会计凭证不得销毁,纸质会计档案应当单独抽出立卷,电子会计档案单独转存,保管到未了事项完结时为止。

本章小结

会计循环指会计信息系统周而复始地对会计信息进行加工处理的过程。会计等式是用数学等式表示的会计要素之间的内在数量关系,是账户、复式记账和编制资产负债表的理论依据。

会计科目是对会计对象的具体内容进行分类核算的项目。账户是根据会计科目开设的,用来分类、系统、连续地记录经济业务的一种手段。

复式记账法是对发生的每一笔经济业务所引起的会计要素的增减变动,以相等的金额,同时在两个或两个以上的账户中相互联系地进行记录的一种方法。

借贷记账法是以借、贷二字作为记账符号的一种复式记账方法。会计分录是指按照借贷记账法记账规则的要求,对发生的经济业务列示出应借、应贷的账户和金额的一种记录。试算平衡,就是在期末根据记账规则和会计恒等式对所有账户的发生额和余额进行加总,以确定借贷是否相等,从而检查记账、过账过程中是否存在差错的方法。

会计凭证是用来记录经济业务、明确经济责任的书面证明,是登记账簿的依据。原始凭证指经办业务的部门和人员,在经济业务发生或完成时取得或填制的,用来记录或证明经济业务发生或完成情况的一种凭证。记账凭证是会计人员根据审核无误的原始凭证或原始凭证汇总表填制的,用来记载经济业务的简要内容,明确会计分录,作为登记账簿依据的一种会计凭证。

本章关键词汇

会计循环	accounting cycle
会计等式	accounting equation
资产	asset
负债	liabilities
所有者权益	owners' equity
收入	revenue
费用	expense
利润	profit
账户	ledger account
复式记账	double entry
借贷记账法	debit-credit bookkeeping
会计分录	journal entry
试算平衡	trial balance
期初余额	beginning balance/opening balance
本期发生额	current figures
期末余额	ending balance
会计凭证	accounting document
原始凭证	original voucher
记账凭证	account voucher

思考与练习题

一、思考题

1. 什么是会计恒等式？它有哪两种表达方式？
2. 将经济业务按其对会计恒等式中诸会计要素增减变动的影响进行分类，可划分为哪几种类型？并举例说明。

3. 经济业务的发生,是否会影响会计恒等式的成立？为什么？

4. 什么是会计科目？什么是账户？二者有什么区别和联系？

5. 会计科目设置应遵循哪些原则？

6. 会计科目如何进行分类？分类的意义是什么？

7. 什么是复式记账？它的理论依据是什么？它与单式记账比较有什么优点？

8. 什么是账户结构？试述借贷记账法的账户结构特点。

9. 借贷记账法的记账规则是什么？

10. 什么是试算平衡？在借贷记账法下如何进行试算平衡？

11. 什么是会计凭证？在会计工作中,填制和审核会计凭证有何作用？

12. 什么是原始凭证？原始凭证应具备哪些基本要素？

13. 如何对原始凭证进行审核？

14. 什么是记账凭证？记账凭证应具备哪些基本内容？

15. 什么是会计凭证的传递？如何正确组织会计凭证的传递工作？

二、练习题

1.【目的】掌握资产、负债和所有者权益之间的平衡关系。

【资料】甲、乙、丙三家公司的简单资料如下表所示：

企业名称	资产(元)	负债(元)	所有者权益(元)
甲企业	?	82 700	63 500
乙企业	82 800	?	34 100
丙企业	104 500	52 900	?

【要求】计算上列"?"处的金额。

2.【目的】掌握经济业务对会计等式的影响。

【资料】大中公司 202×年 7 月 31 日资产负债表显示资产总计 115 000 元,负债合计 40 000 元,所有者权益合计 75 000 元,大中公司 202×年 8 月份发生的经济业务如下：

(1)买入机器设备 1 台,价值 7 500 元,以银行存款支付。

(2)以银行存款归还短期借款 7 500 元。

(3)投资者投入一批原材料,价值 15 000 元。

(4)收到客户所欠账款 12 000 元,存入银行。

(5)一笔长期负债 7 500 元转化为对公司的投资。

(6)向银行借入短期借款 15 000 元,存入银行。

(7)从银行提现300元,准备购买办公用品。

(8)收入客户欠款9 000元,其中7 500元存入银行,1 500元以现金收取。

(9)以银行存款15 000元归还银行借款12 000元,以及所欠供应单位账款3 000元。

【要求】

(1)根据上述经济业务,分析说明会计要素情况以及对会计等式的影响。

(2)计算202×年8月末大中公司的资产、负债和所有者权益总计。

3.【目的】练习期初余额、本期发生额和期末余额的数量关系。

【资料】小牛公司202×年3月31日部分账户资料如下:

小牛公司部分账户资料

202×年3月31日　　单位:元

账户名称	期初余额	借方发生额	贷方发生额	期末余额
银行存款	155 000	53 200		99 400
原材料	237 600		124 800	285 350
固定资产		750 000	150 000	1 250 000
应付账款	380 000	260 000	25 000	
盈余公积	753 000		250 000	900 000
预收账款	85 000	32 500		58 000
应收票据		25 600	48 500	39 300

【要求】根据各类账户的结构,计算并填写上列表格的空格。

4.【目的】掌握借贷记账法下编制会计分录、登记账户和试算平衡的方法。

【资料】北方公司202×年5月初有关总分类账户的余额如下:

北方公司有关总分类账户余额

202×年5月1日　　单位:元

账户名称	借方余额	账户名称	贷方余额
库存现金	1 500	短期借款	80 000
银行存款	223 000	应付账款	120 500
原材料	120 000	实收资本	524 000
生产成本	40 000	盈余公积	210 000
固定资产	550 000		
合计	934 500	合计	934 500

该企业5月发生如下经济业务:

(1)接受A公司投资450 000元,款项已存入银行。

(2)用银行存款42 000元归还以前供货单位货款。

(3)购入价值34 000元的原材料一批,款项未付。

(4)开出商业汇票一张,面值65 000元,直接偿还前欠货款。

(5)从银行提取现金2 000元,以备零用。

(6)张平出差,预借差旅费3 800元,以现金支付。

(7)用银行存款60 000元偿还短期借款。

(8)生产领用原材料45 000元。

(9)接受B企业投资的生产设备一套,价值200 000元。

(10)以盈余公积100 000元转增资本。

【要求】

(1)根据上述经济业务编制会计分录。

(2)根据资料开设并登记有关总分类账户(开设“T”型账户即可)。

(3)编制北方公司202×年5月份的总分类账户本期发生额及余额试算平衡表。

总分类账户本期发生额及余额试算平衡表

年　　月　　日　　　　　　单位:元

账户名称	期初余额		本期发生额		期末余额	
	借方	贷方	借方	贷方	借方	贷方
合计						

5.【目的】练习账户的结构。

【资料】大明公司4月份部分账户不完整资料见下表：

大明公司4月份部分账户资料 单位：元

账户名称	期初余额	本期发生额		借或贷	期末余额
		借方	贷方		
库存现金	1 250	1 450		借	1 400
预付账款	25 000	10 000	15 000		
应收票据		5 100	6 600	借	900
库存商品	36 500		76 000	借	23 000
短期借款	23 000	13 000	20 000		
应付账款	32 000	12 000		贷	40 000
应交税费	2 000		1 000	平	0
实收资本		5 000	10 000	贷	850 000

【要求】请根据不同账户的结构计算并填列表中空格处的数字。

6.【目的】掌握借贷记账法下编制会计分录、登记账户和试算平衡的方法。

【资料】东方公司202×年3月31日各资产、负债、所有者权益账户的余额见下表。

202×年3月31日各资产、负债、所有者权益账户的余额 单位：元

资产类账户	余额	负债及所有者权益账户	余额
库存现金	3 000	短期借款	220 000
银行存款	140 000	应付职工薪酬	12 000
应收账款	60 000	应付账款	48 000
原材料	100 000	应交税费	3 000
库存商品	80 000	实收资本	600 000
固定资产	500 000		
合计	883 000	合计	883 000

4月份发生下列经济业务：

(1)4月1日以银行存款还短期借款90 000元。

(2)4月5日以银行存款20 000购入设备一台。

(3)4月10日收到购货单位前欠货款40 000元存入银行。

(4)4 月 15 日从银行提取现金 10 000 元准备发工资。

(5)4 月 17 日以库存现金 11 000 元支付职工工资。

(6)4 月 20 日以银行存款 20 000 元偿还前欠供应单位货款。

(7)4 月 22 日接受其他单位投资 110 000 元,款项存入银行。

(8)4 月 24 日经与债权人协商并经有关部门批准,将所欠某单位应付账款 30 000 元转为资本。

(9)4 月 28 日某债务人以一批材料抵偿所欠本企业的货款,价值 16 000 元,材料已验收入库。

(10)4 月 30 日经与银行协商并经银行同意,将短期借款 100 000 元转为长期借款。

【要求】

(1)根据资料所列的经济业务编制会计分录。

(2)开设相关的"T"型账户,先登记期初余额,并根据所编制的会计分录登记本期发生额,结出期末余额。

(3)根据账户记录编制试算平衡表。

7.【目的】练习编制记账凭证。

【资料】开开公司 202×年 6 月发生如下经济业务:

(1)4 日售出办公用打印纸 10 包,每包 60 元,共计 600 元;销售墨盒 5 个,每个 260 元,共计 1 300 元,收到货款并存入银行。

(2)6 日用现金支付本月水电费 350 元。

(3)10 日业务员预借差旅费 2 000 元,以现金支付。

(4)15 日向银行借入为期 3 个月的贷款 50 000 元,存入银行。

(5)18 日用银行存款支付两年的房屋租金 300 000 元。

(6)20 日采购员报销差旅费 1 800 元,余款 200 元退回。

(7)23 日收到 A 单位预付的货款 1 000 元,存入银行。

(8)25 日从银行提现金 5 000 元,以备发工资。

(9)26 日用现金发放上月职工工资 5 000 元。

(10)30 日收到外商捐赠的电脑一台,价值 16 000 元。

【要求】根据上述经济业务,编制收款凭证、付款凭证和转账凭证。

三、案例分析题

【目的】练习会计科目的设计。

【资料】

现有四家投资人决定合股投资 1 000 万经营一家商贸公司,租入楼房一栋:一楼经营快餐,二楼经营服装,三楼经营百货,四楼经营家用电器。现已办妥一切开业手续,有关资料如下：

(1)本公司名称为京贸有限责任公司。

(2)除四家投资人外，还准备向银行贷款并吸收他人投资，但他人投资不作为股份，只作为长期负债，按高于同期银行存款利率的15%付息。

(3)公司已在银行开立账户。

(4)商场和快餐店均需要重新装修才能营业。

(5)房屋按月交租金。

(6)需要购入货架、柜台、音响设备、办公桌椅、收银机等设备，还需要购入运输汽车3辆、计算机4台。

(7)库存商品日常购销可以赊购赊销，采用售价金额核算法。

(8)公司日常管理费用需在商场和快餐店之间进行分摊。

(9)雇用店员若干人，每月按计时工资发放报酬，奖金视销售情况而定。

(10)公司按规定交纳所得税和增值税(其他税种从略)，税率按国家规定执行。

(11)利润按商场和快餐店分别计算，税后利润按规定提取盈余公积金。

(12)购进商品的包装物卖给废品公司。

【要求】

(1)根据以上有关资料对该商贸公司进行会计制度设计，即设计其会计科目并对会计科目使用做出说明。

(2)为该公司设计会计凭证的种类、会计凭证的传递程序和保管制度。

第三章

会计循环(二):账簿登记、调账与结账

导　读

本章以会计账簿体系为中心,讲述账簿登记、账项调整、工作底稿和结账等内容。通过本章学习,应理解账簿概念、账项调整的原理,以及围绕账簿内容展开的会计循环;掌握账簿登记方法、试算平衡方法、调账和结账方法;熟悉工作底稿的编制与运用。

本章重点:建立会计账簿体系,掌握账簿基本问题:账簿作用、账簿结构、账簿登记、账簿分类、记账规则、总分类账和明细分类账的平行登记。在账项调整中要了解企业对收入和费用的收支期与发生期不一致的业务的处理,重点掌握账项调整事项的方法和工作底稿的编制方法、账簿试算平衡、结账。熟悉记账程序和工作底稿的编制。

本章难点:账簿试算平衡、会计确认与计量基础权责发生制和收付实现制、账项调整与结账、工作底稿。

教学课时:10 课时

案例导读

小李经过学校推荐参加了北京市某青年创业项目。项目负责人了解到小李处于创业初期,服装店的各项制度还不是很健全,他建议小李加强公司的经营管理和风险防范。针对服装行业普遍的同质化竞争严重、客户需求日益多元化复杂化,小李应及时采

取行动。小李了解到会计账簿可以全面地记录公司的经济业务事项。设置和登记会计账簿,是连接会计凭证和会计报表的中间环节,做好这项工作,对于加强经济管理具有十分重要的意义。项目负责人建议小李根据资产负债表有关项目考虑是否存在坏账的风险、根据利润表有关项目降低公司的成本费用、根据现金流量表有关项目考虑是否融资以及融资需求规模。小李决定利用会计账簿对收集来的会计信息进行加工处理,但他还需要考虑以下问题:

1. 会计账户和会计账簿之间的关系。
2. 会计账簿的分类、内容和填制要求。
3. 会计账簿如何为信息使用者提供可靠的会计信息。

第一节 账簿登记

设置和登记账簿是会计工作中必不可少的环节,是会计核算方法之一。本节循序渐进地介绍了什么是账簿,为什么要设置和登记账簿,各种账簿的设置与登记方法,账簿登记应遵循的使用规则,尤其是总分类账与明细分类账的平行登记规则、更正错账的规则等。

一、账簿的概念与作用

账簿是以会计凭证为依据,连续、系统、全面地记录经济业务的簿籍。从其内容来看,账簿按照会计科目开设账户,并由具有一定格式的账页组成,以便将会计凭证中已反映的内容再次加以记录。登记账簿是会计核算的一种专门方法。

人们之所以将经济业务填制在会计凭证后还要设置与登记账簿,其原因在于,会计凭证虽然能够正确、及时地反映和监督各项经济业务的具体内容和完成情况,但每张会计凭证往往只反映一项经济业务,经济业务越多,涉及的会计凭证的数量也就越多,借助会计凭证提供的会计核算资料也就十分零星、分散,缺乏系统性。因此,要想集中、全面、系统地反映和监督各个单位在一定时期某类或全部经济业务,就有必要利用设置和登记账簿的方法,把分散在会计凭证中的资料进行集中和归类整理,并将其登记在账簿中。

设置和登记账簿作为会计工作中必要的环节,对于完善各单位的经济管理起着重要的作用,主要表现在:账簿可以对经济业务进行全面、系统、连续地反映,为企业提供管理所需要的总括和详细的会计信息;账簿可以为企业编制会计报表提供数字资料,为审计、税务等部门对各单位实施会计检查提供依据;利用账簿资料,可以对企业进行分析,发现企业经营中存在的问题,便于改善企业的经营管理。

二、账簿的分类

在会计实务中,企业使用的账簿是多种多样的,这些账簿在外在形式、内部构成和登记方法上均有所不同,为了便于了解和运用各种账簿,有必要按一定标准对其进行分类。

(一)按其用途的分类

账簿按其用途分为序时账簿、分类账簿和备查账簿。

1. 序时账簿。序时账簿又称日记账,它是按照经济业务发生的时间先后顺序,逐日逐笔进行登记的账簿。在实际工作中,“时间先后顺序”通常指的是记账凭证的编号顺序,也就是说,序时账簿是会计部门依据记账凭证的编号顺序进行登记的。这种账簿既可以用来登记企业发生的全部经济业务,也可以用来登记某一类经济业务发生和完成情况。凡是用来记录企业全部经济业务的日记账,称为普通日记账;凡是用来登记某一类经济业务发生和完成状况的日记账,称为特种日记账。目前,常用的特种日记账有“现金日记账”“银行存款日记账”。

2. 分类账簿。分类账簿是把全部经济业务按照总分类账户和明细分类账户分别进行登记的账簿。总分类账簿又称总分类账,简称总账,是将经济业务按总分类账户进行分类登记的账簿,它可以提供有关经济业务内容的总括核算资料。明细分类账簿又称明细分类账,简称明细账,是将经济业务按照明细分类账户进行登记的账簿,它可以提供有关经济业务内容的详细核算资料。

在会计实务中,如果企业的经济业务简单,使用的总分类账户又不多,会计部门可以将序时账簿和总分类账簿的记录结合起来在同一账簿中进行反映,这种账簿既具有日记账的作用,又有具有总分类账簿的作用,人们形象地把这种账簿称为联合账簿,如企业设置的日记总账。

3. 备查账簿。备查账簿,简称备查簿,是补充登记序时账簿和分类账簿中未能记载的经济业务的账簿。它能为某些经济业务的内容提供必要的参考资料,满足对特定事项进行管理的需要。如企业为了加强对租用设备的管理,可以设置“租入固定资产备查簿”,详细记录租入固定资产的日期、归还的日期、租金以及使用部门等信息。备查账簿并非所有企业都必须设置,各单位可以根据实际需要做出选择。

(二)按其外观特征的分类

账簿按其外观特征分为订本式账簿、活页式账簿和卡片式账簿。

1. 订本式账簿,简称订本账,是在账簿启用前,将账页按编号顺序装订成册的账簿。这种账簿的账页固定装订在一起,其优势在于,既可以防止账页被随意抽换,又可以避免账页散失。但由于订本式账簿的账页总数固定,而估计账户预留的账页数与实际需要量很难达成一致,造成要么账页不足影响账簿记录的连续性,要么空白账页过多浪费严重的后果。而且订本式账簿在同一时间内只能由一人登记,不利于记账人员的分工。因此,订本式账簿一般适用于重要的和具有统驭性的账簿,如总分类账簿、现金日记账、银行存款日记账。

2. 活页式账簿,简称活页账,是在账簿启用前和使用过程中不把账页固定装订在一起,而是将一定数量的账页放在活页夹中的账簿。这种账簿的特点是账页顺序不固定,各单位可以根据实际需要随时取用,使用灵活,不但可以减少账页的浪费,而且有利于分工记账。但是活页式账簿中的账页容易散失和被抽换,因此在使用时,应将账页按顺序编号,记录完毕或年度终了,要按规定装订成册,妥善保管。活页式账簿一般适用于除固定资产明细账以外的明细分类账。

3. 卡片式账簿,简称卡片账,是利用印有账户格式的卡片进行登记的账簿。这些卡片一般放置在卡片箱中,企业可按需取放。这种账簿的优缺点与活页式账簿基本相同,只不过卡片式账页的硬度高、耐磨损,使用期相对较长,一般适用于固定资产的明细核算。

(三)按其账页格式的分类

账簿按账页格式的不同分为三栏式账、多栏式账和数量金额式账。

1. 三栏式账是指账页的主要格式分为借、贷、余三个栏目的账簿。三栏格式是较为常见的账簿格式。

2. 多栏式账是指账页的格式划分许多栏目,分别用来详细列示会计科目或具体项目的账簿。

3. 数量金额式账可以视为三栏式账的变形。账簿中的账页先分为“收入、发出、结存”三个栏目,每栏中再分为“数量、单价、金额”三个小栏目,以便提供相应的经济业务信息。

三、账簿的设置与登记

(一)账簿设置的原则

按照国家的有关规定,每个单位都必须设置一定种类和数量的账簿。账簿设置就是确认账簿种类,设计账簿格式、内容和登记方法的一项工作。各单位在设置账簿时要遵循以下原则:

第一,账簿设置要保证能够连续、系统、全面地反映和监督各单位的经济业务,以便为管理者提供必要的会计核算资料。

第二,账簿设置要符合本单位经济活动的特点,又要满足各业务部门的工作需要和管理的要求,便于会计工作的分工和岗位责任的落实。

第三,账簿设置要科学严密、灵活简便,账簿结构要具有统领制约关系,账簿格式要简明扼要,便于使用和保管。

(二)账簿的基本结构

账簿的种类繁多、格式各异,但账簿的基本结构大体相同,主要由封面、扉页和账页三部分构成。

1. 封面。封面主要用来标明账簿名称,如总分类账、银行存款日记账、应付账款明细账等。

2. 扉页。扉页主要附有账簿使用登记表和账户目录,反映账簿启用、交接使用的状况以及账户的页次。账簿使用登记表的内容主要有:使用单位名称、账簿名称及编号、账簿启用日期及起止页数、经管人员及日期、交接记录、会计主管人员、单位负责人等,格式如表3-1所示。

表3-1　　账簿使用登记表

<table>
<tr><td colspan="2">使用者名称</td><td colspan="2"></td><td colspan="2">印　鉴</td></tr>
<tr><td colspan="2">账簿名称</td><td colspan="2"></td><td colspan="2" rowspan="4"></td></tr>
<tr><td colspan="2">账簿编号</td><td colspan="2"></td></tr>
<tr><td colspan="2">账簿页数</td><td>本账簿共计　页</td><td></td></tr>
<tr><td colspan="2">启用日期</td><td colspan="2">年　月　日</td></tr>
<tr><td rowspan="2">责任者</td><td></td><td>主　管</td><td>会　计</td><td>记　账</td><td>审　核</td></tr>
<tr><td></td><td></td><td></td><td></td><td></td></tr>
<tr><td rowspan="8">经管人姓名及交接日期</td><td rowspan="2"></td><td>经管　年　月　日</td><td rowspan="2"></td><td colspan="2" rowspan="2"></td></tr>
<tr><td>交出　年　月　日</td></tr>
<tr><td rowspan="2"></td><td>接管　年　月　日</td><td rowspan="2"></td><td colspan="2" rowspan="2"></td></tr>
<tr><td>交出　年　月　日</td></tr>
<tr><td rowspan="2"></td><td>接管　年　月　日</td><td rowspan="2"></td><td colspan="2" rowspan="2"></td></tr>
<tr><td>交出　年　月　日</td></tr>
<tr><td rowspan="2"></td><td>接管　年　月　日</td><td rowspan="2"></td><td colspan="2" rowspan="2"></td></tr>
<tr><td>交出　年　月　日</td></tr>
<tr><td>备　考</td><td colspan="5"></td></tr>
</table>

账户目录表的内容主要包括账户名称、账户页次，格式如表3－2所示。

表3－2 **科目索引**

页数	科目	页数	科目	页数	科目

3. 账页。账页是账簿结构的主要组成部分，主要用来具体记录经济业务。账页应标注的主要内容有：账户名称（又称会计科目）、记账日期、会计凭证类别和编号、摘要（即经济业务的简要说明）、金额、账页的总页次和分户页次。

（三）日记账的设置与登记

日记账是对全部或某类经济业务按其发生的时间顺序逐日连续反映的账簿。在实际工作中，各单位为了对某类经济业务进行日常控制，要按照规定和本单位的实际情况设置有关现金、银行存款、转账以及销货等日记账。其中，现金日记账、银行存款日记账是各单位设置的最为常见的序时账簿，主要便于实现对货币资金收支进行日常的反映和监督。目前，日记账的格式主要有三栏式和多栏式两种，现分别予以说明。

1. 现金日记账的设置与登记。现金日记账是逐日登记现金的收入、支出和结存情况的序时账簿。现金日记账的设置与登记，有利于加强企业对现金的日常核算与监督，保证现金的安全和合理使用。

现金日记账一般是由出纳员根据审核后的现金收款凭证、现金付款凭证以及有关的银行存款付款凭证逐日逐笔登记的。这里的“银行存款付款凭证”特指记录从银行存款提取现金的事项编制的凭证。现金日记账一般采用三栏式，其外观特征为订本式，格式与内容见表3－3所示。

现金日记账的登记方法为：

（1）“日期”栏按记账凭证的日期填写，一般与现金实际收付的日期一致。

（2）“凭证编号”栏按登账所依据的收付款凭证的种类和编号填写，凭证的种类可以采用缩写方式，如“现金收款凭证”可简写为“现收”，“现金付款凭证”可简写为“现付”，“银行存款付款凭证”可简写为“银付”。

（3）“摘要”栏填写登记入账经济业务的简要说明。

（4）“对应科目”栏填写与“库存现金”科目相对应的科目。如用现金购买各科室使用的办公用品，与“库存现金”科目相对应的科目是“管理费用”。

（5）“借方”“贷方”“余额”栏分别用来登记现金的实际收付数和每日的结余数。“借方”栏根据现金收款凭证或银行存款付款凭证中的金额填写；“贷方”栏根据现金付

表 3－3　　　　　　　　　　　　**现金日记账**

3

20XX年		凭证编号	摘要	对应科目	借方									√	贷方									√	余额								
月	日				百	十	万	千	百	十	元	角	分		百	十	万	千	百	十	元	角	分		百	十	万	千	百	十	元	角	分
			承前页																										9	0	0	0	0
3	6	银付1	提取现金	银行存款				2	0	0	0	0	0																				
	6	现收3	余款退回	其他应收款					5	0	0	0	0																				
	6	现付2	购买办公品	管理费用															4	0	0	0	0										
	6		本日合计					2	5	0	0	0	0						4	0	0	0	0					3	0	0	0	0	0
	..	....	....						.	.	.	.	.						.	.	.	.	.					.	.	.	.	.	.
	31		本日合计					1	0	0	0	0	0						5	0	0	0	0					3	4	0	0	0	0
	31		本月合计					4	2	0	0	0	0					1	7	0	0	0	0					3	4	0	0	0	0

款凭证中的金额填写;每日终了,计算现金收入合计数及现金支出合计数,并结出余额。为了查明账实是否相符,还要将现金日记账的余额与库存现金实有数进行核对。

2. 银行存款日记账的设置与登记。银行存款日记账是逐日反映企业银行存款的收入、支出和结存金额的日记账。银行存款日记账的设置与登记有利于管理者及时了解银行存款收支动态和结存状况,为管理者合理使用资金提供信息。

银行存款日记账是由出纳员根据银行存款收款凭证、银行存款付款凭证和有关现金付款凭证逐日逐笔按顺序登记的。这里的"现金付款凭证"特指记录将现金存入银行的业务编制的凭证。银行存款日记账一般采用三栏式,其外观特征为订本式,格式与内容如表 3－4 所示。

银行存款日记账的登记方法与现金日记账的登记方法基本相同,但有几点需要说明:

(1)银行存款日记账在格式上,增添了"结算方式"栏。结算方式的种类和号数是根据收款凭证、付款凭证所附银行结算方式的类别和编号填制的。

(2)"借方""贷方""余额"栏是银行存款的实际增减和结余数。"借方"栏根据银行存款收款凭证登记;"支出"栏根据银行存款付款凭证登记;每日终了,应分别计算银行存款的收入、支出合计数,并结出余额,以便做到心中有数,防止透支现象的发生。同时,企业还应定期将银行存款日记账与银行对账单进行核对,防止款项的漏记、错记。

3. 转账日记账的设置与登记。转账日记账是根据转账凭证逐日逐笔进行登记的账簿,一般适宜规模小、业务单一且量不大的单位设置,便于企业及时了解转账业务的活

表 3－4　　　　银行存款日记账

1

20XX年 月	日	凭证编号	结算方式 种类	号码	摘要	借方（千百十万千百十元角分）	√	贷方（千百十万千百十元角分）	√	余额（千百十万千百十元角分）
1	1				上年转入					525000
	10	现付1				300000				
	10	银付1	转支	1234				520000		
	10	银付2	现支	1426				200000		
	10	银收1	汇兑	135		8000000				
	10				本日合计	8300000		720000		8105000
…	…	…	…	…	…	…		…		…
	31				本日合计	35000		145000		9388000
	31				本日合计	9756000		893000		9388000

动状况。转账日记账的一般格式如表 3－5 所示。

表 3－5　　　　转账日记账　　　　第　页

年		转账凭证号数	摘要	借方		贷方	
月	日			一级科目	金额	一级科目	金额

（四）总分类账的设置和登记

总分类账是按照规定的一级科目分设账户，用来分类登记全部经济业务的账簿。总分类账能够连续记录和总括反映企业资产、负债、收入和费用的发生情况，为编制会计报表提供有关核算资料，因此每个单位都必须设置总分类账。

总分类账一般采用“借”“贷”“余”三栏式格式，外观为订本式账簿，格式如表 3－6 所示。

总分类账的登记方法有多种，可以根据审核无误的记账凭证逐笔登记，也可以根据汇总记账凭证登记，还可以根据科目汇总表进行登记。一般而言，总分类账的具体登记方法与企业采用的账务处理程序有关，这部分内容将在后文阐述。总分类账无论采用哪种方法登记，月末要算出各账户的借方、贷方本期发生额，并结出余额。

表 3－6　　总分类账

3

科目名称＿＿＿＿＿＿＿＿

年		凭证编号	摘要	借方											贷方											借或贷	余额										
月	日			亿	千	百	十	万	千	百	十	元	角	分	亿	千	百	十	万	千	百	十	元	角	分		亿	千	百	十	万	千	百	十	元	角	分

(五)明细分类账的设置和登记

明细分类账是根据二级科目或明细科目开设账页,分类、连续地记录某一类经济内容的账簿。它可以更加详细地反映企业的经济活动和财务收支状况,因此,各单位在设置总分类账的同时,还应根据具体情况设置若干必要的明细分类账。

明细分类账从其外观形式上看主要采用活页式,其账页格式由于记录的经济业务内容的差异以及管理上的要求不同而有所不同,一般有以下三种格式:

1. 三栏式明细账。三栏式明细账的格式与三栏式总分类账的格式基本相同,账页内设有“借方”“贷方”“余额”三个金额栏。这种格式的明细账由于只设金额栏,不设数量栏,因此仅适合于需要进行金额核算、不需要进行数量核算的明细账户,如“应收账款”“应付账款”“其他应收款”“短期借款”“长期待摊费用”等账户的明细分类核算。其账页格式与内容如表 3－7 所示。

2. 数量金额式明细账。数量金额式明细账是在三栏式明细账的基础上,分别在“收入”“发出”“结存”每个栏下再设置数量栏、单价栏和金额栏。这种格式的明细账不仅要登记金额,也要登记数量,因此适合于既需要进行金额核算,也需要进行数量核算的明细账,如“原材料”“库存商品”等账户的明细核算,其格式如表 3－8 所示。

需要说明的是,这种明细账的格式上端设置了一些诸如类别、名称、规格以及计量单位、计划单价、储备定额、最高和最低储备量等项目,其目的是更好地满足企业管理的需要。

表 3－7　　明细分类账

本账页数	
本户页数	

科目＿＿＿＿

年		记账凭证号数	摘要	对方科目	页数	借方												贷方												借或贷	余额											
月	日					十	亿	千	百	十	万	千	百	十	元	角	分	十	亿	千	百	十	万	千	百	十	元	角	分		十	亿	千	百	十	万	千	百	十	元	角	分

表 3－8　　明细分类账

类别：　　　　计划单价：

名称和规格：　　　　储备定额：

计量单位：　　　　存放地点：　　　　第　页

年		凭证		摘要	收入			发出			结存		
月	日	字	号		数量	单价	金额	数量	单价	金额	数量	单价	金额

3. 多栏式明细账。多栏式明细账是企业根据经济业务的特点和经营管理的需要，在同一账页内按有关明细科目或明细项目分设若干专栏，以集中反映某一总账账户所属明细科目或项目的详细核算资料的明细账。多栏式明细账适合于收入类、费用类、成本类科目的明细核算，如"主营业务收入""管理费用""财务费用""本年利润"等明细账。

多栏式明细账按其登记的经济业务不同，账页格式又细分为三种：借方多栏式、贷方多栏式和借方贷方多栏式。

(1)借方多栏式明细账是指在账页中的借方栏下按多个明细项目设置专栏的明细账，主要适用于成本费用类账户的明细核算，如"材料采购""生产成本""管理费用"

“销售费用”“财务费用”等。借方多栏式明细账在实际运用中存在以下两种格式(如表 3-9-1、表 3-9-2 所示),其差别在于,账页是否设有贷方栏,从而导致贷方金额的登记方法不同。未设有贷方栏的借方多栏式明细账,如果有贷方发生额时,要用红字金额在借方相应栏内登记,红字借方金额就代表贷方金额。

表 3-9-1　　**明细分类账**

明细科目________　　第　页

年		凭证		摘要	借方(项目)				贷方	余额
月	日	字	号					合计		

表 3-9-2　　**明细分类账**

明细科目　　第　页

年		凭证		摘要	借方(项目)				余额
月	日	字	号					合计	

(2)贷方多栏式明细账是指在账页中的贷方栏下按多个明细项目设置专栏的明细账,主要适用于收入类账户的明细核算,如“主营业务收入”“营业外收入”等,其格式如表 3-10 所示。

表 3-10　　**明细分类账**

明细科目________　　第　页

年		凭证		摘要	贷方(项目)				余额
月	日	字	号					合计	

(3)借方贷方多栏式明细账是指在账页中的借方栏和贷方栏下分别按多个明细项目设置专栏的明细账,主要适用于资产、负债、所有者权益科目的明细核算,如"应交税费""本年利润""利润分配"等,具体格式如表3-11所示。

表3-11　　　　应交税费——应交增值税明细账

年		凭证		摘要	借方			贷方				借或贷	金额
月	日	字	号		合计	进项税额	已交税额	合计	销项税额	出口退税	进项税转出		

上述各种格式的明细账,各单位都应结合经济业务的具体内容进行设置与登记。登记时可以依据原始凭证、原始凭证汇总表或记账凭证逐笔进行,每次登记完毕后,都要计算出结余数额。

四、账簿的使用规则与账簿的管理

账簿是重要的会计档案,用以储存会计数据资料。为了保证账簿记录的正确、完整,实现其系统、全面、连续地反映企业经营活动状况的功能,有必要熟悉和遵守账簿的使用规则,掌握账簿的管理办法。

(一)账簿的使用规则

账簿的使用规则包括账簿的启用规则、记账规则、更正规则和更换规则等。

1. 账簿的启用规则。账簿是会计信息的载体,为了确保其记录内容的合规和完整,明确记账责任,在启用账簿时,应按要求在账簿扉页上认真填制"账簿启用人员和经管人员一览表"和"科目索引目录"。当记账员或会计主管工作发生变更时,要办好账簿交接手续,并在启用表中做明确记录。"科目索引目录"表要写明科目名称和各科目页次,以便登记与查阅。

2. 账簿的记账规则。登记账簿的规则主要包括账簿依据什么来登记、什么时间登记以及如何登记等。

(1)登记账簿的依据。登记账簿必须以审核无误的会计凭证为依据,以确保账簿记录的真实性。

(2)登记账簿的时间。有关各种账簿应间隔多长时间进行登记,会计应按实际需要和有关规定确定。一般规则是:现金日记账和银行存款日记账应在每天填制收、付款凭证后逐日逐笔登记;各种明细账,每月应依据记账凭证、原始凭证、原始凭证汇总表逐日逐笔或定期汇总登记;总账要根据各单位所采用的账务处理程序中规定的依据和时间登记,每月至少一次。

(3)登记账簿的规范要求。登记账簿的规范要求有以下六点。

第一,登记账簿必须使用黑色墨水签字笔书写,不许使用铅笔和圆珠笔书写,红色墨水签字笔只能用于在下列几种情况:按红字冲账的记账凭证,以冲销错误记录;在不设借贷等栏的多栏式账页中,登记减少数;在三栏式账户的余额栏前,如未印明余额方向的,在余额栏登记负数金额;根据国家有关规定可以用红字登记的其他会计记录。

第二,各种账簿应根据编定的页码顺序按页逐行连续登记,不得隔页、跳行。如发生隔页、跳行时,应在空页、空行处划红色对角线以示注销,或注明"此页空白""此行空白"字样,并由会计人员和会计机构负责人(会计主管人员)在更正处盖章。

第三,登记账簿时,记账人员要将记账凭证的日期、编号、业务内容摘要、金额等内容逐一记入账内,同时在记账凭证上签名或盖章,并注明记入账簿的页次或者画"√"符号,表示已经登账,以防止重记、漏记。

第四,账簿登记时,文字、数字一般应占账簿格距的二分之一,以便留出改错的空间。每登满一账,应留出最后一行,结出发生额和余额,并在摘要栏内注明"转次页",同时,在下页第一行摘要栏内注明"承前页",并按要求登记金额,以保证账簿记录的连续性。

第五,账簿记录发生错误,不得任意涂改,严禁刮擦、挖补或用褪色药水更改,不得重抄,必须按照规定方法进行更正。

第六,使用电子计算机进行会计核算的,其会计账簿的登记、更正应当符合国家有关规定,总账、明细账和日记账应定期打印,并按页码顺序装订成册,以防散失。

3. 错账的更正规则。在登记账簿的过程中,如果发现记录有错误,应根据错误的性质,按照规定的方法和规则进行更正。更正错账的方法一般有以下三种:

(1)划线更正法。在每月结账之前,如果发现账簿记录的文字或数字出现错误,而所依据的记账凭证没有错误,即单纯的登账错误,应采用划线更正法进行更正。

更正的具体做法是:首先在账簿记录中错误文字或数字的中间划一条红色横线,表示注销,但必须保留原字样清晰可辨。在画线时,要注意将错误数字全部划销,不得只划其中的错误字码。然后使用黑色墨水签字笔,在红线上端同一行的空白处,填写上正确的文字或数字,并由更正人员在更正处的右上角签章,以示责任。

【例3-1】瑞华公司用银行存款7 683.56元购买办公用品,交给管理部门使用。记账凭证上编制的分录为:

借:管理费用　　　　　　　　　　　　　　　　　7 683.56

　贷:银行存款　　　　　　　　　　　　　　　　　7 683.56

记账员吴琪依据审核无误的记账凭证登记“管理费用”和“银行存款”账。

登记结果如下:

管理费用	
7 683.56	

银行存款	
	7 638.56

发现登记在“银行存款”账上的数字写错,应进行如下的更正:

7 683.56 吴琪签章

~~7 638.56~~

更正结果在“银行存款”账上表示如图 3-1 所示。

银行存款	
	7 683.56 吴琪签章
	~~7 638.56~~

图 3-1　划线更正法

(2)红字更正法。红字更正法又称赤字冲账法,是指由于记账凭证的错误而导致账簿记录出现差错,就需要用红字金额冲销原记账凭证,借以更正账簿错误的方法。这种方法一般适用于以下两种情况。

第一种情况:登账之后,发现账簿记录有错误,这种错误是由于记账凭证中使用了错误的应借应贷的会计科目,应该采用红字更正法进行更正。

更正的具体做法是,首先用红字金额填制一张与错误凭证内容相同的记账凭证,在摘要栏注明“冲销×月×日×号记账凭证的错误记录”并用红字金额登记入账;然后再用黑色签字笔填写一张正确的记账凭证,在摘要栏内注明“补记×月×日×号账”,并据此登记账簿。

【例 3-2】瑞华公司收到其他单位投入的新设备,价值 750 000 元。编制记账凭证时,误写为如下的分录,并登记入账:

借:固定资产　　　　　　　　　　　　　　　　　750 000

　贷:资本公积　　　　　　　　　　　　　　　　　750 000

记账员发现记账有错,查明该错误属于记账凭证使用了错误的会计科目,更正时按如下步骤进行处理。

第一步:填制与原记账凭证内容相同的红字金额的凭证,并登记入账,以冲销原错误记录。

①借:固定资产　　750 000

　贷:资本公积　　750 000

第二步:用黑色墨水签字笔编制一张正确的记账凭证,并登记入账。

②借:固定资产　　750 000

　贷:实收资本　　750 000

以上有关账户记录的更正如图 3 -2 所示。

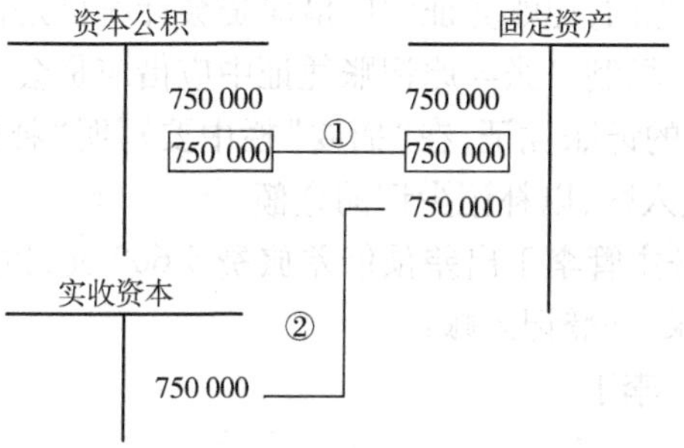

图 3 -2　红字更正法(一)

第二种情况:登账之后,发现账簿记录有错误,出错原因仅在于记账凭证中的金额大于应记的正确金额,记账凭证中应借应贷会计科目是正确的,应采用红字更正法进行更正。

更正的具体做法是:编制一张与原错误凭证的会计科目相同,金额为多记数额,且多记数额用红字书写的记账凭证,摘要栏中注明"冲销 ×月 ×日 ×号记账凭证的多记金额",并将红字金额登记入账。

【例3 -3】瑞华公司用银行存款10 000 元归还短期借款。编制记账凭证时,误写为如下的分录,并登记入账:

借:短期借款　　100 000

　贷: 银行存款　　100 000

记账员发现记账有错,查明该错误属于记账凭证的会计科目正确,只是金额多记了。更正时应编制如下的一张记账凭证,并登记入账,以冲销多记金额。

借:短期借款　　90 000

　　贷：银行存款　　　　　　　　　　　　　　　　　　　　　　　　90 000

以上有关账户记录的更正如图 3－3 所示。

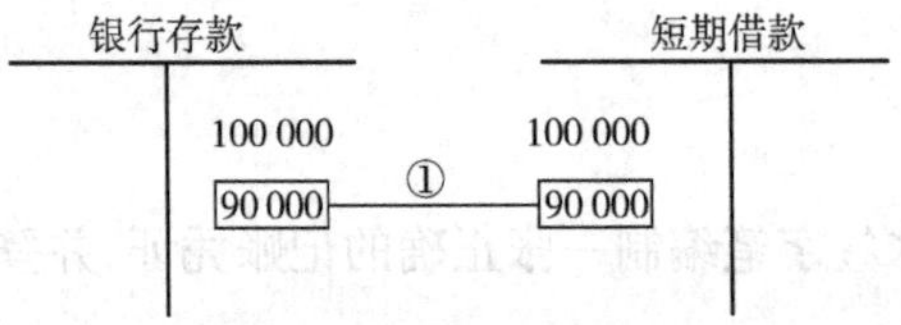

图 3－3　红字更正法(二)

(3)补充登记法。登账之后，发现账簿记录有错误，这种错误是由于记账凭证所写金额小于正确金额所引起的，记账凭证中应借应贷会计科目是正确的。

更正的具体做法是：填制一张与原记账凭证中应借应贷会计科目相同，金额为少记的数额且用黑色笔书写的记账凭证，在"摘要"栏中要写明"补记×月×日×号记账凭证的少记金额"，并登记入账，以补记少记的金额。

【例 3－4】公司业务主管李丁出差预借差旅费 5 600 元，以现金支付。编制记账凭证时，误写为如下的分录，并登记入账：

借：其他应收款——李丁　　　　　　　　　　　　　5 000

　　贷：库存现金　　　　　　　　　　　　　　　　　　5 000

记账员发现记账有错，查明该错误属于记账凭证的会计科目正确，只是金额少记了 600 元。更正时，应用黑色墨水签字笔编制如下的一张记账凭证并登记入账。

①借：其他应收款——李丁　　　　　　　　　　　　600

　　贷：库存现金　　　　　　　　　　　　　　　　　　600

以上有关账户记录的更正如图 3－4 所示。

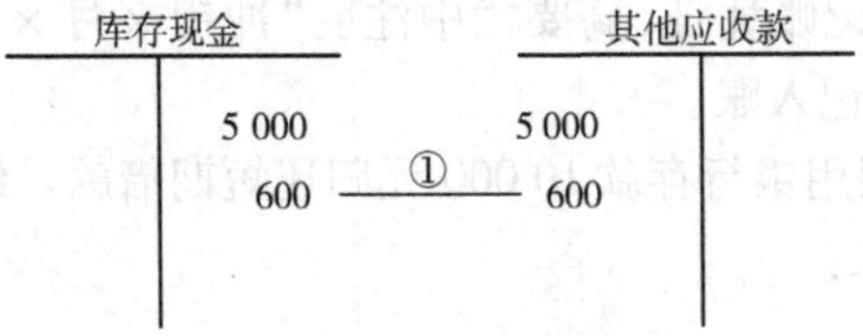

图 3－4　补充登记法

4. 账簿的更换规则。根据国家有关规定，各单位应在每一个会计年度终了，按实际情况将上年的旧账更换为次年的新账，更换时要遵照如下的规则和程序进行。

年末,应将各账户的余额直接转入下一会计年度,在"摘要"栏中填写"结转下年";在新账的第一行中"日期栏"写明1月1日,"摘要"栏中填写"上年结转",将转入的金额填在"余额"栏内。

需要说明的是,所有账簿并非全部都要更换为新账。通常总账、日记账和大多数明细账应每年更换,但有些明细账(如固定资产明细账、债权债务明细账)可以跨年使用,不必每年更换。

(二)账簿的管理

账簿是企业记录会计核算资料的载体,是企业最重要的经济档案。为了保证账簿的安全,应建立严格的账簿管理制度。账簿管理包括平时管理和旧账归档保管两个部分。

1. 平时管理账簿的规定。各种账簿要分工明确,指定专人负责管理。一般而言,每本账簿都有专门的记账员,平时既要负责账簿的登记工作,也要承担保证账簿安全的责任。除记账员外的其他人员,未经领导或会计负责人的批准,不允许翻阅查看本单位的账簿。除特殊情况外,账簿不得携带外出。

2. 旧账归档保管的要求。年度初,应将上年更换下来的旧账归类整理,在确认齐全的基础上装订成册,并逐本登记"会计档案(会计账簿)封面",在封面上填写单位名称、账簿种类、会计年度、账簿册数以及账本的有效页数,并由会计主管和记账员签字盖章。旧账装订完毕应编制目录和移交清单,按期交档案部门保管。企业账簿一般保存30年,账簿保管期满,应按《会计档案管理办法》的规定进行销毁。

五、总分类核算和明细分类核算

(一)总分类核算和明细分类核算的意义

前面编制的会计分录呈现了这样一个特征,每一笔会计分录通常要涉及至少两个以上的一级会计科目(比如借记固定资产、贷记应付账款),且借贷的金额相等,并据以登账。由此可以知道这笔经济业务所代表的基本内容,即企业赊购了一定金额的固定资产,了解企业固定资产和应付账款增加的总金额。因此,对于这种只运用货币指标总括反映资产、负债、所有者权益、收入、费用和利润等金额资料的记录、计算,称为总分类核算。总分类核算中涉及的账户,就是总分类账户。利用总分类核算可以概括企业资金运动的状况,为经济管理提供依据。但是,从管理的角度来看,仅掌握总括的核算资料是不够的,还需要进一步掌握一些具体、详细的信息,比如上例中,企业还需要了解从哪个单位赊购的,以明确归还的对象。什么种类的固定资产,数量是多少?便于加强对该项固定资产的维护与管理。因此,运用货币、实物两种指标详细提供有关财产物资的增减变动情况,或者使用单一货币指标详细提供有关债权债务、收入、费用等具体资料的记录、计算,就称为明细分类核算。明细分类核算中使用的账户就是明细分类账户。

总之,总分类核算和明细分类核算正是为了满足对经济活动进行全方位管理的需要,从总括和具体两个方面对所发生的各项经济业务进行同时的核算,从而更好地发挥会计为经济管理提供服务的功能。

(二)总分类账和明细分类账的关系

总分类账是按照一级会计科目开设的,用以提供总括资料的账簿;明细分类账是根据某一总分类账户所属的明细科目设置的,用以提供明细核算资料的账簿。例如,在流通企业中,商品是企业的一项重要的资产,按规定,企业在总分类账簿中设置了"库存商品"总分类账户,为了掌握各种库存商品的收、发、结存情况和储备资金的周转情况,就应当在"库存商品"总分类账户下,按照商品的类别、品名设置明细分类账户,从数量、金额两个方面反映各种库存商品的运动状态。"库存商品"总分类账户和"库存商品"明细分类账户都是对企业库存商品的反映,前者提供总括数额,后者提供每一商品的数量和金额等资料。由此可见,总分类账和明细分类账所记录的内容是相同的,只是提供数据资料的详细程度不同,二者的关系主要表现在:

第一,从提供会计核算资料角度看,总分类账是对所属明细分类账的综合,对所属明细分类账起着统驭和控制的作用,因此又称之为统驭账户;明细分类账是总分类账的具体化,对总分类账起着辅助和补充作用,因此又称之为从属账户。

第二,从数量上看,总分类账户借(贷)方本期发生额应与其所属明细分类账借(贷)方本期发生额的合计数相等。同时,某个总分类账户的期末余额应与其所属明细分类账户余额的合计数相等。

(三)总分类账和明细分类账的平行登记

总分类账与所属明细分类账都反映相同的会计事项,登账时依据相同的原始凭证,分别以总括指标和详细指标的形式反映同一项内容。为了使总分类账与明细分类账之间能起到统驭与补充的作用,便于账户的核对,保证账簿核算资料的正确和完整,对总分类账户和明细分类账户的登记必须采用平行登记的方法。所谓平行登记,是指经济业务发生后,根据会计凭证,以相等的金额,一方面登记有关总分类账户,另一方面也要登记该总分类账户所属的各有关明细分类账户。平行登记规则主要包括以下要点:

1. 同时期。对需要提供其详细指标的每一项经济业务,要根据审核无误的记账凭证,在同一会计期间内,一方面记入有关的总分类账户,另一方面要记入其所属的有关各明细分类账户。明细分类账的登记一般是由记账员依据记账凭证以及附在其后的原始凭证在平时来完成的;总分类账的登记则因企业采用的账务处理程序不同,可能在平时登记,也可能定期登记。

2. 同依据。在某一总分类账户及其所属明细分类账中登记经济业务时,要以会计凭证为依据。虽然登记总分类账和明细分类账的直接依据可能不一定相同,但原始依据是相同的,都是反映同一经济业务的原始凭证。

3. 同方向。在将经济业务记入总分类账户和其所属的明细分类账户时,记账方向必须一致。这里所述的记账方向是指经济业务的增减变动方向。一般情况下,如果记入总分类账户的借方,也必须记入明细分类账户的借方,如果记入总分类账户的贷方,也必须记入明细分类账户的贷方。

4. 金额相等。对每一项经济业务,记入总分类账户的金额必须与记入其所属的明细分类账户金额之和相等。二者之间的数量关系可用如下公式表示:

$$\frac{\text{总分类账户}}{\text{期初余额}}=\frac{\text{所属明细分类账户}}{\text{期初余额合计数}}$$

$$\frac{\text{总分类账户}}{\text{本期借方发生额}}=\frac{\text{所属明细分类账户}}{\text{本期借方发生额合计数}}$$

$$\frac{\text{总分类账户}}{\text{本期贷方发生额}}=\frac{\text{所属明细分类账户}}{\text{本期贷方发生额合计数}}$$

$$\frac{\text{总分类账户}}{\text{期末余额}}=\frac{\text{所属明细分类账户}}{\text{期末余额合计数}}$$

根据这些规则,平行登记的结果必然符合上述总分类账与明细分类账的数量关系。在会计核算中,通常利用这种相等关系来检查总分类账和明细分类账记录的完整性和正确性。下面以“应收账款”账户为例,说明总分类账和明细分类账的平行登记。

【例 3 - 5】某运输公司 202 × 年 5 月“应收账款”总账和明细账期初余额如下:应收账款总账为 14 000 元,其所属的明细分类账:光华厂 10 000 元,大明厂 4 000 元。本月发生下列结算业务:

①5 日,企业向光华厂提供运输服务 6 000 元,款项尚未收回。会计分录如下:

借: 应收账款——光华厂　　6 000

　贷:主营业务收入　　6 000

②10 日,收回光华厂归还的欠款 7 000 元,存入银行。会计分录如下:

借:银行存款　　7 000

　贷:应收账款——光华厂　　7 000

③12 日,企业向光华厂提供运输服务 1 000 元,向大明厂提供运输服务 3 000 元,款项尚未收回。会计分录如下:

借: 应收账款——光华厂　　1 000

　　　　　——大明厂　　3 000

　贷:主营业务收入　　4 000

④20 日，收回光华厂归还的欠款 5 000 元，大明厂归还的欠款 3 000 元，存入银行。会计分录如下：

借：银行存款　　8 000

　贷：应收账款——光华厂　　5 000

　　　　　　　——大明厂　　3 000

根据上列资料和会计分录对“应收账款”总账及其所属的光华厂、大明厂明细分类账户进行平行登记，并分别结算出本期发生额和期末余额，登记结果见表 3－12、表 3－13、表 3－14。

表 3－12　　**总分类账**

账户名称：应收账款

202×年		凭证		摘　要	借方	贷方	借或贷	余额
月	日	字	号					
5	1			期初余额			借	14 000
	5	转	1	提供运输	6 000		借	20 000
	10	银收	1	收回欠款		7 000	借	13 000
	12	转	2	提供运输	4 000		借	17 000
	20	银收	2	收回欠款		8 000	借	9 000
	31			本期发生额及余额	10 000	15 000	借	9 000

表 3－13　　**应收账款明细账**

明细科目：光华厂

202×年		凭证		摘　要	借方	贷方	借或贷	余额
月	日	字	号					
5	1			期初余额			借	10 000
	5	转	1	提供运输	6 000		借	16 000
	10	银收	1	收回欠款		7 000	借	9 000
	12	转	2	提供运输	1 000		借	10 000
	20	银收	2	收回欠款		5 000	借	5 000
	31			本期发生额及余额	7 000	12 000	借	5 000

表 3－14　　**应收账款明细账**

明细科目:大明厂

202×年		凭证		摘　要	借方	贷方	借或贷	余额
月	日	字	号					
5	1			期初余额			借	4000
	12	转	2	提供运输	3 000		借	7 000
	20	银收	2	收回欠款		3 000	借	4 000
	31			本期发生额及余额	3 000	3 000	借	4 000

从例 3－5 可以看出,平行登记的结果是,"应收账款"总账的期初余额、期末余额和本期借方、贷方发生额与其所属明细分类账户的期初余额、期末余额的合计数以及借方、贷方发生额合计数相等。否则,说明总分类账和明细分类账的记录有错误。

六、账务处理程序

账务处理程序是指运用会计凭证、账簿和会计报表提供会计信息的工作步骤和程序。会计凭证、账簿和会计报表三个载体先后顺序的安排通常是由各单位结合自身的经营特点来确定的。

在日常会计工作中,人们借助会计凭证、账簿对企业的经济业务进行加工、整理,形成分类、系统的会计核算资料。期末,再通过编制会计报表提供信息使用者所需求的会计信息。在会计信息生成的过程中,各单位应根据本单位的实际情况和管理要求,设置会计凭证、账簿和报表的种类、格式、内容以及传递、登记、编制的步骤。只有合理地设计账务处理程序,协调账账、账表之间的关系,才能满足保证会计信息的质量,实现会计工作的合理分工,提高工作效率,满足节约和简化会计核算工作的要求。

目前,比较常见的账务处理程序有以下几种:①记账凭证账务处理程序;②科目汇总表账务处理程序;③汇总记账凭证账务处理程序。这三种账务处理程序中,记账凭证账务处理程序是最基本的账务处理程序,其他账务处理程序都是在此基础上演变而来。它们既有许多共同之处,也有不同之处,其不同点主要是登记总账的依据和方法不同。下面分别介绍这三种账务处理程序。

(一)记账凭证账务处理程序

1. 记账凭证账务处理程序的特征。记账凭证账务处理程序是直接根据记账凭证逐笔登记总分类账的一种账务处理程序,是最直观、最基础的账务处理程序。在这种账务处理程序下,可以采用收款凭证、付款凭证、转账凭证三种格式的记账凭证,也可采用一种通用格式的记账凭证。账簿要设置日记账、总分类账和明细分类账。其中,日记账、总分类账的格式可以是借、贷、余三栏式，日记账还可以使用收、付、余三栏式。明细分类账的格式分别采用三栏式、数量金额式和多栏式。

2. 记账凭证账务处理程序的说明。记账凭证账务处理程序的具体程序说明如图3－5所示。

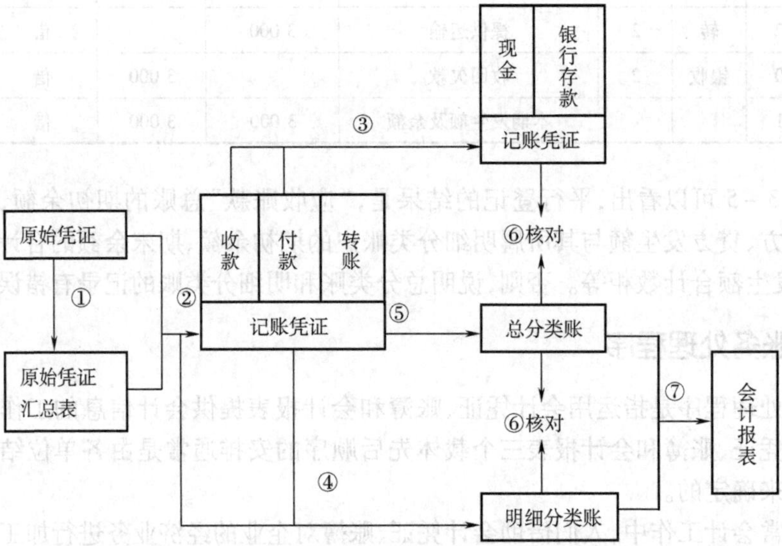

图3－5 记账凭证账务处理程序

图示说明：

①根据原始凭证编制汇总原始凭证。

②根据有关原始凭证或汇总原始凭证编制记账凭证。

③根据收款凭证、付款凭证（或记载货币资金收付的通用记账凭证）逐日逐笔登记现金日记账、银行存款日记账。

④根据原始凭证、汇总原始凭证和记账凭证登记各种明细账。

⑤根据各种记账凭证逐笔登记总分类账。

⑥期末，依据账账间的平衡关系，将现金、银行存款日记账和各种明细分类账的余额分别与总分类账中的有关余额进行核对。

⑦月末，根据总分类账和明细分类账的记录编制会计报表。

3. 记账凭证账务处理程序的优缺点及适用范围。记账凭证账务处理程序的优点在于：总分类账较为详细地反映经济业务的发生和完成情况，利于查账；账务处理程序简单明了，易于理解，便于操作。其缺点是：由于采用直接根据记账凭证逐笔登记总账，对于凭证数量多的单位来说,登记总账的工作量太大。因此,记账凭证账务处理程序适用于经营规模小、业务量少、记账凭证不多的单位。

(二)科目汇总表账务处理程序

1. 科目汇总表账务处理程序的特征。科目汇总表账务处理程序是指定期根据记账凭证编制,并根据科目汇总表登记总账的一种账务处理程序。科目汇总表账务处理程序下,记账凭证应设置收款凭证、付款凭证和转账凭证,并增设科目汇总表。各种账簿设置及格式与记账凭证账务处理程序基本相同。

2. 科目汇总表账务处理程序的说明。科目汇总表账务处理程序的具体步骤如图 3 – 6 所示。

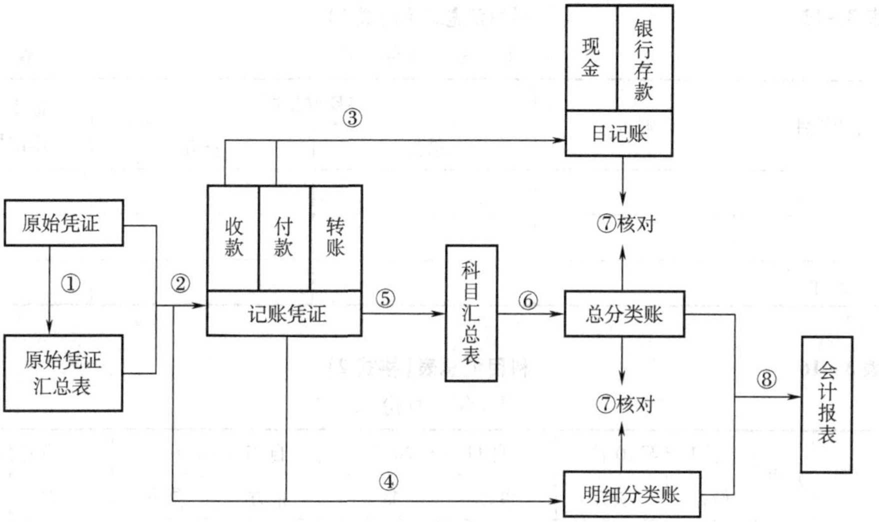

图 3 – 6　科目汇总表账务处理程序

图示说明:

①根据原始凭证编制汇总原始凭证。

②根据各种原始凭证和汇总原始凭证编制记账凭证。比如,编制收款凭证、付款凭证和转账凭证,编制时尽量按一借一贷会计分录形式,以便满足按科目归类汇总编制科目汇总表。

③根据收款凭证、付款凭证(或记载货币资金收付的通用记账凭证)逐日逐笔登记现金日记账、银行存款日记账。

④根据原始凭证、汇总原始凭证和记账凭证登记各种明细分类账。

⑤根据各种记账凭证定期汇总编制科目汇总表。

⑥根据科目汇总表汇总登记总分类账。

⑦期末，将现金日记账、银行存款日记账和各种明细分类账的余额分别与总分类账中的有关余额核对。

⑧月末，根据总分类账和明细分类账的资料编制会计报表。

3. 科目汇总表的编制。编制科目汇总表是采用科目汇总表账务处理程序的关键环节。科目汇总表是根据一定期间内的全部记账凭证，按科目归类汇总编制的一种记账凭证。科目汇总表的编制时间由会计人员结合本单位的业务量来确定，可以1天、8天、15天编制一次，每次一张；也可以按每10天汇总一次，每月编制一张。与之相适应，科目汇总表的格式也就有两种，如表3－15、表3－16所示。

表3－15　　科目汇总表(格式1)

年　月　日至　日　　　　第　号

会计科目	账页	本期发生额		记账凭证起讫号数
		借方	贷方	
合计				

表3－16　　科目汇总表(格式2)

年　月份

会计科目	账页	自1日至10日		自11日至20日		自21日至30日		本月合计	
		借方	贷方	借方	贷方	借方	贷方	借方	贷方
合计									

表3－15格式适用于不定期汇总的单位，如5天、8天、1个月等。将记账凭证按规定期限汇总，每月定期编制科目汇总表，每月可以编制数张，然后依据每期科目汇总表登记总分类账。

表3－16格式的科目汇总表适用于按旬汇总的单位。将记账凭证按每旬汇总，每月编制一张科目汇总表，依据每旬汇总的科目汇总表登记总分类账，也可以按“本月合计”金额在月末集中登记一次总分类账。

科目汇总表的编制方法是：

(1)将一定时期内的全部记账凭证,依据相关会计科目进行归类汇总,通常可以采用在草稿纸上开设"T"型账户的方式来完成。

(2)计算出每一个会计科目的借方本期发生额和贷方本期发生额。

(3)将计算结果填入科目汇总表的相应栏内。

4. 科目汇总表账务处理程序的优缺点及适用范围。科目汇总表账务处理程序的优点在于:由于这种账务处理程序采取定期汇总编制科目汇总表、在月末一次性登记总分类账的方法,大大简化了总分类账的登记工作,减轻了会计人员的工作量;科目汇总表的编制方法简单,容易学习与掌握,加之科目汇总表本身兼有试算平衡的功能,这就提高总分类账所登数据的质量,在一定程度上降低了记账的错误率。

科目汇总表账务处理程序的缺点在于:作为登记总分类账所依据的科目汇总表不能反映科目之间的对应关系,从而导致总分类账不能反映各项经济业务的来龙去脉,总账所提供的数据既不便于分析经济活动,也不利于检查账目。

因此,科目汇总表账务处理程序适用于规模较大、业务量大且记账凭证多的单位。

(三)汇总记账凭证账务处理程序

1. 汇总记账凭证账务处理程序的特征。汇总记账凭证账务处理程序是根据记账凭证编制汇总记账凭证,并依据汇总记账凭证登记总分类账的一种账务处理程序。其主要特征是:登记总分类账的依据是汇总记账凭证。

在汇总记账凭证账务处理程序中,设置收款凭证、付款凭证和转账凭证,并且还分别设置汇总收款凭证、汇总付款凭证、汇总转账凭证。账簿设置同记账凭证账务处理程序基本相同。

2. 汇总记账凭证账务处理程序的说明。汇总记账凭证账务处理程序具体步骤如图 3－7 所示。

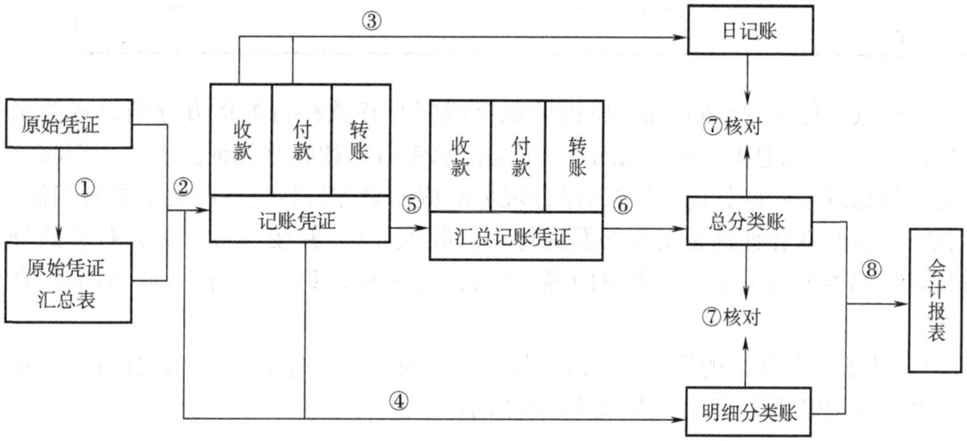

图 3－7　汇总记账凭证账务处理程序

图示说明:

①根据原始凭证编制汇总原始凭证。

②根据各种原始凭证和汇总原始凭证编制收款凭证、付款凭证和转账凭证。

③根据收款凭证和付款凭证逐日逐笔登记现金日记账、银行存款日记账。

④根据原始凭证、汇总原始凭证和记账凭证登记各种明细分类账。

⑤定期根据收款凭证、付款凭证和转账凭证编制汇总收款凭证、汇总付款凭证和汇总转账凭证。

⑥根据汇总收款凭证、汇总付款凭证和汇总转账凭证登记总分类账。

⑦期末,将现金日记账、银行存款日记账的余额和各种明细账的余额分别与总分类账中的有关余额核对。

⑧根据总分类账和明细分类账的资料编制会计报表。

3. 汇总记账凭证的编制。汇总记账凭证是依据记账凭证编制的,分为汇总收款凭证、汇总付款凭证和汇总转账凭证。

(1)汇总收款凭证的编制。汇总收款凭证是根据一定时期全部收款凭证汇总编制的一种汇总记账凭证,其格式如表3-17所示。

表3-17 汇总收款凭证

借方科目:________ 年 月 汇收第 号

贷方科目	金额				总账页数	
	1日至10日 收款凭证 第 号至第 号	11日至20日 收款凭证 第 号至第 号	21日至31日 收款凭证 第 号至第 号	合计	借方	贷方
合计						

汇总收款凭证的编制方法是:按照现金或银行存款科目的借方分别设置两张汇总凭证,一个是汇总现金收款凭证,一个是汇总银行存款收款凭证。汇总现金收款凭证定期根据现金收款凭证,并按与库存现金对应的贷方科目进行归类汇总而编制;汇总银行存款收款凭证则是定期根据银行存款收款凭证,并按与银行存款对应的贷方科目进行归类汇总编制。一般每间隔10天汇总一次,每月各编制一张,期末计算合计数。

(2)汇总付款凭证的编制。汇总付款凭证是根据一定时期全部付款凭证汇总编制的一种汇总记账凭证,其格式如表3-18所示。

表 3-18　　**汇总付款凭证**

贷方科目:________　　年　月　　汇付第　号

<table>
<tr><th rowspan="2">借方科目</th><th colspan="4">金　额</th><th colspan="2">总账页数</th></tr>
<tr><th>1 日至 10 日
付款凭证
第　号至第　号</th><th>11 日至 20 日
付款凭证
第　号至第　号</th><th>21 日至 31 日
付款凭证
第　号至第　号</th><th>合计</th><th>借方</th><th>贷方</th></tr>
<tr><td></td><td></td><td></td><td></td><td></td><td></td><td></td></tr>
<tr><td>合计</td><td></td><td></td><td></td><td></td><td></td><td></td></tr>
</table>

汇总付款凭证的编制方法是:按照现金或银行存款科目贷方分别设置两张汇总记账凭证,一个是汇总现金付款凭证,一个是汇总银行存款付款凭证。汇总现金付款凭证是定期根据现金付款凭证,并按与库存现金对应的借方科目进行归类汇总而编制;汇总银行存款付款凭证则是定期根据银行存款付款凭证,并按与银行存款对应的借方科目进行归类汇总编制。一般每间隔 10 天汇总一次,每月各编制一张,期末计算合计数。

(3)汇总转账凭证的编制。汇总转账凭证是根据一定时期全部转账凭证汇总编制的一种汇总记账凭证,其格式如表 3-19 所示。

表 3-19　　**汇总转款凭证**

贷方科目:________　　年　月　　汇转第　号

<table>
<tr><th rowspan="2">借方科目</th><th colspan="4">金　额</th><th colspan="2">总账页数</th></tr>
<tr><th>1 日至 10 日
转款凭证
第　号至第　号</th><th>11 日至 20 日
转款凭证
第　号至第　号</th><th>21 日至 31 日
转款凭证
第　号至第　号</th><th>合计</th><th>借方</th><th>贷方</th></tr>
<tr><td></td><td></td><td></td><td></td><td></td><td></td><td></td></tr>
<tr><td>合计</td><td></td><td></td><td></td><td></td><td></td><td></td></tr>
</table>

汇总转账凭证的编制方法是:按照转账凭证的贷方科目设置若干张汇总转账凭证,并按与转账凭证贷方科目对应的借方科目进行归类、汇总,一般每 10 天汇总一次,每个贷方科目每月编制一张,月末结出其合计数。为了编制汇总转账凭证,要求转账凭证中的会计分录可以是一借一贷或多借一贷形式,不能编制一借多贷的会计分录。如果某一贷方科目的转账凭证数量较少,就可以不编制汇总转账凭证,以转账凭证代替汇总转账凭证。

4. 汇总记账凭证账务处理程序的优缺点及其适用范围。汇总记账凭证账务处理程序采用了根据汇总记账凭证登记总分类账的方式,发挥了科目汇总表账务处理程序减少登记总分类账的工作量的优势,但由于汇总记账凭证是按照会计科目的对应关系编制的，克服了科目汇总表账务处理程序的缺点，使总分类账可以反映经济业务来龙去脉，便于分析与检查。汇总记账凭证账务处理程序的缺点集中在汇总转账凭证编制的工作量上，特别是转账凭证贷方科目繁多时，工作量会大大增加，而且汇总转账凭证的编制未考虑经济业务性质，不利于会计核算的分工。

因此，汇总记账凭证账务处理程序适用于经营规模较大、业务量较大、记账凭证较多的单位。

附录一　记账凭证账务处理程序的应用举例

瑞华商贸公司是一个规模不大、业务量不多的小企业，主要从事家用电器，纺织品和办公用品的购销业务。在会计核算上，采用记账凭证账务处理程序，有关资料如下：

20××年12月1日有关账户的期初余额见表3－20所示。

表3－20

资　产	借方余额	负债和所有者权益	贷方余额
库存现金	81 600	短期借款	600 000
银行存款	102 000	应付职工薪酬	20 000
应收票据	33 600	预收账款	131 000
应收账款	4 000	实收资本	400 000
库存商品	34 200	本年利润	29 400
长期待摊费用	120 000		
固定资产	1 085 000		
累计折旧	（280 000）		
合计	1 180 400	合计	1 180 400

瑞华商贸公司12月发生如下经济业务：

【业务3－1】3日，从银行提取现金20 000元，以备发工资。

【业务3－2】4日，以现金20 000元发放员工上月工资。

【业务3－3】4日，从南方公司购入雪花冰箱5台，每台4 392元，共计21 960元，货已验收入库，签发支票支付。

【业务3－4】4日，向海达公司购入佳能打印机25台，每台2 400元，共计60 000元，以银行存款支付20 000元，余款40 000元暂欠，货已验收入库。

【业务3-5】6日,销售雪花冰箱3台,每台4 700元,货款共计14 100元,存入银行。

【业务3-6】6日,向星星公司购入联想笔记本电脑12台,每台15 000元,共计180 000元,货到入库,款项尚未付讫。

【业务3-7】6日,销售给中星小学联想笔记本电脑10台,每台16 200元,共计162 000元,货款存入银行。

【业务3-8】10日,从银行提取现金4 000元,以备日常使用。

【业务3-9】11日,签发转账支票偿还星星公司货款180 000元。

【业务3-10】11日,业务员王海预借差旅费6 000元,以现金付讫。

【业务3-11】11日,销售中营大厦10台佳能打印机,每台3 360元,共计33 600元,货款已存入银行。

【业务3-12】11日,购进长虹电视20台,每台2 200元,共计44 000元,货款以银行存款支付,货已验收入库。

【业务3-13】19日,用现金购买办公用复印纸200元,并交付使用。

【业务3-14】19日,向新兴宾馆销售电视20台,每台2 960元,共计59 200元,货款尚未收回。

【业务3-15】20日,王海报销差旅费5 200元,原预借6 000元,余款800元交回。

【业务3-16】22日,向长琳工厂购入蚕丝被30床,每床630元,共计18 900元,以银行存款支付,货已验收入库。

【业务3-17】22日,向访泰工厂购入床垫25个,每个420元,共计10 500元,货款尚未支付,货已验收入库。

【业务3-18】26日,向平安旅馆出售蚕丝被10床、每床840元,床垫10床、每床600元,佳能打印机2台、每台3 360元,共计货款21 120元,款已收到并存入银行。

【业务3-19】27日,以银行存款支付本月水电费共计5 650元。

【业务3-20】31日,结转本月销货成本,有关销售成本资料如表3-21所示。

表3-21

商品名称	单价	销售数量	金额
雪花冰箱	4 392元/台	3台	13 176
电视	2 200元/台	20台	44 000
电脑	15 000元/台	10台	150 000
佳能打印机	2 400元/台	12台	28 800
蚕丝被	630元/床	10床	6 300

续表

商品名称	单价	销售数量	金额
床垫	420 元/个	10 个	4 200
合计			246 476

根据上述资料，说明记账凭证账务处理程序的应用。

1. 根据上述经济业务编制记账凭证，如表 3－22 至表 3－41 所示。

2. 根据收款凭证、付款凭证登记现金日记账和银行存款日记账，如表 3－42、表 3－43 所示。

3. 根据记账凭证及其所附原始凭证登记各种明细分类账，如表 3－44、表 3－53 所示。

4. 根据记账凭证逐笔登记总分类账，如表 3－54 至表 3－72 所示。

表 3－22　　**付款凭证**

贷方科目：银行存款　　20××年 12 月 3 日　　银付字第1号

摘要	借方总账科目	明细科目	记账符号	千	百	十	万	千	百	十	元	角	分
提取现金以备发工资	库存现金						2	0	0	0	0	0	0
合计						¥	2	0	0	0	0	0	0

附单据 1 张

财务主管 ××　记账 ××　出纳 ××　审核 ××　制单 ××

表 3－23　　**付款凭证**

贷方科目：库存现金　　20××年 12 月 4 日　　现付字第1号

摘要	借方总账科目	明细科目	记账符号	千	百	十	万	千	百	十	元	角	分
发放11月份工资	应付职工薪酬						2	0	0	0	0	0	0
合计						¥	2	0	0	0	0	0	0

附单据 1 张

财务主管 ××　记账 ××　出纳 ××　审核 ××　制单 ××

表 3－24 **付款凭证**

贷方科目 银行存款　　20××年 12 月 4 日　　银付字第2号

摘要	借方总账科目	明细科目	记账符号	千	百	十	万	千	百	十	元	角	分
购入冰箱5台，每台4392元	库存商品	冰箱					2	1	9	6	0	0	0
合计						¥	2	1	9	6	0	0	0

附单据 2 张

财务主管 ××　记账 ××　出纳 ××　审核 ××　制单 ××

表 3－25－1 **转账凭证**

20×× 年 12 月 4 日　　转字第 1 号

摘要	总账科目	明细科目	√	借方金额 千	百	十	万	千	百	十	元	角	分	√	贷方金额 千	百	十	万	千	百	十	元	角	分
购25台打印机，	库存商品	打印机					6	0	0	0	0	0	0											
每台2400元，暂欠	应付账款	海达公司																6	0	0	0	0	0	0
合计						¥	6	0	0	0	0	0	0				¥	6	0	0	0	0	0	0

附单据 2 张

财务主管 ×××　记账 ×××　出纳 ×××　审核 ×××　制单 ×××

表 3－25－2 **付款凭证**

贷方科目 银行存款　　20×× 年 12 月 4 日　　银付字第3号

摘要	借方总账科目	明细科目	记账符号	千	百	十	万	千	百	十	元	角	分
支付购入打印机的部分货款	应付账款	海达公司					2	0	0	0	0	0	0
合计						¥	2	0	0	0	0	0	0

附单据 2 张

财务主管 ××　记账 ××　出纳 ××　审核 ××　制单 ××

表 3－26 **收款凭证**

借方科目 银行存款　　　　20××　年　12　月　6　日　　　　银收字第 1 号

摘要	贷方总账科目	明细科目	记账符号	千	百	十	万	千	百	十	元	角	分
销售雪花冰箱3件，每台4700元	主营业务收入						1	4	1	0	0	0	0
合　计						¥	1	4	1	0	0	0	0

附单据 2 张

财务主管 ××　　记账 ××　　出纳 ××　　审核 ××　　制单 ××

表 3－27 **转账凭证**

20××　年　12　月　6　日　　　　转字第　2　号

摘要	总账科目	明细科目	√	借方金额 千	百	十	万	千	百	十	元	角	分	√	贷方金额 千	百	十	万	千	百	十	元	角	分
购入电脑12台，	库存商品	电脑				1	8	0	0	0	0	0	0											
每台15000元	应付账款	星星公司															1	8	0	0	0	0	0	0
合　计					¥	1	8	0	0	0	0	0	0			¥	1	8	0	0	0	0	0	0

附单据 2 张

财务主管 ×××　　记账 ×××　　出纳 ×××　　审核 ×××　　制单 ×××

表 3－28 **收款凭证**

借方科目 银行存款　　　　20××　年　12　月　6　日　　　　银收字第2 号

摘要	贷方总账科目	明细科目	记账符号	千	百	十	万	千	百	十	元	角	分
销售电脑10台，每台16200元	主营业务收入					1	6	2	0	0	0	0	0
合　计					¥	1	6	2	0	0	0	0	0

附单据 2 张

财务主管 ××　　记账 ××　　出纳 ××　　审核 ××　　制单 ××

表 3－29 **付款凭证**

贷方科目 银行存款　　20××　年　12　月　10　日　　银付字第4号

摘要	借方总账科目	明细科目	记账符号	金额 千	百	十	万	千	百	十	元	角	分	
提取现金	库存现金							4	0	0	0	0	0	附单据 1 张
合计							¥	4	0	0	0	0	0	

财务主管 ××　　记账 ××　　出纳 ××　　审核 ××　　制单 ××

表 3－30 **付款凭证**

贷方科目 银行存款　　20××　年　12　月　11　日　　银付字第5号

摘要	借方总账科目	明细科目	记账符号	金额 千	百	十	万	千	百	十	元	角	分	
归还货款	应付账款	星星公司				1	8	0	0	0	0	0	0	附单据 2 张
合计					¥	1	8	0	0	0	0	0	0	

财务主管 ××　　记账 ××　　出纳 ××　　审核 ××　　制单 ××

表 3－31 **付款凭证**

贷方科目 库存现金　　20××　年　12　月　11日　　现付字第2号

摘要	借方总账科目	明细科目	记账符号	金额 千	百	十	万	千	百	十	元	角	分	
预借差旅费	其他应收款	王海						6	0	0	0	0	0	附单据 1 张
合计							¥	6	0	0	0	0	0	

财务主管 ××　　记账 ××　　出纳 ××　　审核 ××　　制单 ××

表 3－32 **收款凭证**

借 方
科 目 银行存款　　　　20××　年　12　月　11　日　　　　银收字第 3 号

摘要	贷方总账科目	明细科目	记账符号	金额 千	百	十	万	千	百	十	元	角	分
销售打印机10台，每台3360元	主营业务收入	打印机					3	3	6	0	0	0	0
合　计						¥	3	3	6	0	0	0	0

附单据 2 张

财务主管 ××　记账 ××　出纳 ××　审核 ××　制单 ××

表 3－33 **付款凭证**

贷 方
科 目 银行存款　　　　20××　年　12　月　11　日　　　　银付字第6号

摘要	借方总账科目	明细科目	记账符号	金额 千	百	十	万	千	百	十	元	角	分
购进电视20台，每台2200元	库存商品	电视					4	4	0	0	0	0	0
合　计						¥	4	4	0	0	0	0	0

附单据 2 张

财务主管 ××　记账 ××　出纳 ××　审核 ××　制单 ××

表 3－34 **付款凭证**

贷 方
科 目 库存现金　　　　20××　年　12　月　19　日　　　　现付字第3号

摘要	借方总账科目	明细科目	记账符号	金额 千	百	十	万	千	百	十	元	角	分
购买办公用品	管理费用							2	0	0	0	0	0
合　计							¥	2	0	0	0	0	0

附单据 1 张

财务主管 ××　记账 ××　出纳 ××　审核 ××　制单 ××

表 3－35 **转账凭证**

20×× 年 12 月 19 日 转字第 3 号

摘要	总账科目	明细科目	√	借方金额 千	百	十	万	千	百	十	元	角	分	√	贷方金额 千	百	十	万	千	百	十	元	角	分
赊销电视20台，	应收账款	新兴宾馆					5	9	2	0	0	0	0											
每台2960元	主营业务收入	电视																5	9	2	0	0	0	0
合计						¥	5	9	2	0	0	0	0				¥	5	9	2	0	0	0	0

附单据 2 张

财务主管 ××× 记账 ××× 出纳 ××× 审核 ××× 制单 ×××

表 3－36－1 **转账凭证**

20×× 年 12 月 20 日 转字第 4 号

摘要	总账科目	明细科目	√	借方金额 千	百	十	万	千	百	十	元	角	分	√	贷方金额 千	百	十	万	千	百	十	元	角	分
报销差旅费	管理费用	差旅费						5	2	0	0	0	0											
	其他应收款	王海																	5	2	0	0	0	0
合计							¥	5	2	0	0	0	0					¥	5	2	0	0	0	0

附单据 2 张

财务主管 ××× 记账 ××× 出纳 ××× 审核 ××× 制单 ×××

表 3－36－2 **收款凭证**

借方科目 库存现金 20×× 年 12 月 20 日 现收字第 1 号

摘要	贷方总账科目	明细科目	记账符号	金额 千	百	十	万	千	百	十	元	角	分
收回多借差旅费	其他应收款	王海							8	0	0	0	0
合计								¥	8	0	0	0	0

附单据 1 张

财务主管 ×× 记账 ×× 出纳 ×× 审核 ×× 制单 ××

表 3－37　　**付款凭证**

贷方科目 银行存款　　20××　年　12　月　22　日　　银付字第7号

摘要	借方总账科目	明细科目	记账符号	千	百	十	万	千	百	十	元	角	分
购买蚕丝被30床，每床630元	库存商品	蚕丝被					1	8	9	0	0	0	0
合计						¥	1	8	9	0	0	0	0

附单据 2 张

财务主管 ××　记账 ××　出纳 ××　审核 ××　制单 ××

表 3－38　　**转账凭证**

20××　年　12　月　22　日　　转字第　5　号

摘要	总账科目	明细科目	√	借方金额 千	百	十	万	千	百	十	元	角	分	√	贷方金额 千	百	十	万	千	百	十	元	角	分
购入床垫25个，每个420元	库存商品	床垫					1	0	5	0	0	0	0											
	应付账款	访泰工厂																1	0	5	0	0	0	0
合计						¥	1	0	5	0	0	0	0				¥	1	0	5	0	0	0	0

附单据 2 张

财务主管 ×××　记账 ×××　出纳 ×××　审核 ×××　制单 ×××

表 3－39　　**收款凭证**

借方科目 库存现金　　20××　年　12　月　26　日　　银收字第 4 号

摘要	贷方总账科目	明细科目	记账符号	千	百	十	万	千	百	十	元	角	分
销售蚕丝被10床，每床840元，	主营业务收入						2	1	1	2	0	0	0
床垫10个，每个600元，打印机													
2台，每台3360元													
合计						¥	2	1	1	2	0	0	0

附单据 2 张

财务主管 ××　记账 ××　出纳 ××　审核 ××　制单 ××

表 3－40　　**付款凭证**

贷方科目 银行存款　　20××　年　12　月　27　日　　银付字第8号

摘要	借方总账科目	明细科目	记账符号	千	百	十	万	千	百	十	元	角	分
支付水电费	管理费用							5	6	5	0	0	0
合计							¥	5	6	5	0	0	0

附单据 2 张

财务主管 ××　　记账 ××　　出纳 ××　　审核 ××　　制单 ××

表 3－41－1　　**转账凭证**

20××　年　12　月　31　日　　转字第 6 $\frac{1}{2}$ 号

摘要	总账科目	明细科目	√	借方金额 千	百	十	万	千	百	十	元	角	分	√	贷方金额 千	百	十	万	千	百	十	元	角	分
结转销售成本	主营业务成本					2	4	6	4	7	6	0	0											
	库存商品	冰箱																1	3	1	7	6	0	0
		电视																4	4	0	0	0	0	0
		电脑															1	5	0	0	0	0	0	0
		打印机																2	8	8	0	0	0	0
合计																								

附单据 1 张

财务主管 ×××　　记账 ×××　　出纳 ×××　　审核 ×××　　制单 ×××

表 3－41－2　　**转账凭证**

20××　年　12　月　31　日　　转字第 6 $\frac{2}{2}$ 号

摘要	总账科目	明细科目	√	借方金额 千	百	十	万	千	百	十	元	角	分	√	贷方金额 千	百	十	万	千	百	十	元	角	分
结转销售成本	库存商品	蚕丝被																	6	3	0	0	0	0
		床垫																	4	2	0	0	0	0
合计					¥	2	4	6	4	7	6	0	0			¥	2	4	6	4	7	6	0	0

附单据 1 张

财务主管 ×××　　记账 ×××　　出纳 ×××　　审核 ×××　　制单 ×××

表 3－42

库存现金日记账

20××年		凭证	摘要	对方	借方									√	贷方									√	余额								
月	日	号数		科目	百	十	万	千	百	十	元	角	分		百	十	万	千	百	十	元	角	分		百	十	万	千	百	十	元	角	分
12	1		承前页																								8	1	6	0	0	0	0
	3	银付 1	提取现金	银行存款			2	0	0	0	0	0	0													1	0	1	6	0	0	0	0
			本日合计				2	0	0	0	0	0	0													1	0	1	6	0	0	0	0
	4	现付 1	发放工资	应付职工薪酬													2	0	0	0	0	0	0				8	1	6	0	0	0	0
			本日合计														2	0	0	0	0	0	0				8	1	6	0	0	0	0
	10	银付 4	提取现金	银行存款				4	0	0	0	0	0														8	5	6	0	0	0	0
			本日合计					4	0	0	0	0	0														8	5	6	0	0	0	0
	11	现付 2	预借差旅费	其他应收款														6	0	0	0	0	0				7	9	6	0	0	0	0
			本日合计															6	0	0	0	0	0				7	9	6	0	0	0	0
	19	现付 3	购买复印纸	管理费用															2	0	0	0	0				7	9	4	0	0	0	0
			本日合计																2	0	0	0	0				7	9	4	0	0	0	0
	20	现收 1	退回余款	其他应收款					8	0	0	0	0														8	0	2	0	0	0	0
			本日合计						8	0	0	0	0														8	0	2	0	0	0	0
	31		本月合计				2	4	8	0	0	0	0				2	6	2	0	0	0	0				8	0	2	0	0	0	0

表 3－43

银行存款日记账

20××年		凭证号数	结算方式		摘要	借方									√	贷方									√	余额								
月	日		种类	号数		百	十	万	千	百	十	元	角	分		百	十	万	千	百	十	元	角	分		百	十	万	千	百	十	元	角	分
12	1		略	略	承前页																						1	0	2	0	0	0	0	0
	3	银付 1			提取现金													2	0	0	0	0	0	0				8	2	0	0	0	0	0
					本日合计													2	0	0	0	0	0	0				8	2	0	0	0	0	0
	4	银付 2			购入冰箱													2	1	9	6	0	0	0				6	0	0	4	0	0	0
		银付 3			购入打印机													2	0	0	0	0	0	0				4	0	0	4	0	0	0
					本日合计													4	1	9	6	0	0	0				4	0	0	4	0	0	0
	6	银收 1			销售冰箱			1	4	1	0	0	0	0														5	4	1	4	0	0	0
	6	银收 2			销售电脑		1	6	2	0	0	0	0	0													2	1	6	1	4	0	0	0
					本日合计		1	7	6	1	0	0	0	0													2	1	6	1	4	0	0	0
	10	银付 4			提取现金														4	0	0	0	0	0			2	1	2	1	4	0	0	0
					本日合计														4	0	0	0	0	0			2	1	2	1	4	0	0	0
	11	银付 5			偿还货款												1	8	0	0	0	0	0	0				3	2	1	4	0	0	0
	11	银收 3			销售打印机			3	3	6	0	0	0	0														6	5	7	4	0	0	0
	11	银付 6			购进电视													4	4	0	0	0	0	0				2	1	7	4	0	0	0
					本日合计			3	3	6	0	0	0	0			1	2	4	0	0	0	0	0				2	1	7	4	0	0	0
	22	银付 7			购进蚕丝被													1	8	9	0	0	0	0					2	8	4	0	0	0
					本日合计													1	8	9	0	0	0	0					2	8	4	0	0	0
	26	银收 4			销售蚕丝被			2	1	1	2	0	0	0														2	3	9	6	0	0	0
					本日合计			2	1	1	2	0	0	0														2	3	9	6	0	0	0
	27	银付 8			支付水电费														5	6	5	0	0	0				1	8	3	1	0	0	0
					本日合计														5	6	5	0	0	0				1	8	3	1	0	0	0
	31				本月合计		2	3	0	8	2	0	0	0			3	1	4	5	1	0	0	0				1	8	3	1	0	0	0

表 3－44

库存商品明细分类账

编号 × 规格 × 单位 （台） 名称 雪花冰箱

20××年		凭证号数	摘 要	收 入			发 出			结 存		
月	日			数量	单价	金额	数量	单价	金额	数量	单价	金额
12	4	银付 2	购入	5	4 392	21 960				5	4 392	21 960
	31	转 6	结转销售成本				3	4 392	13 176	2	4 392	8 784
	31		本月合计			21 960			13 176			8 784

表 3－45

库存商品明细分类账

编号 × 规格 × 单位 （台） 名称 佳能打印机

20××年		凭证号数	摘 要	收 入			发 出			结 存		
月	日			数量	单价	金额	数量	单价	金额	数量	单价	金额
12	4	银付 3	购入	25	2 400	60 000				25	2 400	60 000
	31	转 6	结转销售成本				12	2 400	28 800	13	2 400	31 200
	31		本月合计			60 000			28 800			31 200

表 3－46

库存商品明细分类账

编号 ×　　规格 ×　　单位（台）　　名称 联想笔记本电脑

20××年		凭证号数	摘要	收入			发出			结存		
月	日			数量	单价	金额	数量	单价	金额	数量	单价	金额
12	1		上月结存							2	15 000	30 000
	6	转2	购入	12	15 000	180 000				14	15 000	210 000
	31	转6	结转销售成本				10	15 000	150 000	4	15 000	60 000
	31		本月合计			60 000			150 000			60 000

表 3－47

库存商品明细分类账

编号 ×　　规格 ×　　单位（台）　　名称 长虹电视

20××年		凭证号数	摘要	收入			发出			结存		
月	日			数量	单价	金额	数量	单价	金额	数量	单价	金额
12	11	银付6	购入	20	2 200	44 000				20	2 200	44 000
	31	转6	结转销售成本				20	2 200	44 000	0		0
	31		本月合计			44 000			44 000			0

表 3－48

库存商品明细分类账

编号 × 规格 × 单位 （床） 名称 蚕丝被

20××年		凭证号数	摘要	收入			发出			结存		
月	日			数量	单价	金额	数量	单价	金额	数量	单价	金额
12	22	银付 7	购入	30	630	18 900				30	630	18 900
	31	转 6	结转销售成本				10	630	6 300	20	630	12 600
			本月合计			18 900			6 300			12 600

表 3－49

库存商品明细分类账

编号 × 规格 × 单位 （个） 名称 床垫

20××年		凭证号数	摘要	收入			发出			结存		
月	日			数量	单价	金额	数量	单价	金额	数量	单价	金额
12			上月结存							10	420	4 200
	22	转 5	购入	25	420	10 500				35	420	14 700
	31	转 6	结转销售成本				10	420	4 200	25	420	10 500
			本月合计			10 500			4 200			10 500

表 3－50　　　　**应付账款明细分类账**

明细科目:海达公司

20××年		凭证号数		摘要	借方									贷方									借或贷	余额								
月	日				百	十	万	千	百	十	元	角	分	百	十	万	千	百	十	元	角	分		百	十	万	千	百	十	元	角	分
12	4	转	1	欠款												6	0	0	0	0	0	0	贷			6	0	0	0	0	0	0
	4	银付	3	支付			2	0	0	0	0	0	0										贷			4	0	0	0	0	0	0
				本月合计			2	0	0	0	0	0	0			6	0	0	0	0	0	0	贷			4	0	0	0	0	0	0

表 3－51　　　　**应付账款明细分类账**

明细科目:星星公司

20××年		凭证号数		摘要	借方									贷方									借或贷	余额								
月	日				百	十	万	千	百	十	元	角	分	百	十	万	千	百	十	元	角	分		百	十	万	千	百	十	元	角	分
12	6	转	2	欠款											1	8	0	0	0	0	0	0	贷		1	8	0	0	0	0	0	0
	11	银付	5	归还		1	8	0	0	0	0	0	0										平							0		
				本月合计		1	8	0	0	0	0	0	0		1	8	0	0	0	0	0	0	平							0		

表 3－52　　　　　　**应付账款明细分类账**

明细科目:访泰工厂

20××年		凭证号数		摘要	借方									贷方									借或贷	余额								
月	日				百	十	万	千	百	十	元	角	分	百	十	万	千	百	十	元	角	分		百	十	万	千	百	十	元	角	分
12	22	转	5	归还欠款												1	0	5	0	0	0	0	贷			1	0	5	0	0	0	0
	31			本月合计												1	0	5	0	0	0	0	贷			1	0	5	0	0	0	0

表 3－53　　　　　　**应收账款明细分类账**

明细科目:新兴宾馆

20××年		凭证号数		摘要	借方									贷方									借或贷	余额								
月	日				百	十	万	千	百	十	元	角	分	百	十	万	千	百	十	元	角	分		百	十	万	千	百	十	元	角	分
12	19	转	3	销售			5	9	2	0	0	0	0										借			5	9	2	0	0	0	0
	31			本月合计			5	9	2	0	0	0	0										借			5	9	2	0	0	0	0

表 3－54

总分类账

科目名称:库存现金

20××年		记账凭证号数	摘要	借方											贷方											借或贷	余额										
月	日			亿	千	百	十	万	千	百	十	元	角	分	亿	千	百	十	万	千	百	十	元	角	分		亿	千	百	十	万	千	百	十	元	角	分
12	1		期初余额																							借					8	1	6	0	0	0	0
	3	银付 1	提取现金					2	0	0	0	0	0	0												借				1	0	1	6	0	0	0	0
	4	现付 1	发放工资																2	0	0	0	0	0	0	借					8	1	6	0	0	0	0
	10	银付 1	提取现金						4	0	0	0	0	0												借					8	5	6	0	0	0	0
	11	现付 2	预借差旅费																	6	0	0	0	0	0	借					7	9	6	0	0	0	0
	19	现付 3	购买复印纸																		2	0	0	0	0	借					7	9	4	0	0	0	0
	20	现收 1	退回差旅费余款							8	0	0	0	0												借					8	0	2	0	0	0	0
	31		本月合计					2	4	8	0	0	0	0					2	6	2	0	0	0	0	借					8	0	2	0	0	0	0

表 3－55

总分类账

科目名称：银行存款

20××年		记账凭证号数	摘要	借方											贷方											借或贷	余额										
月	日			亿	千	百	十	万	千	百	十	元	角	分	亿	千	百	十	万	千	百	十	元	角	分		亿	千	百	十	万	千	百	十	元	角	分
12	1		期初余额																							借				1	0	2	0	0	0	0	0
	3	银付1	提取现金																2	0	0	0	0	0	0	借					8	2	0	0	0	0	0
	4	银付2	购入冰箱																2	1	9	6	0	0	0	借					6	0	0	4	0	0	0
		银付3	购入打印机																2	0	0	0	0	0	0	借					4	0	0	4	0	0	0
	6	银收1	销售冰箱					1	4	1	0	0	0	0												借					5	4	1	4	0	0	0
	6	银收2	销售电脑				1	6	2	0	0	0	0	0												借				2	1	6	1	4	0	0	0
	10	银付4	提取现金																	4	0	0	0	0	0	借				2	1	2	1	4	0	0	0
	11	银付5	偿还货款															1	8	0	0	0	0	0	0	借					3	2	1	4	0	0	0
	11	银收3	销售打印机					3	3	6	0	0	0	0												借					6	5	6	4	0	0	0
	11	银付6	购进电视																4	4	0	0	0	0	0	借					2	1	7	4	0	0	0
	22	银付7	购进蚕丝被																1	8	9	0	0	0	0	借						2	8	4	0	0	0
	26	银收4	销售蚕丝被等					2	1	1	2	0	0	0												借					2	3	9	6	0	0	0
	27	银付8	支付水电费																	5	6	5	0	0	0	借					1	8	3	1	0	0	0
	31		本月合计				2	3	0	8	2	0	0	0				3	1	4	5	1	0	0	0	借					1	8	3	1	0	0	0

表 3－56

总分类账

科目名称:应收票据

20××年		记账凭证号数	摘　要	借方											贷方											借或贷	余额										
月	日			亿	千	百	十	万	千	百	十	元	角	分	亿	千	百	十	万	千	百	十	元	角	分		亿	千	百	十	万	千	百	十	元	角	分
12	1		期初余额																							借					3	3	6	0	0	0	0

表 3－57

总分类账

科目名称:应收账款

20××年		记账凭证号数	摘　要	借方											贷方											借或贷	余额										
月	日			亿	千	百	十	万	千	百	十	元	角	分	亿	千	百	十	万	千	百	十	元	角	分		亿	千	百	十	万	千	百	十	元	角	分
12	1		期初余额																							借						4	0	0	0	0	0
	19	转 3	销售未收款					5	9	2	0	0	0	0												借					6	3	2	0	0	0	0
	31		本月合计					5	9	2	0	0	0	0												借					6	3	2	0	0	0	0

表 3－58

总分类账

科目名称：其他应收款

20××年		记账凭证	摘　要	借方											贷方											借或贷	余额										
月	日	号数		亿	千	百	十	万	千	百	十	元	角	分	亿	千	百	十	万	千	百	十	元	角	分		亿	千	百	十	万	千	百	十	元	角	分
12	11	现付 2	预借差旅费						6	0	0	0	0	0												借						6	0	0	0	0	0
	20	转 4	报销差旅费																	5	2	0	0	0	0	借							8	0	0	0	0
	20	现收 1	退回余额																		8	0	0	0	0	借									0		
	31		本月合计						6	0	0	0	0	0						8	0	0	0	0	0	借									0		

表 3－59

总分类账

科目名称：长期待摊费用

20××年		记账凭证	摘　要	借方											贷方											借或贷	余额										
月	日	号数		亿	千	百	十	万	千	百	十	元	角	分	亿	千	百	十	万	千	百	十	元	角	分		亿	千	百	十	万	千	百	十	元	角	分
12	1		期初余额																							借				1	2	0	0	0	0	0	0
																										借											
																										借											

表 3-60

总分类账

科目名称:固定资产

20××年		记账凭证号数	摘要	借方											贷方											借或贷	余额										
月	日			亿	千	百	十	万	千	百	十	元	角	分	亿	千	百	十	万	千	百	十	元	角	分		亿	千	百	十	万	千	百	十	元	角	分
12	1		期初余额																							借			1	0	8	5	0	0	0	0	0

表 3-61

总分类账

科目名称:累计折旧

20××年		记账凭证号数	摘要	借方											贷方											借或贷	余额										
月	日			亿	千	百	十	万	千	百	十	元	角	分	亿	千	百	十	万	千	百	十	元	角	分		亿	千	百	十	万	千	百	十	元	角	分
12	1		期初余额																							贷				2	8	0	0	0	0	0	0

表 3－62

总分类账

科目名称：库存商品

20××年		记账凭证号数	摘　要	借方											贷方											借或贷	余额										
月	日			亿	千	百	十	万	千	百	十	元	角	分	亿	千	百	十	万	千	百	十	元	角	分		亿	千	百	十	万	千	百	十	元	角	分
12	1		期初余额																							借					3	4	2	0	0	0	0
	4	银付2	购进冰箱					2	1	9	6	0	0	0												借					5	6	1	6	0	0	0
	4	转1	购进打印机					6	0	0	0	0	0	0												借				1	1	6	1	6	0	0	0
	6	转2	购电脑				1	8	0	0	0	0	0	0												借				2	9	6	1	6	0	0	0
	11	银付6	购电视					4	4	0	0	0	0	0												借				3	4	0	1	6	0	0	0
	22	银付7	购丝被					1	8	9	0	0	0	0												借				3	5	9	0	6	0	0	0
	22	转5	购床垫					1	0	5	0	0	0	0												借				3	6	9	4	6	0	0	0
	31	转6	结转销售成本															2	4	6	4	7	6	0	0	借				1	2	2	0	8	4	0	0
	31		本月合计				3	3	5	3	6	0	0	0				2	4	6	4	7	6	0	0	借				1	2	2	0	8	4	0	0

表 3－63

总分类账

科目名称：短期借款

20××年		记账凭证号数	摘　要	借方											贷方											借或贷	余额										
月	日			亿	千	百	十	万	千	百	十	元	角	分	亿	千	百	十	万	千	百	十	元	角	分		亿	千	百	十	万	千	百	十	元	角	分
12	1		期初余额																							贷					6	0	0	0	0	0	0

表 3－64　　　　　　　　　　**总分类账**

科目名称:应付账款

20××年		记账凭证号数	摘要	借方											贷方											借或贷	余额										
月	日			亿	千	百	十	万	千	百	十	元	角	分	亿	千	百	十	万	千	百	十	元	角	分		亿	千	百	十	万	千	百	十	元	角	分
12	4	转1	购入打印机																6	0	0	0	0	0	0	贷					6	0	0	0	0	0	0
	4	银付3	支付货款					2	0	0	0	0	0	0																	4	0	0	0	0	0	0
	6	转2	购入电脑															1	8	0	0	0	0	0	0	贷				2	2	0	0	0	0	0	0
	11	银付5	归还欠款				1	8	0	0	0	0	0	0												贷					4	0	0	0	0	0	0
	22	转5	购入床垫																1	0	5	0	0	0	0	贷					5	0	5	0	0	0	0
	31		本月合计				2	0	0	0	0	0	0	0				2	5	0	5	0	0	0	0	贷					5	0	5	0	0	0	0

表 3－65　　　　　　　　　　**总分类账**

科目名称:预收账款

20××年		记账凭证号数	摘要	借方											贷方											借或贷	余额										
月	日			亿	千	百	十	万	千	百	十	元	角	分	亿	千	百	十	万	千	百	十	元	角	分		亿	千	百	十	万	千	百	十	元	角	分
12	1		期初余额																							贷				1	3	1	0	0	0	0	0

表 3－66 **总分类账**

科目名称：应付职工薪酬

20××年		记账凭证号数	摘要	借方											贷方											借或贷	余额										
月	日			亿	千	百	十	万	千	百	十	元	角	分	亿	千	百	十	万	千	百	十	元	角	分		亿	千	百	十	万	千	百	十	元	角	分
12	1		期初余额																							贷					2	0	0	0	0	0	0
	4	现付 1	发放工资					2	0	0	0	0	0	0												平									0		
	31		本月工资					2	0	0	0	0	0	0												平									0		

表 3－67 **总分类账**

科目名称：累计折旧

20××年		记账凭证号数	摘要	借方											贷方											借或贷	余额										
月	日			亿	千	百	十	万	千	百	十	元	角	分	亿	千	百	十	万	千	百	十	元	角	分		亿	千	百	十	万	千	百	十	元	角	分
12	1		期初余额																							贷				2	8	0	0	0	0	0	0

表 3-68

总分类账

科目名称:实收资本

20××年		记账凭证号数	摘要	借方											贷方											借或贷	余额										
月	日			亿	千	百	十	万	千	百	十	元	角	分	亿	千	百	十	万	千	百	十	元	角	分		亿	千	百	十	万	千	百	十	元	角	分
12	1		期初余额																							贷				4	0	0	0	0	0	0	0

表 3-69

总分类账

科目名称:本年利润

20××年		记账凭证号数	摘要	借方											贷方											借或贷	余额										
月	日			亿	千	百	十	万	千	百	十	元	角	分	亿	千	百	十	万	千	百	十	元	角	分		亿	千	百	十	万	千	百	十	元	角	分
12	1		期初余额																							贷					2	9	4	0	0	0	0

表 3－70

总分类账

科目名称：主营业务收入

20××年		记账凭证号数	摘要	借方											贷方											借或贷	余额										
月	日			亿	千	百	十	万	千	百	十	元	角	分	亿	千	百	十	万	千	百	十	元	角	分		亿	千	百	十	万	千	百	十	元	角	分
12	6	银收 1	售出冰箱																1	4	1	0	0	0	0	贷					1	4	1	0	0	0	0
	6	银收 2	售出电脑															1	6	2	0	0	0	0	0	贷				1	7	6	1	0	0	0	0
0	11	银收 3	售出打印机																3	3	6	0	0	0	0	贷					2	0	9	7	0	0	0
0	19	转 3	售出电视																5	9	2	0	0	0	0	贷					2	6	8	9	0	0	0
0	20	银收 4	售出蚕丝被																2	1	1	2	0	0	0	贷					2	9	0	0	2	0	0

表 3－71

总分类账

科目名称：主营业务成本

20××年		记账凭证号数	摘要	借方											贷方											借或贷	余额										
月	日			亿	千	百	十	万	千	百	十	元	角	分	亿	千	百	十	万	千	百	十	元	角	分		亿	千	百	十	万	千	百	十	元	角	分
12	31	转 6	结转成本				2	4	6	4	7	6	0	0												借				2	4	6	4	7	6	0	0

表 3 -72　　　　　　　　　　　　总分类账

科目名称:管理费用

20××年		记账凭证号数	摘　要	借方											贷方											借或贷	余额										
月	日			亿	千	百	十	万	千	百	十	元	角	分	亿	千	百	十	万	千	百	十	元	角	分		亿	千	百	十	万	千	百	十	元	角	分
12	10	现付 2	购买办公用品							2	0	0	0	0												借							2	0	0	0	0
	20	转 4	报销差旅费						5	2	0	0	0	0												借						5	4	0	0	0	0
		银付 8	支付水电费						5	6	5	0	0	0												借					1	1	0	5	0	0	0

附录二　科目汇总表账务处理程序的应用举例

资料:假设瑞华商贸公司采用科目汇总表账务处理程序,有关资料仍沿用“附录一”中列示的资料。基于科目汇总表账务处理程序的诸多具体步骤与记账凭证账务处理程序相同,这里仅结合上例资料说明科目汇总表的编制,以及根据科目汇总表登记部分总分类账。

1. 根据记账凭证编制科目汇总表。瑞华商贸公司按旬编制科目汇总表,具体编制方法如下:

(1)根据记账凭证中所涉及的总账账户名称,在草稿纸上开设“T”型总账。

(2)根据记账凭证登记“T”型总账。

(3)分别计算“T”型总账的合计。

(4)将“T”型总账的名称与借贷方合计填入科目汇总表(见表3-73)。

现列示1日至31日的“T”型总账,其中,序号为经济业务序号。

借		银行存款	贷
(1)	20 000	(2)	20 000
(8)	4 000		
1-10日合计	24 000	1-10日合计	20 000
		(10)	6 000
(15-2)	800	(13)	200
11-20日合计	800	11-20合计	6 200
本月合计	24 800	本月合计	26 200

借		银行存款	贷
(5)	14 100	(1)	20 000
(7)	162 000	(3)	21 960
		(4-2)	20 000
		(8)	4 000
1-10日合计	176 100	1-10日合计	65 960
(11)	33 600	(9)	180 000
		(12)	44 000
11-20日合计	33 600	11-20日合计	224 000
(18)	21 120	(16)	18 900
		(19)	5 650
21-31日合计	21 120	21-31日合计	24 550
本月合计	230 820	本月合计	254 510

借	库存商品		贷
(3)	21 960		
(4-1)	20 000		
(6)	40 000		
1-10 日合计	261 960	1-10 日合计	0
(12)	44 000		
11-20 日合计	44 000	11-20 日合计	0
(16)	18 900	(20)	246 476
(17)	10 500		
21-31 日合计	294 00	11-20 日合计	246 476
本月合计	335 360	本月合计	246 476

借	应收账款		贷
(14)	59 2 00		
11-20 日合计	59 200	11—20 日合计	0
本月合计	59 200	本月合计	0

借	其他应收款		贷
(10)	6 000	(15-1)	5 200
		(15-2)	800
11-20 日合计	6 000	11-20 日合计	6 000
本月合计	6 000	本月合计	6 000

借	应付账款		贷
(4-2)	20 000	(4-1)	60 000
		(6)	180 000
1-10 日合计	20 000	1-10 日合计	240 000
(9)	180 000		
11-20 日合计	180 000	11-20 日合计	0
		(17)	10 500
21-31 日合计	0	21-31 日合计	10 500
本月合计	200 000	本月合计	250 500

借	应付职工薪酬		贷
(2)	20 000		
1-10 日合计	20 000	1-10 日合计	0
本月合计	20 000	本月合计	0

借	主营业务成本		贷
(20)	246 476		
21-31 日合计	246 476	21-31 日合计	0
本月合计	246 476	本月合计	0

借	主营业务收入		贷
		(5)	14 100
		(7)	162 000
1-10 日合计	0	1-10 日合计	176 100
		(11)	33 600
11-20 日合计	0	11-20 日合计	92 800
		(18)	21 120
21-31 日合计	0	21-31 日合计	21 120
本月合计	0	本月合计	290 020

借	管理费用		贷
(13)	200		
(15-1)	5 200		
11-20 日合计	5 400	11-20 日合计	0
(19)	5 650		
21-31 日合计	5 650	21-31 日合计	0
本月合计	11 050	本月合计	0

表 3－73

科目汇总表

20××年 12 月　第 12 号

会计科目	自 1 至 10 日		自 11 至 20 日		21 至 31 日		合计	
	借方	贷方	借方	贷方	借方	贷方	借方	贷方
库存现金	24 000	20 000	800	6 200			24 800	26 200
银行存款	176 100	65 960	33 600	224 000	21 120	24 550	23 0820	314 510
应收账款			59 200				59 200	
其他应收款			6 000	6 000		246 476	6 000	6 000
库存商品	261 960		44 000		29 400	246 476	335 360	246 476
应付账款	20 000	240 000	180 000			10 500	200 000	250 500
应付职工薪酬	20 000						20 000	
主营业务收入		176 100		92 800		21 120		290 020
主营业务成本					246 476		246 476	
管理费用			5 400		5 650		11 050	
合计	502 060	502 060	329 000	329 000	302 646	302 646	1 113 706	1 113 706

2. 根据科目汇总表登记总账，见表 3－74 至表 3－83。

表 3－74

总分类账

科目名称：库存现金

20××年		记账凭证号数	摘　要	借方											贷方											借或贷	余额										
月	日			亿	千	百	十	万	千	百	十	元	角	分	亿	千	百	十	万	千	百	十	元	角	分		亿	千	百	十	万	千	百	十	元	角	分
12	1		期初余额																							借					8	1	6	0	0	0	0
	10	科汇 12	1－10 日发生额					2	4	0	0	0	0	0					2	0	0	0	0	0	0	借					8	5	6	0	0	0	0
	20	科汇 12	11－20 日发生额							8	0	0	0	0						6	2	0	0	0	0	借					8	0	2	0	0	0	0
	31		本月合计					2	4	8	0	0	0	0					2	6	2	0	0	0	0	借					8	0	2	0	0	0	0

表 3－75　　　　**总分类账**

科目名称:银行存款

20××年		记账凭证号数	摘　要	借方											贷方											借或贷	余额										
月	日			亿	千	百	十	万	千	百	十	元	角	分	亿	千	百	十	万	千	百	十	元	角	分		亿	千	百	十	万	千	百	十	元	角	分
12	1		期初余额																							借				1	0	2	0	0	0	0	0
	10	科汇 12	1－10 日发生额				1	7	6	1	0	0	0	0					6	5	9	6	0	0	0	借				2	1	2	1	4	0	0	0
	20	科汇 12	11－20 日发生额					3	3	6	0	0	0	0				2	2	4	0	0	0	0	0	借					2	1	7	4	0	0	0
	31	科汇 12	21－31 日发生额					2	1	1	2	0	0	0					2	4	5	5	0	0	0	借					1	8	3	1	0	0	0
	31		本月合计				2	3	0	8	2	0	0	0				3	1	4	5	1	0	0	0	借					1	8	3	1	0	0	0

表 3－76　　　　**总分类账**

科目名称:应收账款

20××年		记账凭证号数	摘　要	借方											贷方											借或贷	余额										
月	日			亿	千	百	十	万	千	百	十	元	角	分	亿	千	百	十	万	千	百	十	元	角	分		亿	千	百	十	万	千	百	十	元	角	分
12	1		期初余额																							借						4	0	0	0	0	0
	20	科汇 12	11－20 日发生额					5	9	2	0	0	0	0												借					6	3	2	0	0	0	0
	31		本月合计					5	9	2	0	0	0	0												借					6	3	2	0	0	0	0

表 3-77

总分类账

科目名称：其他应收款

20××年		记账凭证号数	摘要	借方											贷方											借或贷	余额										
月	日			亿	千	百	十	万	千	百	十	元	角	分	亿	千	百	十	万	千	百	十	元	角	分		亿	千	百	十	万	千	百	十	元	角	分
12	20	科汇12	11-20日发生额						6	0	0	0	0	0						6	0	0	0	0	0	平									0		
			本月合计						6	0	0	0	0	0						6	0	0	0	0	0	平									0		

表 3-78

总分类账

科目名称：库存商品

20××年		记账凭证号数	摘要	借方											贷方											借或贷	余额										
月	日			亿	千	百	十	万	千	百	十	元	角	分	亿	千	百	十	万	千	百	十	元	角	分		亿	千	百	十	万	千	百	十	元	角	分
12	1																									借					3	4	2	0	0	0	0
	10	科汇12	1-10日发生额				2	6	1	9	6	0	0	0												借				2	9	6	1	6	0	0	0
	20	科汇12	11-20日发生额					4	4	0	0	0	0	0												借				3	4	0	1	6	0	0	0
	31	科汇12	21-31日发生额					2	9	4	0	0	0	0				2	4	6	4	7	6	0	0	借				1	2	3	0	8	4	0	0
	31		本月合计				3	3	5	3	6	0	0	0				2	4	6	4	7	6	0	0	借				1	2	3	0	8	4	0	0

表 3－79　　　　**总分类账**

科目名称:应付账款

20××年		记账凭证号数	摘要	借方											贷方											借或贷	余额										
月	日			亿	千	百	十	万	千	百	十	元	角	分	亿	千	百	十	万	千	百	十	元	角	分		亿	千	百	十	万	千	百	十	元	角	分
12	10	科汇 12	1－10 日发生额					2	0	0	0	0	0	0				2	4	0	0	0	0	0	0	贷				2	2	0	0	0	0	0	0
	20	科汇 12	11－20 日发生额				1	8	0	0	0	0	0	0												贷					4	0	0	0	0	0	0
	31	科汇 12	21－31 日发生额																1	0	5	0	0	0	0	贷					5	0	5	0	0	0	0
	31		本月合计				2	0	0	0	0	0	0	0				2	5	0	5	0	0	0	0	贷					5	0	5	0	0	0	0

表 3－80　　　　**总分类账**

科目名称:应付职工薪酬

20××年		记账凭证号数	摘要	借方											贷方											借或贷	余额										
月	日			亿	千	百	十	万	千	百	十	元	角	分	亿	千	百	十	万	千	百	十	元	角	分		亿	千	百	十	万	千	百	十	元	角	分
12	1		期初余额																							贷					2	0	0	0	0	0	0
	10	科汇 12	1－10 日发生额					2	0	0	0	0	0	0												平									0		
	31		本月合计					2	0	0	0	0	0	0												平									0		

表 3－81 **总分类账**

科目名称：主营业务收入

20××年		记账凭证号数	摘要	借方											贷方											借或贷	余额										
月	日			亿	千	百	十	万	千	百	十	元	角	分	亿	千	百	十	万	千	百	十	元	角	分		亿	千	百	十	万	千	百	十	元	角	分
12	10	科汇 12	1－10 日发生额															1	7	6	1	0	0	0	0	贷				1	7	6	1	0	0	0	0
	20	科汇 12	11－20 日发生额																9	2	8	0	0	0	0	贷				2	6	8	9	0	0	0	0
	31	科汇 12	21－31 日发生额																2	1	1	2	0	0	0	贷				2	9	0	0	2	0	0	0

表 3－82 **总分类账**

科目名称：主营业务成本

20××年		记账凭证号数	摘要	借方											贷方											借或贷	余额										
月	日			亿	千	百	十	万	千	百	十	元	角	分	亿	千	百	十	万	千	百	十	元	角	分		亿	千	百	十	万	千	百	十	元	角	分
12	31	科汇 12	21－31 日发生额				2	4	6	4	7	6	0	0												借				2	4	6	4	7	6	0	0

表 3－83 **总分类账**

科目名称：管理费用

20××年		记账凭证号数	摘要	借方											贷方											借或贷	余额										
月	日			亿	千	百	十	万	千	百	十	元	角	分	亿	千	百	十	万	千	百	十	元	角	分		亿	千	百	十	万	千	百	十	元	角	分
12	10	科汇 12	1－10 日发生额						5	4	0	0	0	0												借						5	4	0	0	0	0
	20	科汇 12	11－20 日发生额						5	6	5	0	0	0												借					1	1	0	5	0	0	0

附录三　汇总记账凭证账务处理程序的应用举例

资料：假设瑞华商贸公司采用汇总记账凭证账务处理程序，有关资料仍沿用"附录一"中列示的资料。基于汇总记账凭证账务处理程序的诸多具体步骤与记账凭证账务处理程序相同，这里仅结合上例资料说明汇总记账凭证的编制，以及根据汇总记账凭证登记部分总分类账。

1. 根据记账凭证编制汇总收款凭证、汇总付款凭证和汇总转账凭证。

汇总收款凭证分为按银行存款和现金编制汇总收款凭证，由于本例现金收款凭证极少，不再列示现金汇总收款凭证，仅编制银行存款汇总收款凭证（见表3－84）。

表3－84　　**汇总收款凭证**

贷方科目：银行存款　　20××年12月　　汇收2号

贷方科目	金额				总账页数	
	1－10日 收款凭证 第1至第2号	11－20日 收款凭证 第3至第　号	21－31日 收款凭证 第4至第　号	合计	借方	贷方
主营业务收入	176 100	33 600	21 120	230 820	3	22
本月合计	176 100	33 600	21 120	230 820		

汇总付款凭证分为按银行存款和现金编制汇总付款凭证，本例将分别加以列示（见表3－85和表3－86）。

表3－85　　**汇总付款凭证**

贷方科目：库存现金　　20××年12月　　汇付1号

借方科目	金额				总账页数	
	1－10日 付款凭证 第1至第　号	11－20日 付款凭证 第2至第　号	21－31日 付款凭证 第　至第　号	合计	借方	贷方
应付职工薪酬	20 000			20 000	10	1

续表

借方科目	金额				总账页数	
	1－10日 付款凭证 第1至第 号	11－20日 付款凭证 第2至第 号	21－31日 付款凭证 第 至第 号	合计	借方	贷方
其他应收款		6 000		6 000	7	1
管理费用	20 000	6 200		26 200		

表3－86 **汇总付款凭证**

贷方科目:银行存款 20××年12月 汇付2号

借方科目	金额				总账页数	
	1－10日 付款凭证 第1至第4号	11－20日 付款凭证 第5至第6号	21－31日 付款凭证 第7至第8号	合计	借方	贷方
库存现金	24 000			24 000	1	3
库存商品	41 960	44 000	18 900	104 860	8	3
应付账款		180 000		180 000	15	3
管理费用			5 650	5 650	30	3
本月合计	65 960	224 000	24 550	314 510		

汇总转账凭证按转账凭证的每一贷方科目设置,如果某一贷方科目的转账凭证不多,可以不再编制该科目的汇总转账凭证,直接根据转账凭证登记总账。本例仅编制"应付账款"账户的汇总转账凭证(见表3－87)。

表3－87 **汇总转账凭证**

贷方科目:应付账款 20××年12月 汇转1号

借方科目	金额				总账页数	
	1－10日 转账凭证 第1至第2号	11－20日 转账凭证 第 至第 号	21－31日 转账凭证 第6至第 号	合计	借方	贷方
库存商品	240 000		10 500	250 500	8	15
本月合计	240 000		10 500	250 500		

2. 根据汇总记账凭证登记总分类账。(略)

第二节　调账

调账,即账项调整,是会计期末对跨期的收入和费用进行的调整。本节主要介绍对收入和费用的实际收付期与归属期不一致事项的处理原则和方法,分别说明了权责发生制与收付实现制的含义、内容与应用的范围,以及不同类型的账项调整的会计操作办法。

一、权责发生制与收付实现制

持续经营是企业的奋斗目标。为了实现这一目标,企业会开展各种各样的经营活动,比如购进商品,支付运费,销售商品等。伴随着这些业务的发生,企业会不断地取得收入,也会发生相应的费用。会计要对企业发生的收入、费用及经营成果进行准确的计量与考核,必须有一个明确时间界限,如月、季、年。于是,人们就把企业持续不断的经营过程人为地划分了若干时间段,形成会计期间这一假设。明确会计期间是会计核算工作的前提条件之一。由于会计期间的存在,才有了期初与期末、本期与非本期的区分。营业收入与营业费用也就产生了本期收入与非本期收入、本期费用与非本期费用的划分。只有在分清了各会计期间的收入和费用后,才能正确计量各会计期间的经营成果。所以,当人们确定了某一会计期间收入后,就应确定与该收入有关的费用,这就是会计上的配比原则。但在实际业务中,企业一定期间发生的收入、费用,其款项并非全部在本期收到或支付,对于实际发生期与实际收付期不一致的收入、费用,就要选择一个确认的标准。不同的标准在会计上形成了不同的原则,即权责发生制和收付实现制。

(一)收付实现制

收付实现制又称现金制,是对各项收入与费用的确定以款项(现金或银行存款)的实际收付期为标准。凡本期实际收到款项的收入,不管是否应归属本期,都应确认为本期的收入;凡本期实际支付了款项的费用,也不考虑其是否应归属本期,都应确定为本期的费用。反之,未在本期收到款项的收入、支付款项的费用就不是本期的收入和费用。在收付实现制下,企业不存在跨期收支业务,会计处理手续比较简单。但由于本期收入与费用的标准是款项的收付期,导致收入与费用不具有配比性,由此计算的经营成果也就不够准确。因此,企业性质的单位不宜采用收付实现制。

(二)权责发生制

权责发生制又称"应计制",是对各项收入与费用的确定以其实际发生期(即归属期)为标准。实际发生期就是收入的实现期间和费用的承担期间。凡是归属于本期的收入,不论是否收到款项,均认定为本期的收入;凡是本期应承担的费用,不论是否支出款项,均确定为本期的费用。反之,不应归属于本期的收入、费用,即便款项在本期收到或支付,也不能确认为本期的收入、费用。在权责发生制下,企业必然存在跨期收支业务,这些业务发生时,会计上先作为资产或负债处理,期末再对其进行调整,以确认当期的收入与费用。因此,会计核算手续较为烦琐,但能使各期的收入与费用实现合理的配比。与收付实现制相比,权责发生制下各期的损益计算更趋准确。会计准则规定,企业核算应采用权责发生制。

(三)应用举例

瑞华公司4月1日租入办公用房,租期3年,签发支票一次性支付3年的租赁费360 000元;用银行存款偿还短期借款本金500 000元。

1. 判断经济业务是不是收入、费用业务。租入办公用房的租赁费是企业的一项日常支出,属于费用业务。借款是企业应偿还的债务,不属于费用业务。

2. 确认本期费用或收入。收付实现制下,本期实际支付3年的租赁费360 000元,本期应负担的租赁费用应按实际支付的数额来确认即360 000元。

权责发生制下,本期只负担4月份的租赁费10 000元,其余记入长期待摊费用。

二、调账的类型及其会计处理

调账是为准确计量当期收入、费用以及资产、负债,在会计期末,按照权责发生制对有关的会计事项进行调整的过程。在企业日常的活动中,收入和费用的发生,往往与现金或银行存款实际收付行为的发生相分离。会计上,对任何引起现金或银行存款增减的业务均要及时进行记录,但在权责发生制下,还要考虑收入和费用的归属期,这样就形成了预收、预付、应收、应付等事项。比如,事先收到其他单位支付的货款,就形成企业的预收,商品提供后才能确认为收入。对于没有引起现金或银行存款增减的业务,平时会计是不进行记录的,但如果这些事项属于本期的收入、费用,在会计期末,就要进行调整入账。调整账簿记录需要依据会计分录来完成,因账项调整而编制的会计分录就称为调整分录。

(一)账项调整的类型

采用权责发生制的企业都会或多或少地涉及账项调整业务,但调整的事项并不完全相同。一般而言,企业需要在期末进行调整的账项主要有两类:应计项目和递延项目。

应计项目是指本期已经发生,但款项尚未收到或支付的事项,包括应计收入和应计费用。递延项目是指款项已经收到或支付,但尚未在本期发生的事项,包括分配收入和分配费用。一个企业在期末到底对哪些账项进行调整,由企业根据其规模的大小、业务量的多少来确定。

(二)账项调整的会计处理

结合本章第一节账簿登记的附录内容,延续瑞华贸易公司的业务,这里将举例说明不同类账项调整的会计处理。

1. 应计收入的调整。应计收入是指那些在本期中已实际发生,但尚未收取款项的收入,如企业的应计利息收入和应计租金收入。应计利息和应计租金是最为常见的应计收入项目。由于与这些收入相对应的款项还没有收到,会计平时也就不做记录,但到了会计期末,要对这类事项进行查找,按照本期拥有的收入权利将应计收入调整入账,以全面确认本期的收入。

(1)应计利息收入。企业的利息收入主要来源于两种途径:一是存放在银行的款项,企业按规定的利率有权获得利息收入;二是企业持有的带息票据或债券,同样也有权可以获取票面利息。一般而言,利息收入是按时间长短计算的,通常是先有存款或票据,后得到与利息收入对等的款项,尤其是规定到期或按期收取利息,利息收入的形成在先,款项的收取一定在后。因此在会计期末,应按照权责发生制的要求将本期已经形成的利息收入调整计人本期。对于利息收入的调整,可以通过设置"应收利息"账户核算,本期的利息收入则记入"财务费用"账户的贷方,表示利息收入的增加。

【例3-6】假设瑞华贸易公司12月21日销售10台打印机,每台3 360元,共计33 600元。收到对方开具的商业汇票一张,票面利率9%,30天到期。

20××年12月31日是一个会计期末,要依照权责发生制,确认本期需要调整的事项。经查,公司已持有票据10天,就获得了收取10天利息的权利。因此,应将10天利息收入确认入账。

首先,要计算10天的利息收入:

$$10\text{天的利息收入} = \text{票面金额} \times \text{年利率}/360 \times \text{持有天数}$$
$$= 33\,600 \times 9\% \div 360 \times 10 = 84(\text{元})$$

其次,编制如下调整分录:

调①借:应收利息　　84

　　贷:财务费用　　84

(2)应计租金收入。租金收入是企业开展租赁业务形成的。通常,企业为了提高其资产的利用率,可以将临时闲置的房屋、设备出租给承租人以获取租金收入。房屋、设备出租时,企业要按合同的约定,收取一定数额的押金,租赁期满时再计算收取租金,并退还押金。如果租期超过了一个月或一个年度,就会发生租期内的会计期间企业未能取得租金收入的款项,但企业已有权利收回租金收入。因此,在租期内的每一会计期间,企业应按权责发生制要求,将本期已形成的租金收入调整入账。对于应计租金收入的调整,可以设置"其他应收款"账户进行调整,租金收入则记入"其他业务收入"账户的贷方。如果租赁业务是企业主要经营项目,则设置"应收账款",租金收入也就成为企业的主营业务收入。

【例3-7】假设瑞华贸易公司11月1日开展了电脑租赁业务,将5台打印机出租给个人使用,合同规定:租金4 800元,租期为2个月,从20××年12月1日至次年1月31日,押金5 000元(已在11月30日收妥入账),期满收回租金并退还押金。

11月30日收取押金的会计分录为:

借:银行存款　　5 000

　贷:其他应付款——××　　5 000

12月末时,通过查找发现,在电脑租赁中,公司已有权收取1个月租金收入,会计上应做如下的调整:

调②借:其他应收款——××　　2 400

　　贷:其他业务收入　　2 400

2. 应计费用的调整。应计费用是指那些在本期发生应由本期负担,但尚未支付款项的费用,如应计的借款利息费用、应付的劳务费等。其特点是,费用在本期已经发生,但由于没有伴随现金的支付,所以尚未入账。因此,会计上要把这些未入账的费用在期末调整入账。

(1)应计利息费用。利息费用是最常见的应计费用,是企业为借款而付出的代价,需要按照合同的规定,按期或到期支付利息。只要不到利息支付日,企业就不会发生利息款项的支出,对这些不涉及款项流出的费用,平时是不在账上记录的。但是企业由于使用了借款而受益,就应该承担支付利息费用的义务。因此在会计期末,按权责发生制要求,应将本期应承担的但未入账的利息费用调整入账。会计上对利息费用的调整一般通过"应付利息"账户进行记录,确认利息费用时,一方面记入"财务费用"账户的借方,同时记入"应付利息"账户的贷方。

【例3-8】假设瑞华贸易公司12月1日因经营需要,向银行申请贷款600 000元,期限6个月,月利率1%,到期还本付息。

12月末,由于未到利息的支付日,公司不会发生支付利息费用的业务。但公司由于占用借款1个月了,就有义务承担1个月的利息费用。因此,应按权责发生制要求,将1个月的借款利息费用6 000元调整入账。编制如下调整分录:

调③借:财务费用　　　　6 000

　　贷:应付利息　　　　6 000

(注:一个月利息费用 = 600 000 × 1% × 1 = 6 000 元)

(2)应付服务费。应付服务费是企业在本期因接受服务而获益,但尚未支付服务报酬的应付费用。企业发生的许多服务项目,往往是在服务周期结束时计算服务报酬并予以支付,比如,与运输服务社、广告宣传公司等签约的运输、广告宣传等服务项目,就需要定期结算费用。由于服务报酬采用了定期结算方式,企业在某一会计期内不一定发生款项的支付,未付款的费用平时不会在账上进行记录。但是,只要本期内接受了服务,就应承担支付费用的义务。因此在会计期末,有必须将本期应承担但未入账的服务费调整计入本期费用。企业对本期应付服务费的调整,可以通过"其他应付款"账户进行。

【例 3-9】假设瑞华贸易公司 12 月 3 日与新方运输公司签订一项运输服务合同,规定新方运输公司为瑞华贸易公司提供运输服务,运输费用为 3 200 元,下月支付。

12 月末,公司按合同规定不用支付运输费,但公司因在本期接受了运输服务就应承担支付运输费的义务。因此,按权责发生制的要求,将 3 200 元的运输费确认入账,编制如下调整分录:

调④借:管理费用　　　　3 200

　　贷:其他应付款——新方运输公司　　　　3 200

3. 分配收入的调整。分配收入是指款项在前期或本期已经收到,尚未提供商品或服务的收入,该收入需要按其归属期进行分配,其特点是收款行为发生在先、收入的发生在后。比较常见的有预收货款收入、预收租金收入等。

(1)预收货款收入。预收货款是企业常用的一种销售方式。在预收货款方式下,购销双方要签订合同,依照合同的规定,购买方应事先支付给销售方一定数额的货款,销售方在以后的期间内可以一次或分次提供商品。因此,对于销售方来讲,由于在收到对方预付款时,未向客户提供商品或劳务,所以收取的款项是一种预收性质的收入,即预收货款收入,同时也构成企业的一项负债。会计上,对预收货款的核算是通过"预收账款"账户进行的。收到预付款时,要记入"银行存款"账户的借方,同时记入"预收账款"账户的贷方,表示负债的增加。在以后的期间内,销售方应根据向预付方提供商品或劳务的金额大小调整预收收入。一般来讲,凡是预收款的收入,如果在当期能够履行向预付方提供商品或劳务的义务,预收的收入可以全部记入本期收入;如果本期只向对方提供了部分商品或劳务,则销售方就不享有取得全部交易收入的权利,预收款的收入也就不能全部计入本期营业收入。对于这种情况下的预收收入,会计应在期末将已实现的部分计入本期的收入,未实现的部分递延到以后各期。调整时,按本期分配的收入借记"预收账款"账户,贷记"主营业务收入"账户。

【例3-10】假设瑞华贸易公司在20××年11月与天意宾馆签订合同,天意宾馆预订32台电视,每台2 960元,合同期为20××年12月至次年2月。

11月20日收到天意宾馆预付全部货款的支票一张,面值94 720元,当即存入银行。11月份会计已编制了如下分录并登记入账:

借:银行存款　　94 720

　贷:预收账款——天意宾馆　　94 720

截至12月31日,瑞华贸易公司向天意宾馆陆续提供了2台电视。说明瑞华贸易公司在12月份已完成了提供部分商品的交易,有权取得2台电视的收入。因此,按照权责发生制的要求,期末应将2台电视的销售收入即5 920元,从预收32台的收入中分配出来,计入本期。应编制如下调整分录:

调⑤借:预收账款——天意宾馆　　5 920

　　贷:主营业务收入　　5 920

这笔调整分录是将预收收入94 720元分摊了5 920元作为本期收入,其余的88 800元预收收入递延到以后各期。

(2)预收租金收入。预收租金收入与应计租金收入同属于租赁业务下形成的,它们的不同点在于:应计租金收入是出租业务的收入先发生、收款发生在后,构成企业的应计收入;预收租金收入则是收款在先、租金收入的发生在后,预收的租金是企业的一项预收收入,期末要按期进行分配。从理论上讲,记录预收的租金收入应设置"其他预收收入"账户,但在实际工作中,这类收入涉及的金额不大,也不十分常见,所以现行有关制度对此未规定专门账户,而是将其作为一种暂收款,通过"其他应付款"账户进行核算。

【例3-11】假如瑞华贸易公司12月出租闲置的办公室一间,合同规定:租期两年,从12月1日至后年12月1日,一次性收取两年的租金48 000元,款项已于11月存入银行。

瑞华贸易公司在11月份收到48 000元时,编制如下分录:

借:银行存款　　48 000

　贷:其他应付款——××　　48 000

12月31日,房屋出租了一个月,企业有权获得一个月租金的权力,按照权责发生制的要求,月末确认一个月租金收入2 000元。

调⑥借:其他应付款——××　　2 000

贷:其他业务收入　　2 000

这笔调整分录是将预收收入 48 000 元分摊了 2 000 元作为本期收入,其余的46 000元预收收入递延到以后各期。

4. 分配费用的调整。分配费用是指款项在前期或本期已经支付,但应按受益期进行分配的费用。其特点是,付款在先,费用发生在后,所以又称预付费用。预付费用的支出按其受益期是否长于会计年度,会计上做了如下的区分:如果预付费用的支付与受益的时间间隔不超过一个会计年度即 12 个月,人们就把这项支出称为收益性支出;如果二者的时间间隔长于一个会计年度则称为资本性支出。固定资产支出是常见的资本性支出的预付费用,固定资产支出的分摊,会计上称之为折旧费用。

(1)长期待摊费用。长期待摊费用是指应由本期和以后各期分别负担的,分配期在1 年以上的各项预付费用,如预付的保险费、以经营租赁方式租入的固定资产改良支出、预付的房屋租金等。这些费用都是为本期或以后各期受益而预先支付的款项,是一项预付费用。因此在款项支付时不能确认为本期费用,而是作为长期待摊费用,从其受益期开始逐期调整记入当期费用。对长期待摊费用的核算通过设置“长期待摊费用”账户进行。

【例3－12】假设瑞华贸易公司在2025 年12 月15 日,用银行存款支付了2026 年至2028 年的三年财产保险费90 000 元。

在2025 年12 月15 日的支付90 000 元保险费用,受益年份为2026 年、2027 年和2028 年三个年份,所以不是2025 年12 月份的费用,但由于款项在2025 年12 月流出企业,故编制如下会计分录并入账:

借:长期待摊费用　　90 000

　贷:银行存款　　90 000

2026 年1 月起,公司的财产才开始享受保险,企业每月就有了承担保险费用的义务。根据权责发生制,应将90 000 元预付保险费按 36 个月分配计入每月费用中,每月分配的费用为2 500元。期末,编制调整分录如下:

调⑦借:管理费用　　2 500

　　贷:长期待摊费用　　2 500

(2)折旧费用。购建固定资产的支出也是一种支付在先、受益期在后的预付费用。一般,这项支出具有数额大、数年受益的特点,构成企业的一项资本性支出。支出的分配是通过折旧的方式分期完成的,因此折旧就是把购建固定资产的支出在其受益期内按磨损程度转化为费用的过程。会计上,对于购建固定资产的支出的调整是采用分期提取折旧费用的方式,通过“累计折旧”账户来核算的。会计期末,按权责发生制的要求,应计算并确认本期应负担的折旧费用,将固定资产在购建时发生的支出分配到本期费用中。

【例3-13】瑞华贸易公司本期应负担办公设备折旧费用600元。期末,编制如下调整分录:

调⑧借:管理费用　600

　　贷:累计折旧　600

第三节　工作底稿

工作底稿是会计工作中常用的草稿,主要辅助处理企业的期末账务处理工作。工作底稿作为一种非正式的会计工具,在验证账簿记录的正确性、避免已完成的工作出现差错等方面发挥着重要作用。本节主要介绍工作底稿的作用、格式、内容与编制方法。

一、工作底稿的作用

工作底稿,即会计工作底稿,是指在会计工作中,专门用于辅助处理会计期末账务处理事项的工作草稿。工作底稿的出现与期末会计处理事项的多样性、试算平衡多环节性有着密切的关系。在前面介绍的会计循环中,在会计期末要进行集中处理事项有三个,分别是账项调整、结账与会计报表。这些工作在手工会计核算中容易出现差错,比如本期发生的收入、费用尚未调入本期等。于是,人们开始探询避免出错的办法。试算平衡就是验证差错的一个好的办法,但试算平衡在会计循环三大环节中都有涉及:一是调整前试算平衡,即在根据本期发生的经济业务编制记账凭证并登账后,要对账簿记录进行试算平衡,以查验账簿记录正确与否;二是调整后试算平衡,即依据权责发生制原则,在确认调整事项、编制调整分录并登记账簿后,再次对账簿记录结果进行试算平衡,以验证调整后账簿记录的正确性;三是结账后试算平衡,即依据结账业务编制结账分录并结清账户后,最后对账簿记录进行试算平衡,以验证结账后账簿记录的正确性。

基于期末会计工作的集中易出错性以及试算平衡在众多环节存在的特点,出于简化核算工作、避免出错、及时编制会计报表的目的,人们试图通过设置一张表,将期末试算、调账、结账与编制报表的工作联系在一起,按循环步骤逐一检验已完成工作的正确性,以便为完成会计的下一步工作做好准备。所以,会计工作底稿是手工会计核算中,会计人员为节省工作量、减少差错而采用的一种技术方法,把调整前试算(平衡)表、调整后试算(平衡)表、调整分录和会计报表之间的关系集中在一张表中阐述,便于避免和检验已完成的工作发生错误,便于对调整事项进行调整,也便于为编制会计报表提供数字资料。

二、工作底稿的内容与格式

工作底稿作为会计处理期末事项的辅助手段,并非每个企业都要编制。因此,企业到底编不编工作底稿、工作底稿包括哪些内容、格式如何设计,这些都由企业的会计部门根据企业的实际需要来决定。一般而言,工作底稿主要包括账户名称、调整前试算表、调整分录、调整后试算表、利润表、资产负债表等内容。

工作底稿的基本格式如表 3 - 88 所示。

表 3 - 88 工作底稿

年 月 日

账户名称	调整前试算表		调整分录		调整后试算表		利润表		资产负债表	
	借方	贷方	借方	贷方	借方	贷方	借方	贷方	借方	贷方

从上述工作底稿格式可以看出,工作底稿中用于记录金额的专栏有 10 个,故又称十栏式工作底稿。工作底稿涉及的项目有五个,分别是“调整前试算表”栏、“调整分录”栏、“调整后试算表”栏、“利润表”栏和“资产负债表”栏,它把调整前和调整后的两次试算合并在一张表中反映,节省了会计在实际操作中的工作量,同时也把分散在各账户中的会计数据进行了汇总,这样就可以通过一定的计算,直接获得结账和编制会计报表所需的数据,为会计工作的顺利开展奠定了基础。

三、工作底稿的编制方法与编制举例

(一)工作底稿的编制方法

由于工作底稿不是会计核算中的法定步骤,其记录也无须进行永久性的保留,因此,会计在编制工作底稿时通常使用铅笔填写,以便在错误出现时进行擦涂改正。工作底稿的具体编制方法如下：

1.“账户名称”栏，根据总分类账中所使用的账户名称，按会计科目表的顺序填入。

2.“调整前试算表”栏，根据各总分类账户调整前的期末余额逐一填入，并算出合计金额，验证借方合计与贷方合计金额是否相等。

3.“调整分录”栏，根据调整分录中涉及的账户名称、方向和金额，并按分录顺序填入相应的栏中。最后算出合计金额，验证借方合计金额与贷方合计金额是否相等。

4.“调整后试算表”栏，根据“调整前试算表”栏中借、贷金额和“调整分录”栏中借、贷金额，按照同方向相加、不同方向相减的原则计算，将结果填入表中；如果不涉及调整的项目，按原金额、原方向填入。最后，算出合计金额，验证借方合计金额与贷方合计金额是否相等。

5.“利润表”栏，根据“调整后试算表”栏中的损益类账户的金额按原借、贷方向填入，然后计算借方、贷方的金额，并进行比较。如果贷方金额大于借方金额，差额为本期实现的利润，将差额填入借方，以示结平；如果贷方金额小于借方金额，差额为本期发生的亏损，将差额填入贷方，以示结平。

6.“资产负债表”栏，根据“调整后试算表”栏中资产、负债和所有者权益类账户的金额，按原借、贷方向填入，并将“利润表”栏计算的损益数按相反方向移入“资产负债表”栏的同一行。最后，算出合计金额，验证借方合计金额与贷方合计金额是否相等。

（二）工作底稿的编制举例

仍以前述瑞华贸易公司业务为例说明工作底稿的编制。为了完整地反映瑞华贸易公司的经营活动，现补充以下业务：

【业务 3－21】确认本期应付的职工薪酬 20 000 元，

借：管理费用　　20 000

　贷：应付职工薪酬　　20 000

【业务 3－22】结转本期已分配预收收入的销售成本为 4 800 元。编制如下分录。

调⑨借：主营业务成本　　4 800

　　贷：库存商品　　4 800

这里需要说明的是，本章例 3－10 已确认了本期已分配的预收收入 5 920 元，期末就要结转本期已分配预收收入的销售成本，这两项业务具有因果关系，因此，前者属于调整事项，后者也属于调整事项。

根据附录一中的期初余额资料和本期账簿记录，结算出 12 月 31 日调整前期末余额，为方便以“T”型账表示。

借	库存现金		贷
期初余额	81 600		
（1）	20 000	（2）	20 000
（8）	4 000	（10）	6 000
（15－2）	800	（13）	200
合计	24 800	合计	26 200
期末余额	80 200		

借	银行存款		贷
期初余额	102 000	（1）	20 000
（5）	14 100	（3）	21 960
（7）	162 000	（4－1）	20 000
（11）	33 600	（8）	4 000
（19）	21 120	（9）	180 000
		（12）	44 000
		（16）	1 890
		（19）	5 650
合计	230 820	合计	314 510
期末余额	18 310		

借	库存商品		贷
期初余额	34 200		
（3）	21 960		
（4－1）	20 000		
（4－2）	40 000		
（6）	180 000		
（12）	44 000		
（16）	1 890		
（17）	10 500	（20）	246 476
合计	335 360	合计	246 476
期末余额	123 084		

借	应收账款		贷
期初余额	4 000		
（14）	5 9200		
合计	59 200	合计	0
期末余额	63 200		

借	其他应收款		贷
（10）	6 000	（15－1）	5 200
		（15－2）	800
合计	6 000	合计	6 000
期末余额	0		

借	应付账款		贷
（9）	180 000	（4－2）	40 000
		（6）	180 000
		（18）	10 500
合计	180 000	合计	230 500
期末余额	50 500		

应付职工薪酬

借		贷	
		期初余额	20 000
(2)	20 000	(21)	20 000
合计	10 000	合计	20 000
		期末余额	20 000

主营业务收入

借		贷	
		(5)	14 100
		(7)	162 000
		(11)	33 600
		(14)	59 200
		(19)	21 120
		合计	290 020

主营业务成本

借		贷	
(20)	246 476		
合计	246 476		

管理费用

借		贷	
(13)	200		
(15)	5 200		
(19)	5 650		
(21)	20 000		
合计	31 050		

工作底稿的编制步骤为：

1. 根据上述账簿记录，将各账户的余额记入工作底稿的“调整前试算表”栏中（如表3－89所示）。

表3－89　瑞华贸易公司工作底稿

20××年12月31日

账户名称	调整前试算表		调整分录		调整后试算表		利润表		资产负债表	
	借方	贷方	借方	贷方	借方	贷方	借方	贷方	借方	贷方
库存现金	80 200									
银行存款	18 310									
应收票据	33 600									
应收账款	63 200									
库存商品	123 084									
固定资产	1 085 000									
累计折旧	(280 000)									
长期待摊费用	120 000									
短期借款		600 000								

续表

账户名称	调整前试算表		调整分录		调整后试算表		利润表		资产负债表	
	借方	贷方	借方	贷方	借方	贷方	借方	贷方	借方	贷方
应付账款		50 500								
预收账款		131 000								
其他应付款										
应付职工薪酬		20 000								
应付利息										
实收资本		400 000								
未分配利润		29 400								
主营业务收入		290 020								
主营业务成本	246 476									
管理费用	31 050									
	1 520 920	1 520 920								

2. 将调整分录记入工作底稿中的“调整分录”栏 。根据第二节中所编制的调整分录,按对应账户填入工作底稿。如果工作底稿账户栏中未设置调整分录所用的账户,应将其增写在试算表下面。为了明确调整分录的对应关系及性质,在填写调整分录时应标明序号。记录了调整分录的工作底稿如表3－90所示。

表3－90 **瑞华贸易公司工作底稿**

20××年12月31日

账户名称	调整前试算表		调整分录		调整后试算表		利润表		资产负债表	
	借方	贷方	借方	贷方	借方	贷方	借方	贷方	借方	贷方
库存现金	80 200									
银行存款	18 310									
应收票据	33 600									
应收账款	63 200									
应收利息			调①84							
其他应收款			调② 2 400							
库存商品	123 084			调⑨ 4 800						

续表

账户名称	调整前试算表		调整分录		调整后试算表		利润表		资产负债表	
	借方	贷方	借方	贷方	借方	贷方	借方	贷方	借方	贷方
固定资产	1 085 000									
累计折旧	(280 000)			调⑧ 600						
长期待摊费用	120 000			调⑦ 2 500						
短期借款		600 000								
应付账款		50 500								
预收账款		131 000	调⑤ 5 920							
其他应付款			调⑥ 2 000	调④ 3 200						
应付职工薪酬		20 000								
应付利息				调③ 6 000						
实收资本		400 000								
未分配利润		29 400								
主营业务收入		290 020		调⑤ 5 920						
主营业务成本	246 476		调⑨ 4 800							
管理费用	31 050		调④ 3 200 调⑦ 2 500 调⑧ 600							
财务费用			调③ 6 000	调① 84						
其他业务收入				调② 2 400 调⑥ 1 200						
	1 520 920	1 520 920	27 504	27 504						

3. 根据调整前账户余额与调整账项金额,计算出调整后账项余额,分别记入“调整后试算表”栏。填制“调整后试算表”栏的工作底稿如表3-91所示。

表3-91 瑞华贸易公司工作底稿

20××年12月31日

账户名称	调整前试算表		调整分录		调整后试算表		利润表		资产负债表	
	借方	贷方	借方	贷方	借方	贷方	借方	贷方	借方	贷方
库存现金	80 200				80 200					
银行存款	18 310				18 310					
应收票据	33 600				33 600					
应收账款	63 200				63 200					
应收利息			调①84		84					
其他应收款			调② 2 400		2 400					
库存商品	123 084			调⑨ 4 800	118 284					
固定资产	1 085 000				1 085 000					
累计折旧	(280 000)			⑧600	(280 600)					
长期待摊费用	120 000			调⑦ 2 500	117 500					
短期借款		600 000				600 000				
应付账款		50 500				50 500				
预收账款		131 000	调⑤ 5 920			125 080				
其他应付款			调⑥ 2 000	调④ 3 200		1 200				
应付职工薪酬		20 000				20 000				
应付利息				调③ 6 000		6 000				
实收资本		400 000				400 000				
未分配利润		29 400				29 400				
主营业务收入		290 020		调⑤ 5 920		295 940				

续表

账户名称	调整前试算表		调整分录		调整后试算表		利润表		资产负债表	
	借方	贷方	借方	贷方	借方	贷方	借方	贷方	借方	贷方
主营业务成本	246 476		调⑨ 4 800		251 276					
管理费用	31 050		调④ 3 200 调⑦ 2 500 调⑧ 600		37 350					
财务费用			调③ 6 000	调①84	5 916					
其他业务收入				调② 2 400 调⑥ 1 200		4 400				
	1 520 920	1 520 920	27 504	27 504	1 532 520	1 532 520				

4. 根据调整后账户余额,在辨清收入和费用类项目后,将该账户余额填入工作底稿中的"利润表"栏中,收入类项目的贷方额与费用类项目的借方额之差即本期利润,本期利润计入资产负债表贷方栏内。将其他项目的余额填入工作底稿中的"资产负债表"栏。填列"利润表"和"资产负债表"栏的工作底稿如表3-92所示。工作底稿编制完成后,即可根据工作底稿编制正式的会计报表。

表3-92　　　　瑞华贸易公司工作底稿

20××年12月31日

账户名称	调整前试算表		调整分录		调整后试算表		利润表		资产负债表	
	借方	贷方	借方	贷方	借方	贷方	借方	贷方	借方	贷方
库存现金	80 200				80 200				80 200	
银行存款	18 310				18 310				18 310	
应收票据	33 600				33 600				33 600	
应收账款	63 200				63 200				63 200	
应收利息			调①84		84				84	
其他应收款			调② 2 400		2 400				2 400	

续表

账户名称	调整前试算表		调整分录		调整后试算表		利润表		资产负债表	
	借方	贷方	借方	贷方	借方	贷方	借方	贷方	借方	贷方
库存商品	123 084			调⑨ 4 800	118 284				118 284	
固定资产	1 085 000				1 085 000				1 085 000	
累计折旧	(280 000)			调⑧ 600	(280 600)				(280 600)	
长期待摊费用	120 000			调⑦ 2 500	117 500				117 500	
短期借款		600 000				600 000				600 000
应付账款		50 500				50 500				50 500
预收账款		131 000	调⑤ 5 920			125 080				125 080
其他应付款			调⑥ 2 000	调④ 3 200		1 200				1 200
应付职工薪酬		20 000				20 000				20 000
应付利息				调③ 6 000		6 000				6 000
实收资本		400 000				400 000				400 000
未分配利润		29 400				29 400				29 400
主营业务收入		290 020		调⑤ 5 920		295 940		295 940		
主营业务成本	246 476		调⑨ 4 800		251 276		251 276			
管理费用	31 050		调④ 3 200 调⑦ 2 500 调⑧600		37 350		37 350			
财务费用			调③ 6 000	调①84	5 916		5 916			

续表

账户名称	调整前试算表		调整分录		调整后试算表		利润表		资产负债表	
	借方	贷方	借方	贷方	借方	贷方	借方	贷方	借方	贷方
其他业务收入				调② 2 400 调⑥ 1 200		4 400		4 400		
	1 520 920	1 520 920	27 504	27 504	1 532 520	1 532 520				
							5 798			5 798
							300 340	300 340	1 237 978	1 237 978

第四节　结账

结账是会计人员在期末必做的一项工作，其目的是对企业一定期间的经济活动情况进行总结，便于考核企业的财务状况和经营成果，同时也为编制会计报表提供资料。本节主要介绍结账的含义、内容和各类账簿的结账方法。

一、结账的含义和内容

各单位的经济活动都是连续不断地进行的，但会计核算是以会计分期为假设条件，因此，为了总结企业在一定会计期内的经营活动和财务收支状况，就必须做好结账工作。所谓结账是指每一会计期末（月末、季末、年末），在把本会计期间所发生的经济业务全部登记入账的基础上，按照一定的方法将各种账簿记录结算清楚。

结账包括两部分内容：

第一，结清损益类账户。即把本期实现的收入和发生的费用，通过结账分录，转入“本年利润”账户，以计算本期的利润或亏损。

第二，结转资产、负债、所有者权益类账户。即将这三类账户的余额按照规定的方法转入下一会计期间，以便做连续的记录。

从理论上讲，上述两项内容的结账在会计上对应的是虚账户的结清和实账户的结转。在前面的章节中我们了解到，收入、费用的特征之一就是，收入会导致所有者权益的增加、费用会导致所有者权益的减少。但收入、费用对所有者权益的影响，平时不能直接记入有关的所有者权益类账户,而是先通过已设置的收入、费用类账户来记录收入、费用的发生数,期末再分别将收入、费用的发生数额转出,计入有关的所有者权益类账户,一并计算收入、费用对所有者权益的影响数额。因此,收入、费用类账户是“临时账户”,只起到归集某一会计期间收入、费用发生金额的作用,到了会计期末,随着这类账户金额的转出,其余额变为零,这种做法在会计上称为“结清账户”。就一个会计期间来看,这类账户一旦结清,它在本期所起的作用也就随之消失,所以人们把它们形象地比喻为“虚账户”。

资产、负债、所有者权益类账户被称“永久性”账户,这是因为,在企业持续经营的每一会计期末,企业对其财产的拥有权和负债的偿还义务不会随着会计期末的到来而消失,因此,在每一个会计期末,这类账户总会有余额,并且要跨期存在,其余额必须结转到下期,这种永久存在且有余额的账户,人们将其称之为“实账户”。

二、结账的方法

结账方法就是结算各种账簿记录所采用的技术手段,它因结账内容的不同而不同。

(一)实账户的结转

实账户就是期末有余额的账户,包括资产、负债、所有者权益类账户。三类账户的余额必须结转到下期,结转的基本程序是:会计期末,将全部经济业务登记入账的基础上,分别结算出每一账户的借、贷方发生额和期末余额。

结转实账户通常采用划红横线结账的方式,并算出账户发生额和余额。结账按期间分为月结、季结和年结。

月结时,应在本月份最后一笔记录下画一条单红线(用反线表示),在线下一行的“摘要”栏内注明“本月合计”字样,并计算出本期的发生额和余额;然后,在月结下再画一条单红线,以便与下月发生额划清。

季结时,在月结下计算出本季度三个月的季发生额和季末余额,并在摘要栏内注明“本季合计”,然后在季结下面画一条单红线。

年结时,在第四季度季结下计算出全年的发生额和年末余额,并在摘要栏内注明“本年累计”,然后在年结下面画双红线(用双反线表示),以表示本年度的结账工作已结束,会计上叫做“封账”。

(二)虚账户的结清

所谓虚账户,一般是指期末无余额的账户,包括各种收入、费用类账户。结清虚账户就是将各种收入、费用类账户的余额转入所有者权益类账户的过程。这一过程的完成需要按下列步骤进行:

第一,计算各收入、费用类账户的本期发生额和余额。按照权责发生制的要求将本期收入和费用登记入账的基础上,分别计算出每一账户的借方发生额和贷方发生额,并用铅笔写在账户最后一笔记录的下一行内;同时,将借方发生额与贷方发生额相抵,求出结账前的余额并写在同一行的余额栏。一般情况下,收入类账户的贷方发生额大于借方发生额,会存在贷方余额;费用类账户的借方发生额大于贷方发生额,会存在借方余额。

第二,编制结账分录,将各收入、费用类账户余额转入"本年利润"账户。结账分录就是为了结清临时性账户而编制的会计分录。由于在结账前,收入类账户的余额在贷方,为了将其结清,使收入类账户的余额为零,就要将余额从借方转出,即借记各收入类账户,贷记"本年利润"账户;同样,由于费用类账户的余额在借方,为了结清费用类账户,使其余额为零,需要将其余额从贷方转出,即借记"本年利润"账户,贷记各费用类账户。

第三,根据结账分录登账并结账。结账分录编制完毕后,应将其金额记入有关账簿中,这时,收入、费用类账户的余额为零,表示结清了账户。然后再将铅笔的发生额改为黑色签字笔的发生额,在余额栏写上零,摘要栏中注明"本月合计"或"本年合计"字样,此行的上线、下线用红笔画出。

由此可以看出,结清虚账户关键在于编制结账分录。在会计实务中,有关结账事项的核算构成了企业的一项固有业务。

三、结账业务的核算

会计期末,结清收入和费用账户就是将其余额转入一个特定的账户中,该账户应具有汇总当期损益的功能。在我国,通常使用"本年利润"账户,该账户是专门用来核算企业本年度实现的利润或发生的亏损,属于所有者权益类账户,贷方记录转入的收入数,借方记录转入的费用数。平时该账户会有余额,可能在贷方,也可能在借方,贷方余额表示净利润,即收入超过费用的金额;借方余额表示净亏损,即费用超过收入的金额。现结合瑞华贸易公司的会计资料,举例说明结账分录的编制。

(一)收入账户的结账分录

一般而言,收入账户的余额在贷方。结清收入账户就是把收入类账户的贷方余额如数转入"本年利润"账户的贷方,即借记各项收入账户,贷记"本年利润"账户。

【例 3-14】将瑞华贸易公司本月实现的各项收入转入"本年利润"账户的贷方。

依前述各项业务,瑞华贸易公司本期的收入分别为:主营业务收入 295 940 元,其他业务收入 4 400 元。编制如下结账分录:

结①借:主营业务收入	295 940
其他业务收入	4 400
贷:本年利润	300 340

将上述会计分录登记到有关"T"型账中,以结清有关收入账户。

借　　主营业务收入　　贷

		(5)	14 100
		(7)	162 000
		(11)	33 600
		(14)	5 9200
		(18)	21 120
结①295 940		调⑤	5 920
合计	295 940	合计	295 940

借　　其他业务收入　　贷

		调②	2 400
结①	4 400	调⑥	2 000

借　　本年利润　　贷

		结①300 340	

(二)费用类账户的结账分录

费用类账户的余额在借方。结清费用类账户是指将这些账户的借方余额转入“本年利润”账户借方,即借记“本年利润”账户,贷记各费用类账户。

【例3－15】瑞华贸易公司的费用支出包括:主营业务成本251 276元,管理费用37 350元,财务费用5 916元。编制如下结账分录:

借:本年利润	294 542	
贷:主营业务成本		251 276
管理费用		37 350
财务费用		5 916

将上述会计记录,登记到“T”型账中,以结清有关费用账户。

借　　主营业务成本　　贷

(20)	246 476		
调⑨	4 800		
		结②	251 276
合计	251 276	合计	251 276

借　　管理费用　　贷

(13)	200		
(15)	5 200		
(19)	5 650		
(21)	2 000		
调④	3 200		
调⑦	2 500		
调⑧	600	结②	37 350
合计	37 350	合计	37 350

借	财务费用		贷
调③	6 000	调①	84
		结②	5 916
合计	6 000	合计	6 000

(三)"本年利润"账户的结账分录

在结清收入、费用类账户后,"本年利润"账户借方发生额为 294 542 元,贷方发生额为 300 340 元,贷方余额为 5 798 元,即期末的净利润。净利润会增加企业的所有者权益,所以应将净利润转入所有者权益类账户。我国现行做法是将本年净利润转入"利润分配——未分配利润"账户。

延续前述业务结账分录如下:

借:本年利润　　5 798

　贷:利润分配——未分配利润　　5 798

将结账分录记入"本年利润"账后,"本年利润"账户无余额,以便记录新年度的情况。

需要说明的是,上述虚账户的结账工作一般是在年度终了时进行,平时采用"表结账不结"的做法,也就是在每月月末,临时性账户的结账只在工作底稿中草拟,不编制结账分录,也不结清有关账户。到了年度终了时再编制结账分录,结清有关账户。但在实际业务中,有些手工核算的企业月末是对虚账户进行结账的,其目的是向管理者提供每个月利润完成的情况。采用计算机核算的企业,大多采用平日"表结"、年终"账结"的方法。

四、结账后试算表

为了保证总分类账户借贷方平衡关系不会因为结账中出现错误而遭到破坏,通常在结账后,编制"结账后试算表"。

仍以瑞华贸易公司为例编制结账后试算表,见表 3-93。

将结账后的试算表与前述调整后试算表相比,可以看到"未分配利润"项目的金额含义不同,调整后试算表中的余额表示期初未分配利润数额,而结账后试算表中的余额表示期末未分配利润数额。在调整后试算表中,各收入、费用类账户余额表示本期内影响未分配利润的数额,在结账后试算表中,各收入、费用类账户均无余额,准备记录下期业务。

表 3-93　　瑞华贸易公司结账后试算表

20××年12月31日

账户名称	借	贷
库存现金	80 200	
银行存款	18 310	
应收票据	33 600	
应收账款	63 200	
应收利息	84	
其他应收款	2 400	
库存商品	118 284	
固定资产	1 085 000	
(累计折旧)	(280 600)	
长期待摊费用	117 500	
短期借款		600 000
应付账款		50 500
预收账款		125 080
其他应付款		1 200
应付职工薪酬		20 000
应付利息		6 000
实收资本		400 000
未分配利润		35 198
合计	1 237 978	1 237 978

本章小结

账簿是以会计凭证为依据,连续、系统、全面地记录经济业务的簿籍,登记账簿是会计核算的一种专门方法。账簿按用途分为序时账簿、分类账簿和备查账簿。按外观特征分为订本式账簿、活页式账簿和卡片式账簿。

序时账簿又称日记账,是按照经济业务发生的时间先后顺序,逐日逐笔进行登记的账簿。分类账簿是把全部经济业务按照总分类账户和明细分类账户分别进行登记的账簿。发生错账应采用划线更正法、红字更正法和补充登记法进行更正。

总分类账和明细分类账的平行登记是指经济业务发生后,根据会计凭证,以相等的金额,一方面登记有关总分类账户,另一方面登记该总分类账户所属的各有关明细分类账户。平行登记规则主要包括以下要点:同时期、同方向、金额相等。

账务处理程序是指运用会计凭证、账簿和会计报表提供会计信息的工作步骤和程序。常用的账务处理程序包括:记账凭证账务处理程序和科目汇总表账务处理程序。

账项调整是会计期末对跨期的收入和费用进行的调整。企业需要在期末进行调整的账项主要有两类:应计项目和分配项目。结账是企业会计期末必做的一项工作,其目的是对企业一定期间的经济活动情况进行总结,便于考核其财务状况和经营成果,同时也为编制会计报表提供资料。

本章关键词汇

会计账簿	account books
序时账簿	book of chronological entry
分类账簿	ledger
现金日记账	cash journal
银行存款日记账	deposit journal
总分类账	general ledger
明细分类账	subsidiary ledger
备查账簿	memorandum
对账	checking
结账	closing entries
账簿登记	posting
划线更正法	correction by drawing a straight line
红字更正法	correction by using red ink
补充登记法	correction by extra recording
平行登记	parallel recording
账务处理程序	accounting procedure
记账凭证账务处理程序	bookkeeping procedure using vouchers

科目汇总表账务处理程序	bookkeeping procedure using categorized account summary
科目汇总表	categorized accounts summary
权责发生制	accrual basis
收付实现制	cash basis
账项调整	adjusting journal entry
工作底稿	working paper

思考与练习题

一、思考题

1. 什么是账簿？企业为什么要设置账簿？
2. 账簿按其外观特征分为哪几种？各有什么优缺点？各适用于什么账簿？
3. 描述明细账格式的几种形式，并举例说明其适用的明细科目。
4. 会计上常用的更正错账的方法有几种？各适用于什么条件？
5. 什么是账项调整？说明企业为什么在期末进行账项调整。
6. 什么是结账？结账的工作内容有哪些？各采用何种结账方法？
7. 简述各单位应如何管理账簿。
8. 简述记账凭证账务处理程序的特点、优缺点及适用范围。
9. 绘制科目汇总表账务处理程序图，并说明其优缺点及适用范围。
10. 说明科目汇总表与汇总记账凭证的编制方法、各自优势。
11. 简述权责发生制与收付实现制的异同，企业核算为何采用权责发生制？
12. 说明总分类账户与明细分类账户的关系。
13. 什么是平行登记？应遵循哪些规则？
14. 什么是调整分录？试举例说明在什么情况下要编制调整分录。
15. 什么是工作底稿？简述工作底稿的作用。

二、练习题

1.【目的】练习登记账簿。

【资料】达明公司202×年10月1日现金日记账余额18 500元，银行存款日记账余额22 350元。本月发生下列业务：

(1)3日，签发现金支票提取3 000元，以备日常活动所用。

(2)4 日,用银行存款 6 800 元缴纳上月的税金。

(3)5 日,收到皇冠公司归还的欠款 5 000 元转账支票一张,送存银行。

(4)6 日,向银行申请一年期贷款 10 万元,已存入企业银行账户。

(5)7 日,公司管理部门用现金购买办公品 1 250 元,经审核予以报销。

(6)7 日,采购员李迪报销差旅费 1 870 元,原借 2 000 元,余款退回。

(7)10 日,签发转账支票 25 600 元,支付上月所欠货款。

(8)10 日,以现金 300 元支付灯箱广告费。

(9)10 日,销售产品一批,计 5 600 元存入银行。

(10)10 日,将现金 260 元送存银行。

【要求】

(1)编制会计分录。

(2)根据会计分录登记三栏式现金日记账和银行存款日记账,并结出余额。

现金日记账

年		凭证		摘要	对方科目	借方	贷方	余额
月	日	字	号					

银行存款日记账

年		凭证		摘要	结算凭证		对方科目	借方	贷方	余额
月	日	字	号		种类	号数				
					(略)	(略)	(略)			

2.【目的】练习错账更正的方法。

【资料】大新公司 202×年 9 月 30 日对账时发现下列错误,并均已登记入账。

(1)开出转账支票一张,金额 3 100 元,用于缴纳上月应交税金,原记账凭证为:

借:利润分配 3 100

　贷:银行存款 3 100

(2)管理部门领用修理材料 760 元,原记账凭证为:

借:管理费用 7 600

　贷:原材料 7 600

(3)以银行存款支付三年的财产保险费60 000元,原记账凭证为:

借:长期待摊费用 60 000

  贷:银行存款 60 000

登账在银行存款日记账的金额为6 000元。

(4)收到财务公司的短期贷款35 000元。原记账凭证为:

借:银行存款 3 500

  贷:短期借款 3 500

(5)收到投资人投资款439 800元,原记账凭证为:

借:银行存款 489 800

  贷:实收资本 489 800

【要求】选择适当的更正方法,改正上述错误。

3.【目的】练习总分类账和明细分类账平行登记及相互核对的方法。

【资料】长盛公司202×年5月份有关总账和明细账的月末余额如下:

(1)总账:原材料22 000元,应付账款8 700元。

(2)明细账:

应付账款明细账

应付账款单位名称	金额(元)
光正公司	5 000
明太工厂	2 500
新都工厂	1 000
合 计	8 500

原材料明细账

材料品种	计量单位	数 量	单价	金额(元)
甲材料	公斤	1 000	8	8 000
乙材料	公斤	500	6	3 000
丙材料	公斤	800	5	4 000
丁材料	公斤	700	10	7 000
合计				22 000

(3)6月份发生下列经济业务:

①企业购进材料一批,货款共计30 000元。其中:甲材料500公斤,单价8元/公

斤；乙材料 1 000 公斤，单价 6 元/公斤；丁材料 2 000 公斤，单价 10 元/公斤。货款已用银行存款支付。

②用银行存款偿还以前欠光正公司货款 5 000 元。

③向新都工厂购进丙材料 900 公斤，单价 5 元/公斤，货款尚未支付。

④本月制造产品消耗材料一批，其中，领用甲材料 600 公斤，单价 8 元/公斤；乙材料 200 公斤，单价 6 元/公斤；丙材料 1 200 公斤，单价 5 元/公斤；丁材料 1 000 公斤，单价 10 元/公斤。

⑤以银行存款支付以前欠明太工厂货款 2 500 元。

⑥向光正公司购进甲材料 800 公斤，单价 8 元/公斤；向明太工厂购进乙材料 600 公斤，单价 6 元/公斤。货款未付。

【要求】

(1) 开设"应付账款"总账和明细账，并登记期初余额。"应付账款"明细账采用三栏式。

(2) 根据上述资料编制会计分录，并登记有关总分类账和明细分类账。

(3) 结出总账和明细账的本期发生额和期末余额。

4.【目的】练习权责发生制和收付实现制下收入和费用的确定。

【资料】某公司 202×年 7 月份发生如下经济业务：

(1) 收到投资人追加的投资 100 000 元。

(2) 预付下半年财产保险费 12 000 元。

(3) 收到应收账款 20 000 元，该款项系上月赊销款。

(4) 完成客户的设计任务，并开出发票 40 000 元，客户承诺下月 1 日付款。

(5) 支付 5 月份的咨询费 5 000 元。

(6) 确认本月的银行存款利息 300 元，但银行未支付第三季度的利息。

【要求】根据以上资料，在下表中按权责发生制计算填列本月的收入与费用。

业务号	权责发生制		收付实现制	
(1)				
(2)				
(3)				
(4)				
(5)				
(6)				

5.【目的】练习账项调整的账务处理。

【资料】希望公司202×年12月份按照权责发生制原则应对以下事项进行调整。

(1)销售商品10 000元,该笔货款已于10月份预收。

(2)1月份支付两年财产保险费48 000元。

(3)5月1日向银行贷款10万元,期限为2年,年利率6%,计提本月的利息费用。

(4)计提本月的办公设备折旧费3 000元。

(5)12月1日,出租办公室两间,租约规定:租期自本年12月份至次年的11月份,租金共36 000元,先预付半年租金。

【要求】根据上述资料,编制调整分录。

6.【目的】练习工作底稿的编制。

【资料】大众公司202×年10月31日,调账前有关账户的余额如下:

账户名称	借方金额	贷方金额
库存现金	3 080	
银行存款	72 720	
库存商品	2 120	
长期待摊费用	2 400	
固定资产	355 500	
累计折旧	(93 850)	
应付账款		6 340
预收账款		59 720
实收资本		100 000
利润分配		99 490
主营业务收入		161 200
管理费用	84 780	
合计	626 750	426 750

当月需要调整的事项有:

(1)本月应承担预付保险费600元。

(2)本月应承担折旧额7 070元。

(3)本月发出上月已预收款的商品31 000元。

(4)月末确认应付销售人员工资3 500元。

【要求】

(1)对上述调整事项编制会计分录。

(2)根据上述资料编制工作底稿。

三、案例分析

1. 公司简介。环芳股份公司于20××年3月1日成立,主要生产和销售各种涂料,靠10 000元自筹资金起家,截至目前,公司拥有流动资金8亿多元,非流动资金2亿多元。公司现有600余位员工,在市内建立500多处特约经销点。多年来,在没有任何外界资金投入的情况下,完全凭借自己的努力,在市场经济的风浪中搏击,发展为"国家无投资,银行无贷款,原料无分配(渠道),产品无积压,企业无利息债"的"五无企业"。现在的环芳公司是一家拥有近10亿元自有资金的大型现代化涂料股份公司。

2. 会计部门岗位。

(1)总会计师1人,监督整个财务科工作。

(2)公司财务科共9人,具体分为:

财务科长(1人),管理日常会计工作,负责复核记账凭证,编制对外财务报表。

总账会计(3人),负责编制记账凭证,并登记总分类账。

明细账会计(4人),分别负责登记原材料明细账、库存商品明细账、应付账款明细账、应收账款明细账、应交税明细账等。

出纳员(1人),负责现金报销,登记库存现金日记账、银行存款日记账。

3. 要求。

(1)随着公司规模的扩大,公司领导决定由你重新为该公司设置一套完整的账簿体系(包括账簿的种类、用途、格式等)。

(2)结合该公司的实际情况,请为该公司选择一种账务处理程序,并画出其流程图。

第四章

会计循环(三):财务报告

导　读

本章的学习目的是系统地认识财务会计报告的理论构架,理解财务会计报告的地位和作用,掌握资产负债表和利润表的编制方法。

本章重点:掌握财务会计报告定义、构成、编制基础;掌握资产负债表和利润表的定义、结构、编制方法;掌握利润表的定义、结构、编制方法;了解现金流量表的作用、格式和内容;熟悉财务会计报告的报送、汇总和审批。

本章难点:会计报表编制目的、理论依据,会计报表结构及项目间的逻辑关系。

教学课时:5 课时

案例导读

小李参加青年创业计划,项目赞助商希望进一步了解服装店的经营情况以便于投资。小李询问专家得知,可以向赞助商提供财务报表来直接反映公司的经营状况和财务成果。赞助商希望小李提供的资料包括:公司的基本财务状况、规模、债务情况、所有者权益情况;公司的盈利情况、公司的盈利构成情况等。小李认为财务报表可以综合提供以上信息,据此还需要财务人员回答以下问题:

- 公司盈利的构成情况。

- 财务报表的作用有哪些？该如何进行报送？
- 财务报表与会计账簿之间的关系。

第一节 财务报告概述

一、财务会计报告的概念、构成和分类

(一)财务会计报告的概念

财务会计报告是指企业对外提供的反映企业某一特定日期的财务状况和某一会计期间的经营成果、现金流量等会计信息的文件。财务会计报告是企业全部会计报告中的一部分。企业的全部会计报告分为财务会计报告和管理会计报告。财务会计报告亦称财务报告,是对外界提供的报告。管理会计报告是对内提供的报告。

财务会计报告包括财务报表及其附注和其他应当在财务会计报告中披露的相关信息和资料。财务报表至少应当包括资产负债表、利润表、现金流量表、所有者权益(股东权益)变动表等报表。编制财务报告是会计核算的一种专门方法。

在日常会计核算中,企业发生的各项经济业务都已按照一定的程序,在有关的会计账簿中进行全面、连续、分类、汇总的记录和计算。企业在一定日期的财务状况和一定会计期间的经营成果,在日常会计记录里已经得到反映。但是,这些日常核算资料数量太多,而且比较分散,不能集中、概括地反映企业的财务状况和经营成果。企业的管理者、投资者、债权人和税务等部门以及其他与企业有利害关系的单位和个人,不能直接使用这些分散的会计记录来分析和评价企业的财务状况和经营成果,据以做出正确的决策。为此有必要定期地将日常会计核算资料加以分类、调整、汇总,按照一定的表格形式编制财务报表,总括、综合地反映企业的经济活动过程和结果,为有关方面进行管理和决策提供所需的会计信息。

(二)财务会计报告的构成

财务会计报告是反映企业财务状况和经营成果的书面文件。财务会计报告主要包括对外报送的财务报表、附注和其他需要披露的资料。作为会计的入门教材,本书主要说明资产负债表、利润表的编制原理。

1. 对外报送的财务报表。对外报送的财务报表由主表、附表两部分组成。其中主表包括资产负债表、利润表、现金流量表和所有者权益变动表。附表根据各行业、各企业的特点编制,如分部报告。

2. 附注。附注是对在资产负债表、利润表、现金流量表和所有者权益变动表中列示项目的文字描述或明细资料,以及对未能在这些报表中列示项目的说明等。附注应当披露财务报表的编制基础,相关信息应当与资产负债表、利润表、现金流量表和所有者权益变动表等报表中列示的项目相互参照。其披露的内容有:

(1)财务报表的编制基础。

(2)遵循会计准则的声明。

(3)重要会计政策的说明,包括财务报表项目的计量基础和会计政策的确定依据。

(4)重要会计估计的说明,包括下一会计期间内可能导致资产、负债账面价值重大调整的会计估计的确定依据等。

(5)会计政策和会计估计变更以及差错更正的说明。

(6)对已在资产负债表、利润表、现金流量表和所有者权益变动表中列示的重要项目的进一步说明。

(7)或有和承诺事项、资产负债表日后非调整事项、关联方关系及其交易等需要说明的事项。

此外,企业还应当在附注中披露在资产负债表日后、财务报告报出前提议或宣布发放的股利总额和每股股利金额。

3. 其他需要披露的资料。除上述信息外,企业还应针对会计信息使用者的需要披露一些相关信息,如企业注册地、组织形式和总部地址;企业的业务性质和主要经营活动;母公司以及集团最终母公司的名称;等等。

(三)财务报表的分类

我国会计准则统一规定了企业对外报送的财务报表的种类、格式、内容及编表说明,其目的是便于进行财务报表的汇总和比较,报表指标要求集中、扼要,指标之间关系要求严谨。为了更好地发挥财务报表的作用,企业根据内部管理的需要,还应编制一些内部使用的财务报表,如有关成本费用的报表。企业的内部报表,应根据内部管理的需要由企业自行规定。

按照不同的标准可将企业财务报表划分成不同的类别。

1. 按经济内容分类。按所反映的经济内容不同,财务报表可分为反映财务状况的报表——资产负债表和所有者权益(股东权益)变动表等;反映经营成果的报表——利润表;反映资金变化的报表——现金流量表。

2. 按编报时间分类。按财务报表编报时间的不同,财务报表可分为年度财务报表、半年度财务报表、季度财务报表和月度财务报表。

由于半年度、季度和月度财务报表都是在会计年度内编制的,所以统称为中期财务报表。也就是说,在我国,财务报表的期间有年、半年、季、月四种。年度财务报表的会计期间是指公历每年的1月1日至12月31日;半年度财务报表的会计期间是指公历每年的1月1日至6月30日,或7月1日至12月31日;季度财务报表的会计期间是指公历每一季度,即公历每年的1月1日至3月31日、4月1日至6月30日、7月1日至9月30日、10月1日至12月31日;月度财务报表的会计期间是指公历每月1日至该月最后1日。

一般来说,年度、半年度财务报表通常包括财务报表、财务报表附注。其中,财务报表一般包括资产负债表、利润表、现金流量表和所有者权益(股东权益)变动表。一般情况下,季度、月度财务报表不包括财务报表附注,也可以不包括现金流量表和所有者权益(股东权益)变动表,而仅包括资产负债表和利润表。但是,如果国家统一的会计制度要求季度、月度财务报表包括财务报表附注,则季度、月度财务报表也包括财务报表附注。

月报要求简明扼要,及时反映;年报要求揭示完整,反映全面;季报和半年报在会计信息的详细程度方面介于两者之间。

3. 按编制单位分类。按财务报表的编制单位的不同,财务报表可分为单位报表和汇总报表。单位财务报表是指独立核算的企业根据本企业的账簿和有关核算资料编制的财务报表,它主要用以反映企业自身的财务状况、经营成果和现金流量情况;汇总财务报表是指按照隶属关系由上级主管部门根据所属企业的单位财务报表和汇总单位本身的财务报表汇总编制而成的报表,汇总财务报表用来总括反映一个部门或一个地区的综合经济情况。

4. 按编制主体分类。按财务报表编制主体,财务报表可分为个别财务报表和合并财务报表,这种划分是在企业对外单位进行投资情况下、基于特殊财务关系而形成的。个别财务报表是指投资企业或接受投资企业编制的、只反映投资企业或接受投资企业本身的财务状况和经营成果的财务报表;合并财务报表是指投资企业在对外投资占被投资企业的资本总额半数以上(或者实质上拥有被投资企业控制权的)的情况下,根据本企业和被投资企业的个别财务报表编制的,反映投资企业与被投资企业整体财务状况和经营成果的财务报表。

二、编制财务报表的目的

企业编制财务报表主要是为经营管理者和外部有关各方提供企业财务状况及其变动、经营成果和现金流量等方面的会计信息,以便于他们做出合理的决策。

第一,通过财务报表所提供的信息,可以使经营管理者全面、系统、总括地了解企业的经营活动情况和经营成果,以及执行国家财政、税收、金融、价格等有关方针政策情况,便于进一步加强企业经营管理,搞好经济预测和决策工作。

第二,通过财务报表所提供的信息,可以使企业现在和潜在的投资者了解企业的经营业绩和获利能力,并以此为依据做出合理的投资决策;可以使债权人掌握企业的财务状况和偿债能力,作为对企业合理投资、发放贷款的重要决策依据;还可以使银行了解企业对借款的使用情况和借款物资的保证程度,以监督企业按照规定的用途使用借款,按期归还借款的本息。

第三,通过财务报表所提供的信息,可以使财政、税务机关了解企业对有关财经纪律和法规的遵守情况、应交税利指标的完成情况,以便进一步加强财政监督和税务管理。

第四,通过财务报表所提供的信息,可以使审计机构查明企业各项会计处理是否符合会计准则和会计制度的要求,是否公正表达某特定期间的财务状况和经营成果,企业是否贯彻执行了有关方针、政策法规、合同等,以实施有效的审计监督。

第五,通过财务报表所提供的信息,可以使证券管理部门掌握企业发行股票和债券等情况,以便据此加强管理。

第六,通过财务报表所提供的信息,可以使国家经济综合管理部门了解进行宏观经济管理所需要的资料,并结合其他信息进行综合平衡,调整和制定经济计划,以保证整个国民经济的健康发展。

三、财务报表列报的基本要求

(一)列报基础

企业应当以持续经营为基础,根据实际发生的交易和事项,按照企业会计准则的规定进行确认和计量,在此基础上编制财务报表。企业不应以附注披露代替确认和计量。

以持续经营为基础编制财务报表不再合理的,企业应当采用其他基础编制财务报表,并在附注中披露这一事实。企业管理层应当评价企业的持续经营能力,对持续经营能力产生重大怀疑的,应当在附注中披露导致对持续经营能力产生重大怀疑的不确定因素。

企业正式决定或被迫在当期或将在下一个会计期间进行清算或停止营业的,表明其处于非持续经营状态,应当采用其他基础编制财务报表,在附注中声明财务报表未以持续经营为基础列报,并披露未以持续经营为基础的原因以及财务报表的编制基础。

除现金流量表按照收付实现制原则编制外,企业应当按照权责发生制原则编制其他财务报表。

(二)重要性和项目列报

性质或功能不同且具有重要性的项目,应当在财务报表中单独列报;性质或功能类似的项目,可以合并列报。

重要性是指财务报表某项目的省略或错报会影响使用者据此做出经济决策的，该项目具有重要性。重要性应当根据企业所处环境，从项目的性质和金额大小两方面加以判断。判断项目性质的重要性，应当考虑该项目的性质是否属于企业日常活动等因素；判断项目金额大小的重要性，应当通过单项金额占资产总额、负债总额、所有者权益总额、营业收入总额、净利润等直接相关项目金额的比重加以确定。

（三）正常营业周期

流动资产与非流动资产、流动负债与非流动负债的划分以正常营业周期为依据，因此企业应判断正常营业周期。判断流动资产、流动负债所指的一个正常营业周期，通常是指企业从购买用于加工的资产起至实现现金或现金等价物的期间。

正常营业周期通常短于1年，在1年内有几个营业周期。但是，也存在正常营业周期长于1年的情况，如房地产开发企业开发用于出售的房地产产品、造船企业制造用于对外出售的大型船只等，往往超过1年才变现、出售或耗用，但仍应划分为流动资产。正常营业周期不能确定时，应当以1年（12个月）作为正常营业周期。

（四）列报的一致性

财务报表项目的列报应当在各个会计期间保持一致，不得随意变更，但下列情况除外：①会计准则要求改变财务报表项目的列报；②企业经营业务的性质发生重大变化后，变更财务报表项目的列报能够提供更可靠、更相关的会计信息。

四、编制财务报表的要求

为了使财务报表能够最大限度地满足各有关方面的需要，实现编制财务报表的基本目的，充分发挥财务报表的作用，企业在编制财务报表时应当做到真实可靠、相关可比、全面完整、编报及时、便于理解。

（一）真实可靠

企业财务报表必须如实地反映企业的财务状况、经营成果和现金流量情况，使财务报表各项目的数据建立在真实可靠的基础之上。因此，财务报表必须根据核实无误的账簿资料编制，不得以任何方式弄虚作假。如果财务报表所提供的资料不真实或者可靠性很差，不仅不能发挥财务报表的应有作用，而且还会由于错误的信息，导致财务报表使用者对企业的财务状况、经营成果和现金流量情况做出错误的评价与判断，致使报表使用者做出错误的决策。

（二）相关可比

企业财务报表所提供的财务会计信息必须与报表使用者进行决策所需要的信息相关，并且便于报表使用者在不同企业之间及同一企业前后各期之间进行比较。只有提供相关且可比的信息才能使报表使用者分析企业在整个社会特别是同行业中的地位，了解判断企业过去、现在的情况,预测企业未来的发展趋势,进而为报表使用者的决策服务。

(三)全面完整

企业财务报表应当全面地披露企业的财务状况、经营成果和现金流量情况,完整地反映企业财务活动的过程和结果,以满足各有关方面对财务会计信息资料的需要。为了保证财务报表的全面完整,企业在编制财务报表时,应当按照有关准则、制度规定的格式和内容填写,特别是对于企业某些重要的事项,应当按照要求在财务报表附注中说明,不得漏编漏报。

(四)编报及时

企业财务报表所提供的资料,具有很强的时效性。只有及时编制和报送财务报表才能为使用者提供决策所需的信息资料,否则,即使财务报表的编制非常真实可靠、全面完整且具有相关可比性,但由于编报不及时,也可能失去其应有的价值。随着市场经济和信息技术的迅速发展,财务报表的及时性要求将变得日益重要。

(五)便于理解

可理解性是指财务报表提供的信息可以为使用者所理解。企业对外提供的财务报表是为广大财务报表使用者提供企业过去、现在和未来的有关资料,为企业目前或潜在的投资者和债权人提供决策所需的会计信息,因此,编制的财务报表应当清晰明了。如果提供的财务报表晦涩难懂,不可理解,使用者就不能据以做出准确的判断,所提供的财务报表也会毫无用处。当然,财务报表的这一要求是建立在财务报表使用者具有一定的财务报表阅读能力的基础之上。

五、编制财务报表前的准备工作

为了做到真实、正确、完整、及时地编制财务报表,在编制财务报表之前需要做好以下各项准备工作:

(一)将本报告期发生的一切经济业务全部登记入账

为了保证财务报表能够如实、完整地反映企业一个月(季、年)的财务状况和经营成果,在编制财务报表之前,必须将本月(季、年)发生的所有经济业务、期末账项和转账业务全部登记入账,不得将本期发生的经济业务留到下期入账,也不得将下期的经济业务提前到本期入账。本期发生的一切经济业务均登记入账后,才可以据以编制财务报表。

(二)核对账簿记录,做到账证相符、账账相符

对各种账簿记录,在编制财务报表之前,必须进行认真审查和核对,保证做到账证相符和账账相符。如有不符,应立即查明原因予以更正。应该核对的账簿记录主要有:

总账中各账户的借方发生额总计和期末余额总计,应与贷方发生额总计和期末余额总计核对相符;总账中有关账户的借方发生额、贷方发生额以及期末余额,应与所属各明细账户的借方发生额合计、贷方发生额合计以及期末余额合计核对相符;会计部门的各种财产物资明细账,应与物资管理部门的实物保管账核对相符。

(三)进行财产清查,做到账实相符

在编制财务报表之前,还应该对各种财产物资进行清查盘点,将清查盘点结果与有关的账簿记录进行核对。如有不符,一方面要追查原因;另一方面要按照清查结果调整账面记录,以保证账实相符。应清查的财产物资主要包括:各种材料、固定资产及其他物资、货币资金和往来款项等。

(四)按权责发生制要求进行期末账项调整

根据权责发生制原则,应将属于本报告期发生的一切收支账项全部调整入账,以正确计算本期损益,反映财务成果。应调整和结转的账项主要有:资产的摊销,如计提固定资产折旧、无形资产的摊销等;计提预提费用,如应由本期负担的短期借款利息等;计算提取应由经营收入负担的税金及附加;计算已销产品或商品的销售成本并予以结转;处理期末盘点中发现的财产物资的溢余、短缺及残损;对应结清的应收、应付款项进行处理和结转;结转其他需要调整的账项;等等。

(五)在账项调整和结转的基础上进行结账

结账时,应结出总账各账户的借方发生额、贷方发生额和期末余额,以及各明细账借方发生额、贷方发生额和期末余额,据以编制总分类账户本期发生额和余额表、明细分类账本期发生额和余额表,以进行总分类账户记录的核对和有关总账与所属明细账记录的核对。

做好以上各项准备工作后,便可编制财务报表。

第二节 资产负债表

一、资产负债表的意义

资产负债表是反映企业某一特定日期财务状况,即企业月末、年末全部资产、负债和所有者权益情况的财务报表,反映企业在某一特定日期所拥有或控制的经济资源、所承担的现时义务和所有者对净资产的要求权,它是根据"资产 = 负债 + 所有者权益"这一会计等式按照一定的要求编制而成的。

资产负债表是静态报表,是企业财务报表体系中的主要报表。通过资产负债表,可以了解企业在某一特定日期所拥有或控制的经济资源及其构成、所承担的债务责任以及投资者所拥有的权益情况;评价企业的变现能力和偿债能力;考察企业资本的保全和增值情况;评估企业的资本结构和财务实力;预测企业未来的财务状况变动趋势等。

二、资产负债表的内容和格式

根据资产负债表的性质,该表应列示所有资产、负债、所有者权益的重要项目。资产和负债应当分别流动资产和非流动资产、流动负债和非流动负债列示。

(一)资产负债表的内容

1. 资产类项目的内容。资产类项目按其流动性的大小,或按资产变现能力的强弱,分为流动资产和非流动资产两类,分项列示。

满足以下四个条件之一的,应当归类为流动资产:①预计在一个正常营业周期中变现、出售或耗用;②主要为交易目的而持有;③预计在资产负债表日起一年内(含一年)变现;④自资产负债表日起一年内,交换其他资产或清偿负债的能力不受限制的现金或现金等价物。

流动资产项目包括:现金及各种存款、应收账款、预付账款、其他应收款、存货等。

流动资产以外的资产应当归类为非流动资产,并应按其性质分类列示。非流动资产项目包括:长期股权投资、固定资产、无形资产和其他非流动资产等。

资产项目是按照资产流动性排列的:流动性大的资产(如货币资金、应收账款、预付账款等)排列在前面,长期股权投资、固定资产、无形资产等非流动资产不容易变现,排在后面。

2. 负债类项目的内容。负债类项目按其承担偿债义务期限的长短,分为流动负债和非流动负债两类,并分项列示。

满足以下四个条件之一的负债,应当归类为流动负债:①预计在一个正常营业周期中清偿;②主要为交易目的而持有;③自资产负债表日起一年内到期应予清偿;④企业无权自主地将清偿推迟至资产负债表日后一年以上。

流动负债项目包括:应付账款、预收账款、应付职工薪酬、应交税费、其他应付款等。

流动负债以外的负债应当归类为非流动负债,并按其性质分类列示。非流动负债项目包括:长期借款、应付债券、长期应付款等。

负债项目是按其承担偿债义务期限的长短排列的:需要在一年内或一个营业周期内偿还的流动负债排在前面,需要在一年以上或一个营业周期以上才需要偿还的长期负债排在后面。

3. 所有者权益类项目。所有者权益按永久程度排列，永久程度高的排在前面、低的排在后面。所有者权益类项目按其来源，一般分为实收资本、盈余公积、未分配利润等项目。

负债和所有者权益项目是按照需要偿还的先后顺序排列的：需要偿还的流动负债和长期负债排在前面，所有者权益在企业清算之前不需要偿还，排在最后。

上述资产类项目金额合计数与负债和所有者权益类项目金额合计数必须相等。

（二）资产负债表的格式

资产负债表的格式分为账户式和报告式两种。账户式资产负债表，其基本结构分为左右两方，左方为资产方，反映企业各项资产的情况；右方为负债及所有者权益方，反映资产来源的情况。资产各项目的合计等于负债和所有者权益各项目的合计。其简化格式如表 4－1 所示。

表 4－1　　　　资产负债表

编制单位：　　　　年　月　日　　　　金额单位：

资产	期末余额	年初余额	负债及所有者权益	期末余额	年初余额
一、流动资产			一、流动负债		
二、非流动资产			二、非流动负债		
			三、所有者权益		
资产总计			负债和所有者权益总计		

我国企业会计准则规定企业的资产负债表采用账户式结构。

账户式资产负债表分左右两方：左方为资产，全部项目按资产的流动性大小排列，流动性大的资产如“货币资金”“应收账款”等排在前面，流动性小的资产如“长期股权投资”“固定资产”等排在后面；右方为负债及所有者权益，全部项目按求偿权先后顺序排列，“短期借款”“应付票据”等需要在一年以内或者长于一年的一个营业周期内偿还的流动负债排在前面，“长期借款”等在一年以上或者长于一年的一个营业周期以上才能偿还的长期负债排在中间，在企业清算之前不需偿还的所有者权益项目排在后面。资产负债表左右双方平衡，即资产总计等于负债和所有者权益总计。

报告式资产负债表是将资产、负债和所有者权益各项目垂直排列，表的上部分列示资产各项目，下面依次列示负债及所有者权益各项目，报表中三个要素的关系为“资产－负债＝所有者权益”。其简化格式如表 4－2 所示。

表 4－2　　　　　　　　　　资产负债表

编制单位:　　　　　　　　　　年　月　日　　　　　　　　　　金额单位:

资产
流动资产
非流动资产
资产总计
负债
流动负债
非流动负债
负债合计
实收资本
资本公积
盈余公积
未分配利润
所有者权益合计

三、资产负债表的编制方法

资产负债表的编制是以日常会计核算记录的数据为基础进行归类、整理和汇总,加工成报表项目的过程。我国资产负债表主体部分的各项目都列有“年初余额”和“期末余额”两个栏目,是一种比较资产负债表。

(一)表中各项目“年初余额”的填列

资产负债表“年初余额”栏内各项数字,应根据上年末资产负债表“期末余额”栏内所列数字填列。如果本年度资产负债表规定的各个项目的名称和内容同上年度不相一致,应对上年末资产负债表各项目的名称和数字按照本年度的规定进行调整,填入表中“年初余额”栏内。

(二)表中各项目“期末余额”的填列

资产负债表“期末余额”栏内各项数字,应根据会计账簿记录填列。其中,大多数项目可以直接根据账户余额填列,少数项目则要根据账户余额进行分析、计算后填列。具体填列方法有以下几种:

1. 直接根据总账账户余额填列。资产负债表中大部分项目的数字可以根据有关总分类账户的余额直接填列,如“应收利息”“应收股利”“短期借款”“应付票据”“应付职工薪酬”“应交税费”“应付利息”“其他应付款”“实收资本”“盈余公积”等。

2. 根据若干个总账账户的期末余额计算填列。例如,“货币资金”项目应根据“库存现金”“银行存款”“其他货币资金”总分类账户期末余额合计数填列。

3. 根据总分类账所属明细分类账户余额分析、计算后填列。例如,“应收账款”项目应根据“应收账款”和“预收账款”总分类账户所属各明细分类账户的期末借方余额合计填列;“预付账款”项目应根据“预付账款”和“应付账款”总分类账户所属各明细分类账户的期末借方余额合计填列;“应付账款”项目应根据“应付账款”和“预付账款”总分类账户所属各明细分类账户的期末贷方余额合计填列;“预收账款”项目应根据“预收账款”和“应收账款” 总分类账户所属各明细分类账户的期末贷方余额合计填列。

4. 根据总账账户和明细账户的余额分析计算填列。例如“长期借款”项目,根据“长期借款”总账账户余额扣除“长期借款”账户所属的明细账户中反映的将于1年内到期的长期借款部分分析计算填列。这些项目有:持有至到期投资、长期借款、应付债券、长期应付款等。

5. 根据有关资产账户与其备抵账户抵销后的净额填列。例如,“固定资产”项目反映企业各种固定资产的净值,应根据“固定资产”账户和“累计折旧”账户的期末余额计算填列。这些项目有:应收账款、固定资产、无形资产等。

6. 综合运用上述方法分析填列。“存货”项目应根据“材料采购”“原材料”“生产成本”“库存商品”等账户期末余额合计数,减去“存货跌价准备”账户期末余额后的金额填列。

四、资产负债表的编制实例

【例4-1】利生公司202×年各账户的期初余额和202×年度发生的经济业务如下:

(一)期初余额

202×年1月1日,有关账户的期初余额如表4-3所示。

表4-3 **账户余额表**

202×年1月1日 单位:元

账户名称	借方余额	贷方余额
库存现金	17 800	
银行存款	4 890 000	
交易性金融资产	90 000	
应收票据	1 006 000	
应收账款	1 800 000	
坏账准备		5 400

续表

账户名称	借方余额	贷方余额
预付账款	600 000	
其他应收款	30 000	
原材料	10 160 000	
周转材料	1 500 000	
库存商品	3 820 000	
长期股权投资	1 500 000	
固定资产	8 000 000	
累计折旧		2 400 000
长期待摊费用	600 000	
在建工程	9 000 000	
无形资产	4 800 000	
短期借款		1 800 000
应付票据		1 200 000
应付账款		1 722 800
其他应付款		1 300 000
应付职工薪酬		660 000
应交税费		219 600
应付利息		6 000
长期借款		8 600 000
实收资本		29 000 000
盈余公积		900 000

(二)经济业务

202×年度发生的经济业务如下:

1. 用银行存款支付购入原材料货款 1 498 800 元,材料已验收入库。

2. 销售产品一批,销售价款 6 000 000 元,收到款项 4 200 000 元,余款尚未收到。

3. 购入不需安装的设备 1 台价款 1 500 000 元,另支付包装费、运费 6 000 元。全部款项用银行存款支付,设备已交付使用。

4. 向希望工程捐款 118 200 元。

5. 用银行存款偿还长期借款 500 000 元。

6. 企业一张面值为 1 200 000 元的无息商业汇票到期,票款存入银行。

7. 取得罚款收入 300 000 元。

8. 计提短期借款利息 69 000 元。

9. 分配应付工资 3 000 000 元,其中生产人员工资 1 650 000 元,车间管理人员工资 60 000 元,行政管理人员工资 90 000 元,销售人员工资 1 200 000 元。

10. 通过银行支付工资 3 000 000 元。

11. 归还短期借款本息 1 575 000 元(其中,利息 75 000 元已计提)。

12. 基本生产车间生产产品领用原材料 4 410 000 元,车间一般消耗 315 000 元。

13. 计提固定资产折旧 600 000 元,其中制造费用 480 000 元,管理费用 120 000 元。

14. 收到应收账款 306 000 元,存入银行。

15. 用银行存款支付产品展览费、广告费 220 000 元。

16. 计算并结转制造费用,计算并结转本期完工产品成本 6 915 000 元(企业本期期初、期末均无在产品)。

17. 企业销售产品一批,价款 1 500 000 元,收到商业承兑汇票 1 张。

18. 计算本期主营业务应交纳的消费税金 12 000 元。

19. 用银行存款交纳税金 12 000 元。

20. 结转本期主营业务成本 4 500 000 元。

21. 计提坏账准备 5 400 元。

22. 将各收支账户结转入本年利润。

23. 按 25% 所得税率计算并结转所得税。

24. 将"本年利润"转入"利润分配——未分配利润"。

25. 按净利润的 10% 提取法定盈余公积。

26. 将"利润分配"的有关明细账户转入"利润分配——未分配利润"。

(三)编制会计分录

不考虑其他因素,根据上述资料编制会计分录如下:

1. 借:原材料	1 498 800	
贷:银行存款		1 498 800
2. 借:银行存款	4 200 000	
应收账款	1 800 000	
贷:主营业务收入		6 000 000
3. 借:固定资产	1 506 000	
贷:银行存款		1 506 000

4. 借:营业外支出——公益性捐赠支出 118 200
　　贷:银行存款 118 200
5. 借:长期借款 500 000
　　贷:银行存款 500 000
6. 借:银行存款 1 200 000
　　贷:应收票据 1 200 000
7. 借:银行存款 300 000
　　贷:营业外收入 300 000
8. 借:财务费用 69 000
　　贷:应付利息 69 000
9. 借:生产成本 1 650 000
　　　制造费用 60 000
　　　管理费用 90 000
　　　销售费用 1 200 000
　　贷:应付职工薪酬 3 000 000
10. 借:应付职工薪酬 3 000 000
　　贷:银行存款 3 000 000
11. 借:短期借款 1 500 000
　　　应付利息 75 000
　　贷:银行存款 1 575 000
12. 借:生产成本 4 410 000
　　制造费用 315 000
　　贷:原材料 4 725 000
13. 借:制造费用 480 000
　　　管理费用 120 000
　　贷:累计折旧 600 000
14. 借:银行存款 306 000
　　贷:应收账款 306 000
15. 借:销售费用 220 000
　　贷:银行存款 220 000
16. 借:生产成本 855 000
　　贷:制造费用 855 000
　　借:库存商品 6 915 000

贷:生产成本 6 915 000

17. 借:应收票据 1 500 000

贷:主营业务收入 1 500 000

18. 借:税金及附加 12 000

贷:应交税费 12 000

19. 借:应交税费 12 000

贷:银行存款 12 000

20. 借:主营业务成本 4 500 000

贷:库存商品 4 500 000

21. 借:资产减值损失 5 400

贷:坏账准备 5 400

22. 借:主营业务收入 7 500 000

营业外收入 300 000

贷:本年利润 7 800 000

借:本年利润 6 334 600

贷:主营业务成本 4 500 000

销售费用 1 420 000

税金及附加 12 000

管理费用 210 000

财务费用 69 000

营业外支出 118 200

资产减值损失 5 400

23. 本年应交所得税 =(7 800 000 - 6 334 600) ×25%

=1 465 400 ×25% =366 350(元),即:

借:所得税费用 366 350

贷:应交税费——应交所得税 366 350

借:本年利润 366 350

贷:所得税费用 366 350

24. 本年净利润 =7 800 000 - 6 334 600 - 366 350 =1 099 050(元),即:

借:本年利润 1 099 050

贷:利润分配——未分配利润 1 099 050

25. 借:利润分配——提取盈余公积 109 905

贷:盈余公积——法定盈余公积 109 905

26. 借:利润分配——未分配利润　　109 905

　　贷:利润分配——提取盈余公积　　109 905

(四)期末余额

根据以上资料,计算各有关账户期末余额,如表4-4所示。

表4-4　　账户余额表

202×年12月31日　　单位:元

账户名称	借方余额	贷方余额
库存现金	17 800	
银行存款	2 466 000	
交易性金融资产	90 000	
应收票据	1 306 000	
应收账款	3 294 000	
坏账准备		10 800
预付账款	600 000	
其他应收款	30 000	
原材料	6 933 800	
周转材料	1 500 000	
库存商品	6 235 000	
长期股权投资	1 500 000	
固定资产	9 506 000	
累计折旧		3 000 000
长期待摊费用	600 000	
在建工程	9 000 000	
无形资产	4 800 000	
短期借款		300 000
应付票据		1 200 000
应付账款		1 722 800
其他应付款		1 300 000
应付职工薪酬		660 000
应交税费		585 950

续表

账户名称	借方余额	贷方余额
应付利息		0
长期借款		8 100 000
实收资本		29 000 000
盈余公积		1 009 905
未分配利润		989 145

(五)编制资产负债表

根据上述资料编制202×年末的资产负债表,如表4-5所示。

表4-5 **资产负债表**

编制单位:利生公司 202×年12月31日 单位:元

资产	期末余额	年初余额	负债及所有者权益	期末余额	年初余额
流动资产:			流动负债:		
货币资金	2 483 800	4 907 800	短期借款	300 000	1 800 000
以公允价值计量且其变动计入当期损益的金融资产	90 000	90 000	以公允价值计量且其变动计入当期损益的金融负债	0	0
应收票据	1 306 000	1 006 000	应付票据	1 200 000	1 200 000
应收账款	3 283 200	1 794 600	应付账款	1 722 800	1 722 800
预付款项	600 000	600 000	预收款项	0	0
应收利息	0	0	应付职工薪酬	660 000	660 000
应收股利	0	0	应交税费	585 950	219 600
其他应收款	30 000	30 000	应付利息	0	6 000
存货	14 668 800	15 480 000	应付股利	0	0
一年内到期的非流动资产	0	0	其他应付款	1 300 000	1 300 000
其他流动资产			一年内到期的非流动负债	5 000 000	5 000 000
流动资产合计	22 461 800	23 908 400	其他流动负债	0	0

续表

资产	期末余额	年初余额	负债及所有者权益	期末余额	年初余额
非流动资产:			流动负债合计	10 768 750	11 908 400
可供出售金融资产	0	0	非流动负债:		
持有至到期投资	0	0	长期借款	3 100 000	3 600 000
长期应收款	0	0	应付债券	0	0
长期股权投资	1 500 000	1 500 000	长期应付款	0	0
投资性房地产	0	0	专项应付款	0	0
固定资产	6 506 000	5 600 000	预计负债		
在建工程	9 000 000	9 000 000	递延所得税负债	0	0
工程物资	0	0	其他非流动负债	0	0
固定资产清理	0	0	非流动负债合计	3 100 000	3 600 000
生产性生物资产			负债合计	13 868 750	15 508 400
油气资产			所有者权益(或股东权益):		
无形资产	4 800 000	4 800 000	实收资本(或股本)	29 000 000	29 000 000
开发支出			资本公积	0	0
商誉			减:库存股		
长期待摊费用	600 000	600 000	其他综合收益	0	0
递延所得税资产			盈余公积	1 009 905	900 000
其他非流动资产			未分配利润	989 145	0
非流动资产合计	22 406 000	21 500 000	所有者权益(或股东权益)合计	30 999 050	29 900 000
资产总计	44 867 800	45 408 400	负债及所有者权益总计	44 867 800	45 408 400

第三节　利润表

一、利润表的意义

利润表又称收益表或损益表,是反映企业在一定会计期间经营成果的报表。一定会计期间可以是一个月、一个季度、半年,也可以是一年,因此利润表是一个动态报表。经营成果是指企业进行经营活动产生的结果,主要由利润及其构成表示。利润表示根据"收入-费用=利润"这一平衡公式,依照一定的标准和次序,把企业一定时期内的收入、费用和利润项目予以适当排列编制而成。

利润表是企业主要财务报表之一。在利润表中,将一个会计期间内的营业收入与同一会计期间的营业成本进行配比,求出该会计期间的净利润(亏损),因此,利润表所提供的各项指标是企业一定时期经济活动的过程和结果。通过利润表可以了解企业某一期间实现净利润或发生亏损情况,分析企业利润计划的执行情况及利润增减变化的原因,评价企业经济效益的高低,判断企业的盈利能力以及未来一定时期内的盈利趋势。

二、利润表的格式

按照企业会计准则的规定:利润表至少应当单独列示反映下列信息的项目:①营业收入;②营业成本;③营业税金;④管理费用;⑤销售费用;⑥财务费用;⑦投资收益;⑧公允价值变动损益;⑨资产减值损失;⑩非流动资产处置损益;⑪所得税费用;⑫净利润。

利润表作为一个反映企业经营成果的财务报表,必须包括影响某一会计期间的所有损益内容,既要包括来自生产经营方面已实现的各项收入、已耗费需要在本期配比的各项成本、费用,也要包括本期发生的各项营业外收支。

利润表有单步式和多步式两种。单步式利润表不按企业利润的构成内容,而是将本期所有收入加在一起,然后再将所有费用加在一起,两者相减通过一次计算得出当期损益。单步式利润表虽然能够反映企业当期实现的收入和费用总额,但不能反映各项收入和费用在利润总额中所占地位,因此企业一般采用多步式的利润表格式。

多步式的利润表是按照企业利润的构成内容分层次、分步骤地逐步、逐项计算编制而成的报表。它根据经营活动的主次和经营与非经营活动对企业利润的贡献情况排列编制。

多步式利润表通过多步法计算求出当期损益,一般包括以下步骤:

(一)营业收入

营业收入由主营业务收入和其他业务收入组成。

(二)营业利润

营业收入减去营业成本(主营业务成本、其他业务成本)、税金及附加、销售费用、管理费用、财务费用、资产减值损失,加上公允价值变动收益、投资收益,即为营业利润。

(三)利润总额

营业利润加上营业外收入,减去营业外支出,即为利润总额。

(四)净利润

利润总额减去所得税费用,即为净利润。

(五)每股收益

每股收益包括基本每股收益和稀释每股收益两项指标。

(六)其他综合收益

其他综合收益反映企业根据企业会计准则规定未在损益中确认、直接计入所有者权益的各项利得和损失扣除所得税影响后的净额。

(七)综合收益总额

综合收益总额反映企业净利润与其他综合收益的合计金额。

多步式利润表中,利润的形成体现了收入与费用支出配比的层次性,便于对企业经营情况进行分析,也有利于企业间的比较,多步式利润表还可以预测企业的盈利能力,因而企业普遍采用多步式利润表格式。我国企业利润表的基本格式见表4-7。

三、利润表的编制方法

编制利润表主要是把企业在某一经营期间的收入、费用和成本以及由此所配比计算出的盈亏情况报告给信息使用者。所以,利润表是一种动态性的报表,它反映的是编报主体在某一期间的经营成果,而只有账户的发生额才能反映一定期间的变化情况,因此,利润表的编制是以账户的发生额为依据的。但不是所有账户的发生额都与利润有关,只有损益类账户(即收入类和费用成本类账户)所登记的内容,才能计算出本期的利润。因此,编制利润表应根据损益类账户的本期发生额,在损益类账户记录的基础上再进一步处理,编制成利润表。

(一)编制方法

利润表"上年金额"栏内各项数字,应根据上年度利润表"本年金额"栏内所列数字填列。如果上年度利润表规定的各个项目的名称和内容同本年度不相一致,应对上年度利润表各项目的名称和数字按本年度的规定进行调整,填入本表"上年金额"栏内。

利润表"本年金额"栏内各项数字一般应当根据各损益类账户的发生额分析填列。

若为月报,则利润表中的"本年金额"栏改为"本期金额","上年金额"栏改为"上期金额",编制时间为:××××年××月。

(二)利润表各项目的内容及其填列方法

"营业收入"项目,反映企业经营主要业务和其他业务所确认的收入总额。本项目应根据"主营业务收入""其他业务收入"账户发生额填列。

"营业成本"项目,反映企业经营主要业务和其他业务发生的实际成本总额。本项目应根据“主营业务成本”“其他业务成本”账户发生额填列。

“税金及附加”项目，反映企业经营业务应负担的消费税、城市维护建设税、资源税、土地增值税和教育费附加等。本项目应根据“税金及附加”账户发生额分析填列。

“销售费用”项目，反映企业在销售商品过程中发生的包装费、广告费等费用和为销售本企业商品而专设的销售机构的职工薪酬、业务费等费用。本项目应根据“销售费用”账户发生额分析填列。

“管理费用”项目，反映企业为组织和管理生产经营发生的管理费用。本项目应根据“管理费用”账户发生额分析填列。

“财务费用”项目，反映企业筹集生产经营所需资金等而发生的筹资费用。本项目应根据“财务费用”账户发生额填列。

“资产减值损失”项目，反映企业各项资产发生的减值损失。本项目应根据“资产减值损失”账户发生额分析填列。

“公允价值变动收益”项目，反映企业交易性金融资产、交易性金融负债，以及采用公允价值模式计量的投资性房地产等公允价值变动形成的应计入当期损益的利得或损失。如为净损失，以“-”号填列。本项目应根据“公允价值变动损益”账户发生额分析填列。

“投资收益”项目，反映企业以各种方式对外投资所取得的收益。其中，“对联营企业和合营企业的投资收益”项目，反映采用权益法核算的对联营企业和合营企业投资在被投资单位实现的净损益中应享有的份额（不包括处置投资形成的收益）。如为净损失，以“-”号填列。企业持有的交易性金融资产处置时，处置收益部分应当自“公允价值变动损益”项目转出，列入本项目。本项目应根据“投资收益”账户发生额分析填列。

“营业外收入”“营业外支出”项目，反映企业发生的与其经营活动无直接关系的各项收入和支出。其中，处置非流动资产净损失，应当单独列示。这两个项目应分别根据“营业外收入”账户和“营业外支出”账户的发生额分析填列。

“利润总额”项目，反映企业实现的利润总额。如为亏损总额，以“-”号填列。

“所得税费用”项目，反映企业根据所得税准则确认的应从当期利润总额中扣除的所得税费用。本项目应根据“所得税”账户发生额填列。

“基本每股收益”和“稀释每股收益”项目，应当根据每股收益准则的规定计算的金额填列。

【例 4-2】接例 4-1，利生公司 202×年有关损益类账户发生额如表 4-6 所示。

表 4 - 6　　利生公司损益类账户发生额

账户名称	借方发生额	贷方发生额
主营业务收入		7 500 000
主营业务成本	4 500 000	
税金及附加	12 000	
销售费用	1 420 000	
管理费用	210 000	
财务费用	69 000	
营业外收入		300 000
资产减值损失	5 400	
营业外支出	118 200	
所得税费用	366 350	

根据以上资料编制利润表如表 4 - 7 所示。

表 4 - 7　　利润表

编制单位:利生公司　　202×年度　　单位:元

项目	本年金额	上年金额
一、营业收入	7 500 000	略
减:营业成本	4 500 000	
税金及附加	12 000	
销售费用	1 420 000	
管理费用	210 000	
财务费用	69 000	
资产减值损失	5 400	
加:公允价值变动收益(损失以"-"号填列)	0	
投资收益(损失以"-"号填列)		
其中:对联营企业和合营企业的投资收益		
二、营业利润(亏损以"-"号填列)	1 283 600	
加:营业外收入	300 000	
减:营业外支出	118 200	

续表

项目	本年金额	上年金额
其中:非流动资产处置损失		
三、利润总额(亏损总额以“-”号填列)	1 465 400	
减:所得税	366350	
四、净利润(净亏损以“-”号填列)	1 099 050	

第四节　现金流量表

一、现金流量表的概念和作用

(一)现金流量表的概念

现金流量表,是指反映企业在一定会计期间现金和现金等价物流入和流出的报表。现金流量表是动态报表。

企业为了维持正常经营和发展,必须具有一定的获利能力和良好的财务状况,这是各方人士所关注的,与此有关的情况通过利润表和资产负债表予以反映。除此之外,人们还非常重视企业现金流动的情况。这是因为无论企业的债务偿付能力、股利分配能力、支付能力还是今后的发展,均取决于能否及时地获取足够的现金和合理使用现金。在激烈的市场竞争中,现金取得与使用的重要性有时甚至超过获利能力,成为企业生死攸关的大事。现金流量表的目的,即在于向报表的使用者提供企业一定时期内现金流入(获取)与流出(使用)的信息,以便于他们了解和评价企业获取现金的能力,并据以预测企业未来的现金流量。

(二)现金流量表的作用

现金流量表以现金的流入和流出反映企业在一定会计期间内的经营活动、投资活动和筹资活动的动态情况,反映企业现金流入和流出的全貌。现金流量表的主要作用有:

第一,评价企业产生现金的能力。现金流量表分若干方面对现金的流入与流出做出反映,说明企业是如何取得现金、如何使用现金的,借此可以对企业产生现金的现实能力做出评价。由于过去的现金流量总是与未来的现金流量相关,是未来现金流量的预示,所以通过现金流量表还可以预测企业创造未来现金流量的能力,并可借以检查过去对现金流量预测的准确性。

第二,评价企业净利润的质量。所谓净利润的质量是指其所能产生现金的能力。净利润产生现金的能力越强,它的质量越好;反之,净利润的质量越差。由于企业是分会计期间、按照权责发生制的原则报告其经营成果的,所以不可避免地会使某一期间的净利润与现金净流量(按实际收到或付出反映)不一致,比如有净利润时可能没有相应的现金结存,发生了亏损却不缺少周转现金,从而使净利润的质量时好时坏。现金流量表通过将会计的权责发生制基础转化为收付实现制基础,能够表现企业净利润与现金结余之间的差异及其原因,评价净利润的质量。

第三,有助于提高会计信息的可比性。不同的企业对同样的事项,总会有不同的会计处理方法,从而干扰会计信息的可比性。现金流量表以现金流量表现企业的经营状况,可一定程度地避免不同会计方法所造成的影响,提高会计信息的可比性。

二、现金流量表的编制基础

(一)现金概念

现金流量表是以现金为基础编制的。这里的现金是广义的现金,它包括企业的库存现金、可以随时用于支付的存款,以及现金等价物。具体包括库存现金、银行存款、其他货币资金和现金等价物。

库存现金是指企业持有可随时用于支付的现金限额,即与"库存现金"科目所包括的内容一致。银行存款是指企业存在金融企业随时可用于支付的存款,即与会计核算中"银行存款"科目所包括的内容基本一致。其他货币资金是指企业存在金融企业有特定用途的资金,如外埠存款、银行汇票存款、银行本票存款、信用证保证金存款、信用卡存款等。

现金等价物,是指企业持有的期限短、流动性强、易于转换为已知金额现金、价值变动风险很小的投资。期限短,一般是指从购买日起三个月内到期。现金等价物通常包括三个月内到期的债券投资。权益性投资变现的金额通常不确定,因而不属于现金等价物。企业应当根据具体情况确定现金等价物的范围,一经确定不得随意变更。

现金流量表所表现的现金流量,也就是现金和现金等价物的流入和流出。但是,现金和现金等价物之间的交易事项,如将现金转做活期存款、将活期存款转换为现金等价物等,不构成现金流量交易事项。

(二)现金流量概念

现金流量是指企业的现金和现金等价物的流入和流出。现金流量是某一期间内企业现金流入和流出的数量。衡量企业经营状况是否良好、是否有足够的现金偿还债务、资产的变现能力等,现金流量是非常重要的指标。

(三)影响现金流量的因素

企业日常经营业务是影响现金流量的重要因素,但并不是所有的交易或事项都影响现金流量,影响或不影响现金流量的因素主要包括:

现金各项目之间的增减变动(包括现金与现金等价物之间的增减变动)不会影响现金流量净额的变动,如从银行提取现金、将现金存入银行。

非现金各项目之间的增减变动,也不会影响现金流量净额的变动,如用固定资产清偿债务、用原材料对外投资等。

现金各项目与非现金各项目之间的增减变动,会影响现金流量净额的变动,如用现金支付购买的原材料、用现金对外投资、收回长期债券投资等。

现金流量表主要反映现金各项目与非现金各项目之间的增减变动情况对现金流量净额的影响,非现金各项目之间的增减变动虽然不影响现金流量净额,但属于重要的投资和筹资活动,在现金流量表的补充资料中单独反映。

(四)现金流量的分类

现金流量表应当分别经营活动、投资活动和筹资活动列报现金流量。按活动分类来提供现金流量信息,有助于报表使用者了解这些活动对企业财务状况的影响程度以及估量现金和现金等价物的金额,同时也有助于评价这些活动之间的相互关系。

1. 经营活动形成的现金流量。经营活动即企业产生主要收入的活动以及非投资和筹资的其他活动。来自经营活动的现金流量,主要由决定企业净损益的交易和其他有关事项所形成。

通过经营活动形成的现金流量,可以判明在不动用企业外部筹资的情况下,企业通过经营活动产生的现金流量是否足以偿还贷款、维持企业的生产经营、支付股利以及对外投资。此外,利用本期经营活动所形成的现金流量,还可以预测未来同类现金流量的变化趋势。

2. 投资活动形成的现金流量。投资活动是指企业长期资产的购建和处置,以及不包括在现金等价物范围内的其他投资及其处置活动。投资活动的现金流量代表着企业为了获得未来的收益和现金流量而转出资源的程度,以及以前资源转出带来的现金流入的信息。

3. 筹资活动形成的现金流量。筹资活动是指导致企业资本及债务规模和构成发生变动的活动。揭示筹资活动的现金流量,有助于预测企业资本的提供者对企业现金流量的要求权,以及获得前期现金流入而付出的代价。

三、现金流量表的内容

按照企业经营活动发生的性质,将企业一定期间内产生的现金流量归为以下三类:

(一)经营活动产生的现金流量

经营活动是指企业投资活动和筹资活动以外的所有交易和事项,包括销售商品或提供劳务、经营性租赁、购买货物、接受劳务、制造产品、广告宣传、推销产品、缴纳税款等。经营活动产生的现金流量是企业通过运用所拥有或控制的资产创造的现金流量,主要是与企业净利润有关的现金流量。企业一定期间内实现的净利润并不一定都构成经营活动产生的现金流量,如处置固定资产净收益或净损失构成净利润的一部分,但不属于经营活动产生的现金流量,处置固定资产净收益或净损失也不是实际的现金流入或流出。通过现金流量表中反映的经营活动产生的现金流入和现金流出,说明企业经营活动对现金流入和流出净额的影响程度。

(二)投资活动产生的现金流量

投资活动是指企业长期资产的购建和不包括在现金等价物范围内的投资及其处置活动,主要包括取得或收回投资,购建和处置固定资产、无形资产和其他长期资产等。通过现金流量表中反映的投资活动产生的现金流量,可以分析企业通过投资获取现金流量的能力,以及投资产生的现金流量对企业现金流量净额的影响程度。

(三)筹资活动产生的现金流量

筹资活动是指导致企业资本及债务规模和构成发生变化的活动,包括吸收投资、发行股票、分配利润等。这里的债务是指企业对外举债所借入的款项,如发行债券、向金融企业借入款项以及偿还债务等。通过现金流量表中筹资活动产生的现金流量,可以分析企业筹资的能力,以及筹资产生的现金流量对企业现金流量净额的影响程度。

四、现金流量表的结构

我国企业的现金流量表包括正表和现金流量表的附注两部分。

(一)现金流量表的正表部分

正表是现金流量表的主体,企业一定会计期间现金流量的信息主要由正表提供。正表采用报告式的结构,按照现金流量的性质,依次分类反映经营活动的现金流量、投资活动的现金流量和筹资活动的现金流量,最后汇总反映企业现金及现金等价物净增加额。在有外币现金流量及境外子公司的现金流量折算为人民币的企业,正表中还应单设“汇率变动对现金的影响”项目,以反映企业外币现金流量及境外子公司的现金流量折算为人民币时,所采用的现金流量发生日的汇率或平均汇率折算的人民币金额与“现金及现金等价物净增加额”中外币现金净增加额按期末汇率折算的人民币金额之间的差额。

现金流量表正表,如表 4 - 8 所示。

表 4－8　　　　　　　　　　现金流量表

编制单位　　　　　　　　　　年　　月　　　　　　　　单位:元

项　目	行次	本年金额	上年金额
一、经营活动产生的现金流量:			
销售商品、提供劳务收到的现金			
收到的税费返还			
收到其他与经营活动有关的现金			
经营活动现金流入小计			
购买商品、接受劳务支付的现金			
支付给职工以及为职工支付的现金			
支付的各项税费			
支付其他与经营活动有关的现金			
经营活动现金流出小计			
经营活动产生的现金流量净额			
二、投资活动产生的现金流量			
收回投资收到的现金			
取得投资收益收到的现金			
处置固定资产、无形资产和其他长期资产收回的现金净额			
处置子公司及其他营业单位收到的现金净额			
收到其他与投资活动有关的现金			
投资活动现金流入小计			
购建固定资产、无形资产和其他长期资产支付的现金			
投资支付的现金			
取得子公司及其他营业单位支付的现金净额			
支付其他与投资活动有关的现金			
投资活动现金流出小计			
投资活动产生的现金流量净额			
三、筹资活动产生的现金流量			
吸收投资收到的现金			
取得借款收到的现金			

续表

项目	行次	本年金额	上年金额
收到其他与筹资活动有关的现金			
筹资活动现金流入小计			
偿还债务支付的现金			
分配股利、利润和偿付利息支付的现金			
支付其他与筹资活动有关的现金			
筹资活动现金流出小计			
筹资活动产生的现金流量净额			
四、汇率变动对现金及现金等价物的影响			
五、现金及现金等价物净增加额			
加:期初现金及现金等价物余额			
六、期末现金及现金等价物余额			

(二)现金流量表的附注

现金流量表附注适用于一般企业、商业银行、保险公司、证券公司等各类企业,不按行业分别规定。

补充资料包括三部分内容:①将净利润调节为经营活动现金流量(即按间接法编制的经营活动现金流量);②不涉及现金收支的重大投资和筹资活动;③现金及现金等价物净变动情况。

企业还应当披露当期取得或处置子公司及其他营业单位的有关信息。

企业还应披露现金及现金等价物的具体内容。

1. 现金流量表补充资料披露格式(见表4－9)。企业应当采用间接法在现金流量表附注中披露将净利润调节为经营活动现金流量的信息。间接法,是指以净利润为起算点,调整不涉及现金的收入、费用、营业外收支等有关项目,剔除投资活动、筹资活动对现金流量的影响,据此计算出经营活动产生的现金流量。

表4－9

补充资料	行次	本年金额	上年金额
1. 将净利润调节为经营活动的现金流量			
净利润			
加:资产减值准备			

续表

补充资料	行次	本年金额	上年金额
固定资产折旧、油气资产折耗、生产性生物资产折旧			
无形资产摊销			
长期待摊费用摊销			
处置固定资产、无形资产和其他长期资产的损失(收益以“-”号填列)			
固定资产报废损失(收益以“-”号填列)			
公允价值变动损失(收益以“-”号填列)			
财务费用(收益以“-”号填列)			
投资损失(收益以“-”号填列)			
递延所得税资产减少(增加以“-”号填列)			
递延所得税负债增加(减少以“-”号填列)			
存货的减少(增加以“-”号填列)			
经营性应收项目的减少(增加以“-”号填列)			
经营性应付项目的增加(减少以“-”号填列)			
其他			
经营活动产生的现金流量净额			
2. 不涉及现金收支的重大投资和筹资活动			
债务转为资本			
一年内到期的可转换公司债券			
融资租入固定资产			
3. 现金及现金等价物净变动情况			
现金的期末余额			
减:现金的期初余额			
加:现金等价物的期末余额			
减:现金等价物的期初余额			
现金及现金等价物净增加额			

2. 当期取得或处置子公司及其他营业单位的有关信息的披露格式(见表4-10)。

表 4－10

项目	金额
一、取得子公司及其他营业单位的有关信息:	
1. 取得子公司及其他营业单位的价格	
2. 取得子公司及其他营业单位支付的现金和现金等价物	
减:子公司及其他营业单位持有的现金和现金等价物	
3. 取得子公司及其他营业单位支付的现金净额	
4. 取得子公司的净资产	
流动资产	
非流动资产	
流动负债	
非流动负债	
二、处置子公司及其他营业单位的有关信息:	
1. 处置子公司及其他营业单位的价格	
2. 处置子公司及其他营业单位收到的现金和现金等价物	
减:子公司及其他营业单位持有的现金和现金等价物	
3. 处置子公司及其他营业单位收到的现金净额	
4. 处置子公司的净资产	
流动资产	
非流动资产	
流动负债	
非流动负债	

3. 现金和现金等价物的披露格式(见表 4－11)。

表 4－11

项　目	本期金额	上期金额
一、现金		
其中:库存现金		
可随时用于支付的银行存款		
可随时用于支付的其他货币资金		

续表

项　目	本期金额	上期金额
可用于支付的存放中央银行款项		
存放同业款项		
二、现金等价物		
其中：三个月内到期的债券投资		
三、期末现金及现金等价物余额		
其中：母公司或集团内子公司使用受限制的现金和现金等价物		

第五节　财务报表附注

一、财务报表附注的概念

财务报表中所规定的内容具有一定的固定性和规定性，只能提供定量的会计信息，其所能反映的会计信息受到一定的限制。财务报表附注是财务报表的补充，主要对财务报表不能包括的内容，或者披露不详尽的内容做进一步的解释说明，以有助于财务报表使用者理解和使用会计信息。财务报表附注是为了方便财务报表使用者理解财务报表的内容而对财务报表的编制基础、编制依据、编制原则和方法及主要项目等所做的解释。

财务报表附注是对在资产负债表、利润表、现金流量表和所有者权益变动表等报表中列示项目的文字描述或明细资料，以及对未能在这些报表中列示项目的说明等。

附注是财务报表不可或缺的组成部分。报表使用者了解企业的财务状况、经营成果和现金流量，应当全面阅读附注，附注相对于报表而言同样具有重要性。根据企业会计准则规定，附注应当按照一定的结构进行系统合理的排列和分类，有顺序地披露信息。附注应当披露财务报表的编制基础，相关信息应当与资产负债表、利润表、所有者权益变动表和现金流量表等报表中列示的项目相互参照。

二、财务报表附注的意义

（一）财务报表附注能够说明企业所采用的会计政策

企业采用某种会计政策，就会形成与之相应的会计核算结果。财务报表使用者看到的不同时期、不同企业的财务报表存在差异,除了外界环境和企业经营管理的原因之外,很大程度上是因为企业采用了不同的会计政策的缘故。对此,企业必须给予充分的说明,以使报表使用者能正确地理解财务报表。对会计政策的说明,通常是以报表附注的形式完成的。

(二)财务报表附注能够说明影响企业财务状况和经营成果的特殊事项

企业在经营中总会遇到某些有别于正常交易的事项,如关联方关系及其交易、对未来可能产生较大影响的不确定事项(或有事项)、企业的改组(企业合并与分立)等。这些事项所带来的财务结果是正常交易情况下所不可能产生的,需要通过财务报表附注给予特别说明,否则会对财务报表使用者产生不利影响。

(三)财务报表附注能够突出企业重大事项的信息

财务报表是对企业财务状况、经营成果的综合反映,涉及面广、数据多,有的报表使用者可能抓不住重点,有的报表使用者希望了解重大变化事项及其细节,如企业发生的重要资产转让、企业的合并与分立等。通过财务报表附注的说明,可以帮助报表使用者了解哪些是应当引起注意的重要信息,满足他们的需求。

(四)财务报表附注能够补充说明财务报表本身无法表达的情况

财务报表采用的是表格形式,而一些情况无法通过表格表达,或以表格形式表达起来过于复杂,如某些报表项目的详细说明以及上述提到的各种情况。在正式的财务报表之外以附注的形式对这些情况做单独说明,能够表达得很清楚,可以弥补财务报表本身表达方式的不足。

因为财务报表附注具有上述重大作用,所以越来越受到各国的重视,纷纷要求企业详尽编写,其内容发展得越来越多,其重要性甚至有超过财务报表的趋势。

三、财务报表附注的内容

企业会计准则规定:企业应当按照具体会计准则要求在附注中至少披露下列内容,但是,非重要项目和企业不具有的项目除外。

(一)企业的基本情况

企业基本情况的说明内容包括:①企业注册地、组织形式和总部地址;②企业的业务性质和主要经营活动;③母公司以及集团最终母公司的名称;④财务报告的批准报出者和财务报告批准报出日。按照有关法律、行政法规等规定,企业所有者或其他方面有权对报出的财务报告进行修改的事实。

(二)财务报表的编制基础

财务报表编制基础的内容包括:①会计年度;②记账本位币;③会计计量所运用的计量基础;④现金和现金等价物的构成。

(三)遵循企业会计准则的声明

企业应当明确说明编制的财务报表符合企业会计准则体系的要求,真实、公允地反映了企业的财务状况、经营成果和现金流量。

(四)重要会计政策和会计估计的说明

企业应当披露采用的重要的会计政策和会计估计,不重要的会计政策和会计估计可以不披露。在披露重要会计政策和会计估计时,应当披露重要会计政策的确定依据和财务报表项目的计量基础,以及会计估计中所采用的关键假设和不确定因素。

(五)会计政策和会计估计变更以及差错更正的说明

企业应当按照企业会计准则的规定,披露会计政策和会计估计变更以及差错更正的有关情况。

(六)报表重要项目说明

企业对报表重要项目的说明,应当按照资产负债表、利润表、现金流量表、所有者权益变动表及其项目列示的顺序,采用文字和数字描述相结合的方式进行披露。报表重要项目的明细金额合计,应当与报表项目金额相衔接。

资产减值准备明细表、分部报表、现金流量表补充资料应当在附注中单独披露,不作为报表附表。

第六节 财务会计报告的报送、汇总和审批

企业应当按照法律、行政法规和会计准则有关财务会计报告提供期限的规定,及时对外提供财务会计报告。

对外提供的财务会计报告应当依次编定页数,加具封面,装订成册,加盖公章。封面应当注明企业名称、企业统一代码、组织形式、地址、报表所属年度或者月份、报出日期,并由企业负责人和主管会计工作的负责人、会计机构负责人、会计主管人员签名并盖章;设置总会计师的企业还应当由总会计师签名并盖章。

企业应当依照章程的规定,向会计信息使用者提供财务会计报告。国务院派出监事会的国有重点大型企业、国有重点金融机构和省、自治区、直辖市人民政府派出监事会的国有企业,应当依法定期向监事会提供财务会计报告。企业需要报送的部门或单位,与单位的隶属关系、管理和监督的需要有关。例如国有企业一般要向上级主管(公司或管理局)等单位报送财务会计报告;同时,还应向投资者、债权人以及其他与企业有关的报表使用者提供财务会计报告。公开发行股票的股份有限公司还应当向证券交

易机构和中国证券监督管理委员会等提供年度有关财务会计报告。国有企业的年度财务会计报告还应报送同级国有资产管理部门。各个报送单位应按规定的报送期限报送财务会计报告,以保证满足接受单位或个人及时了解、利用、汇总的需要,发挥财务会计报告应有的作用。报送的期限一般视需要与可能做出明确规定。

有关部门或者机构依照法律、行政法规或者国务院的规定,要求企业提供部分或者全部财务会计报告及其有关数据的,应当向企业出示依据,并不得要求企业改变财务会计报告有关数据的会计口径。非依照法律、行政法规或者国务院的规定,任何组织或者个人不得要求企业提供部分或者全部财务会计报告及有关数据。

企业依照财务报告准则规定向有关各方提供财务会计报告的编制基础、编制依据、编制原则和方法应当一致,不得提供编制基础、编制依据、编制原则和方法不同的财务会计报告。

财务会计报告需要经注册会计师审计的,企业应当将注册会计师及其会计师事务所出具的审计报告随同财务会计报告一并对外提供。

各有关部门或注册会计师对报送的财务会计报告应进行审核,主要审核财务会计报告的编制、报送是否符合规定,财务会计报告的内容是否符合财经法规、制度的要求。前者属于技术性审核,后者属于内容性审核。技术性审核主要审查报表的种类、填报的份数是否符合规定;报表的项目是否填列齐全,补充资料和必要的编制说明是否完备,报表的签章是否齐全,汇总财务会计报告应汇编的单位是否完全,有无漏编、漏报;报表数字计算是否正确,报表与报表有关指标是否衔接一致等。内容性审核主要检查资金筹集、使用、缴拨是否符合资金管理制度;利润或亏损的形成和利润分配是否合法,有无违反法律、财经纪律和弄虚作假现象,应上交的税金和利润是否及时足额上交,有无拖欠截留情况;财务收支计划完成情况,有无不按计划、制度办事的情况等。

在审核过程中,如果发现报表编制有错误或不符合制度的要求,应及时通知报送单位进行更正。如果发现有违反财经法规的情况,应查明原因,及时纠正,严肃处理。

本章小结

财务报告是指企业对外提供的反映企业某一特定日期的财务状况和某一会计期间的经营成果、现金流量等会计信息的文件。财务报表是对企业财务状况、经营成果和现金流量的结构性表述。财务报表至少应当包括资产负债表、利润表、现金流量表、所有者权益变动表和附注。

按所反映的经济内容不同,财务报表可分为反映财务状况的报表,如资产负债表表和所有者权益变动表等;反映经营成果的报表,如利润表;反映资金变化的报表,如现金流量表。

企业编制财务报表主要是为企业的经营管理者和企业外部有关方面提供企业财务状况及其变动和经营成果等方面的会计信息,以便于他们做出合理的决策。

企业应当以持续经营为基础编制财务报表。性质或功能不同且具有重要性的项目,应当在财务报表中单独列报。编制财务报表的要求是:真实可靠、相关可比、全面完整、编报及时和便于理解。

资产负债表是反映企业在某一特定日期财务状况,即企业月末、年末全部资产、负债和所有者权益情况的财务报表。资产负债表是静态报表,是企业财务报表体系中的主要报表。利润表是指反映企业在一定会计期间的经营成果的财务报表。利润表所提供的各项指标是企业一定时期经济活动的过程和结果,利润表是动态报表。现金流量表是反映企业在一定会计期间现金和现金等价物流入和流出的报表。现金流量表是动态报表。

企业应当依照章程的规定,向会计信息使用者提供财务会计报告。财务会计报告需要经注册会计师审计的,企业应当将注册会计师及其会计师事务所出具的审计报告随同财务会计报告一并对外提供。

本章关键词汇

财务报告	financial reports
财务报表	financial statements
中期会计报表	interim financial statement
年度会计报表	annual statement
资产负债表	balance sheet
利润表	income statement
现金流量表	cash flow statement
所有者权益变动表	statement of changes in equity
财务报表附注	foot-notes to financial statements

思考与练习题

一、思考题

1. 什么是财务报表?编制财务报表的目的是什么?
2. 试述财务报表按不同标准的分类。
3. 编制财务报表的要求有哪些?
4. 试述资产负债表的概念、项目的分类和排列及格式。
5. 试述利润表的概念、格式、项目及其内容。

二、练习题

1.【目的】练习资产负债表的编制。

【资料】甲企业 202×年 12 月 31 日有关账户余额如表 1 所示。

【要求】根据以上资料编制甲企业 202×年 12 月 31 日的资产负债表。

表 1　　　　单位:元

账户名称	借方金额	贷方金额
库存现金	850	
银行存款	220 760	
应收账款	47 210	
其他应收款	800	
原材料	135 000	
库存商品	138 000	
生产成本	29 050	
固定资产	2 433 000	
长期待摊费用	7 200	
短期借款		512 500
应付账款		89 120
其他应付款		11 100
应交税费		7 950
坏账准备		720

续表

账户名称	借方金额	贷方金额
应付利息		14 320
实收资本		1 100 000
盈余公积		302 160
本年利润		234 520
利润分配	234 520	
累计折旧		974 000
合　计	3 246 390	3 246 390

2.【目的】练习利润表的编制。

【资料】乙企业202×年9月有关账户本期发生额如表2所示。

表2

账户名称	借方本期发生额	贷方本期发生额
主营业务收入		293 000
主营业务成本	162 000	
税金及附加	9 100	
销售费用	8 000	
管理费用	17 000	
财务费用	18 200	
营业外收入		1 400
营业外支出	1 300	
所得税费用	26 004	

【要求】编制乙企业202×年9月利润表(表3)。

表3　　　　利润表

编制单位:乙企业　　　　202×年9月

项目	本期金额	上期金额
一、营业收入		略
减:营业成本		

续表

项目	本期金额	上期金额
税金及附加		
销售费用		
管理费用		
财务费用		
资产减值损失		
加:公允价值变动收益(损失以"－"号填列)		
投资收益(损失以"－"号填列)		
其中:对联营企业和合营企业的投资收益		
二、营业利润(亏损以"－"号填列)		
加:营业外收入		
减:营业外支出		
其中:非流动资产处置损失		
三、利润总额(亏损总额以"－"号填列)		
减:所得税费用		
四、净利润(净亏损以"－"号填列)		
五、每股收益		
(一)基本每股收益		
(二)稀释每股收益		

3.【目的】练习资产负债表的编制。

【资料】丙企业有关资料如下:

(1)2025 年 12 月 31 日,有关账户余额如表 4 所示。

表 4　　2025 年 12 月 31 日账户余额

账户名称	借方余额	贷方余额
银行存款	56600	
应收票据	0	
应收账款	100 000	
坏账准备		600

续表

账户名称	借方余额	贷方余额
原材料	260 000	
库存商品	260 000	
长期待摊费用	16 000	
持有至到期投资	220 000	
固定资产	940 000	
累计折旧		134 000
无形资产	120 000	
短期借款		140 000
应付账款		114 000
预收账款		100 000
应交税费	3 600	
长期借款		460 000
实收资本		800 000
资本公积		124 000
盈余公积		90 000
利润分配		13 600

(2)丙企业2025年发生如下经济业务:

①购进原材料价款80 000元,款项未付。

②取得商品销售收入320 000元,已预收账款100 000元,其余部分以支票结清,销售成本为收入的80%(不考虑税金)。

③按面值购入债券,划分为准备持有至到期投资,债券价格42 800元,另支付手续费400元(计入当期损益),全部款项均以银行存款支付。

④本期提取固定资产折旧18 000元(销售部门占40%,管理部门占60%)。

⑤本期摊销已计入长期待摊费用的办公设备租赁费4 000元。

⑥支付短期借款利息560元。

⑦本期偿还长期借款100 000元(未归还的借款中,2024年11月30日借入160 000元,期限2年;2024年5月10日借入200 000元,期限3年)。

⑧本期购入专利权一项计120 000元,有效年限5年,当月摊销2 000元。

⑨将各收支账户结转本年利润,假定该企业当年无须交纳所得税,将净利润转入

“利润分配——未分配利润”账户。

⑩从实现净利润中提取法定盈余公积 12 000 元。

【要求】

(1)根据上述资料编制会计分录。

(2)编制丙企业 2025 年 12 月 31 日的账户余额表。

(3)编制丙企业 2025 年 12 月 31 日的资产负债表。

4.【目的】练习资产负债表和利润表的编制。

【资料】丁企业 202×年各账户的期初余额和 202×年度发生的经济业务如下。

(1)202×年 1 月 1 日有关账户余额如表 5 所示。

表 5　　202×年 1 月 1 日账户余额表

账户名称	借方余额	贷方余额
银行存款	6 000	
交易性金融资产	3 000	
应收账款	6 000	
原材料	12 000	
固定资产	21 000	
累计折旧		6 000
在建工程	15 000	
应交税费		6 000
长期借款		21 000
实收资本		18 000
盈余公积		12 000

(2)丁企业 202×年度发生的经济业务如下：

①用银行存款支付购入原材料货款 3 000 元，材料已验收入库。

②202×年度，企业分期付息的长期借款发生利息费用 1 500 元，计算出工程应负担的长期借款利息费用 600 元，其他利息费用 900 元，利息尚未支付。

③企业将账面价值为 3 000 元的交易性金融资产出售，获得价款 6 000 元，存入银行。

④购入不需安装的设备 1 台，设备价款 9 000 元，全部款项已用银行存款支付，设备已交付使用。

⑤本年计提固定资产折旧 4 500 元，其中：厂房及生产设备折旧 3 000 元，办公用房及设备折旧 1 500 元。

⑥提取现金并发放职工工资6 000元,并将其分配计入相关成本费用项目。其中:生产人员工资3 000元,厂部管理人员工资1 500元,销售人员工资1 500元。

本年产品生产耗用原材料12 000元。

计算产品生产成本并将其结转库存商品账户。假设202×年度生产成本账户无年初年末余额。

⑦销售产品一批,销售价款30 000元,已收取15 000元,余款尚未收取。结转已销产品成本18 000元。假设本年库存商品无期初及期末余额。

⑧将各收支账户结转本年利润。

⑨企业所得税税率25%,计算并交纳所得税。

⑩按税后利润的10%提取法定盈余公积,年终结转"利润分配——未分配利润"。

【要求】

(1)编制上述各项经济业务的会计分录。

(2)编制丁企业202×年度的资产负债表和利润表。

三、案例分析

【资料】华安制药公司(以下简称华安公司)主要从事生产销售中成药制品,适用的所得税税率为25%,假定不考虑所得税以外的其他相关税费。甲公司20×8年度财务会计报告于20×9年4月29日对外报出。华安公司20×8年12月31日编制的利润表如下:

表6　　利润表

编制单位:华安公司　　20×8年度　　单位:万元

项目	本期数
一、营业收入	35 800
减:营业成本	15 000
税金及附加	1 000
销售费用	2300
管理费用	900
财务费用	600
资产减值损失	0
加:公允价值变动收益(损失以"-"号填列)	
投资收益(损失以"-"号填列)	2 500
其中:对联营企业和合营企业的投资收益	
二、营业利润(亏损以"-"号填列)	18 500

续表

项目	本期数
加:营业外收入	1 080
减:营业外支出	580
其中:非流动资产处置损失	
三、利润总额(亏损总额以“-”号填列)	19 000
减:所得税费用	4 750
四、净利润	1 250

华安公司20×8年度发生的有关交易及其会计处理:

(1)20×8年11月20日,华安公司与东方医院签订购销合同。合同规定:华安公司向东方医院提供A种药品20箱试用,试用期6个月。试用期满后,如果总有效率达到70%,东方医院按每箱500万元的价格向华安公司支付全部价款;如果总有效率未达到70%,则退回剩余的全部A种药品。

20箱A种药品已于当月发出,每箱销售成本为200万元(未计提跌价准备)。华安公司将此项交易额10 000万元确认为20×8年度的主营业务收入,并计入利润表有关项目。华安公司为东方医院提供的A种药品系华安公司研制的新产品,首次用于临床试验,目前无法估计用于临床时的总有效率。

(2)20×8年,华安公司下属的非独立核算的研究所研制中成药新品种(处于研究阶段),为此实际发生研究费用100万元,华安公司将其计入长期待摊费用。

(3)20×9年1月2日华安公司发现:20×8年6月30日已达到预定可使用状态的管理用办公楼仍挂在在建工程账户,未转入固定资产,也未计提折旧。至20×8年6月30日该办公楼的实际成本为1 200万元,预计使用年限为10年,预计净残值为零,采用年限平均法计提折旧,未发生减值。

(4)20×9年1月3日华安公司发现20×8年少计广告费用200万元。

(5)20×8年12月31日取得银行存款利息收入100万元,计入“其他业务收入”。

假定除上述事项外,不存在其他纳税调整事项。

【要求】

(1)分析华安公司上述交易或事项的会计处理,并对不正确的会计处理简要说明。

(2)根据上述资料,重新编制华安公司对外报出的20×8年度的利润表。

第五章

制造业主要经济业务核算和成本计算

导 读

本章将以制造业为例,讲授借贷记账法的应用,使学生进一步熟悉会计循环。通过本章学习,了解制造业经营过程及其资金运动,掌握借贷记账法的应用,包括供应过程、生产过程、销售过程中设置的账户及会计处理;掌握成本计算的原理;掌握具体业务会计分录的编制。

本章重点:掌握会计核算的基本技术,侧重会计的基本理论与会计实践相结合,运用借贷记账法对经济业务的处理(设置账户、编制有关会计分录、计算有关成本、财务成果)。

本章难点:对制造业经济业务的处理,会计分录的编制。

教学课时:12 课时

案例导读

小王是会计学专业大一的一名同学,利用暑假到一家新成立的小型工业企业实习。为了进一步熟练掌握会计核算的全过程,小王需要考虑下列问题:

- 如何根据企业的具体情况,建立一套完整的账户体系?
- 如何利用所设置的账户体系,进行日常会计业务的核算?

● 什么是材料采购成本？什么是生产成本？生产成本包括哪些内容？这些都怎么计算？

● 什么是营业收入？什么是营业成本？什么是利润？

● 如何根据账簿资料编制财务报表？

第一节　制造业生产经营过程和成本计算内容

前面我们结合服务业、商品流通企业的例子阐述了会计循环的基本原理，并介绍了账户、复式记账、会计凭证和会计账簿等会计核算方法。本章将以一个小型的工业企业为例，介绍制造业日常发生的主要经济业务，系统说明采用借贷记账法的情况下，如何建立一套完整的账户体系，并利用这套账户体系进行日常的会计账务处理，以便进一步了解与熟悉会计循环。

一、制造业的生产经营过程

制造企业是直接从事产品生产或提供工业性作业的生产单位。制造业的生产经营过程主要包括供应、生产和销售三个阶段，在这三个阶段中，要发生各种各样的经济业务，企业的经营资金也依次按照这三个阶段，不断改变其存在的形态，进行循环与周转。

制造业根据市场需要进行产品的生产，首先必须有充足的材料储备。在供应过程中，企业要用货币资金购买各种材料，形成材料储备，以保证生产的需要。随着产品生产的进行，材料不断地被消耗，而为了保证生产经营过程不间断，又需要不断地补充材料。因此在供应过程中，企业的货币资金会不断变换其存在形态，由货币资金转化为原材料（储备资金形态）。

在生产阶段，劳动者要借助于劳动资料对劳动对象进行加工，创造出适合社会需要的产品。生产过程既是产品的制造过程，又是物化劳动和活劳动的耗费过程。在生产过程中，从实物形态看，材料经过加工逐步形成在产品和产成品。从价值形态看，生产产品要发生各种各样的费用，包括使用厂房、机器设备发生的折旧费，发生的材料费，支付给劳动者的工资等，这些生产费用构成了产品的成本。因此在生产过程中，还要进行成本的计算，这也是制造业会计核算的一个最主要的特点。在生产过程中，企业又有一部分资产不断变换其存在形态，由货币资金、原材料转化为在产品（生产资金形态）和产成品（产成品资金形态）。

企业生产出来的产品只有销售出去，其价值才能实现。在销售过程中，企业通过市场将产成品销售给购买者，按照产品的销售价格与客户办理结算、收回货款。因此在销售过程中，企业的资产中又有一部分不断变换其存在形态，由产成品形态回到生产经营起点的货币资金形态。

企业在生产经营中由于销售商品而取得的营业收入，首先要抵偿发生的成本和费用，其余额形成利润。企业实现的利润，要按照税法的规定向国家缴纳所得税。缴纳所得税后的利润，一部分留在企业作为留存收益，形成扩大再生产的来源；另一部分按规定在投资者之间进行分配，作为投资者的投资所得。

制造企业的生产经营活动是不间断进行的，在供应、生产、销售三个过程中，企业的资金从货币资金形态开始，依次顺序经过储备资金、生产资金、成品资金，最后又回到货币资金形态，完成一次循环。周而复始的资金循环形成了资金周转，其过程用图 5－1 表示。

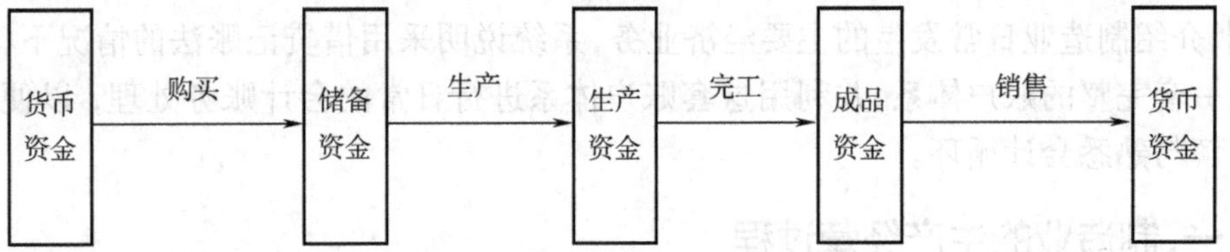

图 5－1

在图 5－1 中，资金首先表现为货币资金形态。企业以货币资金建造厂房、购买设备和各种材料物质，为进行产品生产准备必要的生产资料。这时资金就由货币资金形态转化为固定资金形态和储备资金形态。在生产过程中，劳动者借助于劳动资料对劳动对象进行加工，生产出社会上所需要的产品。生产过程中发生的各种材料费用、固定资产折旧费用、工资费用等生产费用的总和，构成了产品成本。这时资金就从固定资金、储备资金和货币资金形态转化为生产资金形态。

随着产成品完工和验收入库，资金又从生产资金形态转化为产成品资金形态。在产品销售过程中，企业一方面将产品进行销售，同时要办理结算收取货款。在这一过程，产成品资金又转化为货币资金形态。将一定期间所取得的全部收入（包括营业收入和营业外收入）与全部费用支出相比后的差额，即为企业的财务成果（利润或者亏损），如为利润要进行分配，如为亏损要进行弥补。通过分配一部分资金退出企业，一部分要重新投入生产周转。

在上述生产经营过程中，资金投入、资金运用和资金退出企业与生产准备、产品生产和产品销售三个过程，构成了制造业的主要经济业务。为了全面、连续、系统地反映和监督企业主要经济业务所形成的生产经营活动过程和结果，即企业再生产过程中的资金运动，必须根据各项经济业务的具体内容和管理要求，相应设置不同的账户，并运用借贷记账法，对各项经济业务的发生进行账务处理，以提供管理上所需要的各种会计信息。另外，在制造业生产经营的每一个阶段，都会发生一定的耗费。供应过程中发生的费用构成材料采购成本，生产过程中发生的费用构成生产成本和部分期间费用。为了正确确定上述成本，需要采用成本计算这一会计核算的专门方法。

二、成本计算的主要内容

成本计算是指对生产经营过程中发生的费用，按照成本计算对象和各个成本项目进行归集，以确定各对象的总成本和单位成本的一种专门方法。在制造业中，供应阶段要计算材料采购成本，生产阶段要计算产品生产成本。在不同成本计算中，有些基本内容是相同的，归纳起来有以下几个方面：

（一）确定成本计算对象

所谓成本计算对象，就是归集费用的对象，确定成本计算对象是成本计算的前提。在供应过程中，成本计算对象是采购的各种材料；在生产过程中，成本计算对象是生产的各种产品。

（二）确定成本计算期

成本计算期是指计算完工产品成本的期间。从理论上来说，只有等产品完工时，才能计算成本，成本计算期与产品生产周期一致。在实际工作中，成本计算期与生产周期有时一致，有时不一致。例如，在制造业大批量生产条件下不断重复生产同一种产品，很难确定产品生产的起止日期，为了计算和确定每月的经营成果，可以确定成本计算期为一个月，按月计算产品成本。

（三）确定成本项目

成本项目是指生产费用按经济用途的分类。记入成本的各种费用具有不同的用途，总括的成本指标不能反映成本的构成，为了满足成本管理的需要，可以将成本费用按其经济用途划分为若干个成本项目，按成本项目归集费用，计算成本。

（四）正确地归集和分配各种费用

成本计算过程，实际上是按照一定的成本计算对象，对费用进行分配和归集的过程。从费用的发生与成本计算对象的关系来看，有些费用的发生只与某一个成本计算对象有关，这些费用应当直接计入该成本计算对象。有些费用的发生与若干个成本计算对象有关，这些费用不能直接计入某一个成本计算对象，必须按照一定的分配标准，分配计入不同的成本计算对象。为了正确计算成本，必须明确成本费用与各成本计算对象的关系，对若干个成本计算对象应共同负担的费用，要选择合理的分配标准进行分配。有些费用不能直接归属于某个特定产品的成本，但是容易确定其发生的期间，这样的费用称为期间费用。期间费用由于与产品的生产不存在直接关系,因此不计入产品成本,要按一定的期间汇总,直接计入当期损益。期间费用包括管理费用、财务费用和销售费用。

(五)按成本计算对象设置、登记明细分类账户,编制成本计算单

进行成本计算,要按规定的成本项目为各个成本计算对象开设明细分类账户,根据有关凭证将发生的费用在各种明细分类账户中进行登记,计算各成本对象的成本,并根据各明细分类账户中的有关资料编制成本计算单,以全面反映成本计算对象的总成本和单位成本。

制造企业的主要经营业务包括资金的筹集、材料采购、产品生产和销售、财务成果等,下面我们按照经营阶段介绍企业应设置的主要账户及相应的会计处理。

第二节　筹资业务的核算

企业要进行生产经营活动,首先需要有资本,资本是其生存和发展的前提条件。资本的来源渠道有两个:一是投资者投入企业的资本,这部分资本可供企业无偿地、无限期地使用,它承担着企业在经营过程中可能遇到的风险,同时也享有经营收益;二是企业向债权人借入的资金,借入资金通常称为负债,借入资金一般都有规定的期限,到期必须偿还本金和利息。企业在经营过程中,还会产生另外一类借入资金,即赊购材料、推迟付款等而占用另一企业的资金,它属于企业间接借入的资金。对于这部分间接借入的资金,将与购销业务一起介绍。投资者的投资和银行的借款构成企业最基本的筹资业务,下面简要说明企业筹资业务的核算。

一、筹资业务设置的主要账户

(一)"实收资本"账户

设立企业必须有法定的资本,实收资本(股本)是指投资者按照企业章程、合同或协议的约定,实际投入企业的资本。通常股份有限公司的投入资本称为股本,非股份有限公司投入的资本称为实收资本。企业的资本按照投资主体不同分为国家投入资本、法人投入资本、个人投入资本和外商投入资本等。投资人投资的方式可以采用货币资金、实物、无形资产等,投入资本应按实际投资数额入账。企业接受货币资金投资,应以实际收到的数额作为投资人的投资入账;接受实物投资的,应对实物进行合理评估,按双方认可的评估确认价作为实际投资入账。投资者投入的资本应当保全,除了法律、法规另有规定者外,不得抽回。

实收资本(股本)与注册资本的区别。注册资本是向工商局注册时申报的企业资本金。实收资本(股本)是企业实际收到的资本金。企业足额缴纳资本金后,实收资本与注册资本相同。未足额缴纳时,注册资本大于实收资本。

为了反映和监督企业实收资本的增减变动情况及其结果,应设置实收资本账户。“实收资本”账户属于所有者权益类账户,其贷方登记企业收到的投资人实际投入的资本额,由于所有者的投资是一种永久性资本,借方一般没有发生额。如果企业按法定程序减少资本,记入该账户的借方。期末余额在贷方,表示期末投资人投入资本的实际数额。该账户应按投资人设置明细分类账户,进行明细分类核算。

(二)“短期借款”账户

企业在生产经营过程中,为了弥补资金的不足,经常需要向银行或其他金融机构等债权人借入资金。借入资金按偿还期限的长短分为短期借款和长期借款两种。短期借款是指企业在生产经营过程中,向银行或其他金融机构借入的、偿还期限在1年或超过1年的一个营业周期以内的各种借款。短期借款属于企业的流动负债。长期借款是指企业向银行或其他金融机构借入的、偿还期限在1年或超过1年的一个营业周期以上的各种借款。长期借款一般用于购置和建造固定资产,属于企业的长期负债。为了正确核算企业短期借款和长期借款的借入和归还情况,应设置“短期借款”和“长期借款”账户。

为了反映和监督短期借款的取得和归还情况,应设置短期借款账户。“短期借款”账户属于负债类账户,其贷方登记取得的短期借款的本金,借方登记归还的短期借款的本金,期末贷方余额表示企业尚未偿还的短期借款的本金。

该账户应按照债权人设置明细账,并按借款的种类进行明细账分类核算。

(三)“财务费用”账户

企业使用借款要支付利息,为了反映和监督借款利息费用的发生、归还情况,应设置“财务费用”账户。该账户属于损益类账户,其借方登记企业发生的各项财务费用,主要包括:利息支出、汇兑损失、金融机构手续费、筹资发生的其他费用等,贷方登记发生的应冲减财务费用的利息收入,期末应将余额转入“本年利润”账户,结转后一般没有余额。为了具体核算财务费用的发生情况,应按费用项目设置明细账,进行明细分类核算。

二、筹资阶段主要经济业务核算举例

京信公司是公司制企业,属于小型企业。202×年12月份发生的有关业务如下:

【例5-1】1日,投资者甲和投资者乙共同投资成立京信公司,投资者甲投入货币资金2 000 000元,款项收到存入银行。

京信公司经有关部门批准设立后,成为一个独立的会计主体,应该按照会计法规的要求,设立会计账簿进行会计核算。

上述经济业务的发生,一方面使京信公司银行存款增加了2 000 000元,另一方面京信公司收到投资使其资本也增加了2 000 000元,该项业务涉及"银行存款"和"实收资本"两个账户,银行存款的增加应记入"银行存款"账户的借方,接受投资应记入"实收资本"账户的贷方。该项经济业务应编制收款凭证,其会计分录如下:

借:银行存款　　　　2 000 000

　贷:实收资本　　　　2 000 000

该项经济业务涉及的原始凭证主要有:

一是进账单。将货币资金2 000 000元存入银行账户时,应填制银行进账单,证明款项已存入银行。

二是收款收据。股东将货币资金投入企业,企业应给股东开具收款收据,证明已经收到投资款项。

三是公司章程。投资者应按照公司章程按时、足额缴纳出资,因此章程应作为接收投资的原始凭证,但是章程属于企业重要的档案,应该单独保管,不应该附在记账凭证后面。

【例5-2】2日,开出现金支票从银行提取现金6 000元。

这项经济业务的发生,一方面使企业的库存现金增加了6 000元,另一方面使银行存款减少了6 000元。这项经济业务涉及"库存现金"和"银行存款"两个账户。库存现金增加应记入"库存现金"账户的借方,银行存款的减少应记入"银行存款"账户的贷方。该项经济业务应编制付款凭证,其会计分录如下:

借:库存现金　　　　6 000

　贷:银行存款　　　　6 000

该项经济业务涉及的原始凭证是现金支票存根。企业开出现金支票提取现金时,应将支票交给银行,将支票存根作为提取现金的原始凭证。

【例5-3】3日,收到投资者乙投入的新设备两台,设备价值3 000 000元。

这项经济业务的发生,一方面使京信公司的设备增加了3 000 000元,另一方面公司接受的投资也增加了3 000 000元。这项经济业务涉及"固定资产"和"实收资本"两个账户。固定资产增加应记入"固定资产"账户的借方,投资者乙对京信公司的投资是所有者权益的增加,应记入"实收资本"账户的贷方。该项经济业务应编制转账凭证,其会计分录如下:

借:固定资产　　　　3 000 000

　贷:实收资本　　　　3 000 000

该项经济业务涉及的原始凭证是固定资产验收单。对投资方投入的固定资产,企业要进行验收,验收合格后填制固定资产验收单,表明设备已经验收到达企业。

【例5-4】1日,京信公司向工商银行借入期限为1个月、年利率为6%的短期借款

1 000 000 元。

这项经济业务的发生,一方面使企业的银行存款增加了 1 000 000 元,另一方面使企业的短期借款也增加了 1 000 000 元。该项经济业务涉及“银行存款”“短期借款”两个账户,银行存款的增加记入“银行存款”账户的借方,短期借款增加记入“短期借款”账户的贷方。该项经济业务使得银行存款增加,应编制收款凭证,其会计分录如下:

借:银行存款　　1 000 000

　贷:短期借款　　1 000 000

该项经济业务涉及的原始凭证是银行借款凭证回单。银行按照贷款协议将款项划转后,应填制借款凭证,并将其中一联传递给借款单位,证明所借款项已经划转到借款单位账户。

【例 5－5】30 日,京信公司从工商银行借入的短期借款到期,用银行存款偿还借款本金及利息 1 005 000 元。

短期借款一般是借款到期时一次还本付息,如果利息数额不大,可以在支付时直接计入当期损益,企业应按实际支付的利息金额,借记“财务费用”账户,贷记“银行存款”账户。如果短期借款的利息数额较大,则应根据权责发生制原则,按月计提利息计入当期损益,借记“财务费用”账户,贷记“应付利息”账户。

上述业务的短期借款利息应于实际支付时直接计入当月财务费用。

$$\text{短期借款利息} = 1\ 000\ 000 \times 6\% \div 12 = 5\ 000(\text{元})$$

这项经济业务的发生,一方面使银行存款减少了 1 005 000 元,另一方面使短期借款减少了 1 000 000 元,借款利息增加了 5 000 元。这项经济业务涉及“短期借款”“财务费用”“银行存款”三个账户,偿还短期借款应记入“短期借款”账户的借方,支付借款利息应计入“财务费用”账户的借方,银行存款的减少记入“银行存款”账户的贷方。该项经济业务使得银行存款减少,应编制付款凭证,其会计分录如下:

借:短期借款　　1 000 000

　　财务费用　　5 000

　贷:银行存款　　1 005 000

该项经济业务涉及的原始凭证主要有:

一是还款凭证。企业偿还贷款时,应从银行取得还款凭证,证明已经偿还借款。

二是借款利息计算单。按照贷款合同的规定,企业应于每月月末支付借款利息。银行直接从企业银行存款账户中将借款利息扣除,同时将计收利息计算单传递给企业。

【例 5－6】30 日,收到银行通知,企业本月银行存款利息 600 元已存入账户。

企业存放在银行的款项,银行应根据实际存放的金额和时间计算利息。企业应将存款利息收入直接计入银行存款账户中,存款利息收入应作为利息支出的减项,计入

“财务费用”账户的贷方。

这项经济业务的发生,一方面使银行存款增加了600元,另一方面使利息收入也增加了600元。这项经济业务涉及“银行存款”“财务费用”两个账户,银行存款的增加记入“银行存款”账户的借方,利息收入增加应记入“财务费用”账户的贷方。该项经济业务使得银行存款增加,应编制收款凭证,其会计分录如下:

借:银行存款　　600

　贷:财务费用　　600

该项经济业务涉及的原始凭证是存款利息计算单。银行通常于季末结算本季度的存款利息,即在每季度末直接将利息存入企业的银行存款账户,同时将存款利息计算单传递给企业。

企业举借长期借款,在申请手续、借款费用、使用、还款要求等方面均比短期借款要严格,因此在会计核算上也要复杂一些,这部分内容将在以后的财务会计课程中进行介绍。

上述筹资业务的会计分录,在有关总分类账户中的登记情况,如图5-2所示。

银行存款

借方	贷方
(1)　2 000 000	(2)　6 000
(4)　1 000 000	(5)　1 005 000
(6)　600	
本期发生额　3 000 600	本期发生额　1 011 000
期末余额　1 989 600	

实收资本

借方	贷方
	(1)　2 000 000
	(3)　3 000 000
本期发生额　0	本期发生额　5 000 000
	期末余额　5 000 000

固定资产

借方	贷方
(3)　3 000 000	
本期发生额　3 000 000	
期末余额　3 000 000	

短期借款

借方	贷方
(5)　1 000 000	(4)　1 000 000
本期发生额　1 000 000	本期发生额　1 000 000
	期末余额　0

库存现金

(2)　6 000	
本期发生额　6 000	
期末余额　6 000	

财务费用

借方	贷方
(5)　5 000	(6)　600
本期发生额　5 000	本期发生额　600
期末余额　4 400	

图5-2

第三节 供应过程的核算

在供应过程中企业发生的主要经济业务是采购材料。为了购买材料，企业要支付材料的价款、税金和运输费、装卸费等各项采购费用，与供应单位或其他单位办理款项的结算。原材料运达企业后，仓库要验收并负责保管，以备生产车间或管理部门领用。供应过程中支付给供应单位的原材料货款和发生的各项采购费用，构成原材料的采购成本。

企业所购进的原材料验收入库，或原材料虽未到达但已支付货款后，企业就拥有了该项原材料的所有权，该项原材料应作为一项资产加以确认。当生产车间或管理部门领用原材料时，该项原材料被作为一项费用加以确认。期末全部库存原材料应作为存货在资产负债表中予以列示。

企业购进原材料按是否支付货款及采购费用分为三种情况：①购进原材料时直接支付货款及采购费用。购进原材料会增加企业的存货，支付材料货款会使企业的某项资产减少。②购进原材料未付款，在未来规定的时间内进行结算。这笔未结算的款项应作为一项负债加以确认。期末全部应付账款应作为流动负债在资产负债表中予以列示。③先预付货款，后取得原材料。企业虽先付款，但并未取得原材料，不能作为原材料增加处理。它实际上是转移一笔款项，所以预付货款表现为企业某项资产增加、某项资产减少。

一、供应过程设置的主要账户

为了反映和监督材料采购业务，确定材料采购成本，需要设置和运用以下几个账户。

（一）“材料采购”账户

为了总括反映和监督企业外购材料的买价和采购费用，计算确定材料采购成本，需要设置“材料采购”账户。该账户属于资产类账户，其借方登记购入材料的买价和支付的各项采购费用，贷方登记验收入库材料的实际采购成本，月末借方余额表示已支付价款但尚未到达或尚未验收入库的在途材料。为了具体核算各种材料的实际采购成本，可按购入材料的类别或品种分别开设材料采购明细分类账户，进行材料采购的明细分类核算。

（二）“原材料”账户

为了总括地反映和监督库存原材料的收入、发出和结存及其增减变动情况，需要设置“原材料”账户。该账户属于资产类账户，其借方登记已验收入库材料的实际成本，贷方登记发出材料的实际成本，期末借方余额表示库存材料的实际成本。为了具体核算各类或各种材料的增减变动及结存情况,应该按照材料的保管地点或者材料的类别、品种和规格分别设置材料明细分类账户,对库存材料进行明细分类核算。

(三)"应付账款"账户

为了总括地反映和监督企业因购买原材料而与供应单位发生的结算债务增减变化和结果,设置"应付账款"账户。"应付账款"账户是用来反映和监督企业因采购材料而与供应单位发生的结算债务的增减变动情况的账户。该账户贷方登记应付给供应单位的款项,借方登记已偿还给供应单位的款项,期末贷方余额表示尚未偿还给供应单位的款项。为了具体核算企业与不同供应单位应付款项的结算情况,应按照供应单位名称开设明细分类账户,进行明细分类核算。

(四)"预付账款"账户

企业根据购货合同的规定,有时需要预先为购进材料预付一部分款项,材料运达企业以后,再进行结算。企业为购进材料先支付的这部分款项是企业的一种资产,为对这样的业务进行核算,专门设置了"预付账款"账户。"预付账款"账户是用来反映和监督企业因购买材料或接受劳务供应预付给供应单位货款、与供货单位发生债权增减变动情况的账户。该账户借方登记预付给供应单位的款项,贷方登记收到提供的产品或劳务,冲销预付的款项。企业向供应单位预付货款时,表明债权的增加,应该记入该账户的借方;收到供应单位提供的材料,冲销预付款项时,表示债权的减少,应该记入该账户的贷方。该账户期末如果有余额,一般在借方,表示尚未结算的预付款项。为了具体核算企业与不同供应单位预付款项的结算情况,应按照供应单位名称分别开设明细分类账户,进行明细分类核算。

材料采购主要经济业务的总分类核算可用图 5-3 表示。

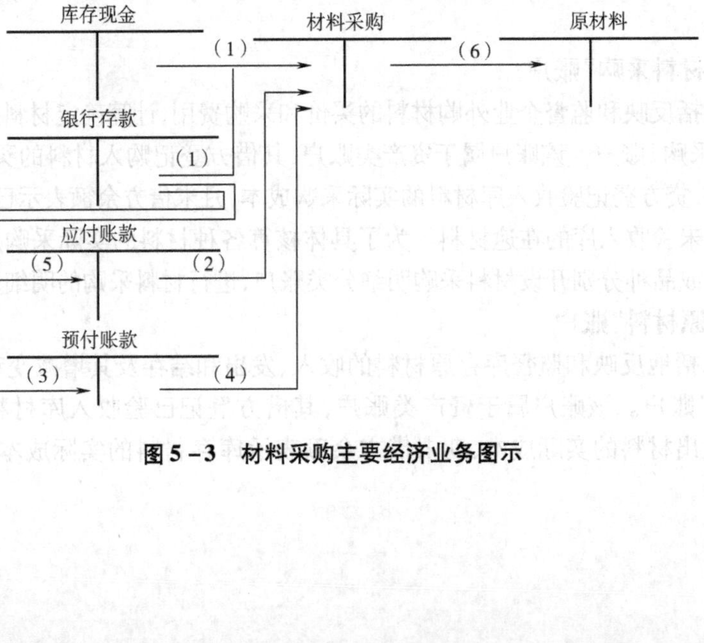

图 5-3 材料采购主要经济业务图示

业务说明：

(1)购进原材料，支付原材料货款和采购费用。

(2)购入原材料，货款未付。

(3)预付购进原材料货款。

(4)购入已预付货款的原材料。

(5)偿还应付货款。

(6)结转验收入库原材料的实际采购成本。

二、供应过程主要经济业务核算举例

下面以京信公司202×年12月份的有关经济业务，说明制造企业材料采购业务的会计处理。

京信公司202×年12月份发生的材料采购业务如下：

【例5-7】6日，向下列各供应单位购进甲、乙、丙三种材料，材料已验收入库，开出转账支票，以银行存款支付甲、乙材料货款198 000元，丙材料货款尚未支付。

光明工厂：甲材料2 000公斤　单价40.00元　合计　80 000元

中源公司：乙材料4 000公斤　单价29.50元　合计　118 000元

星火工厂：丙材料5 000公斤　单价35.00元　合计　175 000元

总计：373 000元

这项经济业务的发生，一方面使材料采购成本增加了373 000元(2 000×40+4 000×29.50+5 000×35)，另一方面使银行存款减少了198 000元(2 000×40+4 000×29.50)，应付账款增加了175 000元。这项经济业务涉及"材料采购""应付账款""银行存款"三个账户，材料采购成本增加，应记入"材料采购"账户的借方，银行存款的减少应记入"银行存款"账户的贷方，应付账款增加应记入"应付账款"账户的贷方。这项经济业务中，支付款项部分应编制付款凭证，未付款部分应编制转账凭证，其会计分录如下：

借：材料采购	373 000	
贷：银行存款		198 000
应付账款		175 000

上述经济业务涉及的原始凭证主要有：

一是收料单。企业采购的材料验收入库，应由仓库保管员填制材料入库单，其中一联应传递给会计部门，作为材料入库的原始凭证。

二是转账支票存根。企业开出转账支票支付材料款，应将支票交给供货方，将支票存根作为支付款项的原始凭证。

【例 5－8】8 日，以银行存款支付甲、乙、丙三种材料的运输费 5 500 元。

这项经济业务的发生，一方面使材料采购成本增加 5 500 元，另一方面使银行存款减少了 5 500 元。这项经济业务涉及"材料采购""银行存款"两个账户，材料采购成本增加应记入"材料采购"账户的借方，银行存款减少应记入"银行存款"账户的贷方。这项经济业务应编制付款凭证，其会计分录如下：

借：材料采购	5 500	
贷：银行存款		5 500

上述经济业务涉及的原始凭证有：

一是转账支票存根。企业开出转账支票支付运输费时，应将支票交给承运公司，支票存根作为支付款项的原始凭证。

二是运费发票。企业支付运费后，运输单位应开具发票并将其中一联交给付款方，证明运费已付清。

三是材料采购费用分配表。购买三种原材料共同发生的运输费属于间接费用，应采用一定的方法分配计入所购原材料成本。

【例 5－9】9 日，通过银行汇款 60 000 元给黄河厂，预付购买甲材料款。

这项经济业务的发生，一方面使企业预付账款增加了 60 000 元，另一方面使银行存款减少了 60 000 元。这项经济业务涉及"预付账款""银行存款"两个账户，预付货款的增加应记入"预付账款"账户的借方，银行存款减少应记入"银行存款"账户的贷方。这项经济业务应编制付款凭证，其会计分录如下：

借：预付账款	60 000	
贷：银行存款		60 000

上述经济业务涉及的原始凭证是银行汇款回单。企业通过银行汇款时，应填制汇款申请书，银行办理完成汇款后应将其中一联退还给企业作为汇出款项的凭证。

【例 5－10】20 日，收到黄河厂发运来的、已预付货款的甲材料 2 500 公斤，单价 40.00 元，已验收入库。该批材料的买价 100 000 元，运输费 3 000 元，以银行存款补付材料款 43 000 元，以现金支付装卸费 500 元。

黄河厂根据合同规定，在规定的时间内将材料发出，京信公司将材料验收入库，同时要对材料采购的全部价款进行结算，包括以前预付的部分料款和尚未结算的部分料款。这项经济业务的发生，一方面使材料采购成本增加 103 500 元（2 500×40＋3 000＋500），另一方面使预付账款减少了 60 000 元，银行存款减少了 43 000 元，库存现金减少了 500 元。这项经济业务涉及"材料采购""预付账款""银行存款""库存现金"四个账户，材料采购成本增加应记入"材料采购"账户的借方，预付货款的减少应记入"预付账款"账户的贷方，银行存款减少应记入"银行存款"账户的贷方，库存现金减少应记入"库存现

金”账户的贷方。这项经济业务中,支付款项部分应编制付款凭证,转销预付账款部分应编制转账凭证,其会计分录如下:

借:材料采购 103 500
　贷:预付账款 60 000
　　银行存款 43 000
　　库存现金 500

上述经济业务涉及的原始凭证有:

一是收料单。企业采购的材料验收入库,应由仓库保管员填制收料单,其中一联应传递给会计部门,作为材料入库的原始凭证。

二是银行汇款回单。企业通过银行汇款时,应填制汇款申请书,银行办理完成汇款后应将其中一联退还给企业作为汇出款项的凭证。

三是装卸费收据。如果承担装卸材料的是个体装卸工,企业获得装卸费收据或劳务签收单,以此可以作为原始凭证。

【例5-11】21日,结转甲、乙、丙三种材料的实际采购成本482 000元。

以上甲、乙、丙三种材料的实际采购成本,是根据材料采购明细分类账户的记录计算确定的。材料采购业务完成以后,经计算确定已验收入库材料的实际采购成本,应从“材料采购”账户转入“原材料”账户。因此这项经济业务的发生,一方面使库存材料增加了482 000元,另一方面使材料采购成本转销了482 000元。这项经济业务,涉及“原材料”“材料采购”两个账户,库存材料的增加应记入“原材料”账户的借方,材料采购成本的转销应记入“材料采购”账户的贷方。这项经济业务应编制转账凭证,其会计分录如下:

借:原材料 482 000
　贷:材料采购 482 000

上述经济业务涉及的原始凭证为材料采购成本计算表,具体格式见表5-3。

上述材料采购业务的会计分录,在有关总分类账户中的登记情况如图5-4所示。

在材料采购业务当中,还会涉及增值税问题。增值税是一种价外税,企业为生产产品购进材料时,支付给供货方的增值税额为进项税额。当生产的产品实现销售时,要向购买方收取的增值税为销项税额。用当期的销项税额减去当期进项税额即为企业应交纳的增值税额。有关增值税的内容将在财务会计学课程中详细介绍。

三、材料采购成本的计算

材料采购成本的计算,就是将企业采购材料所支付的买价和采购费用,按照购入材料的品种或类别加以归集,计算各种材料的采购总成本和单位成本。各种外购材料的

借方	银行存款	贷方
（1） 2 000 000		（2） 6 000
（3） 1 000 000		（5） 1 005 000
（6） 600		（7） 198 000
		（8） 5 500
		（9） 60 000
		（10） 43 000
本期发生额 3 000 600		本期发生额 1 317 500
期末余额 1 683 100		

借方	材料采购	贷方
（7） 373 000		（11） 482 000
（8） 5 500		
（10） 103 500		
本期发生额 482 000		本期发生额 482 000
期末余额 0		

借方	原材料	贷方
（11） 482 000		
本期发生额 482 000		
期末余额 482 000		

借方	应付账款	贷方
		（7） 175 000
本期发生额 0		本期发生额 175 000
		期末余额 175 000

	库存现金	
（2） 6 000		（10） 500
本期发生额 6 000		本期发生额 500
期末余额 5 500		

借方	预付账款	贷方
（9） 60 000		（10） 60 000
本期发生额 60 000		本期发生额 60 000
期末余额 0		

图5－4 材料采购业务的总分类核算图示

实际采购成本是通过材料采购明细分类账户归集计算的。材料采购明细分类账户按照外购材料的品种设置，其借方发生额按规定的材料采购成本项目设置专栏。外购材料的采购成本项目一般包括下列几项内容：①材料的买价；②运杂费（包括运输费、装卸费、保险费、包装费等）；③运输途中的合理损耗；④入库前的整理挑选费用（包括整理挑选中发生的工、费支出和必要的损耗，并扣除回收的下脚废料价值等）；⑤购入物资负担的税金（如关税等）和其他费用。

计算材料采购成本时，凡是能够分清为采购哪种材料所支付的费用，就可以根据原始凭证直接进入该种材料的采购成本，如材料的买价直接计入各种材料的采购成本。凡是不能分清是为某一种材料的采购所支付的费用，就应该采用合理的分配标准，在各种材料之间进行分配，计入该种材料成本，分配标准可以按材料采购的重量或者买价的比例。材料采购成本一般在月末计算一次。月底，根据材料采购各明细分类账户借方所归集的每一种材料的买价和采购费用，计算出每一种材料的实际采购成本。

在实际业务发生时还有一些其他的费用，按道理也应该属于材料的采购费用，例如采购人员的差旅费、市内采购材料的运杂费、专设采购机构的经费等。但是为了简化会计核算，这些费用不计入材料采购成本，而是直接列作管理费用。

下面仍以上述所列举的材料采购业务，说明材料采购成本的计算方法。

京信公司 202×年 12 月外购甲、乙、丙三种材料，应当开设甲、乙、丙三种材料的材料采购明细分类账户，材料采购成本总计为 482 000 元，其中购入甲、乙、丙三种材料的买价可以直接计入甲、乙、丙三种材料的明细分类账户中。例 5－10 中，支付购买甲材料的运输费 3 000 元和装卸费 500 元，可以直接记入甲材料的实际成本。但是例 5－8 中所支付的运杂费 5 500 元，是为购入甲、乙、丙三种材料共同支付的，应由三种材料共同负担，这种费用属于间接费用，必须按照一定的标准在三种材料之间分配，再记入三种材料的采购成本明细分类账。

根据举例，京信公司 202×年 12 月 8 日购进的甲、乙、丙三种材料各项支出如表 5－1所示。

表 5－1

材料名称	重量（公斤）	单价（元）	买价（元）	运杂费（元）
甲材料	2 000	40	80 000	
乙材料	4 000	29.5	118 000	5 500
丙材料	5 000	35	175 000	
合计	11 000		373 000	5 500

运杂费的分配计算方法如下（分配标准为甲、乙、丙三种材料的重量）：

分配率＝应分配费用总额/分配标准合计＝5 500 元÷11 000 公斤＝0.5 元/公斤

甲材料应分摊的运杂费＝2 000 公斤×0.5 元/公斤＝1 000 元

乙材料应分摊的运杂费＝4 000 公斤×0.5 元/公斤＝2 000 元

丙材料应分摊的运杂费＝5 000 公斤×0.5 元/公斤＝2 500 元

根据上述分配结果，分别登记甲、乙、丙三种材料的材料采购明细分类账户，登记结果如表 5－2 所示。

表 5－2　　　　**材料采购明细分类账**

材料名称：甲材料

202×年		凭证号数	摘　要	借方（成本项目）				贷方
月	日			买价	运输费	装卸费	合计	
12	6	（7）	购入 2 000 公斤，单价 40.00	80 000			80 000	

续表

202×年		凭证号数	摘要	借方(成本项目)				贷方
月	日			买价	运输费	装卸费	合计	
	8	(8)	分摊运输费1 000元		1 000		1 000	
	20	(10)	购入2 500公斤,单价40.00 运输费3 000元,装卸费500 元100 000	3 000	500	103 500		
	21	(11)	结转实际采购成本					184 500
12	31		本期发生额及余额	180 000	4 000	500	184 500	184 500

材料名称:乙材料

202×年		凭证号数	摘要	借方(成本项目)				贷方
月	日			买价	运输费	装卸费	合计	
12	6	(7)	购入4 000公斤,单价29.5	118 000			118 000	
	8	(8)	分摊运杂费		2 000		2 000	
	21	(11)	结转实际采购成本					120 000
12	31		本期发生额及余额	118 000	2 000		120 000	120 000

材料名称:丙材料

202×年		凭证号数	摘要	借方(成本项目)				贷方
月	日			买价	运输费	装卸费	合计	
12	6	(7)	购入5 000公斤,单价35.00	175 000			175 000	
	8	(8)	分摊运杂费		2 500		2 500	
	21	(11)	结转实际采购成本					177 500
12	31		本期发生额及余额	175 000	2 500		177 500	177 500

根据甲、乙、丙三种材料的材料采购明细分类账户资料，汇总编制材料采购成本计算表，计算采购三种材料的总成本和单位成本。材料采购成本计算表见表5-3。

表5-3　　　　材料采购成本计算表

成本项目	甲材料		乙材料		丙材料	
	总成本（元）	单位成本（元/公斤）	总成本（元）	单位成本（元/公斤）	总成本（元）	单位成本（元/公斤）
买价	180 000	40.00	118 000	29.50	175 000	35.00
运杂费	4 500	1.00	2 000	0.50	2 500	0.50
材料采购成本	184 500	41.00	120 000	30.00	177 500	35.50

根据材料采购成本计算表的资料，编制结转验收入库各种原材料实际采购成本的会计分录。根据会计分录，登记甲、乙、丙三种材料“材料采购”明细账户的贷方。这项经济业务应编制转账凭证，其会计分录如下：

编制的会计分录如下：

借：原材料——甲材料　　184 500

　　　　　——乙材料　　120 000

　　　　　——丙材料　　177 500

　贷：材料采购——甲材料　　184 500

　　　　　　　——乙材料　　120 000

　　　　　　　——丙材料　　177 500

第四节　生产过程的核算

一、生产过程设置的主要账户

制造企业要进行正常的生产经营活动，就会发生各项耗费，这些耗费可统称为费用。费用包括构成产品成本的费用和期间费用。生产过程是制造企业经营过程的中心环节，主要任务是生产出满足社会需要的产品，生产过程既是产品的生产过程，也是劳动的耗费过程。在生产过程中劳动者要借助于劳动资料对劳动对象进行加工，把劳动对象制造成劳动产品。对制造企业来说，构成产品成本的费用可以概括为以下几个基本要素:劳动对象耗费的费用,如原材料、燃料等;劳动资料耗费的费用,如厂房、建筑物、机器设备等固定资产的折旧费;活劳动耗费的费用,如支付给工人的工资;其他费用,如办公费、差旅费等为组织和管理生产而发生的货币支出。构成产品成本的费用,不论发生在何处,最终都要归集、分配到一定种类的产品中去。企业为生产一定种类、一定数量的产品所发生的直接材料、直接人工和间接制造费用的总和,就是产品的生产成本或制造成本。制造企业在生产经营过程中,除了发生构成产品成本的费用以外,因管理的需要,还会发生期间费用。期间费用是指不能直接归属于某个特定产品成本的费用,包括销售费用、管理费用和财务费用。期间费用容易确定其发生的期间,而难以确定其所应归属的产品,因此期间费用在发生的当期就全部从当期损益中扣除,而不计入产品成本。

为了反映和监督各种生产费用的发生、归集和分配,正确计算产品的生产成本,需要设置和运用以下账户:

(一)"生产成本"账户

"生产成本"账户是用来归集和分配产品生产过程中所发生的各种费用,计算产品生产成本的账户。该账户属于成本费用类账户,其借方登记为生产产品发生的直接材料、直接人工、制造费用,贷方登记完工入库产品的实际生产成本,月末借方余额表示尚未完工的在产品的实际生产成本。为了具体核算每一种产品的实际生产成本,应当按产品的品种设置明细分类账户,进行生产成本的明细分类核算,以计算出某种产品的生产成本。

(二)"制造费用"账户

在企业的生产过程中,生产车间为组织和管理生产经营活动所发生的管理费用,如车间管理人员的工资,车间耗用的一般材料,固定资产折旧、修理费和办公费等,这些费用是为组织和管理生产经营活动而发生的,最终应由各种产品成本负担。为了归集和分配车间为组织和管理车间生产活动发生的各项间接费用,应设置"制造费用"账户。"制造费用"账户属于成本费用类账户,该账户的借方登记实际发生的各项制造费用,通过借方的归集,月末在车间所生产的各种产品之间进行分配,贷方登记应转入"生产成本"账户的由各种产品负担的制造费用,该账户期末一般没有余额。为了具体核算制造费用的发生情况,应当按不同的车间或部门设置明细账,按费用项目进行明细分类核算。

(三)"管理费用"账户

在企业的生产过程中,行政管理部门为组织和管理生产经营活动所发生的管理费用,如行政管理人员的工资,行政管理部门领用的原材料,管理部门的固定资产折旧、修理费和办公费等,这些费用虽然是为组织和管理生产经营活动而发生的,应由各种产品成本共同负担,但它们与生产产品的产量无直接关系,不计入产品成本,直接冲减企业当期的损益。为了反映和监督企业行政管理部门为组织和管理整个生产经营活动而发生的各种管理费用,应设置“管理费用”账户。该账户属于损益类账户,其借方登记企业实际发生的各项管理费用,贷方登记期末转入“本年利润”账户的数额,月末结转后本账户应无余额。为了具体核算管理费用的发生情况,应按费用的项目设置明细账,进行明细分类核算。

(四)“应付职工薪酬”账户

工资是企业支付给职工的劳动报酬,实际上是一种活劳动耗费,其中支付给与生产产品直接相关的职工的工资(如生产工人工资、车间管理人员工资等)是产品制造成本的构成部分;支付给与生产产品无直接关系的职工工资(如行政管理人员的工资)构成管理费用。每月计算应付给职工的工资时,将工资按职工所从事的工作部门分别作为制造成本和管理费用处理,这就构成了企业与职工之间的结算关系。

为了反映和监督企业与职工之间的工资结算情况,设置“应付职工薪酬”账户。该账户是用来核算企业应付职工薪酬总额、反映和监督企业与职工工资结算情况的账户,属于负债类账户。该账户的贷方登记月份内实际发生的应付职工薪酬数额,借方登记每月实际支付给职工的薪酬数额。“应付职工薪酬”账户月末如果有余额,表示应付薪酬数额和实际发放的薪酬数额之间的差额:如果为贷方余额表示本月应付薪酬数额大于实际发放薪酬的数额,是应付未付的薪酬,是企业的债务;如果为借方余额表示本月实际发放的薪酬数额大于应付的薪酬数额,是企业多支付的薪酬。这种差额的形成主要是由于计算应付薪酬与实发薪酬时所依据的职工出勤的天数不同引起的,应付薪酬一般是按本月考勤计算,但是实发薪酬一般按照上月份的考勤计算,由于计算出勤的月份不同,就会出现出勤日数的差异。如果企业实发薪酬和应付薪酬是按照同一月份的出勤计算,则该账户无余额。为了具体核算职工薪酬的支付与分配情况,应根据企业的实际情况,按职工的类别、部门等进行明细核算。

(五)“固定资产”账户

固定资产是制造企业进行生产活动不可缺少的劳动资料。它可以参加多次生产过程,直到报废而不改变其原有的实物形态,其价值是通过计提折旧的方式,随固定资产的磨损程度逐次地、部分地转移。固定资产一般指使用期限比较长、单位价值比较高,能在若干个生产周期中发挥作用,并保持其原有实物形态的劳动资料。固定资产包括房屋及建筑物、机器设备、运输设备、工具、器具等。固定资产应该按取得时的实际成本即原始价值入账。实际成本是指为购建某项固定资产、达到可使用状态前所发生的一切合理必要的支出。它的构成包括买价、增值税、运杂费、包装费和安装费等。

为了总括地反映和监督企业固定资产的增减变动和结存情况,应设置“固定资产”账户,该账户的借方登记增加固定资产的原始价值,贷方登记减少固定资产的原始价值,余额在借方,表示期末结存固定资产的原始价值。

(六)"累计折旧"账户

固定资产在使用过程中会不断地发生磨损,固定资产的价值将随着实物的磨损而逐渐地、部分地转移到所生产的产品中去。固定资产由于使用而逐渐转移到产品中去的价值,称为固定资产折旧。固定资产折旧反映了固定资产原始价值的减少。

"固定资产"账户按原始价值反映其增减变动和结存情况,固定资产因磨损而减少的价值本来可以通过固定资产账户贷方来反映,但是如果这样记录,固定资产账户借方期末余额就只能反映现有固定资产的净值(也称折余价值),而不能反映固定资产的原始价值,而固定资产原值又是企业管理中的一个重要数据资料。因此为了在账簿上既反映固定资产的原始价值,又反映固定资产的净值,在会计核算中就设置了"累计折旧"账户,专门用来反映固定资产因磨损而减少的价值,即固定资产的折旧额。将按原始价值登记的"固定资产"账户的借方余额减去按磨损价值登记的"累计折旧"账户的贷方余额,即可确定固定资产的实际价值——固定资产净值。

"累计折旧"账户属于资产类账户(反映固定资产的价值因使用而减少),其贷方登记月份内计提的固定资产折旧数,因出售、报废等原因引起的固定资产价值减少,在注销固定资产原始价值的同时,应该在"累计折旧"账户的借方同时注销其已提取的折旧额。"累计折旧"账户期末应为贷方余额,表示固定资产累计提取的折旧额,该账户一般不要求设置明细账户进行明细分类核算。如果需要了解某项固定资产已提折旧情况,可以根据固定资产卡片记录的资料来计算。

固定资产折旧是以折旧费的形式转移的。为生产产品而发生的固定资产折旧构成制造成本的一部分,与制造产品无直接关系的固定资产折旧构成管理费用的一部分。

(七)"库存商品"账户

工业企业的库存商品主要指产成品,产成品是指企业已经完成各个阶段的生产、验收入库的产品。为了反映和监督企业产成品的收入、发出和结存情况,应设置"库存商品"账户。该账户属于资产类账户,其借方登记完工入库产成品的实际生产成本,贷方登记发出产成品的实际生产成本,期末如果有余额在借方,表示已入库尚未出库的库存产品的实际成本。为了具体核算各种产成品的收入、发出及结存情况,应按库存商品的品种或类别开设明细分类账户,进行库存商品的明细分类核算。

生产业务的总分类核算,可用图 5-5 表示。

业务说明:

(1)生产产品领用原材料。

(2)结算应付职工薪酬。

(3)计提固定资产折旧。

(4)支付其他费用。

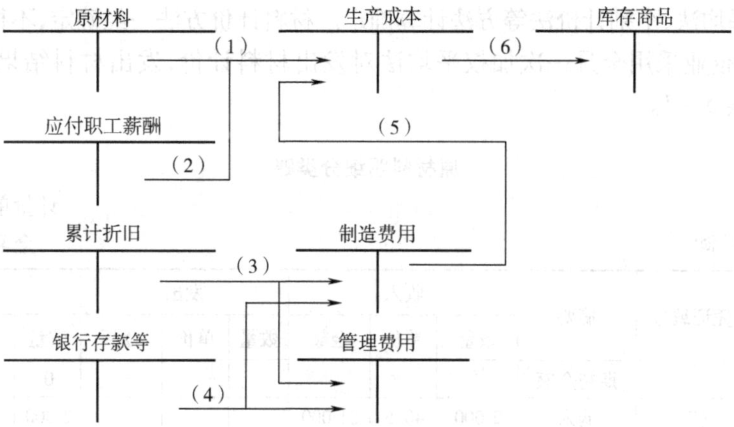

图 5-5　生产业务的总分类核算图示

(5)结转制造费用。

(6)结转完工入库产品的制造成本。

二、产品生产过程主要经济业务核算举例

京信公司 202×年 12 月份发生的生产业务如下:

【例 5-12】22 日,仓库发出下列材料见表 5-4,用于生产 A、B 两种产品和一般耗用。

表 5-4　　发出材料汇总表

用途	甲材料		乙材料		丙材料		合计	
	数量(公斤)	金额(元)	数量(公斤)	金额(元)	数量(公斤)	金额(元)	数量(公斤)	金额(元)
生产产品耗用	3 500	143 500	2 400	72 000	3 500	124 250	9 400	339 750
A 产品	2 500	102 500	1 600	48 000	2 500	88 750	6 600	239 250
B 产品	1 000	41 000	800	24 000	1 000	35 500	2 800	100 500
车间一般耗用	200	8 200	700	21 000	500	17 750	1 400	46 950
企业管理部门一般耗用	100	4 100					100	4 100
合计	3 800	155 800	3 100	93 000	4 000	142000		390 800

企业的各种材料是分批购进的,而每次购进材料的单价往往不同。因此,在每次发出材料时,需要确定按哪一批材料的单价计价。企业发出材料的实际成本,可以采用先进先

出法、加权平均法、个别计价法等方法计算确定。材料计价方法一经确定,不得随意变更。

假定该企业采用全月一次加权平均法对发出材料计价,发出材料结果见表5-5、表5-6和表5-7。

表5-5　　原材料明细分类账

计量单位:千克

材料名称:甲材料　　金额单位:元

202×年		凭证编号	摘要	收入			发出			结存		
月	日			数量	单价	金额	数量	单价	金额	数量	单价	金额
12	1		期初余额							0		0
12	6	(7)	购入	2 000	40.5	81 000				2 000		81 000
12	20	(10)	购入	2 500	41.4	103 500				4 500		184 500
12	22	(12)	领用				3 800			700		
	31		本月合计	4 500		184 500	3 800	41	155 800	700	41	28 700

表5-6　　原材料明细分类账

计量单位:千克

材料名称:乙材料　　金额单位:元

202×年			摘要	收入			发出			结存		
月	日			数量	单价	金额	数量	单价	金额	数量	单价	金额
12	1		期初余额							0		0
	6	(7)	购入	4 000	30	120 000				4 000		120 000
	22	(12)	领用				3 100			900		
	31		本月合计	4 000		120 000	3 100	30	93 000	900	30	27 000

表5-7　　原材料明细分类账

计量单位:千克

材料名称:丙材料　　金额单位:元

202×年			摘要	收入			发出			结存		
月	日			数量	单价	金额	数量	单价	金额	数量	单价	金额
12	1		期初余额							0		0
	6	(7)	购入	5 000	35.5	177 500				5 000		177 500
	22	(12)	领用				4 000			1 000		
	31		本月合计	5 000		177 500	4 000	35.5	142 000	1 000	35.5	35 500

这项经济业务的发生，一方面使库存材料减少了 390 800 元，另一方面使生产成本增加了 339 750 元，使制造费用增加了 46 950 元，管理费用增加了 4 100 元。这项经济业务涉及“生产成本”“制造费用”“管理费用”“原材料”账户，生产 A 产品和 B 产品消耗材料应直接计入生产成本的借方，车间一般消耗材料应记入“制造费用”账户的借方，企业管理部门一般耗用的材料应记入“管理费用”账户的借方，材料的减少应记入“原材料”账户的贷方，这项经济业务应编制转账凭证，其会计分录如下：

借：生产成本	339 750	
制造费用	46 950	
管理费用	4 100	
贷：原材料		390 800

上述经济业务涉及的原始凭证是发料凭证汇总表。发料凭证汇总表，是根据某一时期的发料单汇总编制的。领用材料时，应填制领料单或限额领料单，材料保管部门将一定时期内的若干张领料单，汇总编制发料凭证汇总表。

【例 5－13】14 日开出现金支票 180 000 元发放本月工资。

这项经济业务的发生，一方面使企业的应付职工薪酬减少了 180 000 元，另一方面使银行存款减少了 180 000 元。这项经济业务涉及“应付职工薪酬”“银行存款”两个账户，应付职工薪酬的减少，应记入“应付职工薪酬”账户的借方，银行存款的减少应记入“银行存款”账户的贷方。这项经济业务应编制付款凭证，其会计分录如下：

借：应付职工薪酬	180 000	
贷：银行存款		180 000

上述经济业务涉及的原始凭证有：

一是现金支票存根。企业开出现金支票交给银行代发工资时，应将支票交给银行，将存根作为支付工资的原始凭证。

二是工资结算单。工资结算单也叫工资表，工资结算单根据职工工资标准、考勤记录、产量记录及代扣款项等资料编制，通常列有“应付工资”“代扣款项”“实发金额”“应交个人所得税”等项目。

【例 5－14】17 日，开出转账支票以银行存款支付企业管理部门的办公用品款 6 000 元。

这项经济业务的发生，一方面使企业银行存款减少了 6 000 元，另一方面使管理费用增加了 6 000 元。这项经济业务涉及 “管理费用”“银行存款”两个账户，管理费用的增加应记入 “管理费用”账户的借方，银行存款减少应记入“银行存款”账户的贷方。这项经济业务应编制付款凭证，其会计分录如下：

借：管理费用	6 000	

贷:银行存款 6 000

上述经济业务涉及的原始凭证有:

一是办公用品发票。购买办公用品支付货款时,销售方应该开具发票并交付给购买方,购买方作为购买办公用品的凭证。

二是转账支票存根。开出转账支票购买办公用品时,应将支票交给销售方,将支票存根作为款项支付的原始凭证。

【例5-15】31日,按用途分配本月工资费用,其中:

生产工人工资 100 000元

制造A产品的工人工资 60 000元

制造B产品的工人工资 40 000元

车间管理人员工资 30 000元

行政管理人员工资 50 000元

企业这项经济业务的发生,一方面使企业应付给职工的工资增加了180 000元,另一方面使企业的人工费用增加了180 000元,生产工人的工资增加了生产成本,车间管理人员的工资增加了制造费用,企业行政管理人员的工资增加了管理费用。这项经济业务涉及"生产成本""制造费用""管理费用""应付职工薪酬"四个账户,本月发生的工资费用,按用途分别记入"生产成本""制造费用""管理费用"账户的借方,应付给职工的工资费用增加记入"应付职工薪酬"账户的贷方。这项经济业务应编制转账凭证,其会计分录如下:

借:生产成本 100 000

制造费用 30 000

管理费用 50 000

贷:应付职工薪酬 180 000

上述经济业务涉及的原始凭证是工资分配表。根据职工的工作岗位,将工资以费用分配记入相应的成本费用中。

【例5-16】31日,计提本月固定资产折旧53 050元,其中车间使用的固定资产折旧费33 050元,行政管理部门使用的固定资产折旧费20 000元。

计提固定资产折旧这项经济业务,一方面表明固定资产因为使用其价值减少(折旧额增加),另一方面发生折旧使制造费用增加33 050元,管理费用增加20 000元。这项经济业务涉及"累计折旧""制造费用""管理费用"账户,折旧额增加应记入"累计折旧"账户的贷方,制造费用、管理费用增加应记入"制造费用""管理费用"账户的借方。这项经济业务应编制转账凭证,其会计分录如下:

借:制造费用 33 050

管理费用 20 000

　贷:累计折旧　53 050

上述经济业务涉及的原始凭证是固定资产折旧计算表。企业应按照固定资产类别编制固定资产折旧计算表,表中通常包括固定资产的原始价值、预计净残值、预计使用年限、应计折旧额等内容。

【例 5-17】30 日,开出转账支票以银行存款支付管理部门使用的固定资产修理费 15 000 元。

固定资产在其使用期间,经常会发生修理支出,所发生的修理费用可以作为当期费用。这项经济业务一方面使管理费用增加,另一方面也使银行存款减少。这项经济业务涉及"管理费用""银行存款"账户,管理费用的增加应记入"管理费用"账户的借方,银行存款的增加应记入"银行存款"账户的贷方。这项经济业务应编制付款凭证,其会计分录如下:

借:管理费用　15 000

　贷:银行存款　15 000

上述经济业务涉及的原始凭证有:

一是转账支票存根。开出转账支票支付修理费时,将支票存根作为支付修理费的原始凭证。

二是修理费发票。修理厂收到修理费,应开具修理发票。

【例 5-18】31 日,分配结转本月发生的制造费用总额 110 000 元。

制造费用是产品生产成本的一个组成部分,月末要将"制造费用"账户月份内归集的费用总额按一定标准分配计入 A、B 两种产品成本(制造费用分配过程见后),从"制造费用"账户的贷方转入"生产成本"账户的借方。这项经济业务应编制转账凭证,其会计分录如下:

借:生产成本　110 000

　贷:制造费用　110 000

上述经济业务涉及的原始凭证是制造费用分配表,它是用来汇总记录生产车间各受益对象应负担制造费用金额自制的原始凭证。

【例 5-19】31 日,A 产品 1 000 件全部制造完工,已验收入库,结转其完工产品成本 371 750 元。

这项经济业务的发生,一方面使库存产成品增加了 371 750 元,另一方面使生产成本减少了 371 750 元。这项经济业务涉及"库存商品""生产成本"两个账户,产成品增加应记入"库存商品"账户的借方,完工产品成本转出应记入"生产成本"账户的贷方。这项经济业务应编制转账凭证,其会计分录如下:

借:库存商品　371 750

　贷:生产成本　371 750

上述经济业务涉及的原始凭证是生产成本计算单。根据 A 产品生产成本明细账的资料，编制产品生产成本计算表，计算已完工的 A 产品的总成本和单位成本，作为结转完工产品的原始凭证。

月末 B 产品尚未制造完工，“生产成本”账户的借方余额为 B 产品的在产品成本。上述产品生产业务的主要会计分录，在有关总分类账户中的登记情况如图 5－6 所示。

银行存款

借方	贷方
（1） 2 000 000	（2） 6 000
（3） 1 000 000	（5） 1 005 000
（6） 600	（7） 198 000
	（8） 5 500
	（9） 60 000
	（10） 43 000
	（13） 180 000
	（14） 6 000
	（17） 15 000
本期发生额 3 000 600	本期发生额 1 518 500
期末余额 1 482 100	

生产成本

借方	贷方
（12） 339 750	（19） 371 750
（15） 100 000	
（18） 110 000	
本期发生额 549 750	本期发生额 371 750
期末余额 178 000	

库存商品

借方	贷方
（19） 371 750	
本期发生额 371 750	本期发生额 0
期末余额	

原材料

借方	贷方
（11） 482 000	（12） 390 800
本期发生额 482 000	本期发生额 390 800
期末余额 91 200	

应付职工薪酬

借方	贷方
（13） 180 000	（15） 180 000
本期发生额 180 000	本期发生额 180 000
期末余额 0	

累计折旧

借方	贷方
	（16） 53 050
本期发生额 0	本期发生额 53 050
	期末余额 0

制造费用

借方	贷方
（12） 46 950	（18） 110 000
（15） 30 000	
（16） 33 050	
本期发生额 110 000	本期发生额 110 000
期末余额 0	

管理费用

借方	贷方
（12） 4 100	
（14） 6 000	
（15） 50 000	
（16） 20 000	
（17） 15000	
本期发生额 95 100	本期发生额 0
期末余额 95 100	

图 5－6 产品生产业务的总分类核算图

三、产品生产成本的计算

制造企业应计入产品成本的费用，按其经济用途分类，可以分为直接材料费、直接人工费、制造费用等产品成本项目。

直接材料费指直接用于产品生产，构成产品实体的原料、主要材料、外购半成品和有助于产品形成的辅助材料及其他直接材料。

直接人工费指直接参加产品生产的职工薪酬总额。

制造费用指企业各生产单位（如生产车间）为组织和管理车间生产而发生的各项间接费用，如车间固定资产折旧费、修理费、办公费、水电费、劳动保护费以及其他制造费用，不包括企业行政管理部门为组织和管理生产经营活动而发生的管理费用。

以上成本项目构成产品的生产成本。产品生产成本的计算是将企业在生产过程中发生的各项费用，按产品的品种、类别、批别进行归集和分配，并按成本项目计算产品的总成本和单位成本。产品生产成本的计算，要根据生产的类型和管理上的要求采用不同的计算方法，如品种法、分批法、分步法等，这些方法将在以后的有关课程中介绍，这里只介绍成本的计算原理。

产品的生产成本是通过“生产成本”明细分类账户来归集、计算的，在计算产品成本时，凡是只生产一种产品的企业，其成本计算对象只有一个，所发生的各项生产费用，可以直接根据有关凭证，记入“生产成本”明细分类账户借方的有关成本项目。对于生产两种或两种以上产品的企业，凡是能够分清属于哪一种产品负担的费用，可以根据有关凭证，直接记入“生产成本”明细分类账户的有关成本项目；属于几种产品共同发生的费用，应选择合理的分配标准，在几种产品之间进行分配，然后将分配结果记入“生产成本”明细分类账户的有关成本项目中。在产品成本项目中，直接材料费、直接人工费可以直接记入产品的生产成本。制造费用作为生产费用的一部分，最终应由所生产的产品负担，构成产品成本的一个组成部分。制造费用是生产过程中发生的间接费用，要采用适当的标准分配记入产品的生产成本。制造费用的分配标准一般采用生产工时、机器工时和生产工人工资。

下面仍以京信公司生产过程中发生的经济业务为例，说明产品生产成本的计算方法。

【例5－20】京信公司202×年12月，生产A、B两种产品，共计耗费88 000工时，其中：生产A产品耗费58 000工时，生产B产品耗费30 000工时。其他有关资料如表5－8所示。

表 5－8　　　　　　　　　　　　　　　　　　　　　　　　　　　　单位:元

产品名称	完工产品数量(件)	原材料	生产工人工资	制造费用	合计
A	1 000	239 250	60 000	110 000	
B	600	100 500	40 000		
合计		339 750	100 000	110 000	549 750

从表 5－8 可以看出,京信公司生产 A、B 两种产品,应以 A、B 两种产品作为成本计算对象,开设 A、B 两种产品生产成本明细分类账户。在发生的费用中,材料费用可以根据有关凭证,直接记入 A、B 两种产品的生产成本明细分类账借方材料费用一栏。生产工人工资也可以根据有关凭证,直接记入 A、B 两种产品的生产成本明细分类账借方人工费用一栏。制造费用 110 000 元属于 A、B 两种产品应当共同负担的费用,要采用一定的标准在 A、B 两种产品之间进行分配,然后再记入两种产品的生产成本明细分类账借方制造费用栏。

制造费用的分配方法如下(分配标准为 A、B 产品生产工时):

分配率＝制造费用总额/生产工时总额＝ 110 000/(58 000＋30 000)＝1.25

某产品应负担的制造费用＝该种产品生产工时×分配率

A、B 两种产品应分摊的制造费用:

A 产品应分摊的制造费用＝58 000×1.25＝72 500(元)

B 产品应分摊的制造费用＝30 000×1.25＝37 500(元)

制造费用的分配,一般通过编制制造费用分配表进行,以此作为记账的依据,其格式见表 5－9。

表 5－9　　　　制造费用分配表

产品名称	分配标准(生产工时总数)	分配率	分配金额
A 产品	58 000	1.25	72 500
B 产品	30 000		37 500
合　计	88 000	1.25	110 000

根据制造费用分配表,登记 A、B 两种产品的生产成本明细账的借方制造费用项目栏,A、B 两种产品的生产成本明细账见表 5－10、表 5－11。

表 5－10 **生产成本明细分类账**

产品品种或类别:A 产品

202×年		凭证号数	摘 要	借方(成本项目)				贷方	借或贷	金额
月	日			材料费用	人工费用	制造费用	合计			
12	22	(12)	生产耗用材料	239 250			239 250		借	239 250
	31	(15)	生产工人工资		60 000		60 000		借	60 000
	31	(18)	分配制造费用			72 500	72 500		借	72 500
	31	(19)	结转完工产品 1 000 的实际生产成本					371 750	平	0
12	31		本期发生额及余额	239 250	60 000	72 500	371 750	371 750		0

表 5－11

产品品种或类别:B 产品

202×年		凭证号数	摘 要	借方(成本项目)				贷方	借或贷	金额
月	日			材料费用	人工费用	制造费用	合计			
12	22	(12)	生产耗用材料	100 500			100 500		借	100 500
	31	(15)	生产工人工资		40 000		40 000		借	40 000
	31	(18)	分配制造费用			37 500	37 500		借	37 500
12	31		本期发生额及余额	100 500	40 000	37 500	178 000		借	178 000

根据 A 产品生产成本明细账的资料,编制完工产品生产成本计算表,计算已完工的 A 产品的总成本和单位成本,见表 5－12。

表 5－12 **完工产品成本计算表**

成本项目	A 产品	
	总成本(1 000 件)	单位成本
直接材料	239 250	239.25
直接人工	60 000	60
制造费用	72 500	72.5
合计	371 750	371.75

根据A产品成本计算的资料,编制A产品入库的会计分录,登记A产品生产成本明细分类账和库存商品明细分类账,编制的会计分录如下:

借:库存商品——A产品　　371 750

　贷:生产成本——A产品　　371 750

第五节　销售过程的核算

从产成品完工验收入库起到销售给购买方为止,是工业企业的销售过程。销售过程是企业生产经营过程的最后阶段,在销售过程中,产品的价值和使用价值将得以实现,企业要通过交换将产品及时销售出去,按销售价格向购买方办理结算、取得货款,企业销售产品或提供劳务取得的收入称为营业收入。营业收入的大小直接影响企业经营成果的好坏,因此营业收入的确认会对财务报表产生重大影响,是一项十分重要的工作。企业应当按照收入确认的原则,合理地确认和计量营业收入。

营业成本是企业当期已实现销售的商品和已对外提供劳务的成本,应当与所实现销售的商品和所提供劳务的收入进行配比。营业成本核算与销售商品、提供劳务直接相关的支出。已销售商品的成本应根据已销售商品的数量和实际单位生产成本计算。

企业为了销售产品,还要发生产品的包装费、广告费、运输费等费用,这些费用称为销售费用,销售费用要由本期的营业收入补偿。产品销售费用是一种期间费用,应当按月归集,月终全部计入当期损益。

企业取得的销售收入,要按税法规定的税率交纳销售税金。产品销售税金是根据产品销售收入和规定的税率计算的,企业应当按照税法的规定正确计算销售税金并及时上缴。需要说明的是,目前按照税法规定,企业销售产品时应缴纳增值税,由于增值税的原理及会计核算较为复杂,作为会计的入门课程,本教材不涉及增值税的核算,将采用比较简单的方法计算销售过程中的税金。

一、销售过程设置的主要账户

为了总括地反映和监督销售过程中发生的经济业务,需要设置和运用以下几个账户。

(一)“主营业务收入”账户

为了反映和监督企业销售产品或提供劳务所取得的收入,应设置“主营业务收入”账户。该账户属于损益类账户,其贷方登记销售产品所取得的收入,借方登记发生销售退回和销售折让时应冲减本期的产品销售收入，期末将本期所实现的收入从借方转入“本年利润”账户。结转后该账户无余额。该账户应该按照产品品种或者劳务的类别开设明细账，进行明细分类核算。

(二)“主营业务成本”账户

为了反映和监督企业销售产品或提供劳务所发生的销售成本，应设置“主营业务成本”账户。该账户属于损益类账户，其借方登记从“库存商品”账户结转的已售出产品的实际生产成本，贷方登记月末转入“本年利润”账户的已售产品的销售成本。结转后该账户无余额。该账户按照产品的品种或者劳务的类别设置明细账，进行明细分类核算。

(三)“税金及附加”账户

为了反映和监督企业销售产品和提供劳务负担的各种税金，比如消费税、城市维护建设税等，应设置“税金及附加”账户。该账户属于损益类账户，账户借方登记按规定标准和方法计算出的应负担的产品销售税金，贷方登记期末转入“本年利润”账户的产品销售税金。结转后该账户无余额。

(四)“销售费用”账户

为了反映和监督企业在销售商品过程中发生的各项费用，应设置“销售费用”账户。该账户属于损益类账户，其借方登记企业在销售过程中发生的各种销售费用，包括运输费、装卸费、包装费、保险费、展览费、广告费等，贷方登记月末转入“本年利润”账户的数额，结转后本账户应无余额。该账户应按销售费用项目设置明细分类账，进行明细分类核算。

(五)“应收账款”账户

为了反映和监督企业因销售产品、提供劳务等应向购货方或接受劳务单位收取的款项，应设置“应收账款”账户。该账户借方登记由于销售产品和提供劳务发生的应收款项，贷方登记收回的应收款项，期末余额在借方，表示尚未收回的账款。为了具体核算企业与不同购买单位应收账款的结算情况，应按照购买单位名称开设明细分类账户，进行明细分类核算。

(六)“预收账款”账户

为了反映和监督企业预收货款的发生与偿付情况，应设置“预收账款”账户。根据销售合同预收购买单位一定数量的货款，形成了企业的一种负债，该项负债将来需要以产品或劳务偿还。“预收账款”账户的贷方登记预收购买单位的款项，借方登记销售产品或者提供劳务抵偿的预收货款，期末贷方余额表示企业已经预收了货款、但是尚未用产品或者劳务偿付的款项。为了具体核算企业与不同购买单位预收款项的结算情况，应按照购买单位名称设置明细账，进行明细分类核算。

(七)“应交税费”账户

为了反映和监督企业各种税费的计算和缴纳情况,应设置“应交税费”账户。该账户贷方登记应缴纳的各种税费,借方登记实际缴纳的各种税费,月末贷方余额表示应缴未缴的各种税费。为了具体核算企业上缴国家税费的情况,应按照缴纳税费的种类设置明细账,进行明细分类核算。

企业销售业务的总分类核算,可用图 5 - 7 表示。

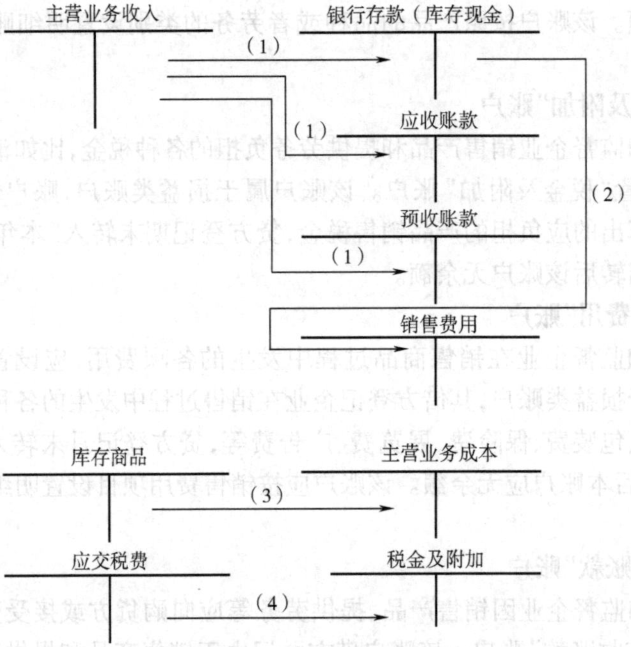

图 5 - 7　销售业务总分类核算图示

业务说明:

(1)销售产品收到货款存入银行;未收到货款;销售预收货款的产品。

(2)以银行存款(或库存现金)支付销售费用。

(3)结转已销售产品的制造成本。

(4)计提应缴纳的税费。

二、销售过程主要经济业务核算举例

京信公司 202×年 12 月份发生的销售业务如下:

【例5－21】18日，向万方公司销售A产品500件，产品已经发出，每件售价750元，货款375 000元已存入银行。

这项经济业务的发生，一方面使银行存款增加了375 000元，另一方面使销售收入也增加了375 000元。这项经济业务涉及"银行存款""主营业务收入"两个账户，银行存款的增加应记入"银行存款"账户的借方，销售收入的增加应记入"主营业务收入"账户的贷方。该项经济业务应编制收款凭证，其会计分录如下：

借：银行存款　　375 000

　贷：主营业务收入　　375 000

该项经济业务涉及的原始凭证有：

一是销售合同。销售合同是供货方（卖方）同需求方（买方）根据协商一致的意见，由供货方将产品交付给需求方，需求方接受产品并按规定支付价款的协议。

二是销售发票，是用来表明已销售商品的规格、数量、单价、金额等内容的凭证。企业销售商品，应在销售成立时开具发票并将其中一联交给购买方。

三是提货单。提货单是购买方据以向销售方的仓库提取货物的凭证。完工产品验收入库后，产品出库应办理相应的手续，因此销售方应将开具的提货单交给购货方，仓库保管员根据提货单发出商品。

四是进账单。将货款存入银行账户时，应填制银行进账单，证明款项已存入银行。

【例5－22】18日，向长宏工厂销售A产品300件，产品已经发出，每件售价750元，该批商品已经发出，已向银行办妥托收手续，货款225 000元尚未收到。

这项经济业务的发生，一方面转移了商品的所有权，实现了销售，使销售收入增加了225 000元，另一方面使企业的应收账款增加了225 000元。这项经济业务涉及"应收账款""主营业务收入"两个账户，应收取销货款增加应记入"应收账款"账户的借方，销售收入的增加应记入"主营业务收入"账户的贷方。该项经济业务应编制转账凭证，其会计分录如下：

借：应收账款　　225 000

　贷：主营业务收入　　225 000

该项经济业务涉及的原始凭证包括销售合同和出库单。凡是发生的产成品销售，都要开具出库单。仓库保管员根据出库单发出商品。

【例5－23】23日，按合同规定，预收三星工厂货款50 000元，货款存入银行。

这项经济业务的发生，一方面使企业的银行存款增加了50 000元，另一方面预收购买方的货款，销售并未实现，应将预收货款确认为一项负债，因此预收账款增加了50 000元。这项经济业务，涉及"银行存款""预收账款"两个账户，银行存款的增加应记入"银行存款"账户的借方，预收货款的增加应记入"预收账款"账户的贷方。该项经济业务

应编制收款凭证,其会计分录如下:

借:银行存款　　50 000

　贷:预收账款　　50 000

上述经济业务涉及的原始凭证是销售合同和进账单。

【例5-24】28日,向三星工厂销售A产品150件,产品已经发出,每件售价750元,货款共计112 500元,其中50 000元为预收货款,其余62 500元销货款收到后存入银行。

这项经济业务发生,一方面产品销售实现使销售收入增加了112 500元,另一方面使银行存款增加了62 500元,使预收货款减少了50 000元。这项经济业务涉及"银行存款""预收账款""主营业务收入"三个账户,银行存款增加应记入"银行存款"账户的借方,预收货款的减少应记入"预收账款"账户的借方,销售收入的增加应记入"主营业务收入"账户的贷方。该项经济业务收款部分编制收款凭证,未涉及货币资金的部分编制转账凭证,其会计分录如下:

借:银行存款　　62 500

　　预收账款　　50 000

　贷:主营业务收入　　112 500

上述经济业务涉及的原始凭证有:销售合同、销售发票、提货单。

【例5-25】29日,以银行存款80 000元,支付销售A产品的广告费。

这项经济业务的发生,一方面使企业银行存款减少了80 000元,另一方面使企业广告费增加了80 000元。这项经济业务涉及"银行存款""销售费用"两个账户,产品销售费用的增加应记入"销售费用"账户的借方,银行存款的减少应记入"银行存款"账户的贷方。该项经济业务应编制付款凭证,其会计分录如下:

借:销售费用　　80 000

　贷:银行存款　　80 000

上述经济业务涉及的原始凭证有:

一是转账支票存根。企业开出转账支票支付广告费,将支票存根作为支付款项的原始凭证。

二是广告费发票。支付广告费应取得广告公司开具的发票,作为企业支付广告费的凭证。

【例5-26】31日,按10%的税率计算并结转本月销售A产品应缴纳的消费税。

这项经济业务的发生,一方面使应缴纳的消费税增加,另一方面计提的税金尚未缴纳,使企业的负债增加。消费税是以销售收入为依据计算的,本月销售收入为712 500

元,应缴纳的消费税为 712 500 元 × 10% = 71 250 元。这项经济业务涉及“税金及附加”“应交税费”两个账户,消费税的增加应记入“税金及附加”账户的借方,应交税金的增加应记入“应交税费”账户的贷方。该项经济业务应编制转账凭证,其会计分录如下:

借:税金及附加　　71 250

　贷:应交税费　　71 250

上述经济业务涉及的原始凭证是税款计算表。企业根据实际情况自行计算应缴纳的税款,以该计算表作为应缴纳税款的原始凭证。

【例 5 – 27】31 日,结转上述销售 A 产品 950 件的实际生产成本 353 162. 50 元。

本月销售的产品,不一定都是本月生产的;本月生产的产品,也不一定都在本月销售出去。由于各个月份生产的同一种产品的实际生产成本是不相同的,所以在确定已售产品生产成本的时候,就要计算本月销售产品的实际生产成本。可以采用一定的存货计价方法,如先进先出法、加权平均法、个别认定法等,期末结转本月已销售产品的生产成本。

假定京信公司本月销售的 A 产品都是本月生产的,每件成本均为 371. 75 元,销售数量为950 件,已售产品实际生产成本合计为353 162. 50 元。这项经济业务的发生,一方面使销售产品的成本增加了 353 162. 50 元,另一方面使产成品减少了 353 162. 50 元。这项经济业务涉及“主营业务成本”“库存商品”两个账户,销售产品成本增加应记入“主营业务成本”账户的借方,产成品成本减少应记入“库存商品”账户的贷方。该项经济业务应编制转账凭证,其会计分录如下:

借:主营业务成本　　353 162. 50

　贷:库存商品　　353 162. 50

上述经济业务涉及的原始凭证是销售商品成本计算单。即根据库存商品明细账的资料,采用一定的方法计算本期销售商品的成本。

上述产品销售业务的会计分录,在有关总分类账户中的登记情况如图 5 – 8 所示。

借方	应收账款		贷方
(22)	225 000		
本期发生额	225 000	本期发生额	0
期末余额	225 000		

借方	预收账款		贷方
(24)	50 000	(23)	50 000
本期发生额	50 000	本期发生额	50 000
		期末余额	0

银行存款

借方		贷方	
(1)	2 000 000	(2)	6 000
(4)	1 000 000	(5)	1 005 000
(6)	600	(7)	198 000
(21)	375 000	(8)	5 500
(23)	50 000	(9)	60 000
(24)	62 500	(10)	43 000
		(13)	180 000
		(14)	6 000
		(17)	15 000
		(25)	80 000
本期发生额	3 488 100	本期发生额	1 598 500
期末余额	1 889 600		

主营业务收入

借方		贷方	
		(21)	375 000
		(22)	225 000
		(24)	112 500
本期发生额	0	本期发生额	712 500
		期末余额	712 500

主营业务成本

借方		贷方	
(27)	353 162.50		
本期发生额	353 162.50	本期发生额	0
期末余额	353 162.50		

税金及附加

借方		贷方	
(26)	71 250		
本期发生额	71 250	本期发生额	0
期末余额	71 250		

库存商品

借方		贷方	
(19)	371 750	(27)	353 162.50
本期发生额	371 750	本期发生额	353 162.50
期末余额	18 587.50		

销售费用

借方		贷方	
(25)	80 000		
本期发生额	80 000	本期发生额	0
期末余额	80 000		

应交税费

借方		贷方	
		(26)	71 250
本期发生额	0	本期发生额	71 250
		期末余额	71 250

图 5-8 销售业务总分类核算图

第六节　财务成果业务的核算

财务成果通常指企业的利润或亏损，利润是企业在一定期间所取得的经营成果，是企业各项收入减去各项支出后的最终成果。利润是企业经济效益的综合反映，也是会计应当提供的一个重要指标，企业的利润有营业利润、利润总额和净利润之分。

营业利润是企业利润的主要来源，营业利润是企业营业收入减去营业成本、税金及附加和期间费用后的余额。它是构成利润的最主要部分，可以用来衡量企业日常生产经营创造利润的能力。

营业收入是指企业经营业务所确认的收入总额，包括主营业务收入和其他业务收入。营业成本是指企业经营业务所发生的实际成本总额，包括主营业务成本和其他业务成本。税金及附加是指企业经营活动应负担的相关税费。

期间费用是指企业当期发生的必须从当期收入中得到补偿的费用。由于它仅与当期实现的收入相关，必须计入当期损益。期间费用包括销售费用、管理费用和财务费用。企业在经营过程中，对外投资取得的收益扣除投资损失后的余额为投资净收益，也是企业财务成果的一个组成部分。

另外企业还可能发生一些与其生产经营无直接关系的、企业无法控制的收入和支出。营业外收入是指企业发生的与生产经营活动无直接关系的各项收入。营业外收入主要包括固定资产盘盈、处置固定资产的净收益、出售无形资产净收益、罚款净收入等。营业外支出是指企业发生的与其生产经营活动无直接关系的各项支出，营业外支出与生产经营活动没有直接关系，但也是企业经济利益的净流出，应从企业实现的利润中扣除。营业外支出包括固定资产盘亏、处置固定资产净损失、出售无形资产净损失、非常损失、罚款支出等。

所得税是就企业的所得而缴纳的一种税，企业经营只要有所得就必须按照税法规定的税率缴纳所得税。所得税具有强制性、无偿性的特点。对于企业来说，它是企业取得利润发生的一种支出，可将其视为一种费用。

企业在一定会计期间的利润，由以下步骤计算得出：

第一步，营业利润。

营业利润 = 营业收入 − 营业成本 − 税金及附加 − 销售费用 − 管理费用
− 财务费用 − 资产减值损失 + 公允价值变动收益（ − 公允价值变动损失）
+ 投资收益（ − 投资损失）

第二步,利润总额。

利润总额 = 营业利润 + 营业外收入 - 营业外支出

企业在一定时期内实现的利润,可先用于弥补以前年度(前5年内)发生的亏损,按国家有关规定做相应调整后,依照税法规定计算缴纳所得税。企业的利润总额减去所得税费用后的余额为净利润。

第三步,净利润。

净利润 = 利润总额 - 所得税费用

企业缴纳所得税后的净利润,也称税后利润,要按规定进行分配。其中一部分以利润的形式分配给投资者,作为投资者的收益;另一部分则以盈余公积的形式留归企业,作为企业扩大生产经营的资金来源;剩余的部分以未分配利润的形式保留在账面上,作为增强企业抵御风险能力的资金。其中盈余公积和未分配利润又称留存收益。

企业发生的年度经营亏损,依照税法的规定予以弥补。税法规定年限内的税前利润不足弥补的,用以后年度的税后利润弥补,或者经投资者审议后用盈余公积弥补。

利润不仅是会计的一个基本要素,还是企业经营活动效率与效益的综合表现,是衡量企业经营成果和经济效益的综合尺度,因此正确地确认与计量利润具有重要意义。利润的确认与计量依赖于收入和费用的确认与计量,通过营业利润和营业外收支净额的确认与计量来表示利润的确认与计量。

营业外收入并不是企业经营资金耗费所产生的,不需要企业付出代价,实际上是经济利益的净流入,不可能也不需要与有关的费用进行配比。营业外收入直接根据收入的性质和国家的有关规定确认。凡不属于企业销售产品、提供劳务所得的收入都应作为营业外收入加以确认,并按营业外收入发生当期的实际数额进行计量。营业外支出虽是一种耗费,但不能直接冲减营业外收入,只能作为企业经营成果的抵减。即营业外收入与营业外支出应当分别核算,不得相互直接冲减。营业外支出也是根据费用支出的性质和国家的有关规定进行确认的,凡不属于企业为增加主营业务收入而发生的各项费用,都应作为营业外支出加以确认,并按营业外支出发生当期的实际数额进行计量。

所得税是依据税法的规定,以企业的税前利润和规定的税率计算缴纳的,其计量依赖于税前利润和规定的税率。利润分配是按规定的比例对税后利润进行分配,它的计量依赖于税后利润和规定的比例。

企业在一定会计期间内实现的利润或者发生的亏损,取决于该期间全部收入和全部费用的对比。其中有关产品销售利润的核算在上一节已经说明,本节主要阐述管理费用、财务费用、营业外收入、营业外支出以及利润总额和净利润的核算。

一、财务成果核算设置的主要账户

为了正确核算企业的财务成果，需要设置以下账户：

（一）“本年利润”账户

为了反映和监督企业本年实现的利润或发生的亏损，应设置“本年利润”账户。该账户的贷方登记从各收入类账户转入“本年利润”账户的数额；借方登记从各费用类账户转入“本年利润”账户的数额；将本期转入的收入和费用的发生额进行比较，如果收入大于费用，即为“本年利润”账户的贷方余额，表示本期实现的利润。如果费用大于收入，即为“本年利润”账户的借方余额，表示本期发生的亏损。在年度中间，“本年利润”账户的余额保留在本账户，不予转账，表示从 1 月 1 日截至本期累计实现的利润或发生的亏损。年度终了，应将“本年利润”账户的贷方余额或借方余额转入“利润分配”账户，结转后“本年利润”账户无余额。

（二）“利润分配”账户

为了核算企业利润分配或亏损弥补情况，应设置“利润分配”账户。企业进行利润分配，意味着企业实现的“利润”这项所有者权益的减少，本应记入“本年利润”的借方，直接冲减本年实现的利润额。但是如果这样处理，“本年利润”账户的期末贷方余额只能表示未分配利润，不能提供本年累计实现的利润额。而本年累计实现的利润这个指标，是管理上所需要的重要指标。由于这个原因，为了使“本年利润”账户既能反映企业实现利润的原始数据，又能反映企业未分配利润数额，核算中专门设置了“利润分配”账户，用以反映企业已分配的利润数额。“利润分配”账户的借方登记实际分配的利润数额，如提取的盈余公积金、应付给投资者的利润等，贷方平时一般不作登记，因而在年度中间该账户的期末余额一般为借方余额，表示截至本期企业累计已分配利润的数额。年末，企业将全年实现的净利润从本年利润账户的借方结转记入“利润分配”账户的贷方。结转后，“利润分配”账户如果为贷方余额，表示年末未分配的利润数额；如果为借方余额，表示年末未弥补的亏损额。

为了具体反映和监督企业利润分配的去向和历年分配后的结余金额，“利润分配”账户一般应设置“提取盈余公积”“应付利润”“未分配利润”等明细账户，进行明细分类核算。

（三）“营业外收入”账户

为了反映和监督与企业生产经营活动无直接关系的各项收入，应设置“营业外收入”账户。该账户属于损益类账户，其贷方登记企业发生的各项营业外收入，借方登记期末转入“本年利润”账户的数额，结转后本账户应无余额。“营业外收入”账户应按收入项目设置明细分类账，进行明细分类核算。

(四)"营业外支出"账户

为了反映和监督与企业生产经营活动无直接关系的各项支出,应设置"营业外支出"账户。该账户属于损益类账户,其借方登记企业发生的各项营业外支出,贷方登记期末转入"本年利润"账户的数额,结转后本账户应无余额。"营业外支出"账户应按支出项目设置明细分类账,进行明细分类核算。

(五)"所得税费用"账户

为了反映和监督企业按规定从本期损益中扣除的所得税,应设置"所得税费用"账户。该账户属于损益类账户,其借方登记企业应计入本期损益的所得税费用,贷方登记期末转入"本年利润"账户的所得税费用。期末结转本年利润后,该账户无余额。

(六)"应付利润"账户

为了反映和监督企业向投资者支付利润的情况,应设置"应付利润"账户。该账户属于负债类账户,其贷方登记企业计算出的应付给投资者的利润数额,借方登记实际支付给投资者的利润数额,期末余额如果在贷方,表示应付而尚未支付的利润;如果在借方,则表示多支付的利润额。

(七)"盈余公积"账户

为了反映和监督企业从税后利润中提取的盈余公积金的增减变动和结余情况,应设置"盈余公积"账户。该账户属于所有者权益类账户,其贷方登记从税后利润中提取的盈余公积的数额,借方登记盈余公积金的使用数(如转增资本或者弥补亏损等),该账户的期末余额在贷方,表示期末盈余公积金的结余数额。

利润形成及分配的主要经济业务的核算如图 5-9 所示。

业务说明:

(1)期末结转本期各项收入。

(2)期末结转本期的各项成本费用。

(3)计算应缴纳的企业所得税。

(4)结转应付利润和提取的盈余公积金。

(5)支付给投资者利润。

二、财务成果核算主要经济业务举例

京信公司 202×年 12 月份发生下列有关经济业务:

【例 5-28】5 日收到购货单位支付的违约金 30 000 元存入银行。

这项经济业务的发生,一方面使银行存款增加了 30 000 元,另一方面收到购货单位支付的违约金,使营业外收入增加了 30 000 元。这项经济业务涉及"银行存款""营业外收入"两个账户,银行存款的增加应记入"银行存款"账户的借方,营业外收入增加

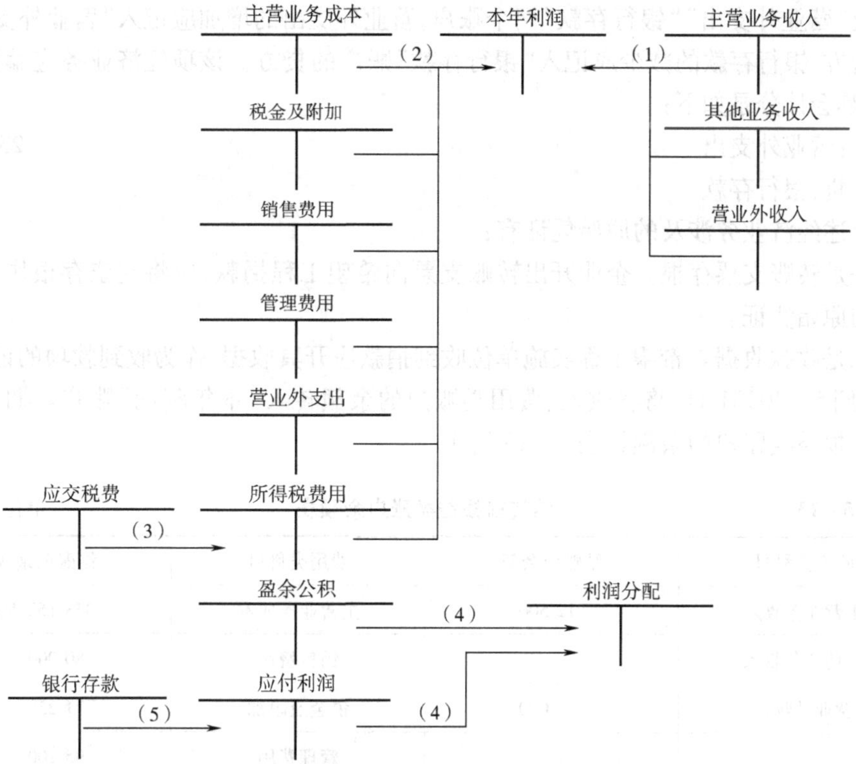

图 5－9　利润形成及分配业务核算图示

应记入"营业外收入"账户的贷方。该项经济业务应编制收款凭证,其会计分录如下:

借:银行存款　　30 000

　贷:营业外收入　　30 000

上述经济业务涉及的原始凭证有:

一是进账单。将购货单位支付的违约金存入银行账户时,应填制银行进账单,证明款项已存入银行。

二是销售合同。购销双方在交易过程中会签订销售合同,根据合同规定的违约条款,违约要支付相应的违约金。

三是收款收据。企业收取外单位的款项应开具收款证明。

【例 5－29】31 日,向希望工程捐款 23 000 元,款项通过银行支付。

这项经济业务的发生,一方面使银行存款减少了 23 000 元,另一方面表示支付的银行存款与企业的生产经营没有直接关系,使营业外支出增加 23 000 元。这项经济业务涉及"营业外支出""银行存款"两个账户,营业外支出的增加应记入"营业外支出"账户的借方,银行存款的减少应记入"银行存款"账户的贷方。该项经济业务应编制付款凭证,其会计分录如下:

借:营业外支出　　23 000

　贷:银行存款　　23 000

上述经济业务涉及的原始凭证有:

一是转账支票存根。企业开出转账支票向希望工程捐款,应将支票存根作为支付款项的原始凭证。

二是收款收据。希望工程实施单位收到捐款应开具收据,作为收到款项的证明。

【例 5－30】31 日,将各收入、费用类账户的余额转入"本年利润"账户。期末结转前有关损益类账户的余额如表 5－13 所示。

表 5－13　　结转前损益类账户余额表　　单位:元

收入类科目	结账前余额	费用类科目	结账前余额
主营业务收入	712 500	主营业务成本	353 162.50
其他业务收入		销售费用	80 000
营业外收入	30 000	税金及附加	71 250
		管理费用	95 100
		财务费用	4 400
		营业外支出	23 000

这项经济业务应编制转账凭证。如前所述,收入、费用类账户可以看作是"临时账户",只起到归集一个会计期间收入、费用发生金额的作用,到了会计期末,随着这类账户金额的转出,其余额变为零。结转损益一般不需要附原始凭证,其转账的会计分录如下:

(1)借:主营业务收入　　712 500

　　　营业外收入　　30 000

　　贷:本年利润　　742 500

(2)借:本年利润　　626 912.50

　　贷:主营业务成本　　353 162.50

　　　税金及附加　　71 250

　　　销售费用　　80 000

管理费用　　95 100
财务费用　　4 400
营业外支出　　23 000

通过"本年利润"账户的对比,本期实现的利润总额为 115 587.50 元。例 5－30 业务所编制的会计分录,均为会计循环中所讲的结账分录。例 5－30 的(1)是将本期收入类账户的余额转入"本年利润"账户;例 5－30 的(2)是将本期成本、费用、支出类账户的余额转入"本年利润"账户。

【例 5－31】31 日,按 25% 的税率计算并结转本期应交所得税 28 896.88 元(假设该企业无纳税调整项目)。

应交所得税 = 115 587.50 × 25% = 28 896.88 (元)

企业应根据税前利润和适用的所得税税率计算应交所得税,并于下月规定缴纳日之前缴纳。该公司实现的税前利润为 115 587.50 元,适用的所得税税率为 25%,计算的应交所得税为 28 896.88 元。这项经济业务的发生,使企业所得税费用增加了 28 896.88元,同时企业应向国家缴纳的所得税也增加了 28 896.88 元。这项经济业务涉及"所得税费用""应交税费"两个账户,所得税费用的增加应记入"所得税费用"账户的借方,应交所得税是企业的一项负债,应记入"应交税费"账户的贷方。这项经济业务应编制转账凭证,编制的会计分录如下:

(1)借:所得税费用　　28 896.88
　　贷:应交税费　　28 896.88

上述经济业务涉及的原始凭证是企业所得税纳税申报表。企业计提所得税时,应以填报的企业所得税纳税申报表作为原始凭证。

本期发生的所得税费用,应于期末结转到"本年利润"账户,以计算出企业实现的净利润。

(2)借:本年利润　　28 896.88
　　贷:所得税费用　　28 896.88

净利润 = 115 587.50 － 28 896.88 = 86 690.62(元)

这项经济业务应编制转账凭证。

【例 5－32】12 月 31 日,按税后利润的 10% 提取法定盈余公积金 8 669.06 元。

提取的盈余公积金 = 86 690.62 × 10% = 8 669.06(元)

这项经济业务的发生,一方面使企业盈余公积金增加了 8 669.06 元,另一方面提取盈余公积金是对利润的分配,使利润分配增加了 8 669.06 元。这项经济业务涉及"利润分配""盈余公积"两个账户,对实现的利润进行分配,应记入"利润分配"账户的

借方,盈余公积金增加应记入"盈余公积"账户的贷方。这项经济业务应编制转账凭证,编制的会计分录如下:

借:利润分配——提取法定盈余公积　　8 669.06

　贷:盈余公积——法定盈余公积　　8 669.06

上述经济业务涉及的原始凭证是盈余公积金计算表。企业按照规定提取法定盈余公积金时,应填制盈余公积金计算表,以此作为提取盈余公积金的原始凭证。

【例5-33】12月31日,根据董事会的利润分配方案,向投资者分配利润50 000元。

这项经济业务的发生,一方面使企业应付给投资者的利润增加50 000元,另一方面向投资者分配利润是对利润的分配,使利润分配增加了50 000元,这项经济业务涉及"利润分配""应付利润"两个账户,对实现利润进行分配应记入"利润分配"账户的借方,应付给投资者利润增加应记入"应付利润"账户的贷方。这项经济业务应编制转账凭证,编制的会计分录如下:

借:利润分配——应付股利　　50 000

　贷:应付利润　　50 000

上述经济业务涉及的原始凭证是利润分配方案。根据董事会做出的利润分配方案进行会计处理,因此利润分配方案应为此项业务的原始凭证。但是利润分配方案属于企业重要的经济档案,应当单独进行保管。

【例5-34】年末,应将全年实现的净利润由"本年利润"账户结转到"利润分配——未分配利润"账户,同时将"利润分配"其他明细账户的余额也结转到"利润分配——未分配利润"账户。这项经济业务应编制转账凭证,编制的会计分录如下:

借:本年利润　　86 690.62

　贷:利润分配——未分配利润　　86 690.62

借:利润分配——未分配利润　　58 669.06

　贷:利润分配——提取法定盈余公积　　8 669.06

　　　　　　——应付股利　　50 000

结转本年利润不需要原始凭证。

结转后,"本年利润"账户应无余额,"利润分配"其他明细账户结转后也无余额。"利润分配——未分配利润"的年末余额,表示历年结存的未分配利润。上述利润形成及分配业务的会计分录,在有关总分类账户中的登记情况如图5-10。

根据本章举例的各项经济业务所编制的会计分录,编制京信公司总分类账户本期发生额及余额试算平衡表,见表5-14。

借方 银行存款 贷方

借方		贷方	
（1）	2 000 000	（2）	6 000
（4）	1 000 000	（5）	1 005 000
（6）	600	（7）	198 000
（21）	375 000	（8）	5 500
（23）	50 000	（9）	60 000
（24）	62 500	（10）	43 000
（28）	30 000	（13）	180 000
		（14）	6 000
		（17）	15 000
		（25）	80 000
		（29）	23 000
本期发生额	3 518 100	本期发生额	1 621 500
期末余额	1 896 600		

借方 主营业务收入 贷方

借方		贷方	
(30)	712 500	（21）	375 000
		（22）	225 000
		（24）	112 500
本期发生额	712 500	本期发生额	712 500
		期末余额	0

借方 主营业务成本 贷方

借方		贷方	
（27）	353 162.50	（30）	353 162.50
本期发生额	353 162.50	本期发生额	353 162.50
期末余额	0		

借方 税金及附加 贷方

借方		贷方	
（26）	71 250	（30）	71 250
本期发生额	71 250	本期发生额	71 250
期末余额	0		

借方 销售费用 贷方

借方		贷方	
（25）	80 000	（30）	80 000
本期发生额	80 000	本期发生额	80 000
期末余额	0		

借方 管理费用 贷方

借方		贷方	
（12）	4 100	（30）	95 100
（14）	6 000		
（15）	50 000		
（16）	20 000		
（17）	15 000		
本期发生额	95 100	本期发生额	95 100
期末余额	0		

借方 营业外收入 贷方

借方		贷方	
（30）	30 000	（28）	30 000
本期发生额	30 000	本期发生额	30 000
		期末余额	0

借方 营业外支出 贷方

借方		贷方	
（29）	23 000	（30）	23 000
本期发生额	23 000	本期发生额	23 000
期末余额	0		

借方	应交税费	贷方
	(26)	71 250
	(31)	28 896.88
本期发生额 0	本期发生额	100 146.88
	期末余额	100 146.88

借方	所得税费用	贷方
(31) 28 896.88	(31)	28 896.88
本期发生额 28 896.88	本期发生额	28 896.88
期末余额 0		

借方	本年利润	贷方
(30) 626 912.50	(30)	742500
(31) 28 896.88		
(34) 86 690.62		
本期发生额 742 500	本期发生额	742 500
	期末余额	0

借方	盈余公积	贷方
	(32)	8 669.06
本期发生额 0	本期发生额	8 669.06
	期末余额	8 669.06

借方	应付利润	贷方
	(33)	50 000
本期发生额 0	本期发生额	50 000
	期末余额	50 000

借方	利润分配	贷方
(32) 8 669.06	(34)	86 690.62
(33) 50 000	(34)	58 669.06
(34) 58 669.06		
本期发生额 117 338.12	本期发生额	145 359.68
	期末余额	28 021.56

图 5－10　利润形成及分配业务总分类核算图

表 5－14　　总分类账户本期发生额及余额试算平衡表

202×年 12 月 31 日　　单位:元

账户名称	期初余额		本期发生额		期末余额	
	借方	贷方	借方	贷方	借方	贷方
库存现金			6 000	500	5 500	
银行存款			3 518 100	1 621 500	1 896 600	
应收账款			225 000		225 000	
预付账款			60 000	60 000		
材料采购			482 000	482 000		
原材料			482 000	390 800	91 200	
库存商品			371 750	353 162. 50	18 587. 50	
固定资产			3 000 000		3 000 000	

续表

账户名称	期初余额		本期发生额		期末余额	
	借方	贷方	借方	贷方	借方	贷方
累计折旧				53 050		53 050
短期借款			1 000 000	1 000 000		
应付账款				175 000		175 000
预收账款			50 000	50 000		
应付职工薪酬			180 000	180 000		
应付利润				50 000		50 000
应交税费				100 146.88		100 146.88
实收资本				5 000 000		5 000 000
盈余公积				8 669.06		8 669.06
本年利润			742 500	742 500		
利润分配			117 338.12	145 359.68		28 021.56
生产成本			549 750	371 750	178 000	
制造费用			110 000	110 000		
主营业务收入			712 500	712 500		
主营业务成本			353 162.50	353 162.50		
税金及附加			71 250	71 250		
销售费用			80 000	80 000		
管理费用			95 100	95 100		
财务费用			4 400	4 400		
营业外收入			30 000	30 000		
营业外支出			23 000	23 000		
所得税费用			28 896.88	28 896.88		
合计			12 292 747.50	12 292 747.50	5 414 887.50	5 414 887.50

根据表 5－14 编制的总分类账户本期发生额及余额试算表，编制该公司的资产负债表（见表 5－15）、利润表（见表 5－16）。

表 5－15　　资产负债表

编制单位：　　202×年12月31日　　单位：元

资产	月初数	年末数	负债及所有者权益	月初数	年末数
流动资产：			流动负债：		
货币资金		1 902 100	短期借款		
应收账款		225 000	应付账款		175 000
预付账款			预收账款		
其他应收款			其他应付款		
存货		287 787.50	应付职工薪酬		
其他流动资产			应交税费		100 146.88
流动资产合计		2 414 887.50	应付利润		50 000
			其他流动负债		
固定资产：			流动负债合计		325 146.88
固定资产		3 000 000	所有者权益：		
减：累计折旧		53 050	实收资本		5 000 000
固定资产合计		2 946 950	资本公积		
			盈余公积		8 669.06
			未分配利润		28 021.56
			所有者权益合计		5 036 690.62
资产总计		5 361 837.50	负债及所有者权益总计		5 361 837.50

表 5－16　　利润表

编制单位：　　202×年12月　　单位：元

项目	本月数	本年累计数*
一、营业收入	712 500	
减：营业成本	353 162.50	
税金及附加	71 250	
销售费用	80 000	
管理费用	95 100	
财务费用	4 400	

续表

项目	本月数	本年累计数*
二、营业利润	108 587.50	
加:营业外收入	30 000	
减:营业外支出	23 000	
三、利润总额	115 587.50	
减:所得税费用	28 896.88	
四、净利润	86 690.62	

* 由于资料所限,未列出本年累计数。

第七节　账户的分类

一、账户分类的意义

在前面的学习中,我们结合制造业企业主要经济业务阐述账户和借贷记账法的应用时,设置了一系列的账户。每个账户都有自己的经济性质、用途和结构,从某个侧面反映和监督会计具体对象的变化情况和变动结果,为进行经济管理提供会计信息。虽然这些账户是在各种经济业务的核算中分别加以使用的,但它们彼此之间并不是孤立存在,而是相互联系组成了一个完整的账户体系。为了更好地掌握和运用这些账户,有必要进一步研究账户的分类,即在认识各个账户特性的基础上,概括它们的共性,从理论上探讨账户之间的内在联系,探讨每个账户在整个账户体系中的地位和作用,掌握各类账户在提供会计信息方面的规律性。

账户可以按不同标准,即从不同角度进行分类,其中最主要的是按照账户的经济内容和用途、结构等分类。

二、账户按经济内容分类

账户的经济内容是指账户所反映会计对象的具体内容,账户之间的最本质区别在于其反映的经济业务内容的不同,因而账户的经济内容是账户分类的基础,账户按经济内容分类是对账户最基本的分类,账户按其经济内容可以分为五类,即资产类账户、负债类账户、所有者权益类账户、成本类账户、损益类账户。

(一)资产类账户

资产类账户是用来反映企业资产的增减变动及其结存情况的账户。按照资产的流动性,这类账户又可以分为:

1. 反映流动资产的账户,如"库存现金""银行存款""应收账款""原材料""库存商品"等。

2. 反映非流动资产的账户,如"固定资产""累计折旧""无形资产"等。

(二)负债类账户

负债类账户是用来反映企业负债增减变动及其结存情况的账户。按照负债的流动性,这类账户又可以分为以下两类:

1. 反映流动负债的账户,如"短期借款""应付票据""应付账款""应付职工薪酬""应交税费"等账户。

2. 反映非流动负债的账户,如"长期借款""应付债券"等账户。

(三)所有者权益类账户

所有者权益类账户是用来反映企业所有者权益增减变动及其结存情况的账户。按照所有者权益来源的不同,这类账户又可以分为:

1. 反映所有者原始投资的账户,如"实收资本"账户。

2. 反映所有者投资收益的账户,如"本年利润""利润分配""盈余公积"等账户。

(四)成本类账户

成本类账户是用来反映和监督企业生产费用的发生、计算产品成本的账户。在制造业企业,按照生产经营过程的阶段划分,用来归集费用、计算成本的账户又可以分为:

1. 在供应过程,用来归集购入材料价款和采购费用、计算材料采购成本的账户,如"材料采购"账户。

2. 在生产过程,用来归集制造产品的生产费用、计算产品生产成本的账户,如"制造费用""生产成本"账户。

成本类账户与资产类账户有着密切的联系。资产一经耗用就转化为费用成本,成本类账户的期末借方余额属于企业的资产,如"材料采购"账户的借方余额为在途材料的成本,"生产成本"账户的借方余额为在产品的成本,都是企业的流动资产。从这个意义上来讲,成本类账户也是资产类账户,在账户分类时,有的账户如"材料采购"账户,既可以归入资产类账户,也可以归入成本类账户。

(五)损益类账户

损益类账户是指核算内容与损益的计算确定直接相关的账户,包括反映企业收入

和费用的账户。这类账户按其与损益组成内容的关系,又可以分为:

1. 用来反映营业损益的账户,如"主营业务收入""主营业务成本""税金及附加""销售费用""管理费用""财务费用"等账户。这里的收入和费用之间有着直接配比或期间配比的关系。

2. 用来反映营业外收支的账户,如"营业外收入""营业外支出"账户。

3. 用来反映所得税的账户,如"所得税费用"账户。

三、账户按用途和结构的分类

账户的用途是指设置和运用账户的目的,即通过账户记录提供哪些核算指标。例如,设置"原材料"账户目的是要提供原材料的增减变化及结存情况,通过该账户记录,可以提供一定期间内原材料的收入、发出和结存的数据。账户的结构,是指在账户中如何登记经济业务,取得所需要的核算指标,即账户的借方登记的内容,贷方登记的内容,期末账户有无余额,如果有余额,在借方还是贷方,表示什么内容。如"原材料"账户的借方登记已验收入库材料的实际成本,贷方登记发出材料的实际成本,期末借方余额表示库存材料的实际成本。为了深入了解和掌握账户在提供核算指标方面的规律性,正确地设置和运用账户来记录经济业务,为决策提供有用的会计信息,有必要在账户按经济内容分类的基础上,进一步研究账户按结构和用途的分类。而这一点又恰好说明了两种分类的关系。账户按经济内容的分类,是基本的、主要的分类;账户按用途和结构的分类,是对账户按经济内容分类的必要补充。

在借贷记账法下,账户按用途和结构不同,可以分为盘存账户、资本账户、结算账户、跨期摊提账户、集合分配账户、成本计算账户、期间账户、计价对比账户、财务成果账户和调整账户等。

(一)盘存账户

盘存账户是用来反映和监督各项财产物资和货币资金的增减变动及其结存情况的账户。盘存账户包括"库存现金""银行存款""原材料""库存商品""固定资产"等。"生产成本"账户和"材料采购"账户如果期末有余额,分别表示在产品和在途材料,也具有盘存材料的性质。

盘存账户的特点:

1. 所有的盘存账户,都可以通过财产清查的方法确定其实有数,核对其实际结存数与账面结存数是否相符,检查实存的财产和货币资金在管理和使用上是否存在问题。

2. 除"库存现金"和"银行存款"账户以外,其他盘存账户,如"原材料""库存商品"等账户,都可以通过设置明细账,提供实物和金额两种指标。盘存账户的结构见图5-11。

借方	盘存账户 贷方
期初余额 ——财产物资、货币资金的实有数	
发 生 额——财产物资、货币资金的增加数	发生额 ——财产物资、货币资金的减少数
期末余额 ——财产物资、货币资金的期末实有数	

图 5－11 盘存账户结构

(二)资本账户

资本账户是用来反映和监督取得资本及提取资金的增减变动及实有情况的账户。资本账户包括“实收资本”“盈余公积”等账户。这类账户的贷方登记各项资本、公积金的增加数或提取数，借方登记减少数或支用数，其余额总是在贷方，表示各项资本、公积金的实有数额。这类账户的总分类账及其明细分类账只能提供货币指标。资本账户的结构见图 5－12。

借方	资本账户 贷方
	期初余额：期初资本或公积金实有额
发生额：本期资本或公积金的减少额	发生额：本期资本或公积金的增加额
	期末余额：期末资本或公积金实有额

图 5－12 资本账户结构

(三)结算账户

结算账户是用来反映和监督企业同其他单位或个人之间发生的债权、债务结算情况的账户。由于结算业务的性质不同，不同结算账户具有不同的用途和结构，因此，结算账户又可以分为债权结算账户、债务结算账户和债权债务结算账户三类。

1. 债权结算账户。债权结算账户又叫资产结算账户，是用来反映和监督企业同各债务单位或个人之间债权结算业务的账户，属于这类账户的有“应收账款”“预付账款”“其他应收款”等。债权结算账户的借方登记本期应收款项或者预付款项的增加数，贷方登记本期应收款项和预付款项的减少数，期末余额在借方，表示期末尚未结算的应收款项或预付款项的实有数。债权结算账户的结构见图 5－13 。

借方　　　　　　　　债权结算账户	贷方
期初余额 —— 债权的期初实有数	
发 生 额—— 债权的增加数	发生额 —— 债权的减少数
期末余额 —— 债权的期末实有数	

图 5－13　债权结算账户结构

2. 债务结算账户。债务结算账户又叫负债结算账户，是用来反映和监督企业同各债权单位和个人之间的债务结算业务的账户，属于这类账户的有“应付账款”“预收账款”“短期借款”“长期借款”“应付职工薪酬”“应交税费”“应付利润”“其他应付款”等。债务结算账户的贷方登记本期借入款项、应付款项或预收款项的增加数，借方登记本期借入款项、应付款项或预收款项的减少数。债务结算账户如果有余额在贷方，表示期末的借入款项、应付款项或尚未结算的预收款项的实有数。债务结算账户的结构见图 5－14。

借方　　　　　　　　债务结算账户	贷方
	期初余额 —— 债务的期初实有数
发 生 额—— 债务的减少数	发 生 额—— 债务的增加数
	期末余额 —— 债务的期末实有数

图 5－14　债务结算账户结构

3. 债权债务结算账户。债权债务结算账户又叫做资产负债结算账户或往来结算账户。这类账户既反映债权结算业务，又反映债务结算账户，是双重性质的结算账户。

债权债务结算账户的借方，登记的内容包括两项，即本期债权的增加额和本期债务的减少额；账户的贷方登记的内容也有两项，即本期债务的增加额和本期债权的减少额。这时，债权债务结算账户的余额就出现了两种情况：第一种情况，月末账户为借方余额，表示尚未收回的债权净额，也就是尚未收回的债权大于尚未偿付的债务的差额。第二种情况，月末账户为贷方余额，则表示尚未偿付的债务净额，也就是尚未偿付的债务大于尚未收回的债权的差额。该账户所属明细类账的借方余额之和，与其所属明细类账的贷方余额之和的差额，应当与总分类账户的余额相等。

在实际工作中，由于企业与债权单位或者债务单位结算业务发生的特点，经常需要设置债权债务这种双重性质的结算账户，如果预收款项的业务不多，企业可以不单设“预收账款”账户，而用“应收账款”账户同时反映应收款项和预收款项的增减变动及其结果。此时，应收账款账户就是一个债权债务结算账户。如果预付款项业务不多，也可以不单独设置“预付账款”账户，而用“应付账款”账户同时反映企业的应付款项和预付款项。此时，应付账款账户就是一个债权债务结算账户。这样做可以集中反映企业同某一个往来单位的债权债务结算情况，但是，这时候用应收账款账户反映预收账款业务、用应付账款账户反映预付账款业务，就出现了账户名称与其所反映的经济业务内容不一致的情况。对于初学者，不便于对账户理解和运用。因此，在设置和运用这类账户时，应指明其双重性质的特点。

在借贷记账法下，结算账户中许多是双重性质的账户，除应收账款、应付账款等账户外，应交税费、应付职工薪酬也都具有双重性质，例如“应交税费”账户，从账户名称看，属于债务结算账户，实际工作中税金一般是按计划预交，预交时作为资产的增加，应记入“应交税费”账户的借方，月末计算出应交纳的税金，作为负债的增加，应记入“应交税费”账户的贷方，如果预交数大于应交数，就出现借方余额，属于债权。如果预交数与应交数相等，账户没有余额。如果预交数小于应交数，出现贷方余额，就转化为债务。又如“应付职工薪酬”账户，该账户核算企业应付给职工的薪酬总额，贷方登记当月发生的应付职工薪酬总额，在登记该账户的同时，还要按工资的用途将其分配到有关账户的借方；账户借方登记当月实际支付的职工薪酬总额。由于分配工资要到月末才进行，支付工资往往都在月末前，这样该账户平时就会出现借方余额，月末分配工资后如有余额，则表示应付职工薪酬和已付职工薪酬的差额。如果这个差额不大，也可以将当月已支付的职工薪酬作为应付职工薪酬总额进行分配，分配后应无余额。债权债务结算账户的结构见图 5 – 15。

借方	债权债务结算账户　　　　贷方
期初余额：期初债权大于债务的差额	期初余额：期初债务大于债权的差额
发生额：本期债权增加额 本期债务减少额	发生额：本期债务增加额 本期债权减少额
期末余额：期末债权大于债务的差额	期末余额：期末债务大于债权的差额

图 5 – 15　债权债务结算账户结构

(四)跨期摊提账户

企业在生产过程中发生的各种耗费，应分期计算，分期考核经营成果，但在生产经营过程中，往往会出现费用的支付期与其归属期不一致的情况。有些费用在本期一次支付，但在本期或以后各期受益，如预付保险费、预付报纸杂志费、预付租入固定资产的租金等。这种已经支付，但在当期或以后各期受益，并按受益情况由各期费用负担的支出，在会计上叫做待摊费用。有些费用虽未支付，但本期已经受益，应预先计入费用，如按季结算的银行借款利息、固定资产修理费用等。这种预先计入当期，但尚未支付的费用,在会计上叫做预提费用。对于待摊费用和预提费用,应按照权责发生制的原则,严格划分费用的受益期限,以便正确计算各期的成本和费用,正确计算各期的经营成果。

跨期摊提账户用来核算应由各个成本计算期共同负担的费用(支出),并将这些费用(支出)在各期进行摊配,借以正确计算各期盈亏的账户,主要包括"待摊费用"和"预提费用"账户。

开设这类账户的目的,是为了遵循权责发生制原则,严格划清费用(支出)的受益期限,正确计算盈亏。该类账户在结构上的特点如下:

1."待摊费用"和"预提费用"账户都是为了正确计算各期盈亏而设置的,但是,它们是两个性质不同的账户。"待摊费用"账户是反映生产经营过程的费用支出,因此,基本性质属于资产账户;"预提费用"账户是反映预先提取但尚未支付的费用,其基本性质属于负债账户。

2."待摊费用"账户和"预提费用"账户在结构上又有相同之处,它们的借方都是用来登记费用的实际支出和发生数,贷方都是用来登记应由各期负担的费用摊配数。因此,可以把两个账户归为一类。

3. 由于性质不同,两个账户的余额方向相反。"待摊费用"账户的余额在借方,表示已经发生或支付而尚未摊配的待摊费用数;"预提费用"账户的余额一般在贷方,表示已经预提而尚未支付的预提费用数。当发生预提数少于支付数时,"预提费用"账户可能出现借方余额,这时就不是负债而是资产了,在编制资产负债表时,应将其借方余额并入"待摊费用"项目。跨期摊提账户的结构见图5-16。

借方　　　　跨期摊提账户	贷方
期初余额 —— 期初已经支付而尚未摊配的待摊费用数	或:期初余额 —— 期初已经预提而尚未支付的预提费用数
发 生 额 —— 本期待摊费用或预提费用的发生(支付)数	发 生 额 —— 本期待摊费用的摊配数或预提费用的预提数
期末余额 —— 期末已支付而尚未摊配的待摊费用数	或:期末余额 —— 期末已预提而尚未支付的预提费用数

图5-16　跨期摊提账户结构

需要说明的是,我国现行的企业会计准则没有设置"待摊费用"和"预提费用"这两个账户,但是企业存在着费用的支付期与其归属期不一致的跨期经济业务,因此本书仍然对"待摊费用"和"预提费用"账户的原理进行说明。例题中对这类跨期业务的处理,没有通过"待摊费用""预提费用"账户,是通过其他账户核算,名称虽然不同,但是基本原理是相同的。对于跨期业务通过设置"待摊费用""预提费用"账户,能充分体现权责发生制的应用,初学者可以更好地理解和掌握权责发生制。

(五)集合分配账户

集合分配账户是用来归集和分配经营过程中某一阶段所发生的某种费用的账户。由于某些费用虽然是成本的组成部分,但又不便直接计入有关成本计算对象,就需要设置集合分配账户,对这些费用进行归集,再按一定标准分配计入各成本计算对象。“制造费用”账户就是典型的集合分配账户。这类账户在结构上的特点是:借方登记费用的发生数,贷方登记费用的分配数,分配后期末一般应无余额。集合分配账户的结构见图5-17。

借方　　集合分配账户	贷方
发生额——归集本期内某一经营过程中某种费用的发生(支付)数	发生额——分配到各成本计算对象的费用数额

图5-17　集合分配账户结构

(六)成本计算账户

成本计算账户是用来核算经营过程中某一阶段或某个工程所发生的全部费用,并确定各该成本计算对象实际成本的账户。例如“生产成本”“材料采购”等是成本计算账户。这类账户在结构上的特点是:

1. 为了加强成本管理,挖掘降低成本的潜力,成本计算账户应按成本计算对象设置明细账,进行明细分类核算。

2. 借方登记应计入本期某一过程成本计算对象的全部费用(包括能分清归属直接计入的和通过归集分配的费用),贷方登记转出已完成该过程成本计算的实际成本,如有余额应在借方,表示尚未完工的在产品或在途材料的实际成本。成本计算账户的结构见图5-18。

借方　　成本计算账户	贷方
期初余额——期初尚未完成某一过程的成本计算对象的实际成本 发生额——归集某一经营过程所发生的全部费用额	发生额——结转已完成某一经营过程的成本计算对象的实际成本
期末余额——尚未完成某一过程的成本计算对象的实际成本	

图5-18　成本计算账户结构

(七)期间账户

期间账户是归集企业生产经营过程中某个会计期间发生的收入和费用的账户。按照账户的用途和结构分类,期间账户可以分为期间收入账户和期间费用账户两类。

1. 期间收入账户。期间收入账户是专门用来归集企业在经营过程中发生的各项收入的账户，属于期间收入账户的主要有“主营业务收入”“营业外收入”等账户。这类账户的贷方登记一定会计期间内发生的收入数，借方登记转入“本年利润”账户的数额。由于各项期间收入都要在期末转入“本年利润”账户，所以这类账户期末一般没有余额。期间收入账户的结构见图5－19。

借方　　　　期间收入账户	贷方
发生额：结转到“本年利润”账户的数额	发生额：归集本期内各项收入的发生额

图5－19　期间收入账户结构

2. 期间费用账户。期间费用账户是用来归集企业在生产经营过程中发生的各项费用的账户，期间费用账户包括“主营业务成本”“税金及附加”“销售费用”“管理费用”“财务费用”“营业外支出”“所得税费用”等。这类账户的借方登记一定会计期间内发生的费用数，贷方登记转入“本年利润”账户的数额。各期间费用账户在期末全部转入“本年利润”账户后，期末一般没有余额。期间费用账户的结构见图5－20。

借方　　　　期间费用账户	贷方
发生额：归集本期内各项费用的发生额	发生额：结转到“本年利润”账户的数额

图5－20　期间费用账户结构

期间账户期末一般无余额，账户的一方归集本期发生的收入或费用，另一方将本期归集的数额全部转出，因此期间账户具有过渡性质。

（八）计价对比账户

计价对比账户是对某项经济业务按两种不同的计价进行核算对比，借以确定其业务成果的账户。典型的计价对比账户是按计划成本计价时所设置的“材料采购”账户，该账户的借方登记采购材料的实际成本，贷方登记入库材料的计划成本，将借贷方发生额相对比，即可确定购入原材料的成本差异。这类账户的借方登记某项经济业务的一种计价，贷方登记该项业务的另一种计价。期末将两种计价对比，确定成果。计价对比账户的结构见图5－21。

（九）财务成果账户

财务成果账户是计算并确定企业在一定时期内（月、季、年）全部经营活动最终成果的账户。“本年利润”就是财务成果账户，该账户的贷方登记一定期间内发生的各项收入数，借方登记一定期间内发生的、与收入相配比的各项成本费用数，期末如为贷方余额表

借方	计价对比账户　　贷方
发生额：业务的第一种计价发生额	发生额：业务的第二种计价发生额
期末余额：第一种计价大于第二种计价的差额	(或)期末余额：第二种计价大于第一种计价的差额

图 5-21　计价对比账户结构

示收入大于费用的差额,为实现的利润总额;如为借方余额,表示收入小于费用的差额,为发生的亏损总额。年终结转后该账户无余额。财务成果账户的结构见图 5-22。

借方	财务成果账户　　贷方
发生额：转入的各项成本费用数	发生额：转入的各项收入数
期末余额：发生的亏损总额	(或)期末余额：实现的利润总额

图 5-22　财务成果账户结构

(十)调整账户

它是用来调整有关账户(即被调整账户)的账面余额,以便反映被调整账户实际余额的账户。在会计核算中,根据管理的要求,对某些资产或权益需要开设两个账户,用两种不同的数字进行反映。其中:一个账户反映原始数字;另一个账户反映对原始数字的调整数字。将被调整账户的余额与调整账户的余额相加或相减,即可求得被调整账户的实际余额。调整账户与被调整账户相互配合,既全面、完整地反映了同一会计核算内容,又满足了经营管理所需要的不同指标。

调整账户按调整的方式不同,可分为备抵账户、附加账户和备抵附加账户三类。

1. 备抵账户。它又称抵减账户,是用来抵减被调整账户的余额以求得被调整账户实际余额的账户。调整方式可用下列计算公式表示:

被调整账户余额 - 备抵账户余额 = 被调整账户的实际余额

可见,被调整账户的余额与备抵账户的余额方向必定相反。如果被调整账户的余额在借方,备抵账户的余额一定在贷方;如果被调整账户的余额在贷方,备抵账户的余额一定在借方。

例如,"累计折旧"账户就是"固定资产"账户的备抵账户。为了全面地反映固定资产的价值变化情况,需要取得两种指标:固定资产的原值和固定资产的损耗价值。前者是为了反映固定资产的原始投资额,以便了解企业的生产能力和正确地确定生产经营中所消耗的固定资产价值；后者是为了用来计算固定资产的损耗程度和确定固定资产的净值。在设置“累计折旧”账户后，“固定资产”账户就始终反映固定资产的原始价值，“累计折旧”账户则专门反映固定资产的损耗价值。这样，“累计折旧”账户的余额抵减了“固定资产”账户的余额后，就可求得固定资产的净值。可见，设置这种账户可以满足经营管理所需要的不同指标。

资产类备抵账户与被调整账户在结构上的特点见图 5－23。

(1)被调整账户为借方余额(一般是资产类账户)。

被调整账户

借方	贷方
余额：某项经济活动的原始数据	

备抵账户

借方	贷方
	余额：该项经济活动的抵减数额

图 5－23　资产类备抵账户与被调整账户结构

被调整账户的借方余额－备抵账户的贷方余额＝被调整账户的实际余额

(2)被调整账户为贷方余额（一般是权益类账户）。例如，“本年利润”尚未结转“利润分配”账户以前，“利润分配”账户就是“本年利润”的备抵账户。权益类备抵账户与被调整账户在结构上的特点见图 5－24。

被调整账户

借方	贷方
	余额：某项经济活动的原始数据

备抵账户

借方	贷方
余额：该项经济活动的抵减数额	

图 5－24　权益类备抵账户与被调整账户结构

被调整账户的贷方余额－备抵账户的借方余额＝被调整账户的实际余额

2. 附加账户。它是用来增加被调整账户的余额，以确定被调整账户实际余额的账户。这类账户与备抵账户的调整方式恰好相反，是将附加账户的余额与被调整账户相加，得出被调整账户的实有余额。因此，附加账户与被调整账户的余额方向一致，其调整方式可用下列公式表示：

被调整账户余额＋附加账户余额＝被调整账户的实际余额

单纯的附加账户在实际工作中很少设置使用，故略而不述。

3. 备抵附加账户。这类账户兼有备抵账户和附加账户的双重功能，但备抵和附加不能同时起作用。备抵附加账户的余额与被调整账户的余额，如果是在相同的方向，就是附加账户；如果是在相反的方向，起备抵账户的作用。典型的备抵附加账户是“材料成本差异”账户，这个账户将在财务会计课程中详细讲述，此处从略。

综上所述，可以看出调整账户具有以下三个特点：①调整账户与被调整账户反映的经济内容相同，但用途和结构不同。②被调整账户反映会计科目的原始数字，而调整账户反映的是会计科目的调整数字。因此，调整账户不能脱离被调整账户而独立存在。③调整方式是指原始数字与调整数字是相加还是相减，以求得有特定含义的数字。调整方式是相加还是相减，取决于被调整账户与调整账户的余额是在同一方向，还是在相反方面。

账户按用途、结构的分类如图 5－25 所示。

- 账户按用途、结构的分类
  - 盘存账户
    - 库存现金
    - 银行存款
    - 原材料
    - 库存商品
    - 固定资产
  - 资本账户
    - 实收资本
    - 盈余公积
  - 结算账户
    - 应收账款
    - 预付账款
    - 应付职工薪酬
    - 应交税费
    - 应付利润
    - 长期借款
    - 应付债券
  - 跨期摊提账户
    - 待摊费用
    - 预提费用
  - 集合分配账户 —— 制造费用
  - 成本计算账户
    - 生产成本
    - 材料采购
  - 期间账户
    - 主营业务收入
    - 营业外收入
    - 主营业务成本
    - 税金及附加
    - 销售费用
    - 管理费用
    - 财务费用
    - 营业外支出
    - 所得税费用
  - 计价对比账户 —— 材料采购
  - 财务成果账户 —— 本年利润
  - 调整账户
    - 累计折旧
    - 利润分配
    - 材料成本差异

图 5－25

本章小结

本章对工业企业资金筹集、材料采购、产品生产、产品销售、利润形成及分配等方面的主要经济业务进行讲解，系统说明账户和借贷记账法的具体运用。成本计算是指对生产经营过程中发生的费用，按照成本计算对象和各个成本项目进行归集，以确定该对象的总成本和单位成本的一种专门方法。

筹资业务设置的主要账户包括“实收资本”“短期借款”等。供应过程设置的主要账户包括“材料采购”“原材料”“应付账款”“预付账款”等。生产过程设置的主要账户包括“生产成本”“制造费用”“应付职工薪酬”“固定资产”“累计折旧”“库存商品”等。销售过程设置的主要账户包括“主营业务收入”“主营业务成本”“税金及附加”“销售费用”“应收账款”“预收账款”“应交税费”等。财务成果核算设置的主要账户包括“本年利润”“管理费用”“财务费用”“营业外收入”“营业外支出”“所得税费用”“利润分配”“应付利润”“盈余公积”等。

账户按其经济内容分为：资产类账户、负债类账户、所有者权益类账户、成本类账户、损益类和共同类账户。账户按用途和结构分为：盘存账户、资本账户、结算账户、跨期摊提账户、集合分配账户、成本计算账户、期间账户、计价对比账户、财务成果账户、调整账户。

本章关键词汇

成本计算对象	costing objective
成本项目	cost items
成本计算期	cost period
直接费用	direct cost
间接费用	indirect expenses
材料采购成本项目	material purchase cost
产品生产成本项目	production cost
直接材料	direct material
直接人工	direct labor

制造费用	factory overhead/manufacturing expense
生产成本	product cost
待摊费用	amortization expense/expense not allocated
预提费用	accrued expense
固定资产折旧	depreciation of fixed assets
管理费用	management expense
财务费用	financial expense
营业利润	operating profit
利润总额	total profit
净利润	net profit
营业外收入	non-operating gain
营业外支出	non-operating loss
实收资本	paid-in capital
盈余公积	surplus reserve

思考与练习题

一、思考题

1. 制造业的经营活动有何特点？

2. 什么是成本计算？成本计算包括哪些内容？

3. 企业怎样核算筹资业务？

4. 简述材料采购成本的核算方法。

5. 材料采购成本包括哪些内容？

6. 简述产品生产成本核算的方法。

7. 什么是权责发生制？什么是收付实现制？两者在确定收益和费用的归属期有何区别？

8. 什么是固定资产折旧？计算固定资产折旧时应考虑哪些因素？

9. 固定资产的计价标准有哪几个？各反映什么内容？

10. 为什么要进行待摊费用和预提费用的核算？

11. 什么是调整账户？为什么要设置调整账户？举例说明。

12. 为什么要设置"累计折旧"账户？

13. 为什么要设置"利润分配"账户？

14. 什么是营业外收支？企业营业外收支包括哪些内容？如何进行核算？

15. 什么是利润分配？如何进行核算？

二、练习题

1.【目的】练习材料采购成本的计算。

【资料】某企业本期购入甲、乙两种材料，甲材料 1 000 公斤，乙材料 500 公斤，材料买价分别为甲材料 8 000 元，乙材料 3 000 元；甲乙两种材料共同发生的运费 750 元，按重量比例分摊。甲材料运输途中损耗 100 公斤，其中 20 公斤为定额内合理损耗，80 公斤应由运输部门赔偿。

【要求】列式计算已入库甲、乙两种材料的总成本和单位成本。

2.【目的】练习生产成本的计算和核算。

【资料】某企业 202×年 12 月份发生的部分经济业务如下：

(1)本月制造费用总额 12 600 元，其中甲产品生产工时 4 000 小时，乙产品生产工时 2 300 小时，该企业本月只生产甲、乙两种产品。要求按工时比例计算分配制造费用并编制会计分录。

(2)本月甲、乙两种产品耗用的材料费及人工费如下：

成本项目	甲产品(3 000 件)	乙产品(2 000 件)
直接材料费用	42 000 元	26 000 元
直接人工费	13 000 元	9 000 元

甲、乙两种产品全部生产完工验收入库。

(3)本月向外销售甲产品 2 000 件，每件售价 40 元；乙产品 1 500 件，每件售价 35 元；货款总计 132 500 元，扣除预收账款 100 000 元后由购货方补付货款计 32 500 元存入银行。

(4)根据本月产品销售业务资料，按本月单位产品生产成本计算结转本月已销售产品的实际成本。

(5)本月管理费用 15 000 元、财务费用 337.50 元、销售费用 2 300 元，营业税金 662.50 元。

【要求】

(1)计算甲、乙两种产品总成本并编制会计分录。

(2)编制销售产品的会计分录。

(3)按照 25% 的税率计算该企业本月应缴纳所得税并编制会计分录。

3.【目的】练习固定资产折旧额、折旧率的计算。

【资料】甲企业某项固定资产的原始价值为80 000元，预计使用年限为10年，预计残值为3 500元，预计清理费用为500元。

【要求】采用"平均年限法"计算该项固定资产的年折旧率、年折旧额、月折旧率、月折旧额。

4.【目的】练习权责发生制和收付实现制的运用。

【资料】某公司202×年6月份发生下列经济业务：

(1)销售商品260 000元，其中200 000元当即收款，存入银行，另60 000元尚未收到。

(2)收到上个月提供劳务的款项50 000元，存入银行。

(3)用银行存款支付本月份的水电费3 600元。

(4)用现金15 000元预付下半年的房租。

(5)用银行存款3 000元支付本季度银行借款利息(其中本月1 000元)。

(6)本月提供劳务获得收入24 000元，款项未收到。

(7)按照合同规定预收客户的订货款100 000元，存入银行。

(8)本月负担年初已付款的保险费500元。

(9)上个月已经预收货款的产品本月发货，价款140 000元。

(10)本月负担的修理费2 500元(款项在下个月支付)。

【要求】

(1)按收付实现制计算公司本月的收入、费用和利润。

(2)按权责发生制计算公司本月的收入、费用和利润。

(3)对两种原则下确定的经营成果进行简要说明。

5.【目的】练习制造费用的分配和生产成本的计算。

【资料】京丰工厂生产A、B两种产品，202×年9月份有关产品的资料如下：

(1)月初在产品成本见下表：

月初在产品成本

单位：元

在产品名称	数量(件)	直接材料	直接人工	制造费用	合计
A产品	300	72 000	18 000	9 750	99 750
B产品	90	48 000	12 000	4 950	64 950
合计		120 000	30 000	14 700	164 700

(2)本月发生的生产费用：A产品的直接材料费247 500元，直接人工费87 600元；B产品的直接材料费189 000元，直接人工费53 400元；本月共发生制造费用105 750元。

(3)月末A产品完工750件，B产品完工450件。

(4)月末 A 产品未完工 60 件,其中:直接材料 9 750 元,直接人工 6 300 元,制造费用 4 500 元,合计为 20 550 元;B 产品没有月末在产品。

【要求】以直接人工费为标准分配制造费用,并分别计算 A、B 完工产品的总成本和单位成本。

6.【目的】练习利润的计算。

【资料】京海公司 202×年"利润分配"账户的有关记录如下:"利润分配"总账账户年初贷方余额为 341 000 元,本年借方全年发生额(包括年末结账发生额)为 1 551 750 元,年末贷方余额(结账后)为 737 625 元。公司"利润分配"账户下设三个明细科目:"提取法定盈余公积""应付股利""未分配利润",年末,除"未分配利润"明细科目有余额外,其他各明细科目均无余额。

【要求】计算公司本年实现的净利润。

7.【目的】练习生产成本、营业成本、利润的计算。

【资料】京丰工厂生产一种产品,202×年 9 月份的有关资料如下:

(1)原材料月初余额 368 000 元,月末余额 672 000 元;在产品月初余额 125 000 元,月末余额 158 000 元;库存商品月初余额 567 800 元,月末余额 852 000 元。

(2)本月有关项目的发生额分别为:生产工人工资 320 000 元,车间管理人员工资 100 000 元,厂部行政管理人员工资 60 000 元;本月购入材料 460 000 元,车间一般性消耗材料 72 000 元(本月发出的材料均用于车间产品的生产和一般性消耗);本月销售产品的收入 1 280 000 元;本月发生的折旧费计 32 800 元,其中机器设备折旧费 161 300 元,车间用房的折旧费 12 000 元,厂部办公用房折旧费 4 800 元;本月发生的利息费用 3 000元;本月发生的销售产品的广告费 20 000 元;本月销售产品应缴纳的税金 64 000 元;本月发生的保险费等计为 10 000 元。

公司适用的所得税税率为 25%。

【要求】计算本月完工入库产品的生产成本、本月销售产品的成本和本月的利润总额,以及净利润额。

8.【目的】练习材料采购业务的核算。

【资料】大华厂 202×年 4 月份有关材料采购的经济业务如下:

(1)向 A 工厂购入甲材料 15 000 公斤,每公斤 1.00 元;购入乙材料 2 500 公斤,每公斤 2.00 元,货款共计 20 000 元,尚未支付。

(2)以现金 350 元支付甲、乙材料的装卸费,按购入甲、乙材料的重量比例分配装卸费用。

(3)向 B 工厂购进甲材料 5 000 公斤,每公斤 1.00 元,用银行存款 5 000 元支付材料价款。

(4)以银行存款10 000元预付C公司乙材料款。

(5)以银行存款支付前欠A工厂材料款15 000元。

(6)预付给C公司货款的乙材料到货,数量5 000公斤,每公斤2.00元,材料验收入库。

(7)向A工厂购进甲材料20 000公斤,每公斤1.00元;乙材料5 000公斤,每公斤2.00元,货款30 000元以银行存款支付。

(8)以银行存款支付甲、乙材料的运费1 000元,按购入甲、乙材料的重量比例分配运费。

(9)向B工厂购进甲材料1 000公斤,每公斤1.00元,货款尚未支付。

(10)月末计算并结转甲、乙材料的实际采购成本。

【要求】根据经济业务,编制会计分录。

9.【目的】练习生产业务的核算。

【资料】大华工厂202×年4月份有关生产业务如下:

(1)生产产品领用材料一批,其中A产品耗用30 000元,B产品耗用12 000元,车间一般耗用10 000元,共计耗用材料52 000元。

(2)以现金1 500元支付行政管理部门办公费用。

(3)以银行存款支付车间购买劳保用品费用6 000元。

(4)从银行提取现金58 000元。

(5)以现金58 000元发放本月工资。

(6)提取本月固定资产折旧费60 000元,其中:车间折旧费35 000元,厂管理部门折旧费25 000元。

(7)以银行存款支付厂运输队第二季度车辆保险费21 000元。

(8)预提本月车间固定资产修理费3 000元。

(9)以银行存款支付本月份电费8 500元,其中:生产A产品用电4 000元,生产B产品用电2 500元;车间照明用电500元;厂管理部门用电1 500元。

(10)以银行存款支付车间机器设备修理费500元。

(11)月末分配本月份工资费用,其中:生产A产品工人工资30 000元,生产B产品工人工资10 000元;车间管理人员工资5 000元;厂管理部门人员工资13 000元。

(12)摊销应由本月负担的车辆保险费7 000元。

(13)将本月发生的制造费用分配计入A,B两种产品成本(按生产工人工资比例分配)。

(14)月末,本月生产的A产品1 000件全部完工入库,计算并结转A产品的实际生产成本。

【要求】根据上述经济业务，编制会计分录。

10.【目的】练习销售及财务成果业务的核算。

【资料】利业公司202×年12月份有关销售及财务成果的经济业务如下：

(1)销售给A工厂甲产品100件，每件售价180元，货款计18 000元，存入银行。

(2)以银行存款支付销售甲产品的运费700元。

(3)销售给B公司甲产品50件，每件售价180元，货款9 000元尚未收到。

(4)以现金支付销售给B公司产品的包装费250元。

(5)销售给A工厂甲产品70件，每件售价180元，货款共计12 600元，收到后存入银行。

(6)以银行存款支付广告费1 050元。

(7)月末结转销售甲产品的生产成本，甲产品单位生产成本80元。

(8)按5%的税率计提本月产品销售税金。

(9)取得罚款收入300元存入银行。

(10)以银行存款支付税款滞纳金1 000元。

(11)将本月各收入类账户的余额转入"本年利润"账户。

(12)将本月各支出类账户的余额转入本年利润账户，其中：管理费用账户借方余额5 600元，财务费用账户借方余额1 200元。

(13)按25%的税率计提本月应缴所得税，并结转到"本年利润"账户。

(14)按税后利润的10%提取盈余公积金。

(15)计提本月应付利润2 000元。

【要求】根据上述经济业务，编制会计分录。

11.【目的】练习待摊费用和预提费用的核算。

【资料】天河工厂202×年4月份发生下列经济业务：

(1)4月1日开出转账支票预付第二季度保险费12 000元。

(2)4月末摊销应由本月负担的保险费4 000元。

(3)4月末预提应由本月负担的银行借款利息3 200元。

【要求】编制本月业务的会计分录，开设并登记"待摊费用"和"预提费用"账户。

12.【目的】练习双重性账户的应用。

【资料】京通机械厂设置"应付账款"和"预付账款"两个账户，202×年8月份"应付账款""预付账款"账户及其所属明细账户的期初余额如下：

"应付账款"贷方余额125 000元，其中："应付账款——A工厂"78 000元，"应付账款——B工厂"47 000元。

"预付账款"借方余额65 000元，其中："预付账款——C工厂"35 000元，"预付账款——D 工厂”30 000 元。

该企业 8 月份发生下列业务：

(1)用银行存款 50 000 元归还所欠 A 工厂的货款。

(2)收到 C 工厂发来的材料 41 200 元，其中：材料价款 40 000 元、代垫外地运杂费 1 200 元，材料验收入库，款项上个月已经预付 35 000 元，差额部分暂未支付。

(3)从 B 工厂购买材料价款 10 000 元，款项未付，材料尚未入库。

(4)通过银行补付所欠 C 工厂的差额款。

【要求】编制本月有关业务的会计分录，开设并登记“应付账款”“预付账款”总分类账户和明细分类账户。

三、案例分析题

【资料】诚信会计师事务所在审计京发公司 2025 年财务报表时发现下列问题：

(1)由于电表存在问题，导致该公司 12 月多记电费 18 000 元。该公司经与供电部门协商，供电部门同意按实际用电量收取电费，在会计账上尚未进行调整。

(2)12 月末漏记兼职人员的薪酬 28 000 元。

(3)年末“库存商品”账户余额 200 000 元，为了稳健，全部转计入主营业务成本。

(4)该公司拥有产权的一栋房屋价格比原来上涨了 2 000 000 元，公司依其增值金额调整了固定资产，并增加了营业外收入。

(5)2025 年 12 月该公司收到 G 公司购货订单，购买其生产的产品 500 000 元，商品于 2026 年 1 月发出，但公司于 2025 年 12 月增加应收账款和主营业务收入400 000 元。

(6)该公司以经营租赁方式出租设备 2 台，财务部门认为应该由设备的承租方提取折旧 40 000 元。

(7)应付销售人员薪金 26 800 元，误记为 28 600 元。

【要求】

(1)分析上述各项错误对京发公司的利润会产生什么影响？

(2)上述错误应如何更正？更正后京发公司的利润会产生什么变化？

(3)京发公司的利润应该是多少？

第六章

内部控制与财产清查

通过本章学习，掌握内部控制的基本原理，内部控制在会计中的作用，一些重要资产项目的控制制度，财产清查的原理及方法。

本章重点：理解和掌握内部控制的基本原理，财产物资的盘存制度，掌握财产清查的原理及方法。

本章难点：会计内部控制原理、财产清查及结果的处理。

教学课时：3 课时

案例导读

经过整年的经营，小李的简繁服装店已步入正轨。年末，财务人员对公司进行财产清查，发现存在以下问题：公司出纳的现金日记账与总账存在出入，现金日记账记录的现金流水与总账某些项目无法对应；公司收到的部分发票名称填写有误，部分发票金额有误；进行存货盘点时，有部分货物未及时入库，部分货物实际存在却已经填写出库单。针对存在的问题，财务人员认为应当查明原因，进行相应的处理，为财务报表的编制做好准备。小李认为财产清查十分重要，他还想继续了解以下问题：

- 财产清查的主要方法有哪些？
- 财产清查结果的会计处理有哪些？
- 如何进行期末账项调整的内容？

会计监督是会计的基本职能之一，也是我国经济监督体系的重要组成部分。在市场经济条件下，必须加强会计监督。市场经济是法制经济，社会主义市场经济也不例外。活而有序的社会主义市场经济，要求各单位的经济活动在法律、法规、制度允许的范围内进行。任何违法活动，都是成熟的市场经济国家所不允许的。为了促进有序竞争和有效配置资源，必须实行有效的会计监督，规范会计工作，打击违法行为，保证会计资料质量，为投资者、债权人、社会公众以及政府宏观调控部门提供真实、准确的会计资料，为维护社会主义市场经济秩序服务。

资产作为企业重要的经济资源，是企业从事生产经营活动并实现发展战略的物质基础。资产管理贯穿于企业生产经营全过程，也就是通常所说的"实物流"管控。在企业早期的资产管理实践中，如何保障货币性资产的安全是内部控制的重点。在现代企业制度下，资产业务内部控制已从如何防范资金挪用、非法占用和实物资产被盗拓展到重点关注资产效能，充分发挥资产资源的物质基础作用。

本章主要讲解内部控制制度的基本原理和方法。财产清查是内部控制制度的重要内容，又是会计核算的一种专门方法，因而放在本章论述。

第一节　内部控制的基本原理

一、内部控制的含义

（一）什么是内部控制

内部控制最初称为内部牵制，其主要特点是：以任何个人或部门不能单独控制任何一项或一部分业务权力的方式进行组织上的责任分工，从而使该项业务权力通过发挥其他个人或部门的职能进行交叉检查或交叉控制。内部牵制基于这样一种假设，即两个或两个以上的个人或部门无意识地犯同样错误的机会是很小的。内部牵制侧重于单位组织分工的控制，是内部控制的最初形式，随着经济的发展，在内部牵制的基础上产生了内部控制。

2008 年我国财政部等五部委颁布的《企业内部控制基本规范》中指出，内部控制是由企业董事会、监事会、管理层和全体员工实施的，旨在实现控制目标的过程。内部控制的要素包括内部环境、风险评估、控制活动、信息与沟通、内部监督五个方面。

内部控制按其控制的目的不同，可分为会计控制和管理控制。会计控制是指与保护财产物资的安全性、会计信息的真实性和完整性以及财务活动合法性有关的控制；管理控制是指与保证经营方针、决策的贯彻执行,促进经营活动的经济性、效率性、效果性以及经营目标的实现有关的控制。会计控制与管理控制并不是相互排斥、互不相容的,有些控制措施既可以用于会计控制,也可以用于管理控制。

(二)内部控制的目标

早期内部控制的目标是比较狭隘的,多局限于资金和财产的保护,防止欺诈和舞弊行为。现代意义的内部控制是单位内部科学管理的重要内容,其基本目标是确保单位经营活动的效率性和效果性、资产的安全性、经营信息和财务报告的可靠性。我国《企业内部控制基本规范》将内部控制的目标归纳为五个方面:

1. 合理保证企业经营管理合法合规。

2. 合理保证企业资产安全。资产安全完整是投资者、债权人和其他利益相关者普遍关注的重大问题,是单位可持续发展的物质基础。良好的内部控制,应当为资产安全提供扎实的制度保障。

3. 合理保证企业财务报告及相关信息真实完整。

4. 提高经营效率和效果。要求单位结合自身所处的特定的经营、行业和经济环境,通过健全有效的内部控制,不断提高营运活动的盈利能力和管理效率。

5. 促进企业实现发展战略。

(三)内部控制的局限

良好的内部控制虽然能够达到上述目标,但无论内部控制的设计和运行多么完善,它都无法消除其本身所固有的局限。这种局限性也必须明确并加以预防,主要表现为:

1. 受成本效益原则的局限。管理层在设计和实施某项内部控制时,必然要权衡强化内部控制的利弊得失,如果增加控制环节会过分降低办事效率,就有可能放弃设计或实施这项内部控制。

2. 如果负有不同责任的职员忽视控制程序,错误判断,甚至相互勾结、内外串通舞弊等,往往导致内部控制失灵。

3. 管理人员滥用职权,逾越控制,对设置或实施的内部控制不予理睬,也会使建立的内部控制形同虚设。

二、内部控制的措施

企业应当结合风险评估结果,通过手工控制与自动控制、预防性控制与发现性控制相结合,运用相应的控制措施,将风险控制在可承受度之内。控制措施一般包括:不相容职务分离控制、授权审批控制、会计系统控制、财产保护控制、预算控制、运营分析控制和绩效考评控制等。

(一)不相容职务分离控制

不相容职务分离控制要求企业全面系统地分析、梳理业务流程中所涉及的不相容职务,实施相应的分离措施,形成各司其职、各负其责、相互制约的工作机制。企业进行组织规划,首先要对不相容职务进行分离。

如果担任不相容职务的职工之间相互串通勾结,不相容职务分离就失去作用了。但如果企业没有适当的职务分离,则发生错误和舞弊的可能性更大。

(二)授权审批控制

授权审批控制要求企业根据常规授权和特别授权的规定,明确各岗位办理业务和事项的权限范围、审批程序和相应责任。企业应当编制常规授权的权限指引,规范特别授权的范围、权限、程序和责任,严格控制特别授权。常规授权是指企业在日常经营管理活动中按照既定的职责和程序进行的授权。特别授权是指企业在特殊情况、特定条件下进行的授权。企业各级管理人员应当在授权范围内行使职权和承担责任。

(三)会计系统控制

会计系统控制要求企业严格执行国家统一的会计准则制度,加强会计基础工作,明确会计凭证、会计账簿和财务会计报告的处理程序,保证会计资料真实完整。会计系统是为确认、汇总、分析、分类、记录和报告企业发生的经济业务,并保持相关资产和负债的受托责任而建立的各种会计记录手段、会计政策、会计核算程序、会计报告制度和会计档案管理制度等的总称,因此有必要对会计系统进行相关的控制。

(四)财产保护控制

企业要建立财产日常管理制度和定期清查制度,采取财产记录、实物保管、定期盘点、账实核对等措施,确保财产的安全完整;严格限制未经授权的人员接触和处置财产。这里所说的财产主要包括企业的现金、存货以及固定资产等。它们在企业资产总额中的比重较大,是企业进行经营活动的基础,因此企业应加强实物资产的保管控制,保证实物资产的安全、完整。

(五)预算控制

预算控制要求企业实施全面预算管理制度,明确各责任单位在预算管理中的职责权限,规范预算的编制、审定、下达和执行程序,强化预算约束。

(六)运营分析控制

运营分析控制要求企业建立运营情况分析控制,经理层应当综合运用生产、购销、投资、筹资、财务等方面的信息,通过因素分析、对比分析、趋势分析等方法,定期开展运营情况分析,发现存在的问题,及时查明原因并加以改进。

(七)绩效考评控制

绩效考评控制要求企业建立和实施绩效考评制度,科学设置考核指标体系,对企业内部各责任单位和全体员工的业绩进行定期考核和客观评价，将考评结果作为确定员工薪酬以及职务晋升、评优、降级、调岗、辞退等的依据。

三、内部控制的检查和评价

内部控制的检查与评价是通过内部审计来完成的。内部审计作为本单位最高管理层的代表，其主要职责是协助单位的最高管理层，使其能够有效地履行管理职责，对内部控制执行情况进行检查和评价的一种监督形式，可以理解为对内部控制的控制。内部审计的结论只能作为本单位改善经营管理的参考，对外不起鉴证作用。单位内部审计的职责决定了其机构必须独立于被审计单位直接向最高管理层负责和报告。

第二节　内部控制方法的应用

鉴于资产管理的重要性，《企业内部控制基本规范》将合理保证资产安全作为内部控制目标之一，同时单独制定了《企业内部控制应用指引第 8 号——资产管理》，着重对货币资金、存货、固定资产和无形资产等资产提出了全面风险管控要求，旨在促进企业在保障资产安全的前提下提高资产效能。李节仅介绍货币资金内部控制和存货内部控制。

一、货币资金管理中的内部控制

货币资金是企业资产中流动性较强的资产，是企业资金运动的起点和终点。货币资金是企业能够随时转换为其他资产或用于清偿债务的媒介，财务会计信息主要借助货币单位传递给会计信息使用者。加强对货币资金的管理和控制，对于保障企业资产安全完整、提高货币资金的周转速度和使用效益，具有重要意义。

加强对货币资金的控制应当结合企业生产经营特点，制定相应的控制制度，并监督实施。尤其是现金，它由单位出纳人员保管，是流动性最强的资产，易于携带，易被挪用、贪污和盗窃。因此，应建立现金管理的内部控制制度，加强对现金的管理。

（一）现金的内部控制

1. 企业应当加强现金库存限额的管理，超过库存限额的现金应当及时存入开户银行。根据《现金管理暂行条例》的规定，结合企业的实际情况，确定现金开支范围和现金支付限额。不属于现金开支范围或超过现金开支限额的业务应当通过银行办理转账结算。

企业现金收入应当及时存入银行,不得坐支现金。

2. 对取得的货币资金收入必须及时入账,不得账外设账,严禁收款不入账。有条件的企业,可以实行收支两条线和集中收付制度,加强对货币资金的集中统一管理。对现金进行定期和不定期地盘点,确保现金账面余额与实际库存相符。如发现不符,及时查明原因,做出处理。

(二)银行存款的内部控制

1. 企业应当严格按照国家有关规定,加强对银行账户的管理,严格按照规定开立账户,办理存款、取款和结算业务。银行账户的开立应当符合企业经营管理实际需要,不得随意开立多个账户,禁止企业内设管理部门自行开立银行账户。

2. 企业应当定期检查、清理银行账户的开立及使用情况,发现未经审批擅自开立银行账户或者不按规定及时清理、撤销银行账户等问题,应当及时处理并追究有关责任人的责任。加强对银行结算凭证的填制、传递及保管等环节的管理与控制。

3. 严格遵守银行结算纪律,不准签发没有资金保证的票据或远期支票套取银行信用;不准签发、取得和转让没有真实交易和债权债务的票据套取银行和他人资金;不准无理拒绝付款,任意占用他人资金;不准违反规定开立和使用银行账户。

4. 财务部门应指定专人定期核对银行账户,每月至少核对一次,编制银行存款余额调节表,并指派对账人员以外的其他人员进行审核,确定银行存款账面余额与银行对账单余额是否调节相符。如调节不符,应当查明原因,及时处理。

5. 企业应当加强对银行对账单的稽核和管理。出纳人员一般不得同时从事银行对账单的获取、银行存款余额调节表的编制等工作。确需出纳人员办理上述工作的,应当指定其他人员定期进行审核、监督。

6. 实行网上交易、电子支付等方式办理资金支付业务的企业,应当与承办银行签订网上银行操作协议,明确双方在资金安全方面的责任与义务、交易范围等。操作人员应当根据操作授权和密码进行规范操作。使用网上交易、电子支付方式的企业办理资金支付业务,不应因支付方式的改变而随意简化、变更支付货币资金所必需的授权批准程序。企业在严格实行网上交易、电子支付操作人员不相容岗位相互分离控制的同时,应当配备专人加强对交易和支付行为的审核。

二、存货管理中的内部控制

存货主要包括原材料、在产品、产成品、半成品、商品及周转材料等,代销、代管、代修、受托加工的存货,虽不归企业所有,也应纳入存货管理范畴。不同类型的企业有不同的存货业务特征和管理模式,即使同一企业,不同类型存货的业务流程和管控方式也可能不尽相同。建立和完善存货内部控制制度，必须结合本企业的生产经营特点，针对业务流程中主要风险点和关键环节，制定有效的控制措施，同时，充分利用计算机信息管理系统，强化会计、出入库等相关记录，确保存货管理全过程的风险得到有效控制。

概括地讲，无论是生产企业还是商品流通企业，存货取得、验收入库、仓储保管、领用发出、盘点清查、销售处置等是其共有的环节，应加强对这些环节的管控，建立健全相应的内部控制制度。

（一）验收入库环节的内部控制

不论是外购原材料或商品，还是本企业生产的产品，都必须经过验收（质检）环节，以保证存货的数量和质量符合合同等有关规定或产品质量要求。企业外购存货验收的主要控制措施是：重点关注合同、发票等原始单据与存货的数量、质量、规格等核对一致；涉及技术含量较高的货物，必要时可委托具有检验资质的机构或聘请外部专家协助验收。

（二）仓储保管环节的内部控制

如果存货仓储保管方法不适当、监管不严密，可能导致损坏变质、价值贬损、资源浪费。企业仓储保管环节的内部控制主要有：存货在不同仓库之间流动时，应当办理出入库手续；存货仓储期间要按照所要求的储存条件妥善贮存，做好防火、防洪、防盗、防潮、防变质等保管工作；仓储部门应每日巡查和定期抽检，详细记录库存情况；发现毁损、存在跌价迹象的，应及时与生产、采购、财务等相关部门沟通；对于进入仓库的人员应办理进出登记手续，未经授权人员不得接触存货。

（三）发出存货环节的内部控制

存货发出环节如果审核不严格、手续不完备，可能导致货物流失。发出存货环节的主要内部控制措施包括：企业需根据自身的业务特点，确定适用的存货发出管理模式，制定严格的准出制度，明确发出和领用的审批权限，健全出库手续，加强存货领用记录。通常情况下，对于一般的生产企业，仓储部门应核对经过审核的领料单或发货单的内容，做到单据齐全，名称、规格、计量单位准确；符合条件的准予领用或发出，并与领用人当面核对、点清交付。

（四）盘点清查环节的内部控制

存货盘点清查一方面要核对实物的数量，看其是否与相关记录相符、是否账实相符；另一方面也要关注实物的质量，看其是否有明显的损坏。企业应当建立存货盘点清查工作规程，结合实际情况确定盘点周期、盘点流程、盘点方法等相关内容，定期盘点和不定期抽查相结合。盘点清查时，应拟定详细的盘点计划，合理安排相关人员，运用科学的盘点方法，保持盘点记录完整，以保证盘点的真实性、有效性。

盘点清查结果要及时编制盘点表，形成书面报告，包括：盘点人员，时间，地点，实际所盘点存货名称、品种、数量、存放情况，以及盘点过程中发现的账实不符情况等内容。

对盘点清查中发现的问题,应及时查明原因,落实责任,按照规定权限报经批准后处理。对于多部门人员共同进行的盘点,应相互制衡,严格按照盘点计划,认真记录盘点情况。此外,企业至少应当于每年年度终了开展全面的存货盘点清查,及时发现存货减值迹象,将盘点清查结果形成书面报告。

第三节 财产清查

为了保证账簿记录的正确和完整,应当加强会计凭证的日常审核,定期进行账证核对和账账核对。但是账簿记录的正确性还不能说明账簿记录的客观真实性,因为种种原因可能使各项财产的账面数额与实际结存数额产生差异,或者虽然账实相符而某些材料、物资已毁损变质。如保管过程中发生的自然损耗;收发管理中发生错收、错付;计量、检验不准确或发生错误;因管理人员的过失发生存货的毁损变质和不法分子的贪污盗窃、破坏等。此外,现金、银行存款等各项货币资金和各项应收、应付款的账面数额与实际数额都有可能出现账实不符的情况。因此,为了掌握各项财产物资、债权债务的真实情况,保证报表资料的准确可靠,必须在账簿记录的基础上运用财产清查这一专门方法,对各项财产物资、债权债务进行定期或不定期的盘点和核对。

一、财产清查的概念和意义

(一)财产清查的概念

财产清查是指通过对各项财产的盘点与核对,查明财产在一定时期的实存数额,并与账面结存数进行核对,确定账实是否相符的一种专门方法。

任何单位各项财产的增减变动及其结存情况,通过凭证编制与审核、账簿登记与核对已经得到了正确的反映,但是账簿记录的正确性还不能说明账簿记录的真实性。在账证相符、账账相符的情况下,也可能出现财产账面结存数与实际结存数不一致,如财产计量计价不准、验收不严或自然升溢、自然损耗、丢失、霉烂变质、毁损,以及贪污盗窃、营私舞弊等非法行为等。因此,为准确如实地反映企业各项财产收发结存情况,保证会计核算资料真实可靠,单凭日常凭证的审核,账证、账账之间的核对是不够的,还必须在填制凭证、登记账簿的基础上,运用财产清查这一专门方法,对各项财产进行定期与不定期盘点与核对,做到账实相符。

(二)财产清查的意义

1. 通过财产清查,可以确定各项财产的实有数额,并通过实存数与账存数之间的相互核对，确定账实相符程度，查明发生盈亏的原因及责任，便于及时调整账簿记录，做到账实相符，为编制会计报表奠定基础。

2. 财产清查是检查财产内部管理控制制度是否有效的必要措施。财产清查不仅仅是编好会计报表的基础工作，更是财产安全、完善、有效的有力保证，还是检查内部控制制度是否有效的必要措施。建立内部控制制度的目的是保护财产的安全与完整，提高经营效率。通过财产清查，可以掌握实物财产的储存、利用、保管情况，有无毁损、变质、被非法挪用、贪污、盗窃等，有无储备不足，有无超储、积压、呆滞现象等，以便及时采取措施，处理积压、闲置和不配套资产，减少资产占用，并挖掘实物财产的潜力，调剂余缺，补充储备资金的不足，从而保证业务活动的正常进行。对于尚未结清的应收账款，应积极清理，减少坏账损失，对已确认的坏账，应及时调整账簿记录，保证会计核算资料的真实。

二、财产清查的程序

为保证财产清查的质量，充分发挥财产清查的作用，必须按照规定的程序，科学合理地组织清查工作。财产清查的程序一般包括准备、实施、终结三个阶段。

（一）财产清查的准备阶段

1. 组织准备。为做好清查工作，应该成立专门的由会计部门、财产管理和使用部门参加的清查小组，小组成员应包括领导、专业人员和相关人员，负责组织领导该项工作。清查小组根据清查任务、对象、范围及时间要求，制订财产清查详细计划、安排清查工作进度、配备清查人员。在清查过程中，清查小组必须做好清查活动的组织及质量监督检查工作，清查完毕，应将清查结果及处理意见或建议以书面形式报告有关部门审批处理。

2. 业务准备。财产清查涉及面广、工作量大，对此，与财产管理、使用相关的各职能部门应分别做好以下业务准备工作：

（1）会计部门和财产管理部门在财产清查前，应将截至清查日所有资产账簿登记齐全，并结出账面余额，核对清楚，保证账簿记录的正确性，便于确定账实之间的差异。

（2）财产使用部门对其使用和保管的所有财产，应按其自然属性予以整理，堆放整齐、排列清楚，并挂有标签，标明品种、规格和结存数量，以便盘点核对。

（3）财产清查人员还需准备好盘点清册和计量用具，并对度量衡器进行检查和校正，以保证计量准确可靠。

（二）财产清查的实施阶段

财产清查准备工作就绪，由清查人员根据各种资产的自然属性，采取以下方法对其数量与质量予以清查：

1. 实地盘点法。即通过点数、过磅、量尺等方式，据以确定财产实有数量。这种方法简便、适用范围广，一般实物资产均可采用。

2. 技术推算法。这是通过技术推算（如量方、计尺等方法）确定财产实有数量的方法。这种方法一般适用于物体笨重或数量多、价值低、难于逐一清点的实物财产。

3. 查询法。这是根据账簿记录，采取当面查对或函调方式，核查实物资产、应收项目实有数额的一种方法。这种方法一般适用于委托加工、出租出借以及应收项目等资产的清查。

4. 对账单法。即将账簿记录与对方开出的对账单进行核对或者根据账簿记录给对方开出对账单与之核对。这种方法适用于银行存款及应收项目的核对。

为明确责任，对实物财产进行盘点时，必须有实物保管人员在场；盘点时，清查人员要认真盘点核对，做好记录，并对清查中发现的异常情况（如霉烂、破损、不配套、失效过期等致使资产不能正常出售或耗用）予以注明，并提出处理意见。盘点结束，需由盘点人员根据盘点结果填制“盘存单”，并由盘点人员和实物保管人员签字或盖章。

“盘存单”是记录实物盘点结果、据以确定实物资产实有数额的原始凭证，其格式见表 6 – 1 所示：

表 6 – 1 盘存单

财产类别________ 编号________

存放地点________ 盘点日期： 年 月 日

编号	名称	规格	计量单位	数量	单价	金额	备注

盘点人________ 实物保管人________

（三）财产清查的终结阶段

在财产清查终结阶段，首先根据清查结果编制“实存账存对比表”，见表 6 – 2 所示。

表 6 – 2 实存账存对比表

单位名称： ______年______月______日

编号	类别及名称	计量单位	单价	实存		账存		对比结果				备注
								盘盈		盘亏		
				数量	金额	数量	金额	数量	金额	数量	金额	

该表是用以确定实存数与账存数之间的差异，作为调整账面记录的依据。以该表为基础核准各类资产的盈亏情况，分析与查明账实不符的性质与原因，明确责任，按规定程序报请有关部门及领导处理。此外，针对清查中发现资产管理方面的问题，总结经验，提出改进措施，健全和完善有关资产管理的各种规章制度。

三、财产清查的种类与盘存制度

（一）财产清查的分类

财产清查可以按不同标准分为以下几类：

1. 按清查的对象和范围，分为全面清查和局部清查。

（1）全面清查，就是对企业所有资产进行全面盘点与核对。通过全面清查，可以达到全面了解企业资产状况的目的。但全面清查投入人力多、花费时间长，一般只在下述情况下才实施全面清查：①年终编制决算财务报表；②企业撤销、合并或隶属关系改变；③按规定开展清产核资；④企业更换主要负责人。

（2）局部清查，是指对企业部分资产进行的盘点与核对，具有清查范围小、专业性强的特点。其清查对象主要是流动性强、易于损耗的资产以及一些贵重的财产物资。属于局部清查的主要有：①材料、商品、在产品、产成品等在年中进行的轮流盘点或重点清查；②贵重物资进行的经常盘点；③库存现金于每日营业终了进行的清点盘库；④企业与银行之间款项的核对；⑤企业与外单位各项应收项目的经常查询。

2. 按照财产清查的时间，可分为定期清查和不定期清查。

（1）定期清查，就是根据预先计划安排的时间进行的清查，如月末、季末和年末结账时进行的清查。定期清查可以是全面清查，也可以是局部清查，如月末结账时的定期局部清查，年终决算时的清查则为定期的全面清查。

（2）不定期清查，是指预先不规定清查时间，根据特殊需要而进行的临时清查。例如：①资产经管人员（出纳员、仓库保管员）调离工作岗位；②资产遭受自然或其他非常损失时；③按规定开展临时性清产核资工作时；④财政、税务、银行、审计等部门进行查账时。

（二）各种资产清查的方法

1. 货币资金的清查，主要包括对库存现金和银行存款的清查。

（1）库存现金的清查。清查库存现金的主要方法是实地盘点，一般由出纳人员于每日结账后对其经管的现金进行盘点，清查小组还应对库存现金进行定期和不定期的清查。盘点时，既要清点现金实存数并与现金日记账余额相核对，查明盈亏，又要严格检查库存现金限额遵守的情况以及有无以白条抵充现金的现象。盘点结束，应根据盘点结果和账簿记录填制“现金盘点表”，如表6－3所示。

表6－3　　　　现金盘点表

单位名称：　　　　202×年5月30日

实存金额	账存金额	对比结果		备注
		长款	短款	
723	693	30		

盘点人签章　张利　　　　出纳员签章　李红

该表兼有盘存单和实存账存对比表的作用，是对库存现金进行账项调整和差异分析的原始凭证。

(2)银行存款的清查。采用与银行核对账目的方法进行，商业银行定期将企业、单位一定时期在该行存款情况，以对账单形式寄给企业、单位，供企业、单位核对，接到银行对账单后，企业、单位要与银行存款日记账逐笔核对其发生额及余额，检查账单相符程度。

银行对账单上的余额，常与企业、单位银行存款日记账上的余额不一致，其原因如下：

第一，企业、单位或银行记账错误，如企业、单位在几家银行同时开户，记账时可能发生银行之间串户错误，同样，银行也可能把各存款单位账目相互混淆。

第二，未达账项，即企业、单位与银行之间，由于双方记账时间不一致而发生的一方已入账而另一方尚未入账的事项。未达账项一般有以下四种情况：①存入银行的款项，企业、单位已作为存款入账，但银行尚未办理存款手续，未记入企业、单位的存款户；②企业、单位开出支票或其他支出凭证后，已按减少银行存款登记入账，但银行尚未办理转账手续，未记入企业、单位存款户；③银行代企业、单位收进的款项，银行已登记入账，增加了企业、单位的存款，但企业、单位尚未收到通知，因而尚未登记入账；④银行代企业、单位支付的款项，银行已登记入账，减少了企业、单位的存款，但企业、单位尚未收到通知，因而还未登记入账。

对于企业、单位与银行双方记账差错而引起的账单不符，分别由双方按规定的错账更正方法予以更正；对于未达账项引起的账单余额不符，在清查银行存款时，先编制“银行存款余额调节表”调整银行与企业、单位之间在银行存款余额记录上的差异，据以核实银行与企业、单位双方账目是否正确。

银行存款余额调节表的编制方法有多种，主要介绍以下两种：

方法一：从银行对账单余额开始，对造成银行对账单余额差异的有关事项进行调整，使银行对账单余额在调整了所有应调节的账项后，与企业、单位银行存款日记账余额相一致。

将银行对账单余额调整到企业、单位的账面余额，其方法如下：

$$\text{银行对账单存款余额} + \frac{\text{企业已经收款入账而银行尚未入账事项}}{\text{银行已经付款入账而企业尚未入账事项}} - \frac{\text{企业已经付款入账而银行尚未入账事项}}{\text{银行已经收款入账而企业尚未入账事项}} = \text{企业银行存款日记账余额}$$

方法二：将企业、单位银行存款日记账余额与银行对账单存款余额都调整到正确余额，即以双方调整前的账面余额为基础，各自补记对方已入账（包括增加和减少金额）而本方尚未入账的未达账项，算出双方各自调整后的余额。若双方调节后的余额相等，一般说明双方记账正确；如不等，则说明某一方（或双方）记账有误。具体调整方法举例如下：

【例 6－1】某企业 9 月 30 日银行存款日记账余额为 51 400 元，而银行对账单余额为 52 100 元，经逐笔核对，发现有以下未达账项：

（1）企业 28 日送存银行转账支票一张，计 15 000 元，银行尚未入账。

（2）企业 29 日开出现金支票一张，支付费用 3 500 元，银行尚未收到支票。

（3）企业委托银行代销货款 12 500 元，银行已收款入账，企业尚未收到银行收款通知，未入账。

（4）银行代企业支付本月水费 850 元、电费 650 元，银行已付款入账，企业尚未收到付款通知。

（5）银行已结算本季度存款利息 1 200 元，企业尚未转账。

银行存款日记账余额		银行对账单余额
+银行已经收款入账而企业尚未入账事项 －银行已经付款入账而企业尚未入账事项		+企业已经收款入账而银行尚未入账事项 －企业已经付款入账而银行尚未入账事项
调整后余额	=	调整后余额

根据上述未达账项，编制“银行存款余额调节表”，如表 6－4 和表 6－5 所示。

表 6－4　　银行存款余额调节表

户名：结算户存款

账号：9671164－29　　202×年 9 月 30 日　　编号×××

项目	金额
银行对账单存款余额	52 100
加：企业已收银行未收款项	
（1）企业送存银行的转账支票	15 000

续表

项目	金额
银行已付企业未付的款项	
(4)银行代付水费	850
电费	650
减:企业已付银行未付的款项	
(2)企业开出的现金支票	3 500
银行已收企业未收的款项	
(3)银行代收销货款	12 500
(5)银行结算的存款利息	1200
企业银行存款日记账余额	51 400

表6-5 **银行存款余额调节表**

户名:结算户存款

账号:9671164-29 202×年9月30日 编号×××

项目	金额	项目	金额
银行存款日记账余额	51 400	银行对账单余额	52 100
加:银行已收企业未收款项		加:企业已收银行未收款项	
(3)银行代收销货款	12 500	(1)企业送存银行转账支票	15 000
(5)银行结算存款利息	1 200	减:企业已付银行未付款项	
减:银行已付企业未付款项		(2)企业开出现金支票	3 500
(4)银行代付水费	850		
电费	650		
调整后余额	63 600	调整后余额	63 600

但需注意:银行存款余额调节表只起调节试算企业与银行之间账款是否相符的作用,对于它们之间的未达账项,都必须等收到结算凭证后,方可记账,不能依照此表编制凭证,调整账簿记录。

2. 应收项目的清查。应收项目清查的主要方法是函询法,即企业应在清查日截止时将有关应收项目的结算凭证全部登记入账,在正确登记的基础上,编制对账单一式两联,送交对方单位进行核对。核对相符与否,均需在对账单上注明,并盖章退回清查单位。对于清查过程中有争议或确实无法收回的款项,要及时采取措施,予以处理,减少坏账损失。

为个人垫付的款项(如职工家属医药费等),也应定期抄列清单与本人核对,督促及时归还。

3. 存货的清查。存货清查一般采用实地盘点的方法。盘点前,应将存货的有关账簿登记齐全,结出余额,并将账面结存数量填入存货盘存表;盘点时,依据存货的不同性质,分别采用点数、过秤、量尺以及适当技术方法点清实有数量,然后填入存货盘存表,并与账面结存数量相核对,确定盈亏。

对于在途存货和委托其他企业加工的存货,也要根据明细账和有关凭证进行清查,必要时需向对方查询和对证,查明账实是否相符一致。

4. 固定资产的清查。这种清查是将固定资产实物与固定资产卡片账相核对,检查两者相符程度。其核对方法有以下两种:

(1)抄列实存清单法,就是将经过盘点后的固定资产全部抄入固定资产实存清单,然后将清单所列固定资产与卡片逐一核对,对于两者差异再填列"固定资产盈亏报告表"。

(2)卡实直接核对法,指将固定资产卡片直接与固定资产实物进行核对,账实相符,在卡片中做出标记;若不符则需填列"固定资产盈亏报告表"。

进行固定资产清查,不仅应查明账实是否相符,还需进一步检查固定资产的使用、保管和维修情况,以便采取措施,改进固定资产管理,发挥其效能。

(三)存货的盘存制度

正确地确定存货的数量是进行存货计价与核算的基础,而存货期末数量的确定方法又取决于存货的盘存制度。在实际工作中,存货的盘存制度主要有两种,即永续盘存制和实地盘存制。

1. 永续盘存制。永续盘存制又称账面盘存制。它是根据存货的收发业务进行账簿增减变动记录,由此来确定存货期末数量的盘存核算方法。采用永续盘存制,需要对每一品种、规格的存货开设明细分类账户,通过对存货的收发进行明细分类核算,平时逐日或逐笔在存货明细账中登记增加数和减少数,并随时结出结存数。确定期末存货数量的计算公式为:

期末存货数量 = 期初存货数量 + 本期存货增加数量 - 本期存货减少数量

【例6-2】永安公司202×年12月1日结存A商品200件,每件实际成本为10元;12月8日和22日分别购入A商品500件和400件,每件实际成本均为10元;12月12

日发出A商品600件;25日发出A商品320件。发出A商品每件实际成本均为10元。

要求:按永续盘存制计算本月发出和结存A商品的成本。如表6-6所示。

表6-6 库存商品明细分类账

商品名称:A商品 单位:元

202×年		凭证号数	摘要	收入			发出			结存		
月	日			数量	单价	金额	数量	单价	金额	数量	单价	金额
12	1	略	期初结存							200	10	2 000
	8		购入	500	10	5 000				700	10	7 000
	12		发出				600	10	6 000	100	10	1 000
	22		购入	400	10	4 000				500	10	5 000
	25		发出				320	10	3 200	180	10	1 800
	31		合计	900		9 000	920		9 200	180	10	1 800

本月发出A商品成本=600×10+320×10=9 200(元)

月末库存A商品实际成本=2 000+9 000-9 200 =1 800(元)

永续盘存制的特征是形成了一种连续不断的库存存货记录。当存货发生变动时,就要把这些变动记录在存货账户。例如,上述例题中购进的A商品要按照成本记在收入栏中,减少的A商品要按照成本记在发出栏中。

采用永续盘存制,可以随时反映存货的增减变动与结存情况,有利于加强存货的管理,为正确计算耗用和销售成本提供保证;通过存货账面结存数量与实地盘点数量的核对,还可以及时发现和解决存货短缺和毁损等现象,有利于保护企业财产物资的安全完整。但对于存货品种繁多、收发业务频繁的企业,若采用这种方法,工作量较大。

2. 实地盘存制。实地盘存制又称定期盘存制。它是通过对存货的定期清查、盘点结果来确定存货期末数量的盘存核算方法。采用实地盘存制,平时存货核算只登记存货的增加数,不登记减少数,期末通过实地盘点确定实际存货数量,并按一定计价方法计算期末存货金额,最后倒挤确定本期销售或耗用存货的数量和金额。其计算公式为:

本期存货减少数量=期初存货数量+本期存货增加数量-期末存货数量

【例6-3】假定永安公司202×年12月1日结存A商品200件,每件实际成本为10元;12月8日和22日分别购入A商品500件和400件,每件实际成本均为10元;12月31日对库存A商品进行盘点,实际库存160件。按实地盘存制计算本月发出和结存A商品的成本。如表6-7所示。

表 6－7　　　　库存商品明细分类账　　　　单位:元

商品名称:A 商品

202×年		凭证号数	摘要	收入			发出			结存		
				数量	单价	金额	数量	单价	金额	数量	单价	金额
12	1		期初结存							200	10	2 000
	8		购入	500	10	5 000						
	12		发出									
	22		购入	400	10	4 000						
	25		发出									
	31		合计	900		9 000				160	10	1 600

月末库存 A 商品实际成本 =160×10 =1 600(元)

本月发出 A 商品成本 =2 000+9 000－1 600=9 400(元)

上述例题中,购进的 A 商品要按照成本记在收入栏中,平时不记录发出的数量和金额,期末必须通过实地盘点确定 A 商品的库存数量 160 件,据以计算 A 商品的期末库存成本,最后倒算出本期发出 A 商品的成本。

采用实地盘存制,可以简化日常核算工作,但由于日常核算中不反映存货的减少与结存情况,很难对存货进行控制和管理。同时,采用此法,企业的耗用或销售成本是以倒挤的方法推算出来的,这样就会把计量、收发、保管中产生的差错、浪费以及被盗等各种非销售和领用的损耗,全部计入耗用成本或销售成本,影响成本核算的正确性,不利于保护企业财产物资的安全与完整。因此,此方法只适用于存货品种多、价值低、收发频繁、损耗大,以及不便于实行永续盘存制的企业。

永续盘存制和实地盘存制各有利弊,但二者相比较,永续盘存制能够加强对存货的管理,能够随时提供存货收入、发出和结存的资料,因此在实际工作中企业对绝大部分存货都采用永续盘存制,只有对一些价值低、品种多、收发频繁的存货采用实地盘存制。

四、财产清查结果的账务处理

财产清查后,如果实存数与账存数一致,说明账实相符,不需要进行会计处理。如果实存数与账存数不一致,则存在两种情况:一是实存数大于账存数,称为盘盈;二是实存数小于账存数,称为盘亏。还有一种情况是,虽然实存数与账存数一致,但是实存的财产物资存在质量问题,不能按正常的财产物资使用,称为毁损。对于财产清查中出现的盘盈、盘亏和毁损情况,都要进行会计处理。处理的原则是调整会计账簿记录,使账存数与实存数一致，使得账实相符。如果是盘盈，则调整增加账存数，使其与实存数一致。如果是盘亏或毁损，则调整减少账存数，使其与实存数一致。不论是盘盈、盘亏或毁损，均说明企业在财产物资管理中存在着问题。因此，应该找出问题的原因，明确经济责任，提出相应的处理意见。

财产清查中发现的盘盈或盘亏毁损，一般分以下两个步骤进行账务处理：

第一步，根据复查核实后的盘盈、盘亏情况，应按规定审批权限，向企业领导或有关部门办理报批手续，并调整账簿记录，做到账实相符，将盈亏数额转入“待处理财产损溢”账户。

第二步，审批后，根据批复处理意见，结合盈亏发生的原因及性质，编制记账凭证，登记有关账簿，追回应由责任者负担的损失，并核销“待处理财产损溢”账户。

为了反映和监督财产清查结果的账务处理情况，应设置“待处理财产损溢”账户。该账户的借方先用来登记发生的待处理盘亏、毁损的金额；待盘亏、毁损的原因查明并经审批后，再从该账户的贷方转入有关账户的借方。该账户的贷方先用来登记发生的待处理盘盈的金额，待盘盈的原因查明并经审批后，再从该账户的借方转入有关账户的贷方。“待处理财产损溢”账户的结构如图 6－1 所示。

待处理财产损溢

借方	贷方
发生额：发生的待处理财产盘亏和毁损数以及批准转销的待处理财产盘盈数	发生额：发生的待处理财产盘盈数以及批准转销的待处理盘亏和毁损数
结余额：尚未批准处理的盘亏和毁损数与盘盈数的差额	结余额：尚未批准处理的盘盈数与盘亏或毁损数的差额

图 6－1

“待处理财产损溢”账户下设置“待处理流动资产损溢”和“待处理固定资产损溢”两个明细分类账户，分别对流动资产和固定资产损益进行核算。

（一）库存现金清查结果的账务处理

每日终了结算现金收支、财产清查等发现的有待查明原因的现金短缺或溢余，应通过“待处理财产损溢”账户核算。属于现金短缺，应按实际短缺的金额，借记“待处理财产损溢——待处理流动资产损溢”账户，贷记“库存现金”账户，属于现金溢余，按实际溢余的金额，借记“库存现金”账户，贷记“待处理财产损溢——待处理流动资产损溢”账户。待查明原因后做如下处理：

如为现金短缺，属于应由责任人赔偿的部分，借记“其他应收款——应收现金短缺款（××个人）”或“库存现金”等账户，贷记“待处理财产损溢——待处理流动资产损溢”账户；属于应由保险公司赔偿的部分，借记“其他应收款——应收保险赔款”账户，贷记“待处理财产损溢——待处理流动资产损溢”账户；属于无法查明的其他原因，根据管理权限，经批准后处理，借记“管理费用——现金短缺”账户，贷记“待处理财产损溢——待处理流动资产损溢”账户。

如为现金溢余，属于应支付给有关人员或单位的，应借记“待处理财产损溢——待处理流动资产损溢”账户，贷记“其他应付款——应付现金溢余（××个人或单位）”账户；属于无法查明原因的现金溢余，经批准后，借记“待处理财产损溢——待处理流动资产损溢”账户，贷记“营业外收入——盘盈利得”账户。

【例6－4】根据“现金盘点表”（见表6－3）编制会计分录：

借：库存现金　30

　贷：待处理财产损溢——待处理流动资产损溢　30

查明原因后，经批准处理转做营业外收入：

借：待处理财产损溢——待处理流动资产损溢　30

　贷：营业外收入——盘盈利得　30

短款时，则进行以下账务处理：

借：待处理财产损溢——待处理流动资产损溢　30

　贷：库存现金　30

查明原因后，若是有关人员的责任造成的，则由有关人员赔偿：

借：其他应收款——应收现金短缺款（××个人）　30

　贷：待处理财产损溢——待处理流动资产损溢　30

收到有关人员的赔偿后，进行以下账务处理：

借：库存现金　30

　贷：其他应收款——应收现金短缺款（××个人）　30

（二）存货盈亏或毁损的账务处理

1. 存货盘盈的会计处理。企业发生存货盘盈时，查明是由于收发计量或核算上的误差等原因造成的，应及时办理存货入账的手续，调整存货账目的实存数，按盘盈存货的计划成本或估计成本记入“待处理财产损溢——待处理流动资产损溢”账户。应借记有关存货账户，贷记“待处理财产损溢——待处理流动资产损溢”账户，在报经批准处理后，应借记“待处理财产损溢——待处理流动资产损溢”账户，贷记“管理费用”账户。

【例6－5】A公司在财产清查中，盘盈乙材料100公斤，实际单位成本90元，经查属于材料收发计量方面的错误。

批准处理前：

借:原材料——乙材料　　9 000

　贷:待处理财产损溢——待处理流动资产损溢　　9 000

批准处理后:

借:待处理财产损溢——待处理流动资产损溢　　9 000

　贷:管理费用　　9 000

2. 存货盘亏及毁损的会计处理。企业发生存货盘亏及毁损时,应按其成本(计划成本或实际成本)借记"待处理财产损溢——待处理流动资产损溢"账户,贷记有关存货账户。期末再根据造成盘亏和毁损的原因,分别以下情况进行处理:

(1)属于自然损耗产生的定额内损耗,记入"管理费用"。

(2)对于入库的残料价值,记入"原材料"账户。

(3)对于应由保险公司和过失人支付的赔款,记入"其他应收款"账户。

(4)扣除残料价值和应由保险公司、过失人赔款后的净损失的处理:①属于计量收发差错和管理不善等原因造成的存货短缺或毁损,应先扣除残料价值、可以收回的保险赔款和过失人的赔偿,然后将净损失计入"管理费用"。②属于自然灾害或意外事故等非常原因造成的存货毁损,应先扣除残料价值、可以收回的保险赔款和过失人的赔偿,然后将净损失计入"营业外支出——盘亏损失或非常损失"账户。

【例6-6】某企业年终进行财产清查,发现库存材料盘亏21 000元,其中,由于计量器具不准造成材料盘亏6 000元,定额内的自然损耗3 000元,由于火灾造成材料毁损12 000元。

根据实存账存对比表,对材料盘亏、毁损核实后,编制会计分录:

借:待处理财产损溢——待处理流动资产损溢　　21 000

　贷:原材料　　21 000

该项材料的盘亏毁损,按照规定报经批准后,进行以下处理:①由于计量不准和定额内自然损耗而造成的材料盘亏列作管理费用;②由于火灾造成的材料毁损,其中9 000元应向保险公司索赔,其余3 000元损失列作营业外支出处理。

根据上述处理办法,编制会计分录如下:

借:其他应收款——保险公司　　9 000

　管理费用　　9 000

　营业外支出——非常损失　　3 000

　贷:待处理财产损溢——待处理流动资产损溢　　21 000

(三)固定资产盘亏的账务处理

企业应定期对固定资产进行盘点清查,每年至少实地盘点清查一次,以保证固定资产核算的真实性,充分挖掘企业现有固定资产的潜力。在固定资产清查过程中,如果发现盘盈、盘亏的固定资产，应填制固定资产盘盈盘亏报告表。清查固定资产的损益，应查明原因，并根据企业的管理权限，经股东大会或董事会、经理（厂长）会议等类似机构批准后，在期末结账前处理完毕。

1. 固定资产盘盈的会计处理。固定资产盘盈的原因大都是自制设备交付使用后未及时入账，经核准应按其净值列作营业外收入。

【例6－7】某企业“固定资产盘盈盘亏报告表”所列盘盈设备一台，重置价值为24 000元，按其新旧程度估计已提折旧7 200元，净值为16 800元。经查盘盈原因为自制设备完工交付使用后未及时入账。经有关部门核准后，结转待处理财产损溢。

（1）调整固定资产账存数，会计分录如下：

借：固定资产　　16 800

　贷：待处理财产损溢——待处理固定资产损溢　　16 800

（2）有关部门核准后，结转待处理财产溢余，其会计分录如下：

借：待处理财产损溢——待处理固定资产损溢　　16 800

　贷：营业外收入　　16 800

2. 固定资产盘亏的会计处理。固定资产盘亏的原因主要是自然灾害、责任事故和丢失等，应根据不同的情况进行不同的处理。一般的处理办法是：因自然灾害所造成的固定资产毁损净值，在扣除保险公司赔款和残值收入后，经批准应列作营业外支出；因责任事故所造成的固定资产毁损，应由责任人酌情赔偿其所造成的损失；因管理不善丢失的固定资产，经批准应列作营业外支出。

【例6－8】某企业“固定资产盘盈盘亏报告表”所列盘亏设备1台，原价18 600元，已提折旧2 700元。经查是自然灾害造成的，保险公司同意赔款3000元，其余损失经批准列入营业外支出。

（1）注销设备原值和已提折旧，其会计分录如下：

借：待处理财产损溢——待处理固定资产损溢　　15 900

　　累计折旧　　2 700

　贷：固定资产　　18 600

（2）有关部门批准后，结转待处理财产损失，其会计分录如下：

借：营业外支出——盘亏损失　　12 900

　　其他应收款　　3 000

　贷：待处理财产损溢——待处理固定资产损溢　　15 900

本章小结

内部控制是由企业董事会、监事会、管理层和全体员工实施的，旨在实现控制目标的过程。内部控制的要素包括内部环境、风险评估、控制活动、信息与沟通、内部监督。控制措施一般包括：不相容职务分离控制、授权审批控制、会计系统控制、财产保护控制、预算控制、运营分析控制和绩效考评控制等。内部控制的检查与评价通过内部审计来完成。

财产清查是指通过对各项财产的盘点与核对，查明财产在一定时期的实存数额，并与账面结存数进行核对，确定账实是否相符的一种专门方法。财产清查是检查财产内部管理控制制度是否有效的控制措施，是会计核算的一种专门方法。

存货的盘存制度包括：永续盘存制和实地盘存制。对于财产清查中出现的盘盈、盘亏和毁损情况，都要进行会计处理。处理的原则是调整会计账簿记录，使账存数与实存数一致，使得账实相符。财产清查结果应通过"待处理财产损溢"账户进行账务处理。

本章关键词汇

内部控制	internal control
财产清查	physical inventory
全面清查	complete check
局部清查	partial check
定期清查	periodic checking method
不定期清查	non-periodic checking method
永续盘存制	perpetual inventory system
实地盘存制	physical inventory system
实地盘存法	physical inventory methods
技术推算法	technical calculation method
未达账项	accounts in transit

思考与练习题

一、思考题

1. 什么是内部控制?
2. 简述内部控制制度的基本措施。
3. 内部控制的目标是什么?
4. 简述现金管理的内部控制制度基本内容。
5. 简述存货管理的内部控制制度基本内容。
6. 什么是财产清查?造成账实不符的原因有哪些?进行财产清查有何意义?
7. 试述财产清查的种类、程序以及清查方法。
8. 什么是永续盘存制?什么是实地盘存制?它们各有何优缺点?

二、练习题

1.【目的】练习现金清查的会计处理。

【资料】202×年6月2日,A公司对现金进行清查,发现库存现金较账面余额多出30元。经反复查核,其长款原因不明,经批准后已作相应处理。

【要求】编制有关业务的会计分录。

2.【目的】练习银行存款的清查。

【资料】某公司202×年6月25日至30日银行存款日记账和银行送来的对账单内容如下:

银行存款日记账

202×年		凭证号数	摘要	结算凭证		对方账户	收入	支出	余额
月	日			种类	号数				
6	25		余额						20 000
	26		收立夏厂销货款	转支	762 114		1 396		21 396
	27		支付进货款	转支	8 064			1 692	19 704
	27	(略)	由京西进货	转支	8 065	(略)		7 500	12 204
	28		收大华销货款	转支	30 236		2 280		14 484
	28		收四通公司货款	现支	21 425		1 000		15 484
	29		支付水费					830	14 654
	30		由华阳厂进货	转支	8 067			2 400	12 254

中国工商银行×××分理处对账单

户名:某公司　　　　　　　　　　　　　　　　　　　　　　　　账号:2611421—21

202×年		摘要	结算凭证		存入	支出	余额
月	日		种类	号数			
6	25	余额					20 000
	26	存入销货款	转支	762 114	1 396		21 396
	27	收海云公司货款	委收	7 621	11 800		33 196
	28	代付电话费				1 290	31 906
	29	支付货款	转支	8 064		1 692	30 214
	29	支付水费				830	29 384
	30	存款利息			350		29 734
	30	由华阳厂进货	转支	8 067		2 400	27 334

【要求】根据上述资料核对银行存款日记账和银行对账单,确定未达账项,编制6月30日银行存款余额调节表。

3.【目的】练习存货清查。

【资料】某公司月末盘点材料,A材料账面余额11 500元,全部毁损,只能作为废料,价值为76元,经查是因数日前仓库发生火灾所致,其损失批准作为非常损失处理;B材料账面价值26 400元,实存材料价值为26 000元,经查明100元为定额内损耗,已经批准处理,其余盘亏则为保管员失职丢失,经批准责令赔偿。

【要求】根据上述资料编制会计分录。

4.【目的】练习固定资产清查的会计处理。

【资料】某企业年末盘点固定资产,发现下列账实不符的会计事项:

(1)账外设备一台,同类固定资产市场价格46 000元,估计七成新,批准作为营业外收入处理。

(2)盘亏机器一台,其账面价值26 000元,已提折旧14 500元,净值批准作为营业外支出处理。

【要求】根据上述资料编制会计分录。

三、案例分析

20×9年2月,A公司(国有企业)按照财政部门要求,决定在公司系统全面开展《会计法》执行情况检查。4月初,公司派出检查组对设在外省的销售分公司B公司(以下简称B公司)进行检查,发现B公司存在多头开户、私设小金库等问题。正当检查组准备对有关问题进行深入检查时,A公司接到有关部门通报,A公司财会部经理王立,B公司经理赵海、副经理刘华携巨款潜逃国外。A公司立即向公安机关报案,同时决定对B公司几年来的经营管理和财务会计工作情况进行全面检查。经过6个多月的检查,一桩作案多年、涉案金额高达近2 000万元的资金盗用案被揭开了面纱。

经查,王立等人的主要作案手段和有关情况如下:

20×6年,王立被任命为B公司经理,赵海担任B公司副经理,刘华任会计兼出纳。当时,A公司出于开拓市场、扩大经营规模等考虑,授予B公司产品销售定价自主权和对外投资自主权。由于尚未建立销售网络计算机控制系统,对各销售分公司的销售情况,A公司每月手工统计汇总一次,并要求各销售分公司每月末将当月销售款集中汇缴A公司账户,确认销售收入。王立等人利用A公司授予的销售定价权,采用高价销售、低价向A公司汇总报账的手法截留销货款形成"小金库",并利用销售货款上缴的时间差,挪用销售货款由赵海负责炒股,非法所得也流入"小金库"。然后,由会计兼出纳的刘华将"小金库"款项源源不断地汇往境外王立等人控制的账户。

20×7年,王立调任A公司财会部经理,赵海接任B公司经理,刘华任副经理仍兼任会计及出纳工作。此后的几年间,王立、赵海、刘华三人继续采用上述手法大肆作案,直到20×9年4月A公司检查组进驻。

案发后,A公司对此案高度重视,针对此案暴露出的分公司权力过大及内部控制方面存在的缺陷等问题,A公司董事会做出以下决定:

第一,建立健全公司的内部控制制度,由总经理组织制定与实施,今后如果内部控制方面再出现问题,应由总经理承担全部责任。

第二,加强对外投资的控制,收回各分公司的对外投资权,公司所有的投资均由A公司董事长审批。

第三,加强财务管理,会计和出纳人员分设,出纳人员不得兼任账目登记工作,A公司的银行预留印鉴的印章全部由总会计师统一保管。

第四,加强销售与收款的控制,所有的销售业务(包括制定销售价格、签订销售合同、组织货物发运、结算销售货款等)均由A公司销售统一负责,各销售分公司仅负责市场宣传推广、协助催收货款。

第五,加强计算机系统建设和内部审计工作,实现销售网点计算机控制,由A公司财会部每年组织对本公司及下属分、子公司内部控制制度执行情况和会计资料进行审计。

【要求】

(1)针对A公司发生的案件,分析其内部控制方面的缺陷,并说明理由。

(2)从内部控制角度,指出A公司董事会所做决定的不当之处,并说明理由。

第七章

会计工作组织

导 读

通过本章的学习，要求熟悉我国会计规范体系的构成，掌握会计法、会计准则的主要内容。了解会计工作组织的意义，掌握会计机构设置的基本原理、会计工作的组织形式、会计工作岗位、会计人员的职责，以及会计职业道德、会计档案等内容。

本章重点：会计工作规范的知识体系，会计法、会计准则的主要内容；会计工作的组织形式；会计人员的职责；会计职业道德；会计档案使用和保管的规定。

本章难点：会计职业道德。

教学课时：3 课时

案例导读

某企业的经营出现了问题，已经连续两年亏损，今年的形势仍不乐观。收入仍然下降，且成本费用增加，企业虽然采取了一些措施，但是今年仍然不能扭亏为盈。12 月公司的总经理找到财务主管商量，打算将刚签订的销售合同作为今年的收入入账，并要求财务部门减少 80 万元的费用。

- 你认为总经理的做法是否正确？为什么？
- 如果你作为公司的会计主管，你会采取怎样的做法？为什么？

在前面各章中，我们分别阐述了会计的基本概念、基本方法和技能，为了更深入地理解前面所学的知识，从总体上认识和把握会计学，本章将介绍会计规范体系、会计机构和会计人员、会计职业道德和会计档案。

第一节　会计规范

会计是单位内部的一项经济管理活动，即对本单位所发生的经济业务，进行确认、计量、记录和报告。但是，会计在处理各项经济业务时所涉及的经济利益关系，不仅限于本单位，直接或间接影响有关各方面的利益。因为，任何一个单位的经济活动都不是孤立进行的。例如，某一个工厂，生产产品要使用材料，与材料的供应商会发生供货关系；生产出的产品要销售，与购买方会发生销货关系；与银行等职能机构会发生信贷关系；与投资人会产生分配关系；等等。会计如何处理这些关系，不仅对本单位的财务收支、利益分配产生影响，而且对国家、其他单位、职工也会产生影响。因此，会计在处理各项经济业务时，必须有一个具有约束力的规范，这是各方利益关系人的客观要求。会计规范就是关于会计工作的法律、行政法规、制度的总称，是会计行为的标准。

会计规范是经济规范体系的一个重要组成部分。我国经济规范体系中，除了会计规范外，其他有关法律法规中对会计也提出了要求，例如公司法、税法、证券法等对会计工作、会计信息的对外披露都有规定。会计规范包括会计法、会计准则和会计制度。

一、会计法

《会计法》是为了加强会计工作，保障会计人员依法行使职权，维护社会主义市场经济秩序，发挥会计工作在维护国家财政制度和财务制度、加强经济管理、提高经济效益中的作用而制定的，是我国会计工作经验和会计理论研究成果的概括和总结。《会计法》是一项重要的经济法规，是会计工作的基本法，是制定其他一切会计法规、制度、办法、手续、程序等的法律依据，它涉及会计工作的各个方面。2024 年 6 月 28 日，第十四届全国人民代表大会常务委员会第十次会议对《会计法》进行了修正，修正后的《会计法》自 2024 年 7 月 1 日起施行。现行的《会计法》主要包括下列内容。

（一）总则部分

总则部分明确指出《会计法》的立法目的是规范会计行为，保证会计资料真实、完整，加强经济管理和财务管理，提高经济效益，维护社会主义市场经济秩序。

明确《会计法》的适用范围是国家机关、社会团体、企业单位、事业单位和其他组织。

规定单位负责人对本单位会计工作和会计资料的真实性、完整性负责。

明确会计工作的管理体制，如总则中规定国务院财政部门管理全国的会计工作，地方各级人民政府的财政部门管理本地区的会计工作。

规定国家实行统一会计制度，由国务院财政部门制定并公布。

（二）会计核算的内容和要求

《会计法》规定了会计核算的基本内容，具体包括资产的增减和使用，负债、净资产（所有者权益）、收入、支出、费用、成本的增减，财务成果的计算和处理以及需要办理会计手续、进行会计核算的其他事项。为了保证会计信息的质量，《会计法》规定了对填制会计凭证、登记会计账簿、编制财务报表等会计核算全过程的基本要求，这是保证会计信息符合国家宏观经济管理的要求、满足有关各方了解企业财务状况和经营成果的需要、满足企业加强内部经营管理需要的重要条件。

（三）公司、企业会计核算的特别规定

主要针对公司、企业会计核算的特殊性和重要性，强调了公司、企业会计核算中对会计要素确认、计量、记录的基本要求和公司、企业会计核算的禁止性规定。

（四）会计监督

健全和完善与新形势要求相适应的三位一体的会计监督体系。三位一体的会计监督体系是指通过建立单位内部会计监督制度进行的单位内部监督、通过注册会计师进行的社会监督和以财政部门为主的国家监督。

（五）会计机构的设置和会计人员的配备

《会计法》规定了会计机构的设置、总会计师的设置、会计机构内部稽核制度、会计人员专业能力、会计机构负责人的任职资格、会计人员的教育和培训、会计人员工作交接等。

（六）法律责任

《会计法》规定了单位领导人、会计人员违反《会计法》应负的法律责任。其特点是对各种违法行为做了明确具体的界定，便于在实际执行时认定违法行为，并对违法行为及时惩处；扩大了惩治对象的范围；加重了所规定的各种违法行为的责任，特别是加大了对伪造、变造会计凭证、会计账簿，编制虚假财务会计报告，以及隐匿、销毁应当保存的会计凭证、会计账簿、财务会计报告及其他会计资料等行为的打击力度；加重了单位负责人的法律责任。

二、企业会计准则

《会计法》作为基本法，规范了会计核算的内容和要求、会计监督的原则等内容。

根据《会计法》还无法具体规范会计人员的行为，必须依据《会计法》制定会计准则。

会计准则是会计人员从事会计工作的规则和指南，按其使用单位的经营性质可分为营利组织的会计准则和非营利组织的会计准则；按其所起的作用可分为基本准则和具体准则。基本准则应概括组织会计核算工作的基本前提和基本要求，说明会计核算工作的指导思想和基本依据、一般原则和一般程序。企业会计的账务处理程序、方法等都必须符合基本准则的要求。基本准则还是制定具体准则的主要依据和指导原则。具体准则涉及会计核算的具体业务，必须体现基本准则的要求才能保证各具体准则之间的协调性、严密性及科学性。

（一）《企业会计准则——基本准则》

我国颁布的《企业会计准则——基本准则》主要包括以下方面的内容。

1. 总则部分。总则部分说明了《企业会计准则》的性质、制定的依据、适用范围、会计工作的前提条件、记账基础以及会计核算基础工作的要求等。如总则中规定的会计核算的基本前提是会计核算工作赖以存在的前提条件，是企业设计和选择会计方法的重要依据。这些基本前提尽管没有规定会计核算的具体方法，但在会计工作中起着重要作用。会计核算的基本前提是在长期的会计实践中，人们不断认识和总结的结晶。只有规定了会计核算的前提条件，会计核算才能正常顺利地进行。

2. 关于会计核算的一般原则的规定。《企业会计准则——基本准则》把对会计信息的质量要求概括为 8 条，即可靠性、相关性、可理解性、可比性、实质重于形式、重要性、谨慎性和及时性。这些原则是对会计核算的基本要求，是我国会计核算规范化建设的重要内容，不仅是衡量会计信息质量的基本要求，而且也是注册会计师审计会计报告公允性的一个参照标准。

3. 关于会计要素准则的规定。会计要素准则是指企业在会计核算中对各项会计要素进行确认、计量、记录和报告时应当遵循的基本要求。《企业会计准则——基本准则》将会计要素划分为六项，即资产、负债、所有者权益、收入、费用和利润。

4. 关于会计计量的规定。企业在将符合确认条件的会计要素登记入账并列报于会计报表及其附注时，按照规定的会计计量属性进行计量，确定其金额。会计计量属性包括：历史成本、重置成本、可变现净值、现值、公允价值。

5. 关于会计报表体系的规定。《企业会计准则——基本准则》要求会计报表除满足企业主管机关和财政、税务机关等国家政府部门的需要外，还应该满足企业有关投资者、债权人的需要，要能够向他们提供反映经营状况、产权关系、偿债能力和利益分配的各种会计信息。针对上述要求，《企业会计准则——基本准则》对全国范围内的企业会计报表做了统一规定，规定企业必须编制和对外报送四种主要会计报表，即资产负债表、利润表、现金流量表、所有者权益变动表。

(二)具体准则

具体会计准则是按照基本会计准则的内容要求,针对各种经济业务做出的具体规定。其特点是操作性强,可以根据其直接组织该项业务的核算。例如,固定资产、存货、借款费用等准则。

第二节 会计机构

各单位要做好会计工作、充分发挥会计的职能作用,除了要有必要的会计规范外,还必须建立会计机构,配备合格的会计人员,这是完成会计任务、顺利进行会计工作的前提条件。

一、会计机构的设置

会计机构是组织领导和直接从事会计工作的职能部门。我国会计法规定:各单位应当根据会计业务的需要,设置会计人员并指定会计主管人员;不具备设置条件的,应当委托经批准设立从事会计代理记账业务的中介机构代理记账。

为了科学、合理地组织开展会计工作,凡实行独立核算的企业、行政事业单位,都应当设置会计工作的专职机构。在我国,由于财务工作和会计工作都属于综合性的经济管理工作,通常把财务工作和会计工作合并在一起,设置一个财务会计机构,统一办理财务工作和会计工作。在实际工作中,各单位对会计机构的叫法也不一样,有的叫"财务部(处、科、股)""会计部""计财部""财会部"等。名称虽然不同,实际上都是会计机构。单独设置会计机构,可以使会计机构独立地行使对经济工作的监督职能,发挥会计在经济管理中的作用。不能单独设置会计机构的单位,应当在有关机构中设置会计人员并指定会计主管人员。有些单位规模较小,会计业务比较简单,财务收支数额也较小,可以不单独设置会计机构,但是要配备专职的会计人员,办理会计事项。为了明确责任,应在会计人员中指定会计主管人员,行使会计机构负责人的职权。

对于不具备设置会计机构和会计人员条件的单位,可以实行代理记账。随着我国经济的迅速发展,经济组织形式发生了很大变化,出现了大量的民营经济和个体经济。这些经济组织规模较小,人员也少,不可能也没有必要设置专门的会计机构或配备专职的会计人员,这样的单位可实行代理记账。代理记账就是由经有关部门批准的代理记账机构,根据委托人的委托进行会计核算,包括:审核原始凭证、填制记账凭证、登记会计账簿、编制财务会计报告;定期向有关部门提供财务会计报告;定期向税务机构提供税务资料等。

按照会计机构的职能划分,可将我国的会计机构分为两类:一类是主管会计工作的机构,我国主管会计工作的机构是国务院财政部门,如各级财政部门设置的会计管理机构。另一类是各单位设置的会计机构,如单位设置的会计处、科等。

国务院财政部门设置的会计管理机构主管全国的会计工作。县级以上各级人民政府财政部门负责管理本地区的会计工作。在管理体制上实行统一领导、分级管理的原则。由各级财政部门负责管理会计工作,体现了政府对会计工作的管理职能。会计在为各单位经营管理和业务活动服务的同时,要为国家的宏观调控服务。

中央各部委设置的财务会计司,地方各厅局设置的财务会计处,主要负责组织、领导和监督本系统下属单位的会计工作。这些会计机构实际上具有双重任务,既公告本系统会计事务的管理工作,比如根据国家的法规政策,制定适合本系统具体情况的政策和制度,又承担着本系统的会计业务工作,比如汇总编制本系统的会计报表等。随着我国经济体制改革的不断深化、国家宏观调控经济机制的形成,这些会计机构的形式和内容将会有重大的变化。

会计机构是直接从事和组织领导会计工作的职能部门,建立和健全会计机构是加强会计工作、保证会计工作顺利进行的重要条件。

二、会计工作的组织形式

在实际工作中,会计核算有两种形式,一种是集中核算形式,一种是分散核算形式。

集中核算形式是指企业的主要会计工作都集中在财务会计部门进行。与这种核算形式相适应,企业可以集中设置一个会计机构,配备专职的会计人员进行工作。在这种核算形式下,企业内部有关部门发生的经济业务,可以不进行全面、完整的核算,只需取得或填制原始凭证,并对原始凭证进行适当的汇总,定期将其送到企业财务会计部门,由财务会计部门进行审核,登记入账。集中核算形式有利于会计工作分工协作,精减人员,提高会计工作的效率,但不利于企业内部各有关部门经济核算的积极性。因此,集中核算形式适合那些规模小、部门机构设置简单的企业。

分散核算形式也称非集中核算形式,是指对企业内部各部门发生的经济业务,由各部门进行核算。与这种核算形式相适应,企业除了要设置总的会计机构以外,还要在所属部门设置会计分支机构,比如大型工业企业在厂部设财务处,在车间设财务组。在这种核算形式下,企业内部有关部门发生的经济业务,由所设的会计分支机构负责核算,包括填制原始凭证或原始凭证汇总表,登记有关账簿,单独核算成本费用,计算盈亏,编制会计报表。会计报表要定期报送到企业会计部门。分散核算有利于企业内部单位开展全面经济核算,同时,也有利于加强内部的会计管理。因此,分散核算形式适合已具备一定规模的企业。

在一些实行分散核算形式的企业,企业内部有关部门具有一定的经营管理权利,有一定数量的资金,同时也负有一定的经济责任。对这些部门可以进行比较全面的核算,单独计算盈亏,编制会计报表。但是这些内部部门不能在银行开设账户,不能单独与外部单位签订合同,也不能单独进行债权债务的核算,这样的部门通常称为半独立核算单位。

在企业内部还有一些部门,如商品流通企业所属的门市部,一般只向上级领取备用金和一定数量的商品,收入全部上交,支付的各项费用由上级报销。这些部门不单独计算盈亏,只计算一部分指称,不设置会计账簿,也不需要编制会计报表,大部分经济业务由所在的财务会计部门集中核算,这样的部门通常称为报账制单位。

三、会计机构内部的分工

会计机构内部的分工,就是按照会计人员的配备情况和会计工作的内容,进行合理的分工。

在一个单位,究竟需要配备多少会计人员,设置几个会计岗位,主要取决于单位经营规模、组织结构形式和业务工作量,不同的单位有不同的要求。会计机构内部的分工,由于各个单位经济业务的繁简不同,会计工作的内容不同,会计人员的配备不同,可以有所区别。对于大中型企业,可以根据需要,在会计机构内部设置几个组,由每个组负责有关的会计工作,比如,在大中型工业企业,可以根据情况设置材料组、工资组、成本组和综合组。各组的会计人员也要有分工,负责相关的会计工作。

我国有关法规对会计人员配备、会计岗位人员配备、会计岗位设置的原则有具体规定,规定会计工作岗位可以一人一岗、一人多岗或一岗多人。会计岗位包括:会计机构负责人或者会计主管人员、出纳、财产物资核算、工资核算、成本费用核算、财务成果核算、资金核算、往来核算、总账报表、档案管理等。

在会计机构内部分工时,既要明确每个人的工作范围和职责,也要体现内部稽核制度和内部牵制制度。《会计法》中明确规定:“会计机构内部应当建立稽核制度。出纳人员不得兼任稽核、会计档案保管和收入、支出、费用、债权债务账目的登记工作。”

会计机构内部的稽核制度是内部控制的重要组成部分。稽核是稽查和复核的简称。会计机构内部稽核制度是指要指定专人对会计凭证、会计账簿和会计报表以及其他会计资料进行审核,包括事前审核和事后审核。建立会计机构内部的稽核制度,可以防止会计核算工作中的差错,也可以防止舞弊行为。

内部牵制制度,也称钱账分管制度,是指凡是涉及款项和财物收付、结算及登记的任何一件工作,必须由两人或两人以上分工办理,以起到相互制约作用的一种制度。内部牵制制度是内部控制制度的一个重要组成部分。实行内部牵制制度，可以加强会计人员之间相互制约、相互监督、相互核对，提高会计核算的质量。

第三节　会计人员

会计人员是从事会计工作、处理会计业务、完成会计任务的人员。企业、事业等单位都应根据实际需要配备一定数量的会计人员，这是做好会计工作的决定性因素。

为了充分发挥会计人员的积极性，使全体会计人员更好地完成会计工作任务，在《会计法》和有关会计人员管理的法规中，对会计人员的职责与权限、专业职务、任免和奖惩等都做了明确的规定。

一、会计人员的从业资格

《会计法》第 36 条规定："会计人员应当具备从事会计工作所需要的专业能力。"《会计基础工作规范》第 10 条和《会计从业资格管理办法》第 2 条也对会计人员从业资格做出了相应规定。

在国家机关、社会团体、公司、企业、事业单位和其他组织从事下列会计工作的人员必须取得会计从业资格证书：会计机构负责人（会计主管人员）；出纳；稽核；资本、基金核算；收入、支出、债权债务核算；工资、成本费用、财务成果核算；财产物资的收发、增减核算；总账；财务会计报告编制；会计机构内会计档案管理；从事其他会计工作的人员。

各单位不得任用（聘用）不具备会计从业资格的人员从事会计工作。不具备会计从业资格的人员不得从事会计工作，不得参加会计专业技术资格考评或评审、会计专业职务的聘任，不得申请取得会计人员荣誉证书。

二、会计人员的职责和权限

（一）会计人员的职责

会计人员的职责主要是认真贯彻执行和维护国家财经制度和财经纪律，及时提供真实可靠的会计信息，积极参与经营管理，提高经济效益。根据《会计法》的规定，会计人员的主要职责有以下几方面：

1. 进行会计核算。会计人员要以实际发生的经济业务为依据记账、算账、报账，做到手续完备、内容真实、数字准确、账目清楚、日清月结、按期报账，如实反映财务状况、经营成果和财务收支情况，满足国家宏观经济管理、企业加强内部经营管理和有关各方决策的需要。

进行会计核算，及时提供真实可靠的、能满足有关各方需要的会计信息是会计人员最基本的职责，也是做好会计工作最起码的要求。

2. 实行会计监督。各单位的会计机构、会计人员对本单位实行会计监督。会计人员对不真实、不合法的原始凭证不予受理；对记载不准确、不完整的原始凭证予以退回，要求更正补充；发现账簿记录与实物、款项不符时，应当按照有关规定进行处理；无权自行处理的，应当立即向本单位行政领导人报告，请求查明原因，做出处理；对违反国家统一会计制度规定的收支不予办理。

3. 拟订本单位办理会计事务的具体办法。国家制定的统一会计法规只对会计工作管理和会计事务处理办法做出一般规定。各单位要依据国家颁发的会计法规，结合本单位的特点和需要，建立、健全本单位内部使用的会计事项处理办法。例如，建立会计人员岗位责任制、内部牵制和稽核制度，制定分级核算、分级管理办法和费用开支报销手续办法等。

4. 参与拟订经济计划、业务计划，考核分析预算、财务计划的执行情况。各单位编制的经济计划或业务计划是指导该单位经济活动或业务活动的主要依据，也是会计人员编制财务计划的重要依据，会计人员参与经济计划、业务计划的制定，不仅有利于编制切实可行的财务计划，而且可以发挥会计人员联系面广泛、经济信息灵通的优势，在拟定经济计划、业务计划方面起到参谋作用。

会计人员通过会计核算和会计监督，可以考核、检查各项收支预算或财务计划的执行情况，提出进一步改善经营管理、提高经济效益的建议和措施。

5. 办理其他会计事务。发展经济离不开会计，经济越发展、社会分工越细、生产力水平越高，人们对经济管理要求也就越高，作为经济管理重要组成部分的会计也就越重要，会计事务也必然日趋丰富多样，例如实行责任会计、经营决策会计、电算化会计等。

会计人员的职责是考核会计人员工作质量的重要标准。会计人员应守职尽责，努力做好会计核算、会计监督、会计分析、会计检查等各项会计工作，为经济建设服务。

(二)会计人员的工作权限

为了保障会计人员能够顺利地履行自己的职责，国家对他们赋予了必要的工作权限，主要包括以下几方面：

1. 有权要求本单位有关部门、人员认真执行国家批准的计划、预算，遵守国家法律及财经纪律和会计制度。如有违反法律、法规的情况，会计人员有权拒绝付款、拒绝报销或拒绝执行，并向本单位领导报告。对于弄虚作假、营私舞弊、欺骗上级等违法乱纪行为，会计人员必须坚决拒绝执行，并向本单位领导或上级机关执法部门报告。

会计人员对于违反制度、法令的事项不拒绝执行，又不向领导或上级机关、财政部门报告的，应同有关人员负连带责任。

2. 有权参与本单位编制计划、制定定额、签订经济合同，参加有关的生产、经营管理会议。单位领导和有关部门对会计人员提出的财务开支和经济效益方面的问题和意见，要认真考虑，对合理的意见要加以采纳。

3. 有权监督、检查本单位有关部门的财务收支、资金使用和财产保管、收发、计量、检验等情况。有关部门要提供资料，如实反映情况。

为了保障会计人员行使工作权限，各级领导和有关人员要对会计人员给予一定支持。本单位领导、上级机关和执法部门对会计人员反映的有关损害国家利益、违反财经纪律等问题，要认真及时地调查处理。如果反映的情况属实，不及时采取措施加以纠正，由领导和上级机关负责。如果有人对会计人员坚持原则、反映情况进行刁难、阻挠或打击报复，上级机关要查明情况，严肃处理，情节严重的，要给以党纪国法制裁。确立上述法律责任，就能从法律上保护并鼓励会计人员为维护国家利益、维护财政制度和财务制度、保护公共财产、加强经济管理、提高经济效益而坚持原则，履行自己的职责。

三、会计专业职务与会计专业技术资格

会计专业职务和会计专业技术资格，都是我国用于考核和评价会计人员的专业知识和业务技能的制度，目的是通过考核、评价会计人员的技术等级，促进会计人员加强业务学习，不断提高业务水平。

（一）会计专业职务

会计专业职务，是区别会计人员业务技能的技术等级。会计专业职务分为高级会计师、会计师、助理会计师和会计员。高级会计师为高级职务，会计师为中级职务，助理会计师和会计员为初级职务。

会计员负责具体审核和办理财务收支、编制记账凭证、登记会计账簿、编制财务报表和办理其他会计事物。助理会计师负责草拟一般的财务会计制度、规定和办法，解释并解答财务会计法规、制度中的一般规定，分析检查某一方面或某些项目的财务收支和预算的执行情况。会计师负责草拟比较重要的财务会计制度、规定和办法，解释并解答财务会计法规、制度中的重要问题，分析检查财务收支和预算的执行情况，培养初级会计人才。高级会计师负责草拟、解释并解答在一个地区、一个部门、一个系统或在全国施行的财务会计法规、制度、办法，组织和指导一个地区、一个部门、一个系统的经济核算和财务会计工作，培养中级以上会计人才。

（二）会计专业技术资格

会计专业技术资格，是指担任会计专业职务的任职资格。会计专业技术资格分为

初级资格、中级资格和高级资格三个级别。现阶段初级、中级会计资格考试实行全国统一组织、统一考试时间、统一考试大纲、统一考试命题、统一合格标准的考试制度。高级会计资格实行考试与评审相结合的评价办法。

通过全国统一考试取得初级或中级会计专业技术资格的会计人员，表明其已具备担任相应级别会计专业技术职务的任职资格。用人单位可根据工作需要和德才兼备的原则，从获得会计专业技术资格的会计人员中择优录取。对于已取得中级会计资格并符合国家有关规定的会计人员，可聘任会计师职务；对于已取得初级会计资格的人员，如具备大专毕业且担任会计员职务满 2 年，或中专毕业担任会计员职务满 4 年，或者不具备规定学历、担任会计员职务满 5 年并符合国家有关规定的，可聘任助理会计师职务。

四、会计机构负责人或会计主管人员

会计机构负责人或会计主管人员，是各单位会计工作的组织者和领导者。根据《会计法》的规定，各单位应当根据业务的需要设置会计机构，或者在有关机构中设置会计岗位并指定会计主管人员；担任会计机构负责人或会计主管人员的，除取得会计从业资格证书外，还应当具备会计师以上专业技术职务或者从事会计工作 3 年以上经历。会计机构负责人或会计主管人员，应按照国家统一的会计制度，结合本单位的具体情况主持制定本单位的会计制度实施办法，科学地组织会计工作，并领导、督促会计人员贯彻执行；参与经营决策，主持制定和考核财务计划或预算；经常研究工作，总结经验，不断改进或完善会计工作；组织会计人员学习，不断提高会计人员素质，考核会计人员工作，合理调配会计人员。

五、总会计师

总会计师是主管本单位财务会计工作的行政领导。总会计师协助单位主要行政领导人工作，直接对单位主要行政领导人负责。《会计法》和国务院于 1990 年 12 月 31 日发布的《总会计师条例》，对总会计师的设置范围、任职资格、职责权限等做出了规定。

(一)总会计师的设置

根据《会计法》的规定，国有的和国有资本占控股地位或者主导地位的大、中型企业必须设置总会计师。《会计法》不限制其他单位根据需要设置总会计师，其他单位可以根据业务需要自行决定是否设置总会计师。

(二) 总会计师的职责和权限

1. 总会计师的基本职责。总会计师的职责主要有以下几项：

(1)编制和执行预算、财务收支计划、信贷计划，拟定资金筹措和使用方案，开辟财源，有效地使用资金。

(2)进行成本费用预测、计划、控制、核算、分析和考核,督促本单位有关部门降低消耗,节约费用,提高经济效益。

(3)建立健全经济核算制度,利用财务会计资料进行经济活动分析。

(4)负责对本单位财务会计机构的设置和会计人员的配备、会计专业职务的设置和聘任提出方案,组织会计人员的业务培训和考核,支持会计人员依法行使职权。

(5)协助单位主要行政领导人对企业的生产经营、行政事业单位的业务发展以及基本建设投资等问题做出决策,参与重大合同和经济协议的研究、审查。

2. 总会计师的权限。总会计师的权限主要有以下几项:

(1)对违反国家财经法律、法规、方针、政策、制度和有可能在经济上造成损失、浪费的行为,有权制止或者纠正,制止或者纠正无效时,提请单位主要行政领导人处理。

(2)有权组织本单位各职能部门、直属基层组织的经济核算、财务会计和成本管理方面的工作。

(3)主管审批财务收支工作。除一般的财务收支可以由总会计师授权的财会机构负责人或者其他指定人员审批外,重大的财务收支,须经总会计师审批或者由总会计师报单位主要行政领导人批准。

(4)签署预算、财务收支计划、成本和费用计划、信贷计划、财务专题报告、会计决算报表,涉及财务收支的重大业务计划、合同、经济协议等,在单位内部须经总会计师会签。

(5)会计人员的任用、晋升、调动、奖惩,应当事先征求总会计师的意见,财会机构负责人或者会计主管人员的人选,应当由总会计师进行业务考核,依照有关规定审批。

六、会计人员的法律责任

《会计法》规定会计人员的法律责任主要有下述几个方面。

(一)违反《会计法》的法律责任

会计人员违反《会计法》的行为主要有:

1. 不依法设置会计账簿。
2. 私设会计账簿。
3. 未按照规定填制、取得原始凭证或者填制、取得的原始凭证不符合规定。
4. 以未经审核的会计凭证为依据登记会计账簿或者登记会计账簿不符合规定。
5. 随意变更会计处理方法。
6. 向不同的会计资料使用者提供的财务会计报告编制依据不一致。
7. 未按照规定使用会计记录文字或者记账本位币。
8. 未按照规定保管会计资料,致使会计资料毁损、灭失。
9. 未按照规定建立并实施单位内部会计监督制度,或者拒绝依法实施监督,或者不如实提供有关会计资料及有关情况。

10. 任用会计人员不符合《会计法》的规定。

会计人员如果有上述行为之一的，由县级以上人民政府财政部门责令限期改正，给予警告、通报批评，对单位可以并处20万元以下的罚款，对其直接负责的主管人员和其他直接责任人员可以处5万元以下的罚款；情节严重的，对单位可以并处20万元以上100万元以下的罚款，对其直接负责的主管人员和其他直接责任人员可以处5万元以上50万元以下的罚款；属于公职人员的，还应当依法给予处分。

（二）违反《刑法》的法律责任

1. 伪造、变造会计凭证、会计账簿，编制虚假财务会计报告，隐匿或者故意销毁依法应当保存的会计凭证、会计账簿、财务会计报告的，由县级以上人民政府财政部门责令限期改正，给予警告、通报批评，没收违法所得，违法所得20万元以上的，对单位可以并处违法所得一倍以上十倍以下的罚款，没有违法所得或者违法所得不足20万元的，可以并处20万元以上200万元以下的罚款；对其直接负责的主管人员和其他直接责任人员可以处10万元以上50万元以下的罚款，情节严重的，可以处50万元以上200万元以下的罚款；属于公职人员的，还应当依法给予处分；其中的会计人员，5年内不得从事会计工作；构成犯罪的，依法追究刑事责任。

2. 授意、指使、强令会计机构、会计人员及其他人员伪造、变造会计凭证、会计账簿，编制虚假财务会计报告或者隐匿、故意销毁依法应当保存的会计凭证、会计账簿、财务会计报告的，由县级以上人民政府财政部门给予警告、通报批评，可以并处20万元以上100万元以下的罚款；情节严重的，可以并处100万元以上500万元以下的罚款；属于公职人员的，还应当依法给予处分；构成犯罪的，依法追究刑事责任。

第四节　会计职业道德

一、会计职业道德的含义

会计职业道德是指在会计职业活动中应遵循的、体现会计职业特征的、调整会计职业关系的职业行为准则和规范。会计职业道德包括以下几个方面的含义。

（一）会计职业道德是调整会计职业活动利益关系的手段

在市场经济条件下，会计职业活动具有复杂的经济关系，这些经济关系的实质是经济利益关系。在社会主义市场经济建设中，各经济主体的利益与国家利益、社会公众利益时常发生冲突。会计职业道德可以配合国家法律制度，调整职业关系中的经济利益关系，维护正常的经济秩序。会计职业道德允许各经济主体和个人获取合法的自身利益，但反对损害国家和社会公众利益而获取违法利益。

（二）会计职业道德具有相对稳定性

会计是一门实用性很强的经济管理学科，是为加强经营管理、提高经济效益、规范市场经济秩序、维护社会公众利益服务的。市场经济的客观性是通过价值规律表现出来的，任何社会和个人，应当在认识客观经济规律的基础上，主动适应、掌握和运用经济规律，而不能违背经济规律。在市场经济活动中，作为对单位经济业务事项进行确认、计量、记录和报告的会计，会计标准的设计、会计政策的制定、会计方法的选择，都必须遵循客观经济规律的要求。由于人们面对的是共同的客观经济规律，因此，会计职业道德主要依附于历史继承性和经济规律，在社会经济关系不断的变迁中保持自己的相对稳定性。没有任何一个社会制度能够容忍虚假会计信息，也没有任何一个经济主体会允许会计人员私自向外界提供或者泄露单位的商业秘密，会计人员在职业活动中诚实守信、客观公正等是会计职业的普遍要求。

（三）会计职业道德具有广泛的社会性

会计职业道德是人们对会计职业行为的客观要求。从受托责任观点出发，会计目标决定了会计所承担的社会责任。随着企业产权制度改革的不断深化，会计不仅要为政府机构、企业管理层、金融机构等提供高质量的会计信息，而且要为投资者、债权人及社会公众服务。会计因其服务对象涉及社会各方，提供的会计信息是公共产品，所以会计职业道德的优劣将会影响国家和社会公众利益。在深圳证券交易所上市的广厦（银川）实业股份有限公司（简称银广厦）会计造假丑闻就是一个典型的案例。银广厦通过伪造购销合同、伪造出口报关单、虚开增值税专用发票、伪造免税文件和伪造金融票据等手段，虚构巨额利润7.45亿元。该公司的股票价格在其会计造假丑闻败露后大幅下跌，使广大股东遭受了巨大的损失，严重干扰了社会经济的正常秩序。由此可见，会计信息质量直接影响着社会经济的发展和社会经济秩序的运行，会计职业道德受到社会关注，具有广泛的社会性。

二、会计职业道德的特征和作用

（一）会计职业道德的特征

会计职业作为社会经济活动中的一种特殊职业，其职业道德与其他职业道德相比具有自身的特征：

1. 具有一定的强制性。一般的职业道德侧重于调整人们的行为动机和内心信念，通常对那些最低限度的要求赋予强制性。会计职业道德具有广泛的社会性，是旨在维护社会经济秩序的职业规范,而不仅是追求内在精神世界的高尚和完善。为了强化会计职业道德的调整职能,我国会计职业道德中的许多内容都直接纳入了会计法律制度。例如我国《会计法》《会计基础工作规范》等法规都规定了会计职业道德的内容和要求。当然,会计职业道德的许多非强制性内容仍然存在,而且也在发挥着作用。例如,会计职业道德中的提高技能、强化服务、参与管理、奉献社会等内容虽然是非强制性要求,但其直接影响专业胜任能力、会计信息质量和会计职业的声誉,也要求会计人员遵守。

2. 较多关注社会公众利益。会计的一个显著特征是会计活动与社会公众利益密切联系。由于会计人员的利益取决于经济主体的利益,当个人利益、经济主体利益与国家利益和社会公众利益出现矛盾时,如果会计人员忽视国家利益和社会公众利益,便会产生会计职业道德危机。在会计确认、计量、记录和报告的程序和方法的选择和运用等职业行为上的任何变化,都会使会计职业关系中的各方利益受到直接的影响。注册会计师在从事独立审计业务过程中,也容易受到利益因素的影响。因此,会计职业的社会公众利益性,要求会计人员客观公正,在会计职业活动发生道德冲突时要坚持准则,把社会公众利益放在第一位。

(二)会计职业道德的作用

会计职业道德的作用,主要体现在以下几个方面:

1. 会计职业道德是对会计法律制度的重要补充。会计法律制度是会计职业道德的最低要求,会计职业道德是对会计法律规范的重要补充,其作用是其他会计法律制度所不能替代的。例如,会计法律只能对会计人员不得违反的行为做出规定,不宜对他们如何爱岗敬业、提高技能、强化服务等提出具体要求,但是,如果会计人员缺乏爱岗敬业的热情和态度,没有必要的职业技能和服务意识,很难保证会计信息达到真实、完整的法定要求。因此,会计职业道德可以起到重要的辅助和补充作用。

2. 会计职业道德是规范会计行为的基础。会计行为是由内心信念来支配的,信念的善与恶将导致行为的是与非。会计职业道德对会计的行为动机提出了相应的要求,如诚实守信、客观公正等,引导、规劝、约束会计人员树立正确的职业观念,遵循职业道德要求,从而达到规范会计行为的目的。

3. 会计职业道德是实现会计目标的重要保证。从会计职业关系角度讲,会计目标就是为会计职业关系中的各个服务对象提供有用的会计信息。能否为这些服务对象及时提供相关的、可靠的会计信息,取决于会计从业者能否严格履行职业行为准则。如果会计人员故意或非故意地提供了不充分、不可靠的会计信息,会严重背离会计目标,造成会计信息严重失真,使服务对象的决策失误,甚至导致社会经济秩序混乱。因此,会计职业道德规范约束着会计人员的职业行为,是实现会计目标的重要保证。

4. 会计职业道德是会计人员提高素质的内在要求。随着社会的进步和发展,对会计执业者的素质要求越来越高，会计职业道德是会计人员素质的重要体现。一个高素质的会计人员应当做到爱岗敬业，提高专业胜任能力，这不仅是会计职业道德的主要内容，也是会计执业者遵循会计职业道德的可靠保证。加强会计职业道德教育，引导会计人员进一步加强自我修养，提高专业胜任能力，有利于促进会计人员整体素质的提高。

三、会计职业道德的内容

根据我国会计工作、会计人员的实际情况，结合《公民道德建设实施纲要》和国际会计职业道德的一般要求，我国会计职业道德规范的主要内容包括：爱岗敬业、诚实守信、廉洁自律、客观公正、坚持准则、提高技能、参与管理和强化服务。

会计职业道德规范的对象包括单位会计人员和注册会计师，因为两者都是以会计信息为载体从事工作，从广义上说，都是会计人员的一部分。单位会计人员是依据我国现行会计准则、会计制度等会计法律、法规、规章制度，经过记账、算账、报账等环节，生成会计信息。注册会计师是运用独立审计准则等，对单位会计信息的合法性、真实性、完整性进行社会审计。因此，应将单位会计人员和注册会计师都纳入会计职业道德规范调整的范围内。会计职业道德规范的主要内容，许多都是应由单位会计人员、注册会计师共同遵循的，也有侧重单位会计人员的，如参与管理等。至于注册会计师行业，还应遵守中国注册会计师协会发布的《中国注册会计师职业道德基本准则》的有关规定。

会计职业道德规范的内容与会计职业活动有着紧密的联系。随着社会的发展，会计职业活动的内容不断丰富，社会对会计工作的职业技能和职业要求也越来越高，会计职业道德规范的内容也在不断地丰富和发展。有的会计职业道德规范被提升为会计法律制度的内容，有的会计职业道德规范被淘汰，同时一些新的会计职业道德规范被充实进来。同样，有的会计法律制度的内容也可能被纳入会计职业道德规范。

（一）爱岗敬业

“岗”是指会计工作岗位。会计工作可以划分为若干具体的岗位，如总会计师、会计主管、出纳、财产物资核算、成本费用核算、财务成果核算、销售及往来核算、商品库存核算、财务报告编制、稽核、档案管理等。爱岗就是会计人员要热爱本职工作，安心本职岗位，为做好本职工作尽心尽力，尽职尽责．

敬业是指对所从事的职业或行业的正确认识和恭敬态度，并用这种严肃恭敬的态度，认真地对待本职工作，将身心与本职工作融为一体。会计职业道德中的敬业，就是指从事会计职业的人要充分认识到会计工作在国民经济中的地位和作用，以从事会计工作为荣，敬重会计工作，具有献身于会计工作的决心。

会计人员如果没有形成爱岗敬业的观念，不珍惜自己的职业声誉，不忠于职守，甚至私欲膨胀，就很可能无视国家和社会公众的利益，向会计信息使用者提供虚假的会计信息，其后果不仅严重干扰了信息使用者的决策，而且给社会经济生活和会计职业形象和声誉造成极坏的影响。

（二）诚实守信

诚实是指言行跟内心思想一致，不弄虚作假、不欺上瞒下、做老实人、说老实话、办老实事。守信就是遵守自己所做出的承诺，讲信用，重信用，信守诺言，保守秘密。一般来说，诚实即为守信，守信就是诚实，它们是职业道德的两种不同表现形式。有诚无信，道德品质得不到推广和延伸；有信无诚，信就失去了根基，德就失去了依托。

市场经济越发达，职业越社会化，道德信誉就越重要。市场经济是"信用经济""契约经济"，注重的就是"诚实守信"。信用是维护市场经济步入良性发展轨道的前提和基础，是市场经济社会赖以生存的基石。

（三）廉洁自律

廉洁就是不收受贿赂，不贪污钱财。自律是指自律主体按照一定的标准，自己约束自己、自己控制自己的言行和思想的过程。

会计活动直接涉及和影响国家、单位、投资者、债权人等各方的经济利益。如果会计人员不能做到清正廉洁，客观公正，其职业活动必然会损害或影响第三者的利益。如果会计人员在职业活动中不能严格自律，自我约束、抵制不正当的思想和行为，也难以做到客观公正、清正廉洁。廉洁自律是会计职业道德的前提，这既是会计职业道德的内在要求，也是会计职业声誉的"试金石"。

会计职业自律包括两层含意：会计人员自律和会计行业自律。会计人员的自我约束，即会计人员自律，是一个个体概念。会计人员的自律是会计职业自律的基础和保证，每个会计人员如果有很强的自律性，整个会计行业的自律性也会增强。目前，中国会计职业的行业自律机制尚不够健全，对违反会计职业道德的会计人员和会计师事务所惩处力度也很不够。

（四）客观公正

客观是指按照事物的本来面目去反映，不掺杂个人的主观意愿，也不为他人意志所左右，既不夸大，也不缩小。对于会计工作来说，客观主要包括以下含义：一是真实性，即以客观事实为依据，真实地记录和反映实际经济业务事项；二是可靠性，即会计核算要准确，记录要可靠，凭证要合法。对于会计工作来说，公正主要包括以下含义：一是国家统一的会计制度，即会计准则、制度要公正；二是执行会计准则、制度的人，即企业、单位管理层和会计人员不仅应当具备诚实的品质，而且应公正地开展会计核算和会计监督工作，在履行会计职能时，摒弃单位、个人私利，公平公正，不偏不倚地对待有关利益各方；三是注册会计师在进行审计鉴证时应以超然独立的态度进行公平公正的判断和评价，出具客观、公正的审计意见。

（五）坚持准则

坚持准则，就是要求会计人员在处理业务过程中，严格按照会计法律制度办事，不为主观或他人的意志所左右。这里所说的“准则”不仅指会计准则，而且包括会计法律、国家统一的会计制度以及与会计工作相关的法律制度。

会计人员在进行核算和监督的过程中，只有坚持准则，才能以准则作为行动指南，在发生道德冲突时，应坚持准则，以维护国家利益、社会公众利益和正常的经济秩序。注册会计师在进行审计业务时，应严格按照独立审计准则的要求和国家统一会计制度的规定，出具客观公正的审计报告。

（六）提高技能

会计是一门不断发展变化的学科，它与经济发展有密切的联系。近年来，随着市场经济的发展和经济全球化进程的加快，特别是我国加入世界贸易组织后，会计改革不断深入，会计的专业性和技术性日趋复杂，对会计人员所应具备的职业技能要求也越来越高。新的经济事物的出现，如衍生金融工具、人力资源价值的计量与核算、通货膨胀、经济全球化带来的外币兑换等，都给会计学科的发展注入了新的动力，也对会计服务提出了更高的要求。

会计工作的专业性和技术性很强，会计从业人员必须具备一定的会计专业知识和技能才能胜任会计工作，才能够勤勉、谨慎地运用知识、技能、经验，根据客观环境做出正确的职业判断，如选择恰当的会计政策、做出合理的会计估计等。社会在前进，经济在发展，科学在进步，作为一名会计工作者必须不断地提高其业务技能，这既是会计人员的义务，也是做好会计工作的需要。

（七）参与管理

参与管理，就是间接地参加管理活动，为管理者当参谋，为管理活动服务。管理活动论认为，会计或会计工作本质上就是一种管理活动，它以商品价值运动为管理对象，以货币计量为主要形式，以核算、监督为基本职能，通过收集、处理和利用经济信息，对经济运行过程进行组织、调节和指导工作，促使人们权衡利弊，比较得失，讲求经济效益。信息系统论认为，会计是一个以提供财务信息为主的信息系统，会计人员在企业管理中，为企业管理部门正确地进行决策和经营提供所需数据。无论是管理活动论还是信息系统论都认为，会计或会计工作并不能够直接进行企业生产经营活动的管理或决策。

会计人员在参与管理过程中并不直接从事管理活动，只是尽职尽责地履行会计职责，间接地从事管理活动或者参与管理活动，为管理活动服务。

会计人员一定要树立参与管理的意识,积极主动地当好参谋。要主动地向领导反映经营活动中的情况和存在的问题,提出合理化建议,协助领导决策,参与经营管理活动,不能只是被动地记账、算账和报账。

(八)强化服务

强化服务就是要求会计人员具有文明的服务态度、强烈的服务意识和优良的服务质量。

会计人员服务的态度直接关系到会计行业的声誉,如果会计人员服务态度好,工作质量高,做到讲文明、讲礼貌、讲信誉、讲诚实,坚持准则,严格执法,服务周到,就能提高会计职业的信誉,增强会计职业的生命力;反之,就会影响会计职业的声誉,甚至影响全行业的生存和发展。

强化服务的关键是提高服务质量。单位会计人员和注册会计师的服务内容各有侧重,其服务效果的表现也不同。单位会计人员服务的内容就是客观、真实地记录、反映单位的经济业务活动,为管理者提供真实正确的经济信息,当好参谋;为股东真实地记录财产的变动状况,确保股东资产的完整与增值,当好股东的管家。注册会计师要以"独立、客观、公正"态度接受委托人的委托,提供会计鉴证等服务。注册会计师或会计师事务所与委托人之间是一种服务与被服务的关系。注册会计师不仅要与委托人打交道,还要与在实际工作中接受服务的单位和个人打交道,因而,强化服务的内容就是以客观、公正的态度正确评价委托单位的财务状况,更好地为社会公众及会计信息使用者服务。

第五节　会计档案

近年来,随着我国经济社会的快速发展以及信息技术的广泛应用,会计档案的内容范围、承载形式、管理手段、利用方式等均发生了较大变化。为了规范会计档案管理工作,提高会计档案现代化管理水平,财政部、国家档案局对原《会计档案管理办法》进行了修订,新的《会计档案管理办法》已于2016年1月1日起施行。

一、会计档案的定义和范围

(一)会计档案的定义、范围

会计档案是指单位在进行会计核算等过程中接收或形成的,记录和反映单位经济业务事项的,具有保存价值的文字、图表等各种形式的会计资料,包括通过计算机等电子设备形成、传输和存储的电子会计档案。

会计档案包括：①会计凭证，包括原始凭证、记账凭证；②会计账簿，包括总账、明细账、日记账、固定资产卡片及其他辅助性账簿；③财务会计报告，包括月度、季度、半年度、年度财务会计报告；④其他会计资料，包括银行存款余额调节表、银行对账单、纳税申报表、会计档案移交清册、会计档案保管清册、会计档案销毁清册、会计档案鉴定意见书及其他具有保存价值的会计资料。预算、计划、制度等文件材料，不属于会计档案。

（二）电子会计档案管理

单位可以利用计算机、网络通信等信息技术手段管理会计档案。为确保电子会计档案的真实、完整、可用、安全，对于电子会计资料仅以电子形式归档保存的方式，新的《会计档案管理办法》提出了以下七条要求：

一是形成的电子会计资料来源真实有效，由计算机等电子设备形成和传输。

二是使用的会计核算系统能够准确、完整、有效接收和读取电子会计资料，能够输出符合国家标准归档格式的会计凭证、会计账簿、财务会计报表等会计资料，设定了经办、审核、审批等必要的审签程序。

三是使用的电子档案管理系统能够有效接收、管理、利用电子会计档案，符合电子档案的长期保管要求，并建立了电子会计档案与相关联的其他纸质会计档案的检索关系。

四是采取有效措施，防止电子会计档案被篡改。

五是建立电子会计档案备份制度，能够有效防范自然灾害、意外事故和人为破坏的影响。

六是形成的电子会计资料不属于具有永久保存价值或者其他重要保存价值的会计档案。

七是电子会计资料附有符合《中华人民共和国电子签名法》规定的电子签名。

以上要求中，第一条、第七条规定是确保电子会计档案的真实；第二条、第三条、第六条是确保电子会计档案的准确、完整、可用；第四条、第五条规定是确保电子会计档案的安全。单位内部生成的电子会计资料仅以电子形式归档保存必须同时满足第一条至第六条规定；单位外部接收的电子会计资料仅以电子形式归档保存必须同时满足第一条至第七条规定。

二、会计档案的归档、保管、移交和查阅

单位应当加强会计档案管理工作，建立和完善会计档案的收集、整理、保管、利用和鉴定销毁等管理制度，采取可靠的安全防护技术和措施，保证会计档案的真实、完整、可用、安全。

单位的档案机构或者档案工作人员所属机构(以下统称单位档案管理机构)负责管理本单位的会计档案,单位也可以委托具备档案管理条件的机构代为管理会计档案。

(一)会计档案的归档和保管

根据财政部、国家档案局联合发布的《会计档案管理办法》,单位的会计机构或会计人员所属机构(以下统称单位会计管理机构)按照归档范围和归档要求,负责定期将应当归档的会计资料整理立卷,编制会计档案保管清册。

当年形成的会计档案,在会计年度终了后,可由单位会计管理机构临时保管一年,再移交单位档案管理机构保管。因工作需要确需推迟移交的,应当经单位档案管理机构同意。单位会计管理机构临时保管会计档案最长不超过三年。临时保管期间,会计档案的保管应当符合国家档案管理的有关规定,且出纳人员不得兼管会计档案。

(二)会计档案移交

单位会计管理机构在办理会计档案移交时,应当编制会计档案移交清册,并按照国家档案管理的有关规定办理移交手续。纸质会计档案移交时应当保持原卷的封装。

电子会计档案移交时应当将电子会计档案及其元数据一并移交,且文件格式应当符合国家档案管理的有关规定。特殊格式的电子会计档案应当与其读取平台一并移交。

单位档案管理机构接收电子会计档案时,应当对电子会计档案的准确性、完整性、可用性、安全性进行检测,符合要求的才能接收。

建设单位在项目建设期间形成的会计档案,需要移交给建设项目接收单位的,应当在办理竣工财务决算后及时移交,并按照规定办理交接手续。

(三)会计档案的查阅

单位应当严格按照相关制度利用会计档案,在进行会计档案查阅、复制、借出时履行登记手续,严禁篡改和损坏。

单位保存的会计档案一般不得对外借出。确因工作需要且根据国家有关规定必须借出的,应当严格按照规定办理相关手续。会计档案借用单位应当妥善保管和利用借入的会计档案,确保借入会计档案的安全完整,并在规定时间内归还。

单位因撤销、解散、破产或其他原因而终止的,在终止或办理注销登记手续之前形成的会计档案,按照国家档案管理的有关规定处置。

单位分立后原单位存续的,其会计档案应当由分立后的存续方统一保管,其他方可以查阅、复制与其业务相关的会计档案。

单位分立后原单位解散的,其会计档案应当经各方协商后由其中一方代管或按照国家档案管理的有关规定处置,各方可以查阅、复制与其业务相关的会计档案。

单位分立中未结清的会计事项所涉及的会计凭证,应当单独抽出由业务相关方保存,并按照规定办理交接手续。

单位因业务移交其他单位办理所涉及的会计档案,应当由原单位保管,承接业务单位可以查阅、复制与其业务相关的会计档案。对其中未结清的会计事项所涉及的会计凭证,应当单独抽出由承接业务单位保存,并按照规定办理交接手续。

单位合并后原各单位解散或者一方存续其他方解散的,原各单位的会计档案应当由合并后的单位统一保管。单位合并后原各单位仍存续的,其会计档案仍应当由原各单位保管。

三、会计档案的保管期限

会计档案的重要程度不同,其保管期限也有所不同。各种会计档案的保管期限,根据其特点,分为永久、定期两类。定期保管期限一般分为10年和30年。会计档案的保管期限,从会计年度终了后的第一天算起。

《会计档案管理办法》规定了我国企业和其他组织、预算单位等会计档案的保管期限,见表7-1和表7-2。

表7-1　企业和其他组织会计档案保管期限

序号	档案名称	保管期限	备注
一	会计凭证		
1	原始凭证	30年	
2	记账凭证	30年	
二	会计账簿		
3	总账	30年	
4	明细账	30年	
5	日记账	30年	
6	固定资产卡片		固定资产报废清理后保管5年
7	其他辅助性账簿	30年	
三	财务会计报告		
8	月度、季度、半年度财务会计报告	10年	
9	年度财务会计报告	永久	
四	其他会计资料		
10	银行存款余额调节表	10年	

续表

序号	档案名称	保管期限	备注
11	银行对账单	10 年	
12	纳税申报表	10 年	
13	会计档案移交清册	30 年	
14	会计档案保管清册	永久	
15	会计档案销毁清册	永久	
16	会计档案鉴定意见书	永久	

表 7－2　　财政总预算、行政单位、事业单位和税收会计档案保管期限

序号	档案名称	保管期限			备注
		财政总预算	行政单位事业单位	税收会计	
一	会计凭证				
1	国家金库编送的各种报表及缴库退库凭证	10 年		10 年	
2	各收入机关编送的报表	10 年			
3	行政单位和事业单位的各种会计凭证		30 年		包括：原始凭证、记账凭证和传票汇总表
4	财政总预算拨款凭证和其他会计凭证	30 年			包括：拨款凭证和其他会计凭证
二	会计账簿				
5	日记账		30 年	30 年	
6	总账	30 年	30 年	30 年	
7	税收日记账（总账）			30 年	
8	明细分类、分户账或登记簿	30 年	30 年	30 年	
9	行政单位和事业单位固定资产卡片				固定资产报废清理后保管 5 年
三	财务会计报告				
10	政府综合财务报告	永久			下级财政、本级部门和单位报送的保管 2 年

续表

序号	档案名称	保管期限			备注
		财政总预算	行政单位事业单位	税收会计	
11	部门财务报告		永久		所属单位报送的保管2年
12	财政总决算	永久			下级财政、本级部门和单位报送的保管2年
13	部门决算		永久		所属单位报送的保管2年
14	税收年报(决算)			永久	
15	国家金库年报(决算)	10年			
16	基本建设拨、贷款年报(决算)	10年			
17	行政单位和事业单位会计月、季度报表		10年		所属单位报送的保管2年
18	税收会计报表			10年	所属税务机关报送的保管2年
四	其他会计资料				
19	银行存款余额调节表	10年	10年		
20	银行对账单	10年	10年	10年	
21	会计档案移交清册	30年	30年	30年	
22	会计档案保管清册	永久	永久	永久	
23	会计档案销毁清册	永久	永久	永久	
24	会计档案鉴定意见书	永久	永久	永久	

注:税务机关的税务经费会计档案保管期限,按行政单位会计档案保管期限规定办理。

四、会计档案的销毁

会计档案的销毁是会计档案管理的重要环节,其中鉴定销毁工作是档案销毁的前提和基础。

单位应当定期对已到保管期限的会计档案进行鉴定,并形成会计档案鉴定意见书。经鉴定,仍需继续保存的会计档案,应当重新划定保管期限;对保管期满、确无保存价值的会计档案,可以销毁。保管期满但未结清的债权债务会计凭证和涉及其他未了事项的会计凭证不得销毁,纸质会计档案应当单独抽出立卷,电子会计档案单独转存,保管到未了事项完结时为止。单独抽出立卷或转存的会计档案,应当在会计档案鉴定意见书、会计档案销毁清册和会计档案保管清册中列明。

会计档案鉴定工作应当由单位档案管理机构牵头，组织单位会计、审计、纪检监察等机构或人员共同进行。经鉴定可以销毁的会计档案，应当按照以下程序销毁：

(1)单位档案管理机构编制会计档案销毁清册，列明拟销毁会计档案的名称、卷号、册数、起止年度、档案编号、应保管期限、已保管期限和销毁时间等内容。

(2)单位负责人、档案管理机构负责人、会计管理机构负责人、档案管理机构经办人、会计管理机构经办人在会计档案销毁清册上签署意见。

(3)单位档案管理机构负责组织会计档案销毁工作，并与会计管理机构共同派员监销。监销人在会计档案销毁前，应当按照会计档案销毁清册所列内容进行清点核对；在会计档案销毁后，应当在会计档案销毁清册上签名或盖章。

电子会计档案的销毁还应当符合国家有关电子档案的规定，并由单位档案管理机构负责组织会计档案销毁工作，并与会计管理机构共同派员监销。监销人在会计档案销毁前，应当按照会计档案销毁清册所列内容进行清点核对；在会计档案销毁后，应当在会计档案销毁清册上签名或盖章。

电子会计档案的销毁由单位档案管理机构、会计管理机构和信息系统管理机构共同派员监销。

本章小结

会计规范是经济规范体系的一个重要组成部分。会计规范体系包括会计法、会计准则和会计制度。《会计法》是会计工作中最高层次的法律规范，是会计工作的基本法，是制定其他一切会计法规、制度、办法、手续、程序等的法律依据。会计准则是会计人员从事会计工作的规则和指南。会计制度是进行会计工作应遵循的规则、方法和程序的总称。

会计机构是组织领导和直接从事会计工作的职能部门。凡实行独立核算的企业、行政事业单位，都应当设置会计工作的专职机构。独立核算单位会计工作的组织形式一般分为集中核算和非集中核算两种。

会计人员是从事会计工作、处理会计业务的人员。企业、行政事业单位应根据实际需要配备一定数量的会计人员。从事会计工作的人员，必须取得会计从业资格证书。会计人员的职责包括:进行会计核算;实行会计监督;拟定本单位办理会计事务的具体办法;参与拟定经济计划、业务计划,考核分析预算、财务计划的执行情况;办理其他会计事务。

会计职业道德是指在会计职业活动中应遵循的、体现会计职业特征的、调整会计职业关系的职业行为准则和规范。我国会计职业道德规范的主要内容包括:爱岗敬业,诚实守信,廉洁自律,客观公正,坚持准则,提高技能,参与管理和强化服务。

会计档案是指单位在进行会计核算等过程中接收或形成的,记录和反映单位经济业务事项的,具有保存价值的文字、图表等各种形式的会计资料,包括通过计算机等电子设备形成、传输和存储的电子会计档案。单位应当加强会计档案管理工作,建立和完善会计档案的收集、整理、保管、利用和鉴定销毁等管理制度,采取可靠的安全防护技术和措施,保证会计档案的真实、完整、可用、安全。

本章关键词汇

会计工作组织	accounting organization
会计规范	accounting norms
会计法	accounting law
会计准则	accounting standards
会计制度	accounting system
会计机构	accounting department
会计人员	accounting personnel
会计职业道德	accounting professional ethics
集中核算	centralized accounting
非集中核算	non centralized accounting
会计档案	accounting archives

思考与练习题

一、思考题

1. 什么是会计规范?简述会计法规及其分类和内容。

2. 会计人员的职责和权限是什么？其关系如何？会计人员应承担哪些法律责任？

3. 企事业等单位应如何设置会计机构？

4. 什么是会计职业道德？包括哪些内容？

5. 简述会计职业道德的特征和作用。

6. 什么是集中核算形式和非集中核算形式？

7. 何谓会计档案？如何对会计档案进行管理？

二、案例分析题

【资料】

京天公司是一家国有大型企业。20×8 年，公司产品销路不好，面临亏损的局面，公司董事长指示总经理把财务报表做得好看一些，总经理将此项工作交给总会计师，要求财务部门按照董事长的意见办理。总会计师按照领导的意图，对 20×8 年的财务报表进行了技术处理，虚拟了几笔没有交易的销售收入，从而使公司的财务报表由亏损变为盈利。经诚信会计师事务所审计后，公司财务报表对外报出。

20×9 年 4 月，当地财政部门发现该公司存在重大会计做假行为，依据《会计法》及相关法规，拟对该公司董事长、总经理、总会计师等相关人员进行行政处罚，并分别下达了行政处罚告知书。但是京天公司的董事长认为：自己虽然在财务报表上签字并盖章，但只是履行会计手续，不能负任何责任。公司总经理认为：自己主要抓生产经营，不懂会计，在财务报表上签字并盖章，也只是履行程序。总会计师认为：公司对外报出的财务报表是经过诚信会计师事务所审计的，会计师事务所出具了无保留意见的审计报告，因此诚信会计师事务所应对本公司财务报表的真实性、完整性负责，承担由此带来的一切责任。

【要求】

根据我国会计法律、法规，分析京天公司董事长、总经理、总会计师的观点是否正确，并说明理由。

第八章

会计信息系统

导 读

本章主要介绍会计信息化的一些基本的概念和知识。现代信息技术的发展和应用，对会计理论和实务、会计工作环境等多方面产生了深远的影响，会计信息化已成为会计的发展方向。会计信息化推动了会计职能的不断发展。会计信息系统由计算机硬件和软件、会计数据、会计人员、系统运行规范所构成。利用信息技术对会计信息进行采集、存储和处理，完成会计核算任务，为企业提供进行经济活动管理和监控所需要的分析、决策等信息。

本章重点：掌握会计信息系统的概念和特点、会计信息系统与传统会计的异同。了解会计信息系统的风险。掌握会计信息系统的目标与结构、会计信息系统的构成。

本章难点：信息技术对会计信息的生成和提供方式的变革。

教学课时：2 课时

案例导读

经过多年经营，简繁服装店规模不断扩大，对会计核算的要求也越来越高。小李了解到会计信息系统可以有效地帮助企业提高记账速度，提供信息数据库，方便查询和快速生成会计报表，因此决定购买会计软件，以满足日益增加的业务量的需求。现在小李

需要结合服装店的管理要求采购会计软件,使新系统能实现业务考核、客户往来管理等要求。小李想要了解以下问题:

会计信息系统有什么特点?

会计信息系统与传统会计有何差异?

建立服装店会计信息系统需要具备哪些条件?

若选择会计软件,应该考虑哪些方面的因素?

会计信息系统是否安全,应该采用哪些安全保密措施?

中兴通讯的财务共享服务中心

随着中兴通讯集团的快速发展、公司规模扩张及业务模式的不断创新,特别是国际化战略的推行,基于外派的分散式财务管理模式面临巨大的挑战。2005 年中兴通讯开始在全球范围内进行财务领域的业务整合,逐步形成了以共享服务为基础的战略财务、业务财务、共享服务三分格局财务管理创新模式。在西安建立了财务共享服务中心,基于"落实成本领先战略,控制公司战略执行风险,促进财务转型"的目标,将集团内的财务基础工作高质量、低成本地集中起来,通过制度、流程的标准化,改变了以往各业务单位"各自为政"的财务运营模式,人员复用率提高,业务处理成本下降至每单 8 元,业务处理时效由7 天降为3 天,客户满意度高达95%。在新的财务管理模式下,业务范围不断扩大,目前为集团提供全球费用核算、全球子公司 ATT 业务、会计档案管理、员工商旅管理、数据中心等财务共享全业务。

基于云计算的发展,中兴通讯的财务共享服务中心也迈出了向财务云转型的步伐。依托云计算技术,财务共享服务中心能够为用户提供最佳的客户体验,中兴通讯将其描绘为"5A"服务:Anywhere、Anytime、Anyone、Anything 和 Anydevice,当任意一位用户(Anyone)需要相关财务信息(Anything)时,他可以在任意时间(Anytime)、任意地点(Anywhere),借助任意设备(Anydevice),提出需求,用户并不知道财务共享服务中心身在何处,也不知道内部处理流程,但是,只要输入他的请求,财务共享服务中心就可以为用户提供其所要求的输出。

信息化已经成为我国经济发展工作的一个重要方面,并在各行各业迅速地推广和普及,受到极大的重视,会计领域也面临着同样的信息化浪潮。

信息化是以现代通信、网络、数据库技术为基础,对所研究对象各要素汇总至数据库,供特定人群生活、工作、学习、辅助决策等和人类息息相关的各种行为相结合的一种技术,可以极大地提高各种行为的效率,为推动人类社会进步提供技术支持。随着社会经济的发展与科学技术的进步,各行各业普遍向全面信息化的方向发展,并推动整个社会向信息社会过渡。本章讨论的是会计这一领域的信息化，以及信息技术在企业会计工作中的应用，即会计信息系统。

第一节　会计信息系统概述

一、会计信息系统的概念

会计是经济管理工作的一个重要组成部分，它是以货币为主要计量单位，运用特有的专门方法(如凭证、复式记账、账簿、财务报表等)，采用一定的会计信息处理技术，从价值方面对企事业单位的生产经营活动进行数量核算和监督，以达到加强管理和提高经济效益的目的。利用计算机来处理会计数据，生成会计信息，就是会计电算化的工作和任务。

我国的会计电算化试点工作始于1978年，并于1981年8月正式确定“电算化会计”这一名词。“电算化会计”指在会计工作中引入计算机技术，将计算机技术与传统会计技术相结合，根据传统会计的理论和方法，通过电子计算机技术对会计数据进行采集、加工、处理，全面、连续、系统、准确、快速地核算和监督企业的各项经济活动，并为企业管理部门提供可靠、及时的会计信息，对生产经营、经济目标决策的过程实施控制的一种人机结合的会计。随着计算机技术在会计中的应用逐渐普及和加深，电算化会计信息系统也向着更高的层次发展。目前，计算机技术已经运用到很多企业的整个管理工作，形成企业整体的信息管理系统，在计算机中心建成各个功能系统共享数据库，而电算化会计信息系统就是这个管理信息系统的重要组成部分。

会计通过对经济活动过程中涉及的财产物资和发生的劳务耗费等原始数据进行反映、加工、整理，通过会计循环，提供人们需要的相关信息。信息是会计循环的“产品”，是会计工作的结果。因此，会计本身就是一个信息系统，并且是企业管理信息系统的一个子系统。会计信息系统主要研究的是会计信息是如何在企业中获得、加工、报送的，这种对信息处理的方式，可以是基于计算机技术的，也可以是不基于计算机技术的。不基于计算机技术的会计信息系统就是传统的手工会计，而基于计算机技术的会计信息系统就是电算化会计信息系统。

广义上讲，会计信息系统(Accounting Information System，AIS)是人和设备等资源有机集合形成的系统，是将财务数据和其他数据转换成信息以提供给各类决策者进行决策判断的一个信息系统，是一个面向价值信息提供和价值信息管理的信息系统，是从对企业价值运动过程进行反映、监督和控制的角度提出信息需求的信息系统。这一定义既适合于传统的手工方式,也适合于计算机化方式,是会计信息系统的广义含义。作为计算机会计理论界和实务界一般所论及的会计信息系统则主要指的是狭义的会计信息系统概念,即计算机会计信息系统或电算化会计信息系统。它是基于计算机软硬件和网络环境并采用现代信息技术和会计特有的方法和程序,进行会计数据采集、存储、处理、传输、检索和输出,以完成会计核算任务,并能提供进行会计管理、分析、决策所需的辅助信息的信息系统。其组成要素为:计算机软硬件、数据文件、会计人员和系统运行规程,其核心部分是功能完备的会计软件。本书后面所采用的会计信息系统概念未做特别说明时一般指的都是狭义的会计信息系统。

二、会计信息系统的产生和发展

管理水平的提高和科学技术的进步对会计理论、会计方法和会计数据处理技术等各方面提出了更高的要求,使会计信息系统由简单到复杂、由落后到先进、由手工到机械、由机械到计算机技术,会计信息系统的发展历程是不断发展、不断完善的过程。从数据处理技术来看,会计信息系统的发展可分为三个阶段。

(一)手工会计信息系统阶段

手工会计信息系统阶段是指财会人员以纸、笔、算盘等为工具,实现对会计数据的记录、计算、分类、汇总,并编制会计报表。这一阶段历史漫长,直至今天,仍有很多组织停留在手工阶段。

(二)机械会计信息系统阶段

19 世纪末 20 世纪初,科学管理理论发展迅速,理论与实务的结合与应用也极大地提高了管理水平。会计作为管理系统的一部分,具有一定的管理职能,因此受到更大的重视。会计的形式出现了较大的改进,人们对会计的数据处理能力提出了更高的要求。在此背景下,机械化核算代替了手工操作,会计人员借助穿孔机、卡片分类机、机械式计算机、机械制表机等机械设备,实现会计信息的记录、计算、分类、汇总和编制报表。但是这一阶段在计算机出现后很快结束,国外只有少数大型组织在会计中运用过机械装置,而我国几乎没有经历这一阶段。

(三)基于计算机的会计信息系统阶段

第二次世界大战后,西方资本主义国家的市场竞争日益激烈,垄断为企业带来的高额利润逐渐变得难以为继,不得不转向企业内部,通过加强内部管理来降低成本、增加产量、提高质量,并提升在市场上的竞争力。尤其是在日本、德国等战败国,在政治、经济等外部环境都处于劣势的情况下,只能更加专注于内部,加强内部管理,会计相应地成为加强内部管理的重要手段。与此同时,计算机技术的产生对会计数据处理带来了根本性的变革，极大地提高了会计信息处理的能力。采用计算机技术进行会计信息处理后，会计数据的主要处理过程全部由计算机系统自动完成，如数据检验、分类、记账、核算、编制会计报表等，并能准确、高效地完成任务。

计算机技术不是一成不变的，它随着时代的变迁而飞速发展，新的技术、新的观念、新的思想层出不穷，人们已经把"计算机"作为信息技术的代名词。只要以计算机为代表的信息技术有了新的发展，这种新技术马上就被应用于会计信息系统，同时又推动会计信息系统的发展和革命，推动会计人员观念的更新。因此，人们称计算机会计信息系统的产生是继原始社会的结绳记事、封建社会早期的簿记，以及欧洲（意大利）文艺复兴时期的复式记账法之后的会计史上的第四次革命。

三、会计信息系统的特点

既然会计信息系统是企业管理信息系统中一个重要的子系统，在企业以及会计信息系统目标的规范下，它具有自身的特点。

（一）数据存储形式产生变化

在采用计算机的条件下，以计算机的硬件和相关财务软件作为数据的载体，当会计数据输入计算机后，一切计算、分类、汇总、转账、编制报表等都由计算机自动完成。这就要求除了加强对计算机中存储数据的硬件保护之外，还必须加强数据的备份与恢复措施，以防范由于意外原因造成的数据重大损坏。

（二）组织和人员协调及内部控制的网络化

会计信息系统中的人员将由会计专业人员、计算机软硬件的操作人员组成。对这些人员的要求是，既要懂会计知识，又要懂电子计算机知识。组织机构由原来的相互稽核牵制作用的专业构成，改变为由会计数据处理部门、会计数据管理部门以及系统维护部门构成，从而形成了一个新的内部控制牵制网络。这就要求制定会计电算化条件下的各种新的管理制度，例如岗位责任制度、软硬件维护制度、操作管理制度、数据审核制度、会计档案管理制度等。

（三）综合性与复杂性

会计信息是全面反映企业供、产、销、人、财、物等价值运动各个环节，并全面参与企业管理的综合信息。会计信息系统能够综合地反映、监督和控制整个企业生产经营活动。会计信息系统的综合性、全面性导致了会计信息系统内部结构较为复杂，而且与其他管理子系统和企业外部系统的联系也十分密切。

（四）信息量较大

会计信息系统以反映定量的货币性信息为主，其综合性、全面性必然导致会计信息系统所生产的信息量巨大。据统计,在企业中,会计信息一般占整体信息总量的80%以上。

(五)内部控制严格

会计是一个以货币为主要计量单位的定量学科和实务工作,它需要采用特定的方法(复式记账法)进行运转。例如,总账、明细账和日记账的设置,平行登记、错账更正(划线更正法、红字更正法)、结账、对账、试算平衡等记账规则等。此外,从会计制度设计上也要求严加监控,例如不兼容职务的内部牵制制度等。由此,会计信息系统形成了严密的内部控制。

(六)准确性、可靠性

会计信息系统的严密性,使其生产的会计信息具有准确性和可靠性。会计信息是一种商业语言,是对社会经济活动的反映。在现阶段,会计信息不但要继续服务于国家作为国有资产所有者以及社会事务管理者的需要,同时也要满足投资者、债权人以及社会公众的需要,会计信息服务对象变得多样化。这就要求企业的会计信息系统改变片面服从国家宏观经济政策的会计模式,生产出能够准确、可靠、公允地反映企业财务状况、经营成果以及现金流量要求的会计信息。

四、会计信息系统中存在的风险

相对于手工会计信息系统,电算化会计信息系统面对的安全隐患更多。

一是存储介质不同引起的风险。会计信息系统使用计算机软、硬件存储数据资料,该存储介质相对于纸张来说,所存储的数据更易于被不留痕迹地破坏或丢失。

二是互联网技术带来的风险。互联网下的会计信息系统可能具有的远程通信能力,可以使得不同地理位置的操作人员及时进行数据的处理和使用。但是,通过互联网技术,未经授权的人也可能远程访问计算机并篡改数据。

三是处理能力不同带来的风险。会计信息系统具有的强大处理能力,使得错误危险更为严重。因为即使错误被很快地发现并更正了,但可能已经给系统造成了很大的破坏。另外,在会计信息系统中的各项处理不会自动留下痕迹,如果发生错误,也很难发现和修改。

四是处理一体化带来的风险。会计信息系统中存在着处理一体化的倾向,数据由用户部门产生以后,提交给会计信息系统进行运作,所有的处理过程都集中在计算机内操作,中间的结果较难获得,这就降低了数据的独立性。

五是缺乏直觉带来的风险。电算化会计信息系统没有人的直觉,很难像一个有经验的员工一样根据经验、学识、环境等来判断处理是否符合常理。

第二节　会计信息系统与传统会计的差异

一、信息化对传统会计产生的影响

信息技术的发展对传统会计产生了很大的挑战，它对传统会计的影响可以从会计理论、会计方法以及会计工作环境三个方面进行概括。

（一）对会计理论的影响

1. 对会计目标的影响。在会计信息化时代，会计的目标仍然是向信息使用者提供决策有用的会计信息。在网络经济高速发展的今天，在信息技术（例如数据库技术、人工智能技术、网络通信技术）的支撑下会计信息处理将实现自动化、网络化、系统化，使预测与决策变得更容易、更准确。这种发展并未改变原有目标，相反它促进了传统会计目标的实现。

2. 对会计假设前提的影响。信息化对会计假设前提的影响主要表现在会计主体假设、持续经营假设、会计分期假设上。信息化条件下，网络技术的发展和普及不仅为会计信息的传播提供了条件，而且使企业的组织形态、经营方式等方面呈现外在的不确定虚拟化状态。网络交易的发展，导致会计主体界限越来越模糊，“网络公司”的外部形式虚拟化常常掩盖了其发生真正交易或事项的行为，经营活动呈现短暂性，由此对持续经营假设前提产生怀疑。而且网络技术为使用者随时了解企业的财务状况、经营业绩提供了可能，因此会计期间在网络环境下可以进一步细分乃至按信息使用者的要求确定。

3. 对会计信息质量的影响。企业会计信息质量的基本特点包含可靠性、相关性、及时性等。信息化环境下，随着现代信息技术的充分应用，会计信息和业务信息的整合集成，信息高度共享，增强了相关性；网络财务报告、计算机审计等技术的发展，也使会计信息的可靠性得以提升；会计核算的自动化又使得会计工作的效率大幅提高，增强了及时性。

（二）对会计方法的影响

1. 对会计核算方法的影响。在传统的手工会计阶段，企业每天面临众多的经济业务，会计人员在填制凭证、登记账簿以及编制报表等程序上需要花费大量时间和精力，造成人力资源的浪费，会计核算工作量巨大。因此，为了减轻记账的工作量和复杂性，企业在选择会计核算方法时主要考虑的是核算方便，由此忽略了方法本身的科学性与合理性。信息化时代的来临,会计系统从一个传统低效的过程转变为一个实时处理、高度自动化的系统,通过使用各种先进的会计软件,使业务处理流程实现实时处理,传统手工记账条件下一些不适用、不愿意使用甚至无法使用的复杂核算方法也可以通过计算机技术的引入而得以实现,从深度和广度上都对会计核算工作进行了提升。

2. 对会计分析方法的影响。现代信息技术能精确地记录、保存和传播企业发生的所有经济活动,极大地方便了会计人员对经济活动等相关信息的获取和分析,从而发现生产经营过程中发生的各种问题,并进行相应的调节、指导和控制,减少资源浪费。现代信息技术也有助于帮助会计人员了解、分析用户的信息需求,为用户提供个性化的、定制的、针对性更强的会计信息。与此同时,会计人员可以制定有关的信息管理、储存和报告的规则以及相关的模型和方法等,将这些结果经过信息系统的处理后传递给相应的用户。

3. 对会计稽查的影响。会计稽查是一种事后监督,它通过对企业的经济活动和财务收支状况进行监督,进而检查会计核算过程的正确性,是会计核算和会计分析的必要补充。现代信息技术在会计系统中的应用,可以实现会计信息处理流程的自动化和准确性,便于会计稽查工作的进行。企业生产、管理部门产生的数据信息都可以通过网络直接进入会计系统,企业的每个职工都既是会计信息的生产者,也是会计信息的使用者,可以对企业的会计信息进行检查和监督。信息技术的应用,也方便企业管理者对企业的生产经营、会计处理过程进行科学的管理和监督,及时发现问题,并迅速采取措施解决。

(三)对会计工作环境的影响

1. 对会计人员素质和能力的要求更高。从表面上看,会计的信息化只不过是将信息技术应用于会计核算工作中,减轻会计人员的工作负担,提高会计核算的速度和精度,以计算机替代人工记账。实际上,信息化绝不仅仅是核算工具和核算方法的改进,它必然会引起会计工作组织和人员分工的改变,促进会计人员素质和知识结构、会计工作效率和质量的全面提高。实行信息化,要求会计人员既要掌握会计专业知识,又要掌握相关的计算机知识、网络知识、信息管理知识等,因此,信息化将促进会计人员的知识结构向既博又专的方向发展,从而提高会计人员的素质。

2. 内部控制制度的形式发生变化。手工核算形式下,会计人员按不同的分工,各司其职,组织会计工作的运转。会计信息系统中的人员,除会计专业人员外,还有系统管理员和操作员等,按新的分工形式完成会计工作的运作。信息化时代,会计的内部控制分为以组织控制措施为主的一般控制和以计算机控制程序为主的系统控制。

3. 从深度和广度上扩展财务报告的内容。随着信息化的全面普及,财务会计与管理会计相结合,信息资源高度共享,信息使用者可以主动地获取符合自己需要的会计信息，财务报告将不再按对外对内进行区分，其列报方式也将有所改变。之前受人工信息处理能力的限制，会计报表往往局限于财务数据及其相关信息的说明，实现信息化后，会计信息从收集、加工、传递到综合利用都实现了自动化，从而可以在深度和广度上扩展财务报告的内容，例如增加不同会计方法所加工的多种会计信息、对会计信息按信息使用者的要求进行深化细化等，使财务报告在经营管理决策中发挥更大的作用。

4. 会计档案管理制度发生改变。实行信息化后，会计档案和传统会计档案有了很大的区别，具备磁性化和不可见等特点，因此需要建立适应信息化环境的会计档案管理制度，如会计档案打印输出制度、数据备份管理制度等，并且要做好相应的安全保密措施，防止会计数据丢失、泄露。

二、会计信息系统与传统会计的比较

（一）会计信息系统与传统会计之间的联系

1. 系统目标一致。两者最基本的职能都是对企业的经济业务进行记录、计量和监督，最终目标都是为相关人员提供会计信息，加强经营管理，提高企业的经济效益和运营效率。

2. 会计理论与方法一致。不管是基于现代信息技术的会计信息系统还是传统会计系统，都要遵循基本的会计理论和方法以及复式记账原理。

3. 遵守相同的会计制度。两者都要遵守国家规定的各项会计、财务相关的法规、制度以及规则，严格贯彻执行会计法规，从措施、技术、制度上堵塞各种可能的漏洞，防止舞弊。

4. 系统的基本功能相同。任何一个信息要达到系统目标，都应具备信息的采集输入、存储、加工处理、输出等几项功能，会计信息系统也不例外。

5. 都需要保存会计档案。不管是采用哪种形式的信息系统，作为会计信息系统的输出，会计信息档案必须妥善保存，以便查询。

6. 都需要编制会计报表。两系统都要编制会计报表，并且都必须按国家要求编制外部报表。

（二）手工会计信息系统与信息化技术下的会计信息系统的差异

1. 系统初始化设置工作有差异。建立会计科目、开设账簿、登记余额等工作是手工会计信息系统初始化要做的工作，而信息化技术下的会计信息系统初始化完全不同，主要有安装会计软件，设置账套，设置网络用户的权限，设置操作员及权限，设置软件运行环境，设置会计科目级别与位长，建立会计科目及其代码，输入会计科目初始余额，设置凭证类型，定义自助转账分录、会计报表名称、格式、数据来源公式等。由此可见，信息化技术下的会计信息系统其初始化设置工作较为复杂且有一定的难度，需要具备一定的计算机应用知识。

2. 平行登记方法的作用产生差异。在手工会计信息系统中，总账和明细账进行平行登记时一般由两名会计人员进行，其中一名会计人员根据审核无误的记账凭证、科目汇总表或汇总记账凭证登记总账，另外一名会计人员根据原始凭证、记账凭证登记明细账，月末核对两者是否相等。如果这两名会计人员在登账过程中发生错误，平行登记就是一种有效的检查错误的方法之一。但是，在计算机技术下的会计信息系统中，平行登记方法发生了改变，总账与明细账的数据均来源于原始凭证或记账凭证，计算机按照登录总账和明细账的程序命令，将数据从记账凭证数据库中转移到总账数据库和明细账数据库，并且计算机系统的运算不可能发生数据运算错误的情况，因此，在计算机信息系统中，总账金额与明细账金额一定一致。平行登记的核对与校验功能在计算机会计信息系统中失去了原来的作用。

3. 科目的设置和使用上存在差异。在传统的手工会计信息系统中，由于手工核算条件的限制，企业在设置账户的时候分别设置总账和明细账，其中明细账大多设置到三级账户，并通过开设辅助账户以满足核算上的需要。在计算机会计信息系统中，会计科目的级别和位长可以根据不同的财务软件进行相应的设置，没有手工核算的限制，充分满足会计明细核算的需要。在使用会计科目时，也往往只需要输入某一科目的代码而不用输入科目名称即可显示出来，节省了工作量。

4. 账务处理程序存在差异。手工会计信息系统中，企业选择什么类型的账务处理程序与企业的生产规模、经营方式和管理形式有关，常用的账务处理程序有记账凭证账务处理程序、科目汇总表账务处理程序、汇总记账凭证账务处理程序、日记总账账务处理程序等，对数据采用分散收集、分散处理、重复登记的操作方法，通过多个环节对会计核算进行内部牵制和核对，达到简化核算手续并对记账过程进行检查核对的目的，减少会计差错和舞弊行为的发生。在计算机会计信息系统中，采用何种账务处理程序一般要根据文件的设置来确定，最常用的是日记账账务处理程序和凭证文件账务处理程序，由于计算机具有强大的数据处理能力，在选择账务处理程序时，工作量不再是需要考虑的因素，通常只需采用一种核算形式，对数据进行集中收集、统一处理以及数据共享。

5. 日记账和明细账作用有所差异。在手工会计信息系统，企业一般情况下只设置现金和银行存款日记账，序时记录货币资金的收入和支出情况，以便做到日清月结。而明细账的设置是为了提供更详细具体的信息，方便查询，根据凭证信息按科目进行登记，一般工作量较大，且容易出错。在计算机信息系统中，日记账和明细账的数据均来源于记账凭证，且为了使用方便，可以通过多种查询条件对记账凭证进行查询，如日期、凭证号、科目代码、摘要、单位名称、单据号、录入员、审核员、借方金额、贷方金额、收入数量、余额等，还有多种查询方法可供使用，会计人员可以方便快速地查询到所需要的所有业务信息，这就使得日记账在一定程度上代替了明细账的功能，明细账在计算机会计信息系统中的意义已经不再像传统会计信息系统中那么重要。

6. 账簿格式发生改变。在手工会计信息系统中，账簿的格式分为订本式、活页式和卡式三种，并且要求现金日记账、银行存款日记账以及总账必须采用订本式账簿的格式。在计算机会计信息系统中，由于受到打印机的条件限制，不太可能打印出订本式账簿，因此根据《会计电算化工作规范》规定，所有的账页均可按活页式打印后装订成册；总账账页的格式有传统的借贷余三栏式总账和科目汇总式总账，后者可代替前者；明细账的格式可有三栏式、多栏式和数量金额式等。

7. 会计报表的编制形式上存在差异。会计报表是会计信息系统产生的结果，也是会计核算中最重要的一个流程。在手工会计信息系统中，报表的编制是最复杂的一项工作，难度较大，尤其是现金流量表的编制。报表编制人员应准确了解报表中各数据的来源渠道以及运算关系，各报表之间的钩稽关系以及数据的对应关系，才能准确地编制出各大会计报表。在计算机会计信息系统中，各种报表的注册、结构描述、格式定义、数据的取数公式定义、报表的审核公式定义、报表的打印参数设置等工作，均可在正式编制报表之前预先设置好，属于报表子系统初始化设置的内容。在月末需要进行报表编制时，只需要按下报表子系统提供的报表生成命令键，系统就会自动按照系统的设置快速生成报表，并自动校验报表数据的各种内在关系。此外，还可以对不同账套或上下级公司之间的同名报表进行合并。

8. 会计的发展方向发生改变。在传统的手工会计信息系统中，由于手工会计核算工作量较大，会计核算系统复杂，会计人员往往在记账、算账、结账、报账、对账等各环节消耗较多精力，耗时又耗力，使会计人员的主要职能停留在会计核算上，限制了会计向管理型的发展。计算机会计信息系统的应用，将会计人员从繁重而复杂的会计核算中解脱出来，取而代之的是计算机高效且精确的计算，企业会计向管理型发展。我国已经出现多种财务及企业管理软件，帮助企业建立以发展为核心的信息管理系统，可以形成会计分析预测系统、会计决策支持系统和统计专家系统，使会计的职能得以转变和发展。

9. 人员、组织体系、内部控制方式、运算工具和信息存贮介质存在差异。在传统的会计信息系统中，相关人员均为会计专业人员，组织结构也是按照会计事务的需要进行划分，分为不同的专业组，通过账证核对、账账核对和账实核对等会计方法来保证数据的正确。信息存储介质以纸质材料为载体，占用空间大，查询烦琐。计算机会计信息系统中，除了需要专业会计人员以外，还需要有计算机软件、硬件技术人员和操作人员，组织结构也需要增加系统维护等与计算机相关的专业组。内部控制扩大到对人员、计算机设备、数据和程序等各个方面，而且要求将更为严密。信息存储不再仅仅用纸质材料，更多是采用磁性介质材料(如硬盘等)，占用空间小，查询检索方便。

第三节 会计信息系统的目标与结构

一、会计信息系统的目标

会计信息系统是在技术进步、管理变革和会计理论不断发展和完善的基础上逐步发展起来的。一个企业的会计信息系统是为企业组织服务的，是企业会计工作中必不可少的组成部分，其目标应服从于企业组织、信息系统以及会计三者的目标。对于企业组织来说，其目标应该是利润最大化；对于一个信息系统来说，目标应该是向信息系统的使用者提供更多相关的信息；会计目标则是为信息需求者提供更多的会计信息，提高企业组织的经济效益。由此，我们可以把会计信息系统的目标概括为：向组织内外部的信息需求者提供需要的会计信息，以及帮助信息需求者使用会计信息和其他非会计信息。会计信息系统决定了会计信息使用者可以获得的信息内容和质量。当然，不同的决策者对信息有不同的需求，会计信息系统的基本功能应该是利用各种会计规则和方法，对组织的各项经济活动进行反映，生产会计信息，帮助人们利用会计信息进行决策。其中，会计规则和会计方法并非一成不变，可以根据企业实际情况以及外界的变化进行调整。在会计信息系统中，会计规则由会计人员确定，并与信息管理人员合作将这些规则和方法转化为计算机系统中的程序。当组织出现了新的业务活动或拥有新的资源需要管理时，会计人员应从会计工作的角度确定相应的解决办法和处理规则，并尽可能地将其转化为计算机系统可处理的内容。

二、会计信息系统的结构

基于计算机的会计信息系统是一个人机结合的系统，其基本构成包括硬件资源、软件资源、信息资源和会计人员等基本要素。

(一)硬件资源

硬件资源是指会计信息系统进行会计数据输入、处理、存储、输出和传输的各种电子设备，主要包括：①输入设备，如键盘、光电扫描仪、条形码扫描仪等；②数据处理设备，如计算机主机等；③存储设备，如硬盘等；④输出设备，如打印机、显示器等；⑤各种网络设备，如网卡、集线器、中继器、网桥、网关、路由器、服务器等。

要使会计信息系统能够有效运作，必须根据会计信息系统的目标配置硬件资源，并建立相应的硬件平台。

（二）软件资源

软件资源是保证会计信息系统能够正常运行的核心和灵魂。软件资源又分为系统软件和会计软件。

系统软件主要包括：①操作系统，即对计算机资源进行管理的系统软件，如Windows系统；②数据库管理系统，即对数据进行管理的系统，如甲骨文数据库管理系统等。

会计软件是专门用于会计核算和会计管理的软件，是会计信息系统的一个重要组成部分。没有会计软件的信息系统不能称为会计信息系统，拥有会计软件是会计信息系统区别于其他信息系统的主要因素。目前会计软件非常多，国内会计软件有上百种，用友公司、金蝶公司、安易公司、浪潮公司等都推出了不同版本的会计软件；国外会计软件在中国销售的也非常多，如甲骨文公司、JDE公司、D&B公司、SAP公司等也推出了不同版本的会计软件。

（三）信息资源

数据文件就是一种非常重要的信息资源，是用来存储会计信息系统中数据和信息的磁性文件。数据文件主要包括三类：①基础数据文件，如组织的会计科目、人员档案、客户档案、组织结构档案等；②经过会计信息系统加工后生成的文件，如总账文件、应收账款文件等；③临时文件，在信息系统运行过程中存放临时信息的文件。

会计规范也是一种非常重要的信息资源，它是保证会计信息系统正常运行的各种制度和控制程序，如硬件管理制度、数据管理制度、会计人员岗位责任制度、内部控制制度、会计制度等。会计规范可以保存在数据文件中，也可以保存在纸质文件中。

（四）会计人员

会计人员与会计信息系统之间有着密切的联系。会计人员既是会计信息系统的组成要素，又是会计信息系统的管理者，由其确定会计信息系统采用什么样的会计模式，并与信息系统管理者一起制定会计信息系统的运行规程，特别是会计信息系统的内部控制问题。会计信息系统应该是服务于会计人员的，帮助会计人员更有效地处理有关信息，并向用户提供满足需要的高质量的会计信息。

此外，会计人员的工作重点还包括对企业各项业务活动及资源利用的绩效评价，对信息技术、信息系统等新技术应用的风险管理，与企业经营、发展战略密切相关的会计决策活动。由此，一方面要求未来的会计人员必须是多面手，如对会计信息系统的管理，实际上要求会计人员应具备系统分析员的部分素质；另一方面会计人员用到的很多管理方法、手段和模型，其他企业管理人员也可以做，只是加工的信息对象有差别，而在信息社会，这些对象对于所有的信息用户可能是平等的，未来的职业可能出现融合的趋势，此时，重要的是企业员工具备的知识素养。所以，要使会计这一古老的行业在未来信息社会有立足之地，就必须大力提高会计人员的素质。

本章小结

随着信息时代的来临，现代信息技术得到迅速发展和推广应用，对整个会计领域产生了深远的影响，具体表现在会计理论、会计实务、会计工作环境等多个方面。受此影响，会计信息化成了会计的发展方向，并经历了手工会计信息系统阶段、机械会计信息系统阶段、基于计算机的会计信息系统阶段，推动了会计职能的不断发展。

会计信息化具体在企业中的应用就是会计信息系统，即由计算机硬件和软件、会计数据、会计人员、系统运行规范所构成的，利用信息技术对会计信息进行采集、存储和处理、完成会计核算任务，并能为企业提供进行经济活动管理和监控所需要的分析、决策的信息系统。

本章关键词汇

电算化	computerization
会计信息系统	accounting information system
信息化	informatization
账套	account wrap
存储介质	storage medium
数据备份管理制度	the data backup management system

思考与练习题

1. 你认为IT环境会对会计学产生怎样的影响？会计行业应该怎样适应时代发展的需要？

2. 有人认为,会计信息化虽然能使广大财务人员从繁重的手工操作中解脱出来,降低劳动强度,提高会计信息搜集、整理、反馈的灵敏度和正确度,提高会计的分析决策能力,为提高会计管理水平和会计信息质量提供有效的途径,但是会计信息化严重威胁了广大财会人员的工作岗位,因为会计信息化后许多工作可以由计算机自动完成,广大财会人员可能会因此失去工作。

请你结合对会计信息化的理解,就这一观点谈谈自己的看法,并思考在会计信息化环境下作为会计专业的学生应如何应对会计信息化提出的要求和挑战。

附录一　相关资料链接

一、商品化会计软件

目前国内常见的商品化会计软件大多来自用友和金蝶两家公司,从简单的账务核算系统到涵盖企业管理各个方面的 ERP 系统,企业可以根据自身的需求进行选择。

用友(集团)成立于1988年,是亚太地区领先的企业管理软件、企业互联网服务和企业金融服务提供商,是中国最大的ERP、CRM、人力资源管理、商业分析、内审、小微企业管理软件和财政、汽车、烟草等行业应用解决方案提供商。用友 iUAP 平台是中国大型企业和组织应用最广泛的企业互联网开放平台,畅捷通平台是支持千万级小微企业的公有云服务。用友在金融、医疗卫生、电信、能源等行业应用以及数字营销、企业社交与协同、企业通信、企业支付、P2P、培训教育、管理咨询等服务领域快速发展。

基于移动互联网、云计算、大数据、社交等先进互联网技术,用友通过企业应用软件、企业互联网服务、互联网金融,服务中国和全球企业及组织的互联网化。截至2014年,中国及亚太地区超过220万家企业与公共组织通过使用用友企业应用软件、企业互联网服务、互联网金融服务,实现精细管理、敏捷经营、商业创新。其中,中国500强企业超过60%是用友的客户。

用友(集团)连续多年被评定为国家“规划布局内重点软件企业”,“用友 ERP 管理软件”系“中国名牌产品”,“用友”系中国驰名商标,用友拥有系统集成一级资质,获中国绿色公司百强。用友的使命是用信息技术推动商业和社会进步,经营宗旨是做客户信赖的长期合作伙伴,发展目标是构筑企业互联网生态圈,成为全球领先的企业(及公共组织)管理服务与金融服务提供商。

金蝶国际软件集团有限公司是香港联交所主板上市公司(股票代码:0268),中国软件产业领导厂商,亚太地区管理软件龙头企业,全球领先的中间件软件、在线管理及全程电子商务服务商。金蝶以帮助顾客成功、让中国管理模式在全球崛起为使命，为世界范围内超过80万家企业和政府组织成功提供了管理咨询和信息化服务。金蝶连续6年被IDC评为中国中小企业ERP市场占有率第一名、连续4年被《福布斯亚洲》评为亚洲最佳中小企业，2007年被Gartner评为在全世界范围内有能力提供下一代SOA服务的19家主要厂商之一。2008年金蝶荣获深圳质量领域最高荣誉——深圳市市长质量奖。2007年，IBM等入股金蝶国际，成为集团战略性股东，金蝶与IBM组成全球战略联盟，共同在SOA、市场销售、咨询与应用服务、SaaS、云计算、电子商务多个方面进行合作。

金蝶国际软件集团有限公司是中国软件产业众多"第一"的缔造者：第一个WINDOWS版财务软件及小企业管理软件——金蝶KIS的缔造者，第一个JAVA中间件软件——金蝶Apusic和金蝶BOS的缔造者，第一个基于互联网平台的三层结构的ERP系统——金蝶K/3的缔造者，第一个发布基于互联网提供在线管理和电子商务服务——友商网的缔造者。金蝶目前有三种ERP产品，分别为面向中小型企业的K/3和KIS，以及面向中大型企业的EAS，涵盖企业财务管理、供应链管理、客户关系管理、人力资源管理、知识管理、商业智能等，并能实现企业间的商务协作和电子商务的应用集成。

金蝶以快速响应客户需求、为客户提供全生命周期的服务作为不断前进的动力，致力于成为亚洲第一、世界领先的软件及服务品牌。金蝶的长期目标是成为全球企业管理软件及电子商务服务市场的领导者，发展成为受人敬仰的公司。

二、可扩展商业报告语言

可扩展商业报告语言(XBRL)是基于互联网、跨平台操作，专门用于财务报告编制、披露和使用的计算机语言，基本实现数据的集成与最大化利用，是国际上将会计准则与计算机语言相结合，用于非结构化数据，尤其是财务信息交换的最新公认标准和技术。通过对数据统一进行特定的识别和分类，可直接为使用者或其他软件所读取及进一步处理，实现一次录入、多次使用。

XBRL的特点在于它根据财务信息披露规则，将财务报告内容分解成不同的数据元(data elements)，再根据信息技术规则对数据元赋予唯一的数据标记，从而形成标准化规范。以这种语言为基础，通过对网络财务报告信息的标准化处理，可以编制出比现行网络财务报告更加先进的报告，可以将网络财务报告不能自动读取的信息转换为一种可以自动读取的信息，极大方便信息使用者对信息的批量需要和批量利用。

同传统的网络财务报告相比，以XBRL为基础的网络财务报告具有以下的一些特点：

(1)降低信息交换成本、提高财务信息的可获得性，间接增加了财务信息可比性。

(2)通过互联网提供具有时效性的信息，提高信息的相关性，增强了财务信息的利用效率。

(3)可自动交换并摘录财务信息而不受个别公司软件和信息系统的限制,为投资者或分析者使用财务信息提供方便。

(4)可以减少为了不同格式需求的资料而重复输入的问题。

(5)降低了信息供给成本,有利于信息供给者提高财务报表编制效率。

附录二　财务共享服务中心

一、财务共享服务中心的概念

财务共享服务中心(Financial Shared Service Center,简称FSSC)是近年来出现并流行起来的会计和报告业务管理方式。它是将不同国家、地区实体的会计业务拿到一个SSC(共享服务中心)来记账和报告,这样做的好处是保证了会计记录和报告的规范、结构统一,而且由于不需要在每个公司和办事处都设会计,节省了系统和人工成本,但这种操作受限于某些国家的法律规定。

共享服务中心是集团机构中的一个单位,以专用的资源为其他业务单位提供流程处理和专业知识的服务。在各类共享服务中,目前最流行的就是财务共享服务,将企业各种财务流程集中在一个特定的地点和平台来完成。财务共享服务中心作为一种新的财务管理模式正在许多跨国公司和国内大型集团公司中兴起与推广,是企业集中式管理模式在财务管理上的最新应用,其目的在于通过一种有效的运作模式来解决大型集团公司财务职能建设中的重复投入和效率低下的弊端。"财务共享服务"(Financial Shared Service,简称FSS)最初源于一个很简单的想法:将集团内各分公司的某些事务性的功能(如会计账务处理、员工工资福利处理等)集中处理,以达到规模效应,降低运作成本。目前,众多《财富》500强公司都已引入、建立"共享服务"运作模式。根据埃森哲公司(Accenture)在欧洲的调查,30多家在欧洲建立"财务共享服务中心"的跨国公司平均降低了30%的财务运作成本。

共享服务中心的成员一般为人员素质较高的制造业企业所属各分支机构、办事处。有些分支机构、办事处往往只承担销售任务,而无复杂的财务核算需求。例如DELL在中国各个地区的销售网点,这些网点仅由一个销售团队及服务人员构成,通过设在厦门的总部统一处理标准订单业务,财务则可以共享至厦门。

二、财务共享服务中心的职能

财务共享服务中心的职能主要有以下几点:

外部衔接方面,执行统一的财务政策和业务处理流程;为分子公司提供费用报销、收付款报账、资产采购和合同管理的报账支持；原始单据处理，包括接收、整理、分发等。

核心交易处理方面，负责收入、成本费用、资产、资金等会计核算并负责编制会计报表；办理资金集中收付；会计档案整理、归档和保管。

后台支持方面，提供财务会计政策的培训与指导；对交易处理人员进行监督和考核；进行核算等相关系统的日常维护工作。

三、财务共享服务中心的适用范围和关键因素

适合推行"财务共享服务"的企业一般应具备如下特点：①企业要达到一定的规模，拥有多家跨地域或跨国的分支机构；②每个分支机构的财务事务能够按统一的规则和流程处理，可复制批量处理；③企业经营相对单一，在多元化经营的企业中，因核算准则不同，可考虑按行业提供财务共享服务；④重组、并购、变革比较频繁的企业在建立新业务、扩大企业规模时可以大大降低管理难度，促进新业务的快速整合。⑤集团在对分支机构实行财务和资金的集权管理时不受相关法规制约。

作为一种新型的管理模式，共享服务的本质是由信息网络技术推动的运营管理模式的变革与创新。在财务领域，它是基于统一的系统平台或 ERP 系统，统一的会计核算方法、操作流程等来实现的。共享服务既是机遇也是挑战，任何新生事物都面临巨大的挑战，财务共享服务也不例外。财务共享是基于提高工作效率及成本效益两方面考虑而实施的，要成功地实施共享服务，以下因素非常关键：

1. 共享服务成功的最重要因素是有效的管理创新和思维方式的改变，这需要高层管理人员、基层经理和工作人员强有力的支持。

2. 共享服务在技术上要有统一的系统支持。企业的财务信息系统是实现财务共享服务的基础和保障，因此，系统平台的统一搭建和整合是实现共享服务的第一步。统一的 ERP 系统是保证共享服务平台顺利搭建的关键因素。建立一个好的平台很重要，需要有一个统一的 IT 标准和一个流程标准，这样整合可以更快。

3. 财务共享服务中心作为一个独立的运营实体，需要有一个非常好的商业模型，即使是内部的一个事业部门也需要一个内部结算体系。因此，共享服务中心需要向服务对象提供一个能为他们所接受的低成本服务，同时又需要在低成本之上建立合理的价格体系。

四、财务共享服务中心的运作模式

"财务共享服务"模式具体运作通常为：公司选址建立"财务共享服务中心"，通过服务中心向其众多的子公司（跨国家、跨事业部）提供统一的服务，并按一定的方式计费，收取服务费用，各子公司因此不再设立和"财务共享服务中心"相同功能的部门。最典型的服务是账务处理，称为"共享会计服务"（Shared Accounting Service），是一种以事务性处理（Transaction Processing）功能为主的服务。还有一类"共享服务"以提供高

价值的专业建议为服务内容，如税务、法律事务、资金管理等。

从原理上来看，财务共享服务中心是通过在一个或多个地点对人员、技术和流程的有效整合，实现公司内各流程标准化和精简化的一种创新手段。通常财务共享服务中心的业务按循环可以分为总账、应付账款、应收账款和其他四大类。下面以财务共享服务中心的应付账款业务循环为例来介绍财务共享服务中心的运作流程。

在财务共享服务中心内，应付账款循环一般设有三种职位：出纳，负责共享服务中心所有本外币付款；员工报销专员，审核负责所有员工日常费用；供应商付款会计。财务共享服务中心的应收账款循环通常可以分为申报、审批及入账和付款三大块。

第一，申报。各分公司员工将实际业务中形成的业务票据进行初步整理，并在分公司通过全公司财务信息管理系统填报并形成一份独立的报销申请单，由该分公司的相关负责人批复后由专门管理部门收集并寄往财务共享服务中心。

第二，审批及入账。财务共享服务中心在收到分公司单据后，由专门管理部门进行登记和分类并根据分类情况发送到相应部门。应付账款小组（AP Team）在收到凭证后进行逐一确认并在公司的财务系统中进行审核。审核通过后生成文档导入财务模块，自动生成相关凭证；如果审核不通过，应付账款小组用电子邮件或电话形式通知分公司相应人员进行联系沟通，以确认信息的准确性和完整性。在确认信息后，在应付账款小组人员可直接修改情况下，应该要求分公司员工发送一份书面修改请求。对于不能够由应付账款小组直接修改的情况，应付账款小组将会在公司财务信息系统中将报告驳回并要求相关人员对报销进行重新批复。

第三，付款。在生成凭证后应付账款小组进行付款，并对相关凭证进行归档。对于公司参股控股的独立法人的凭证将寄回原法人单位。

五、建立财务共享服务中心的条件

财务共享服务中心模式虽然具有许多优势，但这种模式并不适合于所有的企业，其有效运行需要强大的信息系统、管理模式和员工素质作为技术支撑。

第一，信息系统支撑。财务共享服务中心模式下，远程财务流程需要建立强大的网络系统，需要强大的企业信息系统作为IT平台。IT技术的发展，特别是“企业资源规划系统”（ERP System）的出现，推动了“财务共享服务”概念在企业界的实践和推广。利用ERP系统和其他信息技术，“财务共享服务”模式可以跨越地理距离的障碍，向其服务对象提供内容广泛的、持续的、反应迅速的服务。

在财务共享服务模式下，只有通过IT平台来强化内部控制、降低风险、提高效率，才能实现“协同商务、集中管理”。所以必须建立一个财务共享服务的IT信息平台，让分公司、子公司把数据导入系统，做到事前提示、事中控制、事后评价；可以在平台上建立财务模板，尽可能取消人工作业，让业务数据自动生成有用的财务信息；可以运用系统标准执行减少偏差及各业务单元可能的暗箱操作，降低各种隐含风险；可以通过设置让系统自动提示例外和预警；可以利用系统的开放性建立各数据共享接口和平台，满足各方不同需求；可以通过系统定期生成不同会计准则要求的报表及特殊报表等。

在信息化的环境下，财务人员可以更好地使财务直接用于支持战略决策的增值分析，为公司战略发展提供及时正确的导向，根据市场快速调整业务策略、经营战术等。所以共享服务的模式是在信息技术支持下的管理变革，只有利用现代的IT技术，才能使企业集团的财务共享服务真正落到实处。

第二，管理模式变革。财务共享服务模式不是财务部门发起的，而是随着企业、集团公司的管理变革而产生的。当企业规模扩大、业务类型和管理层级不断增加时，企业分公司、子公司的多套财务机构会使企业财务人员与管理费用快速膨胀、财务流程效率降低、重复设备投资规模加大、内控风险上升，多个独立、粗放而臃肿的财务“小流程”使总部统一协调变得越来越困难，增加盈利的代价就是加大风险。当这些现实严重损害着企业的核心价值时，传统的财务管理模式已经成为制约企业发展的瓶颈，这时，企业必须站在战略的高度上，进行自身的管理变革，在变革中寻求突破。

第三，财务组织变革。在共享服务模式里面，必须进行财务组织结构的深度变革。管理变革以后，要求财务部门高效多维度提供信息，满足企业管理与发展的需求，而传统的分权式或集权式财务架构无法完全满足这些需求。分权管理的优势是客户导向、商业智能，弊端是分支机构在一线，有比较大的管理部门，流程与制度繁杂，很多工作难以实现标准化；集权的优势是经济规模化、流程标准化，弊端是反应迟钝、不灵活、与业务分离。财务共享服务是将共性的、重复的、标准化的业务放在共享服务中心，它同时汲取了分权和集权的优势，摒除各自的弊端，使财务共享中心成为企业的财务集成芯片，日常业务集中处理，总体职能向广阔和纵深发展，让财务在共享管理中直接体现出价值增值。通过财务共享方案的实施促使财务人员转型，使财务人员由记账转向财务建议、财务管理，为各个部门、各项业务提供财务支持，对市场变化做出反应，只有把工作重心转到高价值的决策支持上来，才能更好实现财务职能，满足企业战略、组织变革的需要。

第四，财务制度与政策统一。如果没有一个统一的制度政策，即使进行组织架构改革，仍然会出现问题。所以必须要有统一规范的财务作业标准与流程，通过有效整合，把制度政策配套起来切入到系统中去，保证前端业务部门按照制度和政策运营，并根据外部环境和内部管理的需要不断完善与改进。

第五，人力资源配置。由于整个流程的规模统一性，要求所有员工对流程有一定的了解，所以在财务共享服务中心建立初期应大规模对各地员工进行培训。同时，在财务共享服务中心模式下，远程交流使得其对员工的沟通技术及能力提出了较高的要求。

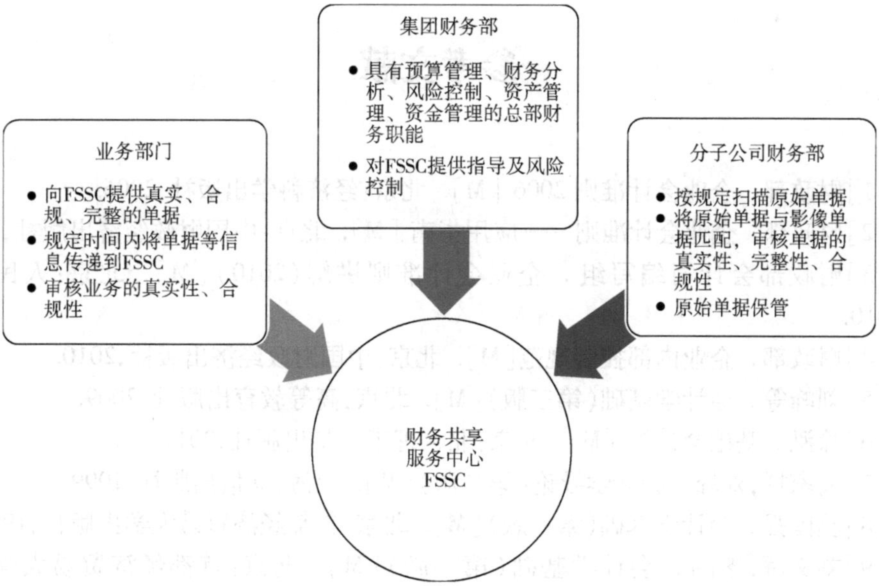

图 8－1　集团财务共享服务中心

参考文献

[1]财政部．企业会计准则2006［M］．北京：经济科学出版社，2006.

[2]财政部．企业会计准则——应用指南［M］．北京：中国财政经济出版社，2006.

[3]财政部会计司编写组．企业会计准则讲解（2010）［M］．北京：人民出版社，2010.

[4]财政部．企业内部控制规范［M］．北京：中国财政经济出版社，2010.

[5]刘峰等．会计学基础（第三版）［M］．北京：高等教育出版社，2009.

[6]徐泓．基础会计学［M］．北京：北京理工大学出版社，2015.

[7]葛家树，刘峰．会计学导论（第二版）［M］．上海：立信出版社，1999.

[8]莫国强．会计学基础（第一版）［M］．北京：首都经济贸易大学出版社，1995.

[9]刘文辉，李刚．会计学基础（第一版）［M］．北京：首都经济贸易大学出版社，2007

[10]中华人民共和国财政部．企业会计信息化工作规范［S］. 2013.

[11]杨周南，赵纳晖，陈翔．会计信息系统［M］．大连：东北财经大学出版社，2011.

[12]邱玉莲．会计学基础［M］．北京：机械工业出版社，2014.

[13]张虹，陈艳秋．基础会计学［M］．北京：经济管理出版社，2015.

[14]陈信元．会计学（第四版）［M］．上海：上海财经大学出版社，2013.

[15]张辉．新会计电算化（第二版）［M］．北京：机械工业出版社，2009.

[16]毛元青，郭红．会计信息系统（第二版）［M］．北京：科学出版社，2012.

[17]薛祖云．会计信息系统［M］．厦门：厦门大学出版社，2013.

[18]孙玉甫．会计信息化条件改变了什么［J］．会计研究，2010（6）.

[19]中华人民共和国财政部. 关于印发《增值税会计处理规定》的通知［EB/OL］. http://kjs.mof.gov.cn//zhengwuxinxi/zhengcefabu/201612.